竹庭永苍

『军政兼优』之
抗战名将符竹庭

邓仁跃 著

人民出版社

序

　　一个国家、一个民族，不能没有英雄；不能不崇敬、缅怀、学习英雄。

　　在中国共产党和中国人民解放军20世纪20年代诞生，到1949年新中国成立的短短二十多年时间里，无数革命先烈为了国家独立、民族解放和人民幸福，艰苦奋斗，前赴后继，英勇献身，涌现出一批又一批永垂青史的空前的民族英雄。他们忠心向党，一心为民，舍生忘我，用鲜血和生命谱写了一曲曲惊天地、泣鬼神的壮美乐章！他们中的很多人没有活到胜利的那一天，没有赶上评功、授勋、授衔，没有机会返回家乡与亲人团聚。他们带着满身的战火硝烟，消失在历史的帷幕后面，但却永远活在了人民的心里。他们是中华儿女的优秀代表，是民族的脊梁。符竹庭就是其中的一员。

　　过去曾听父辈多次谈到过亲密战友符竹庭的往事，他在我的脑海里留下了比较深的印象。符竹庭，1928年参加红军，同年入党。从1929年起，历任江西红二团大队党代表；红军团政委、师政治部主任。率部参加了中央革命根据地第一至五次反"围剿"。身经百战，屡建奇功，特别是在雪山崄、猫嘴峰、鸡公山、山岬嶂等阵地，顽强战斗，打退数倍于己之敌，被中华苏维埃中央革命军事委员会（简称"中革军委"）授予"顽强守备"团光荣称号，他个人荣获二等红星奖章。抗日战争时期，符竹庭历任八路军第一一五师六八六团政训处主任、东进抗日挺进纵队政治部主任、边区军政委员会书记、旅政委、军区政委兼区党委书记等职，参加了著名的平型关战斗。他是冀鲁边、鲁西和山东滨海等抗日根据地主要创建人之一。从

1940年起，符竹庭先后任第一一五师教导二旅政委兼中共鲁南区党委书记、中共滨海区党委书记兼军区政委，先后与曾国华、陈士榘等一起，指挥了青口战役、郯城战役、赣榆战役等，为扩大和巩固鲁西、鲁南抗日根据地，创建并发展壮大滨海抗日根据地作出了重大贡献。1943年11月26日，符竹庭在率部反击日伪偷袭滨海军区机关驻地——赣榆县黑林乡马旦头村时，不幸身负重伤，经抢救无效牺牲，年仅31岁。他把风华正茂的年龄定格在抗日战争烽火岁月里，他的功绩和精神永铸在共和国的巍巍丰碑之上。

《竹庭永苍》是记述符竹庭将军生平和事迹的长篇报告文学，为邓仁跃同志所写。邓仁跃同志怀着对共和国英雄的敬仰和缅怀之情，利用业余时间，经过十多年艰辛深入的采访，广泛收集资料，精心构思，潜心撰写，数易其稿，最终完成了首部全景式、全程式讴歌抗日英雄符竹庭的长篇报告文学作品。该书用朴实的文字、深厚的情感和真挚的笔触，记述和梳理了符竹庭将军充满传奇色彩的一生，展现了他出色的政治工作领导能力、卓越的军事指挥才能和崇高的思想品格。一位有血有肉、真实自然、叱咤风云的抗日名将的高大形象跃然纸上，矗立在读者面前。这也从一个侧面反映了我军从小到大、由弱到强；自力更生、艰苦奋斗；攻无不克、战无不胜的光辉战斗历程。热情讴歌了我们党和人民军队，讴歌了老一辈无产阶级革命家和领袖人物，讴歌了爱国抗日民族英雄，通篇充满正能量，洋溢着一种激越昂扬的调子。

作为一位业余作者，应当说，邓仁跃同志对该书的写作倾注了大量心血，在写作技巧和方法上，也颇费心思，进行了一些有益的尝试和探索。采取动态与静态相结合的表现方式，力求再现其风云变幻的历史背景和英雄壮举；着眼于全面地审视、刻画、描写人物与历史事件，遵循大事不虚、小事不拘的报告文学创作原则，注重既广且深的宏大战争场景的再现，不拘泥于一城一池、一人一战的描述，注重寻根溯源，时空交叉，前后呼应，力求使读者获得多视角、多层次、多侧面的历史纵深感和现实多视角。应当说，该书的写作是成功的，是山东抗日根据地全景式、全程式讴歌抗日英雄人物长篇报告文学的有益尝试。

习近平总书记深刻指出："历史是最好的教科书，也是最好的清醒剂。"我们回顾历史，缅怀先烈，追忆英烈们所创造的丰功伟绩，弘扬他们的崇高精神品格，是历史发展的需要，是时代的呼唤，也是我们这代人义不容辞的神圣职责。从这个意义上说，邓仁跃同志撰写的《竹庭永苍》一书，是对革命先烈真诚而神圣的悼念。为加强党员领导干部、革命军人特别是青少年一代的理想信念教育和爱国主义教育提供了一部好教材，这是弘扬社会主义核心价值观的一件很有意义的事情。

忘记了历史，就意味着背叛。对于任何一个国家、一个民族来说，应当多思考、多设问一些"我们从哪里来""要到哪里去"，多一些对国家和民族命运的追溯和探寻。历史是国家和人民的记忆，而英雄人物则是国家和人民记忆中最鲜红的颜色、最激励后人奋进的旗帜。我们永远不应也不会忘记，今天的幸福生活是无数革命先烈用鲜血和生命换来的；我们永远不应也不会忘记，只有继承先烈遗志，弘扬英雄精神，不断地强国兴军，实现中华民族伟大复兴，才是对革命先烈的最好纪念，也才能远离战火硝烟，永葆和平安宁。让我们用文字留住那段悲壮而又激越的历史，用深情和行动把最能凝聚我们党、国家、军队和民族的强大精神元素传承下去，永葆我们的事业无往而不胜！

罗东进

二〇一六年五月三十一日于北京

（系第十届全国政协委员，中将军衔，曾任中国人民解放军第二炮兵部队副政委、北京八路军山东抗日根据地研究会会长、中国老区建设促进会顾问）

目　录

引　子　符竹庭政委永远活着

"一个有希望的民族不能没有英雄，一个有前途的国家不能没有先锋。"①
革命英烈和英雄人物，是民族历史天空的灿烂星辰，是民族精神殿堂的黄钟大
吕。没有他们当年的流血牺牲、浴血奋战，就没有我们今天的幸福生活。

1982年冬天，北京，解放军总医院（301医院）高干病房迎来了一位德高
望重的老者。他那花白的头发，饱经风霜的脸庞，挺拔的鼻梁，两道浓黑的剑
眉下，一双眼睛温和而深邃，总是闪烁着慈祥的光芒。这位德高望重的老者，
正是时任中共中央书记处书记、中央军委常委兼副秘书长的杨勇同志，他同时
也是一位功勋卓著的开国上将。

杨勇将军患病住院期间，常与前来探望他的老战友、老首长、老部下回忆
往事，特别是那段艰难困苦、战火横飞的岁月。每当谈起那些英勇牺牲的战
友，他总是心潮起伏，热血沸腾，思绪仿佛穿越回过去的战场，情不自禁地沉
浸在久久的怀念之中。

这天，原解放军外国语学院训练部副部长杨鸿耀专程前往301医院，探望
正在接受治疗的杨勇。当杨勇见到杨鸿耀的那一刻，往昔的记忆如潮水般涌
来，他仿佛又看到了那位足智多谋、英勇无畏的亲密战友——符竹庭政委，那
熟悉的音容笑貌，历历在目，宛如眼前。他知道，杨鸿耀过去是符竹庭的文化
秘书，跟随符竹庭多年，且感情深厚。

---

① 习近平：《在纪念中国人民抗日战争暨世界反法西斯战争胜利70周年系列活动上的
讲话》，人民出版社2015年版，第19页。

　　杨勇与符竹庭相识在抗战初期。平型关战役，他们一道指挥了小寨至老爷庙的战斗，后来又共同指挥了广阳等一系列战役、战斗。此后，又一同前往晋东南扩军，圆满地完成了师首长交给的任务。

　　在鲁西，杨勇与符竹庭、肖华等人共同指挥了讨伐顽敌石友三的战斗，共同创建、巩固了鲁西抗日根据地；在鲁南，他们三人在罗荣桓等首长的领导下，巩固、扩大了鲁南抗日根据地。

　　在鲁南的岁月里，他们三人正值风华正茂之年。他们的才华和智慧，受到鲁南人民的高度评价，被抗日根据地军民誉为鲁南"三才子"。

　　杨勇将军每当回忆往事、怀念战友时，心情总是久久不能平静。他热泪盈眶地说："鸿耀啊，你是竹庭同志多年的秘书，竹庭同志没有结婚，没有儿女，牺牲快四十年了；他是抗日民族英雄，要为他筹办一个纪念活动。"杨鸿耀听后非常动情地回答："首长，您说得对！我一直有这个想法。现在好了，我回去后就去联系有关方面，为老首长举办纪念活动。"杨勇听后紧紧地握住杨鸿耀的双手摇了摇，激动地说道："鸿耀，拜托了！"

　　遗憾的是，杨勇将军没能等到符竹庭政委牺牲四十周年纪念活动的那一天就去世了，成了一大憾事。

　　杨鸿耀同志早先是肖华的秘书，后来又给符政委当秘书。他一直惦记着老首长，经常往返于北京和赣榆两地，为申请符竹庭政委安葬地——抗日山成为国家重点文物保护单位和青少年爱国主义教育基地做努力。他从1982年冬开始为筹办纪念符竹庭同志牺牲四十周年而奔波。为召集原一一五师的老首长和老战友回访符竹庭政委安葬地——抗日山，从组织计划，联系参加人员，到日程安排，住宿等等，一步步考虑得周到细致，但他却累得咯血。后来杨鸿耀同志因病去世前，还多次嘱咐自己的子女要经常去看看符伯伯。

　　中共江苏省委、连云港市委，分别于1983年5月和10月，对纪念符竹庭活动作了批示。11月3日，赣榆县委、县政府发出了《关于开展符竹庭同志牺牲四十周年纪念活动的通知》。为了办好纪念活动，赣榆县委编辑了《抗日山志》和《符竹庭政委牺牲四十周年纪念册》，并特意将《抗日山志》烈士有关资料和照片送给符竹庭的亲密战友——原解放军总政治部主任、开国上将，时任全国政协副主席的肖华审阅。肖华看后，怀着沉重而又喜悦的心情为《抗日山志》作序：

　　赣榆县委的同志给我送来了有关《抗日山志》烈士陵园的资料和照片，要我为他们编选的《抗日山志》作序。看着烈士们的遗像和碑上铭文，我的心情十分沉重——我深深地缅怀那些为中华民族的解放而光荣殉国的抗日将士们。同时，一种强烈的民族自豪感也油然而生——烈士们为之流血牺牲的土地已是一片丽日高照繁花似锦的景象，他们的鲜血终于得到了丰硕的收获。作为在那块土地上战斗过的老战士，作为他们之中的一位幸存者，我应该记下自己对那些战友的崇敬和怀念。
　　……
　　滨海军区政委（原八路军一一五师教导二旅政委）兼中共滨海区党委书记符竹庭同志，已经在这里长眠了四十周年。四十周年，岁月如流，却流不走我对他的悠悠思念；长征路上，我们同饮风雪；平型关前，我们共浴战尘；挺进敌后，我们并辔冀鲁……他运筹帷幄，沙场横戈，克郯城，取赣榆，英姿勃发，斯人斯貌，常在眼前。他是在赣榆战役中，为祖国，为人民流尽了最后一滴血的抗战民族英雄。罗荣桓同志称赞他是一个政治上军事上都比较强，很有能力的优秀干部，赣榆的老百姓怀念他，至今还用民歌传唱他的英雄事迹。

　　1983 年 9 月，在纪念符竹庭同志牺牲四十周年活动前夕，时任中共中央政治局委员、解放军总参谋长、开国上将杨得志，专门赋诗怀念亲密战友符竹庭：“赣南闽西初相识，万里长征风雨同。君赴敌后驱日寇，血洒赣榆留英名。”时任中央顾问委员会委员、开国上将，原滨海军区政委唐亮，专门为符竹庭题联：“烈士之血，民族之光。”原滨海军区第一军分区第十三团团长，时任中共中央委员、福州军区司令员江拥辉；原滨海军区政治部组织部副科长，时任中共中央候补委员、中央军委纪委副书记张伯祥；原一一五师教导二旅五团参谋长，时任中共中央候补委员、军委工程兵政委王六生，寄来怀念信函和题词。符竹庭生前战友梁兴初、刘西元、刘兴元、周贯五、华诚一、刘白涛、吕本支、方晓、周乐亭、杨鸿耀、郝世宝等，分别送来题联；何以祥、杨斯德、李忠信、崔介、石一宸、肖凤山、李欣、张杞、周乐亭、张耀青、张守伦、秦然、李刚、李华林等，分别创作了悼念符竹庭政委的诗歌。解放军第三十八军"何万祥连"全体指战员，也写来诗歌《献给人民英雄——符竹庭》。11 月 20 日，赣榆县委、县政府在新落成的赣榆县影剧院隆重举行了符竹庭政委牺牲四十周年纪念大会，符竹庭当年的二十多位战友及省市县领导出席了大会。

"符政委竹庭将军英灵千古"，中共连云港市委、市政府；中共徐州市委、市政府；中共临沂地委、地区行署；中共广昌县委、县政府；东海、灌云、临沂、莒南、郯城、日照、临沭、莒县、赣榆县委县政府送来挽联和挽词。

凭吊寄深情，洒泪祭英灵；战友情谊深，音容长相忆。符竹庭墓前，哀乐低回，老战友们列队脱帽致哀。正如杨鸿耀和周乐亭合撰的挽联那样："青年将领统帅滨海军民奋勇战日寇，白发部下汇集抗日山下悼英魂。"

悼念活动持续数天，而人们用不同形式的缅怀纪念却从来没有停止过。

2003 年，江苏淮安的全国著名诗人赵恺游览抗日山后，情不能已，写下《赣榆有座抗日山》一文，发表于《人民日报》2003 年 11 月 29 日第 7 版副刊上：

苏北有个赣榆县，赣榆有座抗日山。

土为肌肤，石为骨骼，兀兀磔磔，横无际涯。仿佛县邑东侧的黄海耸起排天巨浪，被历史凝固在天地之间。峥峥石隙间那隐忍的，是战争结痂的尊严。

抗日山因抗日陵园得名。园聚八路军、新四军烈士 3576 名，从军区司令（政委），到机枪射手；从强渡金沙江的英雄，到火烧杨明堡机场的壮士。不解田，不晋级升迁，死后依生前战斗序列集结——他们用血肉保卫民族，他们用精神惕励民族……

……

那年清明，一位普通干部来到符竹庭烈士墓前祭拜英灵。他深深地被烈士的英雄事迹所感动，怀着崇敬的心情写下了这样一文："还记得那个初到冀鲁边区 26 岁的青年吗？他风华正茂，智勇兼备，一身洗得发白的土布军装怎么也掩饰不了他的精明强干。他正带着我们的队伍唱着嘹亮的《游击队之歌》向黄海之滨挺进，一路上降伪军，收土匪，维护地方安宁，壮大我军队伍，那种深沉睿智是我党我军智慧的集中体现，……他谋奇计，定奇策，出奇兵，一举光复了日本侵略者魔爪之下的赣榆县城。"

那年腊月，一位普通游客到抗日山瞻仰符竹庭烈士墓之后，情不自禁地在微博上写道："……伫立在符竹庭陵墓前，六角亭式的石墓正面镶有将军的遗像，凝固了他生命和不朽的精神……，在他指挥赣榆战役大捷后，在那个残酷的冬天，被一颗不可思议的流弹所伤，壮烈殉国。共和国的军史上从此陨落了一位骁勇善战的将星。纯朴的赣榆人民以民歌的方式传唱着他的事迹，并一度把县名改为'竹庭县'。他是山的儿子，是这块神奇土地上的精英。一阵朔风吹来，扬起琼粉一样的雪沫，又旋向空中。我深深地弯下腰，鞠了三个躬，轻轻地离去。"

在四川省成都市建川博物馆内，绿树成荫的广场上用合金属雕塑了 215 名国共两党全民族抗日英雄群体塑像，以军队队列形式排列。每个塑像高二米，符竹庭将军塑像名列其中。进园处立有一块大理石碑，上面刻着："国人到此，低头致敬"。这是共和国对抗日民族英雄的无限怀念和崇高敬意！

2014 年 9 月，民政部公布了第一批在抗日战争中顽强奋战、为国捐躯的 300 名著名抗日英雄群体名录，符竹庭名列其中。他还是人民网党史频道和中国人民抗日战争纪念馆联合推出的 190 位旅以上"中共抗战英烈"之一。毛泽东、刘少奇、罗荣桓称赞他"军政兼优"；周恩来称赞他"中央红军的拳头"；朱德称赞他"不怕艰难险阻，亲临一线的优秀指挥员"；聂荣臻称赞他"具有更高的政治鼓动能力的政委"。1999 年，中共中央党校出版社出版的《军事人物百科全书》，符竹庭名载其中。他是对日作战中，我军牺牲的最高级别的四位将领之一。

追寻他的军事足迹，发现许多鲜为人知的传奇故事，令人惊叹不已！令人折服！经他锤炼过的部队都是我军的精锐之师，如被聂荣臻元帅称为"万岁团"的红一团（现驻香港步兵旅。据说，中央军委决定从全军抽调历史久、荣誉多的部队进驻香港，红一团有幸选中），与闻名全国、威震敌胆，被誉为"万岁军"的第三十八军，都是他曾经领导和指挥过的英雄部队。他卓越的思想政治工作，奠定了部队牢固的思想政治基础和勇猛顽强、能攻善战的光荣传统。

抗战胜利后，山东成为全国最有实力的战略区，毛泽东曾感叹道："四野的主力，三野的一半，二野的一部分，一野还动员了几万兵，都是从山东动员的。"当时，山东滨海军区主力部队就达到3.6万人，民兵4万余人，白卫团11万余人。从滨海军区先后走出了四野第三十八军，三野第二十二军、第三十一军。因此，滨海军区是山东最有实力的战略区。

山东成为全国最有实力的战略区，罗荣桓元帅功不可没，而滨海军区的发展与壮大，符竹庭将军功不可没，无数抗日军民功不可没。

铭记历史我们才能展望未来，如果说历史是一把标尺，英烈就是标尺上的价值刻度。只有铭记历史，敬仰英烈，才能更好地认识今天的我们从何处来，向何处去。2013年11月28日19点，中央电视台新闻联播，播出了习近平总书记视察山东沂蒙山革命老区，当他走进临沂华东烈士陵园，一个特写镜头——符竹庭将军照片豁然在目，映入电视荧屏，让亿万人民再次目睹了烈士的英容，令人感到鼓舞和欣慰。

符竹庭烈士离我们远去了，而他的魂魄却长留在中华民族的精神世界里，正如原滨海军区第二军分区政委，时任中共中央书记处书记、国务院副总理的谷牧写道："在千百万人民心里，符竹庭同志永远活着。"

一、苦难童年

名字就叫接宗仔

符竹庭的家乡——曹家边村，地处广昌西南部，坐落于巍峨挺拔的银岭崇下，周围群山环抱，连绵起伏。片片梯田层叠交错，宛如缕缕飘带缠绕在青山绿水之中。青松翠柏掩映之下，七八户简陋的房屋静立其中。一条川流不息的小溪从村边静静流过。这个同姓同源的小山村，宗亲绵延，血肉相连。小溪边静立着一栋简陋的土坯屋，斑驳的墙面上爬满岁月的痕迹——这便是符竹庭少时成长的老屋。他的父亲符传禄，是位地道的贫苦农民。

1912年10月，农历壬子年九月，那晚星空璀璨，符传禄家中点着一盏昏黄的灯火，在微弱而温暖的灯光下，床上躺着即将分娩的妻子吴氏。符传禄站在门外听见妻子痛苦的声音，急忙拿出线香与纸钱来到祖堂神龛下焚烧祭拜起来。正当符传禄焦灼不安时，突然房间里传来"呜哇，呜哇……"婴儿清脆的啼哭声。高亢的声音打破了静静的小山村。符传禄悬着的心，顿时落了地；焦虑紧绷的脸，顿时松了下来。他急忙走到门外静候。

母亲谢氏激动地从接生婆手中接过刚刚洗过的婴儿，仔细地端详着，"啊！——是伢仔，是伢仔！瞧，明亮的眼睛，圆圆的脸蛋多像他爸爸传禄哟！"母亲谢氏喜上眉梢，急忙把门打开，笑眯眯地对符传禄说："传禄，生了个伢仔，恭喜你当爸爸了！"这个小生命的到来，给这个贫穷的家庭增添了生活的希望。

符传禄心里不知有多高兴。他瞧着孩子虎头虎脑的样子，欣喜若狂地拨了拨孩子可爱的小脸蛋,没想到这孩子"呜哇,呜哇……"地放声大哭起来。孩子哇哇啼哭,让他有点不知所措。他痴痴地凝视着孩子稚嫩的脸庞,心中却不由自主地想起了祖上那点揪心事:"祖父符敬生生了父亲符道政和叔叔符道乾,而叔叔符道乾却没有后人;父亲符道政生了自己和哥哥符传福,可哥哥符传福也没有留下儿女,可谓一家三代单传啊!"想到这里,他有些伤感地叹了口气,小声对母亲谢氏说:"妈妈,我给这孩子取个名吧。"母亲谢氏一边抱着孙儿不停地哄着:"哦,哦……莫哭,莫哭……"一边高兴地回答:"好,取吧,取个好名字。"

符传禄皱着眉头,苦思冥想,突然眼前一亮,"有了!"急忙高兴地对母亲谢氏说:"妈妈,这孩子名字就叫接宗仔,希望他一生平安,传宗接代,延续符家香火。"

"好啊,这个名字好!"母亲谢氏高兴地搂抱着孙儿,心里像灌了蜜似的,笑盈盈地亲吻着孙儿,轻声细语地说:"你爸爸给你取了个好名字啰。我的孙子叫接宗仔哟,多好听的名字啊。"

从此,奶奶谢氏抱着孙儿乐乐呵呵地走东家串西家,整天笑口常开。

1994年符姓修族谱时,宗亲们将房侄符学宽过继给符接宗仔名下,告慰了符传禄的在天之灵。当然,这是后话。据符氏族谱记载:"始祖符彦卿,幼小聪俐不凡,胸怀凌云之志,好读书;十三岁能骑善射,壮益骁勇。十六岁从戎后,在抗辽战争中屡建奇功。因战功卓著被周太祖柴荣封为魏王。宋太祖赵匡胤即位后,加授符彦卿太师。"另据符氏族谱记载,969年,符彦卿携全家迁居江西广昌头陂乡西港村避祸。到了符传禄这一代已有二十多世了。

符传禄一家四口蜗居在两间破旧的屋檐下,每天早出晚归,却依旧未能摆脱贫困的枷锁。妻子吴氏,产后没营养,身体十分虚弱,不久便病倒了。吴氏病情一天天加重,可是穷人家连饭都吃不饱,哪有钱来买药治病?求神拜佛无济于事。吴氏便在贫病交加、缺医少药的困境中离开了人世。吴氏的遗体被安放在门板上,不满周岁的符接宗仔以为母亲睡着了,哭喊着要奶吃。奶奶看着孙儿满面泪水,鼻子一酸,连忙把他抱开,自己的眼泪也止不住地往下流。

没爹娘的苦孩子

1919年秋，曹家边小山村，山中的落叶铺成一片金黄，然而在朦胧的阴霾笼罩下，平添了几分寂寥与静谧。这天上午，符传禄突感胸闷如磐石重压，力气仿佛随风飘散的落叶，只剩下一身沉重的疲惫，与秋日的寂寥交织难分。他想请郎中诊病，无奈家中贫寒，囊中羞涩，他只好强打着精神，勉强支撑。

日复一日，符传禄病情越来越严重，最后连床都下不了。儿子符接宗仔目睹着父亲生病卧床，心如刀绞，却无能为力。只有每日手捧温热的稀粥，送到父亲床前，用那双稚嫩的小手紧握破旧的调羹，小心翼翼地一口一口地喂给父亲。每当他凝视着父亲那日益憔悴的面容，眼眶中总是不禁泛起阵阵泪光，闪烁着对父亲深深的担忧与不舍。

不久，符传禄在贫病交加中离开了人世。面对父亲离世，年仅七岁的符接宗仔感到无尽的悲伤和痛苦，忍不住号啕大哭起来。

符传禄下葬那天，天空下着蒙蒙细雨，符接宗仔披麻戴孝地跪在泥泞的土丘上，看见老表们把父亲的棺材放入墓坑，顿时哭得撕心裂肺。雨点不停地滴打在大家的身上。不久墓坑填满了泥土。奶奶谢氏望了一眼儿子的坟堆，忍不住用围裙捂着脸悄悄地哭泣，一边拉着孙儿符接宗仔的小手往家里走。符接宗仔扭头望着父亲的坟堆，一边痛哭，一边挣脱，"我不想走！"

"唉，老天爷啊！"奶奶谢氏不知是在埋怨孙儿还是老天爷？她无法掩饰内心的痛苦，皱巴巴的脸上布满了泪水。她轻轻地擦了擦脸上的泪痕，一动不动地站在那儿。

从此，符接宗仔成了没爹没娘的苦孩子，读了不到三个月私塾便辍学了，跟随年迈的奶奶相依为命。

1920年春，奶奶谢氏为了维持生计，忍痛将孙儿符接宗仔送至上西村一位姓刘的篾匠师傅家，学习篾匠手艺。

符接宗仔拜师学艺那天，刘师傅坐在一把竹椅子上，目光在他身上停留许久，方缓缓开口："细伢仔，学手艺要吃苦哟。"

符接宗仔眼睛直勾勾地盯着刘师傅那威严的脸庞，心怯脸红，一紧张说话便结结巴巴："我……我能……"

"好吧。从今天起，你就跟我学手艺吧。"

年仅八岁的符接宗仔，自始便拿起篾刀学手艺了。他从选竹、砍竹，到锯、切、剖、拉、撬、编、织、削、磨，每个流程学起。有时手指被竹签插破了，鲜血淋漓，他无奈地忍受着伤痛，仍然坚持干活。他像机器一样不知疲倦地干活，每日拂晓时分，便悄然起床，迎着晨曦的第一缕光，首先细心地打扫房间，精心准备好一日所需的工具。待师傅悠然醒来，他便准备好温热的洗脸水，恭敬奉上，随后便忙碌着将毛竹细致锯开，为一天的工作做足准备。早餐过后，他踏上了前往山林的路途，肩扛着又粗又长的毛竹，步履虽蹒跚却坚定。一路上，他喘着粗气，汗水如细雨般洒落，浸湿了衣衫，连头发也黏在了额前，却依旧咬着牙坚持着。

"唉！这细伢仔太可怜。"过路的老表们边叹息边摇头，眼中满是对他的同情。每当夜幕降临，他依旧忙碌不停，为师傅准备洗脚水或洗澡水。有时他忙碌半日，刚想歇息片刻，师傅便唤道："接宗仔！"他立即回应："这就来了。"随即又投身其他活计中。在地主家做工时，师傅若受了地主的责难，常将怒气撒在他身上，不是命他跪在钉子鞋上，就是用竹鞭对他一顿抽打，直打得他伤痕累累，体无完肤。

苦难的童年在符接宗仔幼小的心灵罩上了一层撩不开的阴云。学徒一年以后，符接宗仔回到了奶奶谢氏身边。奶奶谢氏望着长高了又黑又瘦的孙儿，心中五味杂陈，既欣慰又心疼。

"奶奶，这是师傅给我的工钱。"符接宗仔把两块光洋放在奶奶手心上。"唉，可怜的苦伢仔，真难为你了。"奶奶谢氏接过光洋，小心翼翼地把它珍藏起来。

回到家里，符接宗仔挑起了家中的生活重担，他经常编织各类竹篾器具到集市上去卖。他头脑灵活，肯动脑筋，对篾器制作很有心得。他编织的竹凉席花纹图案种类繁多；制作的各类竹器家具非常精美，很受大家欢迎。至今家乡父老谈起他的篾匠手艺依然津津乐道。

杂货店学徒

春天，大地从寒冬里醒来，各种花卉，漫山遍野一片生机盎然。这天上午，阳光如织，暖意融融。奶奶谢氏搬来一把竹椅子，悠然地坐在禾场上，远眺那山涧岭上竞相绽放的映山红。绚烂的花海，让她的心情豁然开朗，"接宗仔过来，过来。"

符接宗仔看见奶奶今天那么高兴，以为奶奶要送自己上学，便蹦蹦跳跳地跑到奶奶身旁。奶奶轻轻地抚摸着他的头，轻声细语地问道："苦伢仔，想读书吗？""想，做梦都想！"他顿时脸上绽放出了灿烂的笑容。

奶奶语重心长地说："苦伢仔，我们命苦，读不起书，不过我想送你去头陂街道杂货店里学徒，希望你好好学本事。"奶奶谢氏是广昌县城谢家屋人，父亲早先是个生意人。所以，她也算得上见过些世面。为了让孙儿进店学徒，奶奶谢氏把家搬到了头陂长塘塍符家祠堂一间偏房里安顿下来。为了谋生，她给富人家做佣人、做针线。

1923年3月初，春雨绵绵不绝。一天清晨，头陂街道上，一位慈眉善目的老奶奶手握一把油纸伞，缓步前行；她身旁，一个十来岁的小男孩蹦蹦跳跳地紧跟着。二人步履轻快，一同朝头陂太阳庙杂货店走去。这一老一少，正是符接宗仔和他的奶奶谢氏。这天，符接宗仔要去揭三杂货店拜师学徒了。

太阳庙杂货店老板姓揭，因排行老三，其父给他取名揭三。揭三不但生意做得好，而且还有一门制作蜡烛的好手艺，他制作的蜡烛具有无烟，燃烧缓慢的特点，所以远近闻名。揭三老板，年届四旬，双眸不大却炯炯有神，闪烁着商人的狡黠与睿智，一看便知是位久经沙场、精明强干的生意人。这天，他穿了一件蓝竹布长衫，端着一把铜制水烟斗，悠然坐在客厅椅子上咕噜噜、咕噜噜地抽烟。忽然，小伙计二伢仔急匆匆地从外面走来，火急火燎地说道："师傅，有位老太太带着一个细伢仔来找您。"

"嗯。"揭三慢悠悠地放下烟斗，心想，"奇怪？这老太太找我什么事？"他稍思片刻，随手拿起烟斗猛抽了一口，接着吩咐道："二伢仔，请他们进来吧。"

谢老太太在门外稍停了一下，用手轻轻地掸了掸衣衫，便带着符接宗仔走进客厅。

"老太太，你有何事？"揭三笑眯眯地问道。"揭老板，我孙儿接宗仔闻您手艺好，今天特来拜您为师，跟您学手艺。"谢老太太恭维地说道。

揭三一边吸烟，一边上下打量着符接宗仔，"伢仔，念过书吗？"

符接宗仔一听揭三问话，脸"唰"地通红，声音细若蚊蚋，带着几分腼腆回答："念过三个月。"

"就念过三个月？"

"是，是……"一紧张，符接宗仔说话就不那么流畅了。

"唉！学做生意嘛，要会写、会算。"揭三眉头紧锁，不断地吸烟。烟雾缭绕中，他目光如炬，细细地打量着眼前这孩子。

谢老太太以为揭三不肯收留，紧张地恳求道："揭老板，这孩子懂事，教他什么，他都能学会，求求您高抬贵手收他为徒吧。"

揭三仔细观察了一阵，发现这孩子异常机灵。于是，他深深地吸了一口烟，接着把水烟斗往桌子上一搁，挥了挥手，微笑着对谢老太太说："这细伢仔肯学的话，就留下来吧。"

谢老太太紧绷的脸顿时松了下来，赶紧说："多谢揭老板关照，多谢了。"接着轻轻地拍了拍符接宗仔的肩膀说道："苦伢仔，快跪下，给师父磕头！"

符接宗仔立刻"咚"的一声，双膝跪下，向揭三磕头行礼："师父在上，徒儿符接宗仔拜过师父。"说罢，连磕三个响头。

从此，符接宗仔学徒生活开始了。常言道："学徒学徒，三年为奴。"可想而知，学徒生活有多么艰辛。三年学徒期间，东家只管饭、不给工钱，每年只能回家一次，如果老板高兴就会给几个赏钱。

刚开始，符接宗仔仅学习包扎货物、招呼客人等一些开店的规矩、礼节，伺候师父的活更是必不可少。如，每天晚上，师父就寝前，要将师父的卧室收拾好，展开被褥，还要把夜壶送进去。收拾妥当，自己却只能在外面的地板上打地铺。第二天，天未亮时，就得起床卷起地铺，开始打扫卫生，帮助师父倒夜壶和清理痰盂，并伺候他起床。平日里，一日三餐都是由徒弟们轮流做饭。

至于开店门这项任务，听起来似乎简单，但实际上却颇为艰巨，对于一个年仅十岁的孩子而言，更是难上加难。因为这店门每块两米高，五十厘米宽，而且板质又厚，共有八九块木门。每天早晨开店门时，符接宗仔要将这八九块门板，一块一块地卸下来；晚上关店门时，又要将这八九块门板一块一块地装回去。符接宗仔人小个子小，而木门又高又重，每搬动一块门板，他都要咬紧牙关，使出浑身力气，步履蹒跚，晃晃悠悠地往前移，有时一不小心，木门板"嘭"一声落地，自己也随同木门板"扑通"摔倒在地。街坊四邻看见这孩子摔得鼻青脸肿，都对他充满了同情。特别是那些心地善良的姑娘、媳妇、大嫂、大婶们，眼眶里不禁噙满了同情的泪水。

学徒之路充满艰辛，即便如此，任何细微的疏忽或失误，都可能成为老板辞退的理由。那时，如果学徒被辞退回家，是很丢脸的事，所以，什么样的辛酸、屈辱都要忍受。头陂街上有位姓何的劣绅，平时到店里买东西不给钱，叫赊账，说是以后付钱。次数多了，欠的钱也多了，小本生意经受不起。这天，师父吩咐符接宗仔去要账。符接宗仔找到姓何的劣绅，说道："何财主，您昔日欠的账，师父叫我与你结清。""什么？我哪里欠账？"何财主故作惊讶地反问道。

"何财主，这里有您的记账。"符接宗仔举起账本，示意其上的记录一目了然，"瞧瞧，这儿可都是您的赊账签字。"然而，何财主非但不屑一顾，反而仗着自己身强力壮，气势汹汹地反咬一口："哼！你这崽子，竟敢诬陷我？我打死你！"猛然举手朝符接宗仔脸上打去，符接宗仔躲闪不及，被打得鼻青脸肿。悲愤之中，只能悄悄地流泪。

学徒最害怕的就是年夜饭了。大年三十算完账，老板（师父）与徒弟们坐在一起吃年夜饭，要是师父第一个将肉丸夹给谁，谁就倒霉，谁就意味着被辞退。这就是所谓"滚蛋丸子"的说法。如果桌上放着一个空碗，师父将第一个肉丸放在空碗里，大家就能放心地吃年夜饭了。符接宗仔的学徒生活，充满着艰辛与磨难，他忍辱负重，如履薄冰，年复一年地苦苦煎熬着。

二、"八一"军旗指征途

萌发革命志向

1927 年 3 月中旬，头陂下关街道。

这天上午，天空被一层厚厚的灰纱轻轻笼罩，街道上的石板泛着幽幽的寒光，房屋显得冷冰冰湿漉漉的。街上行人稀少，只有几个肩挑豆腐、豆腐脑，手挎提篮装满盅仔糍、油丸的小商贩们满街叫卖。

太阳庙杂货店掌柜揭三，吃过早饭后，吩咐伙计符接宗仔前去要账。符接宗仔接过账簿，急匆匆地往外走。当他途经下关街道时，不经意间瞥见前面几个老表正围着街旁一面墙壁仰头观看什么？还指指点点。他很好奇，急忙走上前，抬头一看，发现墙壁上贴着一张小广告，上面赫然写着："夜校招生，年龄不限，不收学费，只收书本费。"

"哪有不收学费的好事？"老表们小声议论。符接宗仔听见老表们如此议论，感到有些疑惑？

下关街道不远是冯家祠堂，学校设在该祠堂里。符接宗仔信步朝学校走去。这时，教室里走出来一位三十多岁的先生，他清瘦的脸额下长着两道又粗又浓的眉毛，鼻梁上架一副眼镜，身穿一件青布长衫，腋下夹着教材匆匆地往外走。

"王先生，下课了呀？"旁边一名老表向他打了声招呼。

符接宗仔听见该先生姓王，急忙迎上前，礼貌地询问道："请问王先生，夜校读书真的不收学费？"

王先生望了一眼符接宗仔，不假思索地回答："那还有假？当然是真的！"

"那你不收学费，何以为计?"

王先生听后哈哈大笑，"我白天教书当然收学费，晚上教书不收学费是为了帮助交不起学费，又很想读书的穷苦人啊。"

符接宗仔惊喜地说:"王先生，我做梦都想读书。"

王先生微笑着说:"好啊!想读书，就来读夜校吧。"

当天晚上，符接宗仔怀着激动的心情来到夜校，却发现教室里摆放着几排老旧课桌和几把长条木板凳，梁上吊着一盏铁皮煤油灯。昏暗的灯光下，王先生坐在一张课桌边，室内显得格外冷清，他手里翻着登记簿等待着学生报名。

王先生突然看见符接宗仔走进教室，连声赞叹:"读书人，就当如此，就当如此啊!"

符接宗仔听见王先生夸他，顿时满脸通红，"唉!我太想读书了。"

"好，好哇!"王先生急忙拿起毛笔开始登记，"你叫什么名字?"

"我叫符接宗仔。"

"你还有别的名字吗?"

"我就这个名字呀。"

王先生放下毛笔，犹豫了一下，说:"你这个名字是乳名，我给你取个学名，好不好?"

"好!好……"符接宗仔赶紧回答。

王先生沉思良久，突然念起一首词来:

满 庭 芳

郑履声传，倪经业绍，半千贤运重开，

妙年阔步，高折桂枝回，

卿月郎星历遍，都贪把，符竹南来。……

当他念到这里时，突然戛然而止，笑着道:"这是咱们抚州崇仁县宋朝诗人李刘的词，这首词的主要内容是说，'做人做事要像古人郑崇那样为人低调，清正廉明，刚直不阿，不能像馆陶公主那样贪心。'你的姓名正好用这首词后半句的两个字'符竹'再加词牌名中间的'庭'字"，王先生拿起毛笔蘸了蘸浓浓的墨汁在纸上写道，"就叫'符竹庭'吧。"

此刻，符接宗仔的眼眸闪烁着喜悦的光芒："王先生，您给我取的学名真好，我非常喜欢。我希望像郑崇那样，成为一个刚直不阿，有担当之人。谢谢您，王先生。"说完，他恭敬地鞠了一躬，从此，符接宗仔有了自己的学名——符竹庭。

符竹庭心里像灌了蜜一般，喜悦之情难以言表。他想不到，命运的转折让他重获读书的宝贵机会。他因此非常珍惜这来之不易的学习时光。每天晚上，他早早地来到夜校，自豪地坐在教室里，认真聆听王先生讲课。王先生最初教他们《三字经》《百家姓》《增广贤文》《幼学寻源》，后来教他们《小学国语常识》《孟子》等等。符竹庭记忆力强，接受能力快，有的课文念上一个多小时，就能一口气背诵下来。为了把夜校学的东西记牢，白天在杂货店里，只要有空，他就会把王先生讲的课文再默记，温习一遍，加以巩固。

符竹庭学习进步快，王先生的教学也采取因材施教的方法。课余时间，王先生给他们讲《三国演义》《水浒传》等民间文学故事。符竹庭从中领悟到许多人生哲理。

1927年8月19日午后，绚烂的彩云铺满了天际。头陂太阳庙宽阔的禾场上，迎来了一番别样的景象。一群身穿灰布军装，头戴大盖帽，领系红领带的军人踏步而来，他们当中，有的在戏台上热情洋溢地敲锣打鼓，有的在街道上细心地张贴鼓舞人心的宣传标语。老表们闻声而动，纷纷汇聚而来，没过多久，太阳庙禾场上便人山人海，熙熙攘攘。

一位身材魁梧的军官庄严地站在戏台上，他向台下老表们庄重敬了一个标准的军礼，慷慨激昂地说道："同胞们，我们是国民革命军，是劳苦大众的军队。"

那位军官时而双手叉腰，时而猛力挥动手臂，激情洋溢："同胞们、工友们、农友们！当前我们广大民众正承受着帝国主义列强和反动军阀的双重欺压，土豪劣绅肆无忌惮地兼并和侵吞土地。农民破产，流离失所，工人受剥削压迫。同胞们，我们要铲除剥削和压迫制度，让广大穷人翻身解放！"

那位军官慷慨激昂的言辞，宛如一股激流，深深地感动了台下一名少年的心灵。那少年，面容清秀而坚毅，乌黑明亮的眼睛，仿佛夜空中最耀眼的星辰，闪烁着机敏与好奇的光芒。

他，不是别人，正是符竹庭，一位注定要在历史长河中留下足迹的青年才俊，此刻，他正全神贯注地聆听着，心中燃起了对未来的无限憧憬。当那位军官演讲结束，他便匆匆地朝他走去。

"小伙子，有什么事吗？"那位军官和蔼地问道。

符竹庭坚决地说道："我要参加革命军！"

那位军官上下打量着眼前这位个子瘦小，天真无邪的少年，亲切地问道："你今年多大啦？"

"15岁。"

"你还小，等长大了再参军吧。"

符竹庭恳求道："我不小，请收下我吧。"

那位军官摇摇头，婉言道："小兄弟，我们暂时不接收新兵。"

符竹庭锲而不舍，软磨硬泡，坚决要求参加革命军。那位军官目睹着符竹庭坚定执着的态度，稍思片刻，说道："小兄弟，你年幼无法直接参军，但可以参加地方共青团组织，同样也是干革命呀！"

符竹庭一片茫然："这里哪有共青团组织？"

"有的，到时候你会知道。"那位军官耐心地劝导他。

"那好吧。"符竹庭将那位军官的叮咛深深地刻在脑海中，怀揣着一份无奈的释然，缓缓地步入杂货店幽深的门廊。

投 身 革 命

1927年12月上旬，冬日的寒风夹杂着柔和的阳光，符竹庭在杂货店内忙碌着，不时听到顾客们议论着各种稀奇古怪的消息：听说乡下某地主半夜被人绑走，家里花了大笔银洋才赎回了性命，老百姓说这叫"吊羊牯"。传说宁都不远的东固山绿林好汉改弦易辙，连人带枪交给共产党管了，称呼不再叫"三点会"，而叫农军。

这些天，头陂街道出现了许多革命标语，尽管官府查得紧，众多标语传单仍然层出不穷。符竹庭联想到那位军官说的话，相信头陂真有共产党和共青团组织。怎么寻找他们？他感到有些犯难，不过寻找共产党组织的决心他始终不渝。

这天上午，符竹庭与店里一位小伙计谈论着头陂街道近期发生的"怪事情"。小伙计问他："听你口气，你对共产党很感兴趣？"

符竹庭回答得很干脆："这不是什么兴趣，我做梦都想参加共产党！"没想到这话被一位刚进店的中年男子听见了，他急忙走上前，伸出巴掌做了一个抹脖子的动作，悄悄地说："伢仔，杀头的事你也敢说，你就不怕？"

符竹庭真可谓"初生牛犊不怕虎"，理直气壮地回答："共产党为穷人闹翻身，命都不要，我怕什么？"

那位男子瞅了瞅门外，压低声音说："伢仔，刚才的话，切莫对外人讲。"

符竹庭懵懂地回答："不讲，怎么寻找共产党？"

"这事你放心，也许我能帮你找到线索。"

符竹庭听了那位男子这番话，感觉有些蹊跷，就像平静的湖水激起了巨大的浪花，"大叔，你莫是——"

"哦，我叫邓培才，下湖村人氏，常在外面帮人看风水，赚钱养家，常来头陂帮人做事，也常来贵店歇歇脚。我晓得你叫接宗仔，是穷苦人。"邓培才故意转移话茬，自我介绍了一番。

符竹庭机灵地问道："哦，培才叔，您是地理先生，您走南闯北，您能找到共产党吗？"

邓培才谨慎地望了一眼门外，做了一个手势，小声说："能否借一步说话？"

"能啊！"符竹庭点点头，急忙把他领进里间。接着倒了一碗茶送给他，"培才叔，喝碗茶。"

邓培才接过茶呷了一口，然后把茶碗放在桌子上，"你有没有看见街上标语下方写有这样的落款符号?"他边说边用手指在碗里蘸了蘸茶水在桌子上写道:"CP",然后指了指解释道:"这是共产党的英文缩写。"他说后,马上用手抹掉,接着又用手指蘸了蘸碗里的茶水在桌子上写了一个"CY"的符号,继续说道:"这是共青团的英文缩写。"他停了一下,解释道:"这共青团呀,就是少年共产党的意思,是你们厚生伢仔的组织哟。"

符竹庭听了邓培才一番话,顿时感到一股暖流传遍全身,他目光炽热地凝视着邓培才,难以掩饰内心的澎湃之情,他恳切地说道:"培才叔,我请求加入共青团组织!"

"你请求参加共青团是件好事,但要创造条件才能加入共青团组织。"

"那怎么来创造条件?"符竹庭不解地问道。

邓培才说:"你莫急,慢慢就晓得。"

自与邓培才相识以来,符竹庭连日夜不能寐,满心欢喜难以平复。这天,邓培才再次踏入杂货店,符竹庭连忙将他迎进里间,并迅速倒了一碗茶,双手递上。邓培才接过茶,轻轻呷了一口,随即将茶碗放在桌上,接着小声对符竹庭说:"接宗仔,有个事烦劳你。"他边说边从兜里掏出一封信交给符竹庭,并嘱咐道:"到时候有人来取,联络暗号是:'讨碗水喝,无水茶好,无茶酒行',你回答:'水在缸里,茶在壶里,酒在坛里'。"符竹庭铭记着联络暗号,坚定地回答:"培才叔,请放心,我一定把这事办好!"

几天之后,太阳庙杂货店里来了一位陌生客人,左眼皮粘了块泥,本地人认为眼皮跳,福事到,为图吉利,便在眼皮上粘泥块。来客先生模样,一见符竹庭,立刻伸出左巴掌,张开五指朗声道:"小师傅,讨碗水喝,无水茶好,无茶酒行。"符竹庭顿时明白这是接头暗号,立刻回答:"水在缸里,茶在壶里,酒在坛里,自己喝,自己取。"那位客人听后笑眯眯地收拢五指,搓成拳头对着鼻梁小声说道:"敬赤礼!"(即五大洲工农兵学商团结起来的意思)符竹庭急忙把他领进里间,立刻把那封信递给他。那位先生接过信,小心翼翼地把它藏好。随后,便匆匆地离开了杂货店。后来才知道那位先生,正是宁都县黄陂乡农协会委员长兼地方党组织政治交通员——刘虎同志。

符竹庭圆满地完成了组织上交给的任务。不久,邓培才介绍他参加了湖陂游击队，并任交通员，把太阳庙杂货店设为游击队地下联络站。

这天上午，杂货店里来了一位矮个子，脸很黑，像个打铁佬，眼皮上贴了一块小纸片，朝符竹庭笑嘻嘻地说道："细伢仔，讨碗茶喝，无茶酒也好。"符竹庭望了那人一眼，心想："联络暗号错了，显然不是自己人。"于是他机警地回答："有茶有茶，我马上烧来。"边说边倒了几勺水在锅里，然后往灶膛里塞了一把柴，真的烧起火来，藏在灶膛里的一包机密文件，顿时被化为灰烬。

那人朝符竹庭上下打量了一番，朝屋里瞅瞅，鬼鬼祟祟地说："小同志，我是奉命来取材料的。"

"不用小桶子，有勺子。"符竹庭故意把"同志"说成"桶子"，装作听不懂。

那人问店里常有些什么人？符竹庭回答："进进出出多得很，都是顾客不认识。"那人又问："你店里有材料吗？"

符竹庭指着货架上的布匹，神态自若地回答："你要裁料？你要扯多少布？要哪些布？"那家伙见问不出什么名堂，气得火冒三丈，怒不可遏地闯进里间翻箱倒柜地乱搜。符竹庭见那家伙像土匪一般，顿时怒火中烧，大声喊道："哪里来的贼，大白天进店抢东西！"这一喊，街坊四邻都来了，那家伙见势不妙，慌里慌张地逃走了。后来大家得知，那家伙是国民党县党部的侦探。

符竹庭机智勇敢地把党的文件、密信、传单、标语、会议通知一次又一次地平安传递出去，为党的发展和打击国民党反动派的反动统治发挥了重要作用。

1928年6月末的一个夜晚，星空灿烂，微风徐来，头陂法华寺一间小屋迎来了几位俗家子弟。他们的到来，为这古刹平添了几分不同寻常的气息。他们将一盏昏暗的豆油灯放在一张八仙桌上，把一张写有"CY"字样的红纸贴在墙壁上。明眼人一看便知道，这是地下党组织的一次入团宣誓仪式。

符竹庭等人参加了这次入团宣誓仪式。主持人邓培才带领符竹庭等人举起右手，庄严肃穆地向墙壁上的团旗宣誓："遵守团组织纪律，严守团组织秘密，做共产党的助手。头可断，血可流，此志不可夺！为实现共产主义而奋斗！"

宣誓完毕，邓培才语重心长地说道："竹庭，你光荣地加入了共青团组织，这意味着你肩上的担子更重了。"符竹庭激动地回答："我日夜盼望的共青团组织，今天终于盼来了；从今以后，我要把一切献给党！"

参 加 红 军

1928年9月中旬，这天上午，天空湛蓝如洗，阳光透过云层洒下一片金光。头陂街道赶集的人群，熙熙攘攘，喧嚣不已。邓培才身着一件朴素的白粗布短衫，肩背着一个鼓鼓囊囊的布袋，悠然穿梭于集市中。他在琳琅满目的摊位间溜达了一圈后，脚步匆匆地踏进了太阳庙杂货店。

"培才叔，喝口凉茶。"符竹庭急忙倒了一碗凉茶送过去。邓培才接过茶，咕咚咕咚一饮而尽，接着抹了一把嘴角上的水沫，望了一眼屋外，小声说道："到里屋说话。"随后两人来到里间，邓培才缓缓地从口袋里掏出一封信，脸色严峻地说道："竹庭，最近，国民党当局正在严查我党秘密联络站，为了避免遭受损失，组织上决定让你参加红军。"他扬了扬手中的信说道："你带上这封信到黄陂找到刘虎同志，他会带你找到江西红军独立二团。然后，你把这封信交给红二团的首长。"

符竹庭闻言，心中瞬间如同波涛汹涌的大海，澎湃不息，久久不能平静，他双手颤抖着接过那封信，小心翼翼地珍藏起来。

随后，邓培才叮嘱道："你即刻出发，记得途经洽村时，去找陈富生，我已安排人与他接洽，你们两人一同前往。"说罢，邓培才便转身离开了杂货店。

从此，符竹庭踏上了红军的征程，他深情地告别了挚爱的奶奶，心中百感交集地离开了杂货店，坚定地朝洽村方向大步走去。

夜幕降临时，符竹庭踏进了一片毛竹林。四周被昏暗笼罩，竹林间透出一股令人心悸的阴森。为了驱散心中的恐惧，他紧握一根木棍，敲打着路边的竹干，伴随着"嘭嘭"的回响，在静谧中显得格外响亮。就在这紧张微妙的时刻，前方猛然响起一声呼唤，穿透了夜的寂静："那边的可是竹庭吗?"

符竹庭突然听见有人喊自己的名字，猜想："应该是陈富生。"于是急忙回答："我是符竹庭，请问你是哪位? 是不是陈富生?"

"我是陈富生啊。"

符竹庭顿时面露惊喜，快步迎上前去，热情地说道："邓队长特地吩咐我来找你，没想到，咱们竟在此不期而遇，真是太好了。"

陈富生跑上前，紧紧握住符竹庭的双手，高兴地说："终于等到你了！今晚到我家住，明天咱们一起赶路。"

第二天早晨，天蒙蒙亮，两人徒步来到黄陂，找到了刘虎。一见面，符竹庭就惊喜地跳起来："你不是上次到头陂取信的那个交通员吗？"刘虎也笑着回应："是的，小符同志，我们又见面了。"说着，他热情地给符竹庭与陈富生各自倒了一碗茶，然后和颜悦色地问道："不知二位此次前来，有何贵干？"

符竹庭沉吟片刻，神色凝重地回答："近期，组织上察觉到敌人已对我们的联络站产生了警觉，为避免其遭到破坏，让我和陈富生同志前来投奔红军。"

刘虎听后，略一沉吟，眸中闪过一抹决然之色，沉声道："好，明天我带你们去找红二团。"

次日清晨，刘虎领着符竹庭与陈富生踏入山林。山间薄雾如纱，微风吹来，散发着泥土的芳香。一条清澈见底的小河蜿蜒穿过群山，奔腾流过峡谷，最终缓缓流向了远处的一个小山村。

符竹庭与陈富生紧随刘虎，沿着小河悄然来到隐秘的小山村。他们小心翼翼地穿过层层岗哨，最终来到一栋破旧的房屋前。刘虎轻轻地敲了敲房门，屋里随即传来一声低沉而警惕地回应："请进！"

刘虎轻轻推开门，带着符竹庭与陈富生走进屋内。此刻，一位中年男子微笑着迎上前："你们来了，请坐。"

那位中年男子身穿旧灰布中山装，腰扎一根牛皮带，理着平头，明朗的长方脸膛，宽阔的前额，鼻梁下一片刮不尽的络腮胡子。浓黑的剑眉和一双敏锐的眼睛，透露出乐观、直率和热忱的性格。

"李团长，我给你带来了两位后生。"刘虎一进门便说明来意。原来那位中年男子，便是大名鼎鼎的江西红军独立二团团长兼党代表李文林。

李文林吩咐警卫员给他们倒茶，随后语调温和而又不失威严地问道："你们此番前来，定是怀揣着非同小可的要事吧？"

符竹庭与陈富生闻言，顿时心中热血沸腾，不约而同地高声疾呼："首长，我们要求参加红军，为革命事业赴汤蹈火，在所不辞！"

李文林听后，沉吟片刻，缓缓地说道："你们渴望投身红军的热情值得赞扬，若大家都离开了，党的地方组织的情报传递与联络工作又该如何进行呢？"

符竹庭听后，立刻从衣兜里掏出一封信，双手交给李团长，眼中闪着期待的光芒："首长，这是湖陂游击队让我转交给您的信。"李文林接过信，轻轻撕开封口，映入眼帘的是一份组织介绍信，他迅速浏览一遍，顿时笑容满面地说道："原来你们是地方党组织推荐来的同志，好啊！我们欢迎你们加入红军！从现在起，你们就是红军战士了！"

符竹庭与陈富生一听这话，顿时喜出望外，激动地纵身跃起，齐声欢呼："啊！我们终于成为光荣的红军战士了！"

李文林目睹着他俩喜形于色，一思忖，微笑道："依我看，你俩还是继续做交通员工作更为合适。"

陈富生不解地问道："首长，我们都是红军了，怎么还干交通员？"

李文林笑着解释道："你们是江西红军独立二团的政治交通员，你们肩上的担子不轻啊！"

符竹庭参加红军后，继续从事政治交通员工作。他机智、勇敢，多次出色地完成了组织上交给的重大任务。同年底，他光荣地转为中国共产党党员。

符竹庭参加红军的消息，被国民党反动派得知。他们多次威逼利诱其祖母谢氏交出符竹庭，均遭到谢老太太的严词拒绝。反动派恼羞成怒，毒打谢老太太。谢老太太面对凶恶的敌人，大义凛然，最终惨遭国民党反动派杀害。

符竹庭得知敬爱的奶奶被国民党反动派杀害的噩耗，他悲愤填膺，决心义无反顾地投入革命的洪流，为亲人报仇，为受苦受难的劳苦大众翻身解放而奋斗！

三、红军大队党代表

少年党代表

1929 年 1 月中旬的一天上午，温暖的阳光轻抚着东固大地，江西红军独立二团第三大队驻地，骤然间响起了急促的集合哨声，全体指战员迅速奔向禾场上，整齐列队。大队长站在队列前，望了一眼整齐的队伍，便开始讲话。此刻，一名稚气未脱的少年站在大队长旁边，引起了战士们心中的嘀咕："刚来的'通讯员'竟与大队长并肩而立，真是没大没小。"

就在这时，大队长说话了，他手指了一下身旁的少年说道："同志们，这位是刚调来的大队党代表。现在欢迎党代表同志给咱们讲话。"大队长话音刚落，队列中响起了热烈的掌声。大家没想到这名少年竟然是党代表。

在雷鸣般的掌声中，那少年党代表，身姿挺拔，"唰"地向大家敬了个军礼，声音洪亮地说："同志们，我叫符竹庭，听得见听不见？"后排的战士喊道："听得见看不见。"他只好搬了一块土砖，站在土砖上向全体指战员进行讲话。这天，符竹庭刚刚被上级任命为江西红军独立二团第三大队党代表。其实，这时他还不满十七岁，而该大队的指战员们，平均年龄二十岁，最大的三十多岁，他可谓少年老成，机敏过人。

全大队二百多人，要带好这样一支部队不是件容易的事。那时，部队天天行军打仗，做思想政治工作不能笼统，要具体到位。如早晨集合时，要讲话，提出当天的注意事项；行军时，要走在队伍后面，收容掉队人员；晚上一到宿营地，要听汇报，解决问题。

他虽然年少，文化也不高，但他勤奋好学，聪明过人，作战勇敢，作风扎实。他经常深入班排与战士们一起唱歌，一起玩游戏，一起学文化，彼此间亲如兄弟。年龄比他大的，他尊重关心，与他同龄的他关怀爱护。全大队干部战士有什么心里话，都愿意跟这位少年党代表诉说。

红三大队的战士们大多数出身穷苦农民，很多人连自己的名字都不会写，绝大部分是文盲和半文盲。为了改变战士们的文盲状况，符竹庭提出"每人识四百字"的口号。要达到这个目标，可不是一件简单的事。作为党代表，自己首先要带头学习，不管走到哪里，只要一坐下来，他就会用树枝在地上写，地上画，边写边念。在他的影响与带动下，全大队干部战士学习文化蔚然成风，不少战士还学会了写家信。

聆听朱毛讲话

1929年2月22日（农历正月十三日）上午，晴空万里，阳光明媚。毛泽东、朱德率领的红四军二千余名勇士与江西红军独立二、四团一千余名健儿，在东固螺坑石古丘的河坝上胜利会师了。战士们激动不已，相互拥抱，欢呼声震耳欲聋。十几面鲜红的旗帜猎猎飘扬，悦耳的唢呐，响彻云霄。整个河坝上洋溢着节日的气氛。

主席台上，毛党代表、朱军长，红二、四团党代表李文林；主席台下，符竹庭带领红三大队指战员与兄弟部队盘腿而坐。当团党代表李文林介绍毛党代表、朱军长与红四军时，红三大队党代表符竹庭率先带领大家呼喊口号，把整个会场气氛推向了高潮。

毛党代表气宇轩昂地站在主席台上，他讲起话来时而挥手，时而叉腰，幽默风趣，妙语连珠，赢得了满堂喝彩。随后他点燃一支烟，深深地吸了一口，伴随着细微的嗞嗞声，缕缕烟雾悠然升起，接着他继续侃侃而谈："同志们，我们从井冈山出发，天天讲到东固见红二、四团。过去我们红四军有的同志说，没有红二、四团，现在见到了，没吹牛吧？"接着毛党代表，表扬了红二、四团的指战员们勇敢顽强的战斗精神，并称红四军是铁军，红二、四团是钢军。

毛泽东演讲结束后，紧接着朱德开始讲话。朱德的声音浑厚而富有磁性，他一字一句，缓缓流淌，如同春风化雨，深深地打动着每一个人的心田，展现出无比的感染力与威严。他号召红二、四团的干部战士们要加强团结，遵守纪律，努力学习军事、政治、文化，不断提高战斗力。他风趣地说道："国民党反动派天天喊打'朱毛'，'朱毛'越打越多，现在你们也成了'朱毛'了。"朱德幽默的谈吐，把气氛推向了高潮。战士们无拘无束地哈哈大笑起来。符竹庭第一次聆听朱毛首长的讲话，心里就像燃起了一团火，激情澎湃，久久不能平息。

在热烈的气氛中，红四军政治部主任陈毅赋诗一首：

> 东固山势高，峰峦如屏障，
> 此是东井冈，会师天下壮。

会后，红二、四团给红四军赠送了两千块银元，还有部分子弹、衣物。红四军也赠送了一些枪支给红二、四团。红四军在东固休整了七八天，经济、弹药得到了补给，然后挥师赣南闽西。

开展农村土地革命

1929年6月，红二团在团长兼党代表李文林的率领下，转战峡江、永丰、宁都，于6月16日到达广昌与南丰交界地——洽村、瞿村等地开展游击战。

6月中旬的一天上午，阳光如织，微风轻拂。红三大队党代表符竹庭与大队长正在屋里商量如何派遣小分队深入农村，开展土地革命等问题。突然门外有人喊道："报告！"顿时打断了两人的对话。只见团部通讯员小刘，急冲冲地闯进来，向符竹庭与大队长敬了个军礼，心急火燎地说道："符党代表，李团长找您。"

"有任务？"

"是的。"

符竹庭目睹小刘气喘吁吁，满头大汗，连忙拿起茶碗，满满斟了一碗清茶送给小刘，关切地说道："小刘，喝口茶，解解渴。"

小刘接过茶，咕咚咕咚，一饮而尽。符竹庭见状，轻声细语地说道："嘿，慢点儿喝，可别让茶水呛坏了喉咙。"

"嘻嘻……"，小刘抹了一把嘴角上的水沫，不好意思地笑了。

随后，符竹庭随小刘来到团部。他刚踏入门槛，只见团长李文林正端坐在板凳上，眉头紧锁，沉浸在深思之中，手指夹着一支烟，缓缓吞吐，烟雾缭绕。符竹庭不禁轻声喊道："报告团长。"

李文林闻言，猛然抬起头，惊喜地说道："竹庭，你来啦。"随即起身走上前，轻轻地拍了拍符竹庭的肩膀，沉声道："刚才我还在想，怎么打开广昌、南丰土地革命的新局面？认为你是广昌人——这不，你就来了。"

李文林深深地吸了一口烟，郑重地说道："竹庭同志，团里决定你们大队担负起南丰、广昌一带的群众发动工作。时间紧，任务重，你们要做好充分准备。"

"是，团长。"符竹庭坚定地回答。

"有什么困难没有？"

"没有。"

"好，就这么定了，你回去抓紧时间安排落实。"

"是，团长。"符竹庭"唰"地敬了个军礼，转身离开了团部。

符竹庭回到大队部，立刻向大队长传达了团长的指示。大队长沉思片刻，眸中闪烁着深思的光芒，缓缓地说道："发动群众是关键所在。因此，需要探寻有效的方法来动员群众。"

此刻，符竹庭早已胸有成竹，他缓缓地说道："我认为，先派一位当地同志到南丰与广昌交界地区开展工作，慢慢地打开局面。"

"有道理，派谁去合适呢？"

"一排长陈富生同志比较合适。"符竹庭脱口而出，接着解释道，"陈富生早先是广昌苦竹人，后来过继给南丰黄龙坑一户陈姓农民当儿子，所以他既是广昌人又是南丰人。"

"哦，对对！陈富生同志既是广昌人又是南丰人。我怎么就没想到呢。"大队长自嘲地笑了。

符竹庭喊来通讯员，对他说："小李，通知一排长陈富生过来一下。"

"是。"通讯员小李转身离去。

不一会儿，陈富生来到大队部。

"报告！"

符竹庭听见陈富生的声音，连忙回应道："富生啊，快进来吧。"

陈富生应声而入，挺身敬了个军礼，接着问道："大队长、党代表，有新任务？"

符竹庭笑眯眯地拍了拍陈富生的肩膀，打趣道："嗨，难道没任务咱们兄弟俩就不能坐下来好好叙叙旧？"

陈富生闻言，故意板起脸，一本正经地说："没任务？那你怎么会派通讯员通知我？快从实招来，什么任务？"

大队长忍不住笑了，但随即收敛，神色变得严肃起来："富生同志，团首长命我们三大队开辟广昌县的土地革命。我与党代表研究，决定派你这个当地人前去打前站。"

"怎么样，有什么意见？"符竹庭微笑着问道。

"没意见。"陈富生坚定地回答，接着问道："什么时候走？"

符竹庭扫视了一眼桌子上的闹钟，说道："吃过午饭再走吧。"

大队长叮嘱道："你先准备一下，下午出发。"

"是！"陈富生敬了个军礼，转身离开了大队部。

当天下午，陈富生回到了阔别一年之久的家乡——黄龙坑。次日，他便以走亲访友的名义，在亲朋好友中间宣传土地革命道理。经过一段时间深入细致的宣传动员，终于把群众的思想觉悟发动起来了。半个多月后，黄龙坑成立了农民协会，同时建立了黄龙坑赤卫队。

7月上旬的一天早晨，天刚破晓，晨光熹微。符竹庭带着勤务员小王，迎着初升的太阳，吹着凉爽的晨风，行走在郁郁葱葱的山道上。山边小溪涓涓。

偶尔几声布谷鸟的鸣叫声，打破了寂静的山林。他们走了一个多小时路，终于到达了黄龙坑。

"富生啊，我看你来啰。"符竹庭老远就大声喊道。

正在屋内忙碌的陈富生，猛然耳畔响起符竹庭的声音，他心中一喜，立刻从屋里奔出来，乐呵呵地说道："哎呀，党代表，你可算来了，我这心里天天盼望你来哟！"说着，他快步迎上前去。

"是呀，一日不见如三秋嘛。"符竹庭调侃道。

随后他们来到屋里。陈富生一边倒茶，一边说："党代表，你来了我就好办了。"

"怎么，有困难？"

"就是枪支少。二十多个赤卫队员，才二条土铳。"陈富生显得有点发愁。

"愁什么？有人就好办。大队给你们拨十条步枪，怎么样？"

"好，太好了！"陈富生激动地鼓起掌来。

符竹庭轻轻地拍了拍陈富生的肩膀，兴致勃勃地说道："走，咱们到外面转转去。"

"好的。"随后，陈富生陪同党代表符竹庭沿着村头巷尾一边散步，一边聊天。

他们不知不觉中走出了村口，来到了岔路边。就在这时，迎面来了两位三十多岁的陌生农民，未等符竹庭等人开口，他俩倒先开腔了："喂，你们是红军吗？"（当时还没有统一的军装）

"是啊，你们是——？"

对方一听，惊喜地大声喊道："你们是红军！我们终于找到你们了！"

符竹庭立刻回应："你俩想当红军？"

"不是，想请你们帮助我们打土豪，闹革命呀！"

"好啊！你们是哪里人？"

"我们是广昌苦竹村人。"

符竹庭听见对方是广昌苦竹的乡亲，眼前一亮，打趣道："老乡见老乡，两眼泪汪汪啊。"

两位农民听后,激动地喊起来:"哎呀!你也是广昌人?"

符竹庭微笑着回答:"是呀,看来咱们有缘啊!"

"我叫饶爵一。"其中一位农民自我介绍道。这位农民脸色黝黑,眼睛明亮,笑起来露出一口白牙。一眼就能看出,他是个老实的庄稼汉。接着他手指着身旁另一位农民介绍道:"他叫石兰生,是咱们苦竹村的哇事人哩(有号召力的意思)。听说红军在这一带打土豪分田地,我俩就来了。"

"好啊!"符竹庭高兴地指了一下路旁一棵大松树,"到树底下歇歇凉,咱们慢慢聊吧。"

大家坐在树荫底下边歇凉,边畅谈。符竹庭望了一眼饶爵一、石兰生,感慨地说道:"我们正要开辟苦竹地区的土地革命新局面,你们来了真是雪中送炭啊!"

饶爵一高兴地回答:"我们苦竹的贫苦农民渴望土地革命,大家一致推举我俩前来寻找红军,今天终于找到你们了!"

符竹庭微笑着说:"放心吧,你们的心愿很快就会实现的!"接着,他将目光温柔地转向陈富生,缓缓地说道:"富生啊,黄龙坑与苦竹毗邻,开辟苦竹的土地革命重任就拜托你了。"

陈富生神色庄重,坚定地回答:"请党代表放心,坚决完成任务!"

打败靖卫团

1929 年 8 月 3 日傍晚,夕阳如血,映红了半边天际。陈富生带领黄龙坑赤卫队,英姿飒爽地抵达苦竹村,在石兰生等人的积极协助下,当晚便召开了一场声势浩大的农民大会。会上,苦竹农民协会正式成立,并一致推举石兰生为农协会委员长。随后建立了苦竹赤卫队。8 月 5 日上午,石兰生、饶爵一等人带领苦竹赤卫队员和农协会员没收了土豪黄汉青、董细里老婆等人的财产,罚没银洋合计 800 块,彻底清算了他们的高利贷剥削。一场轰轰烈烈的农民运动在苦竹地区如火如荼地开展起来了。

红二团在广昌与南丰交界地区发动群众开展土地革命取得了显著成效。经过两个多月的努力，团长兼党代表李文林认为攻打广昌县城的时机已经成熟，决定召开攻打广昌县城的作战会议。

8月27日夜晚，辰星璀璨。洽村紫霄观大厅内，亮着一盏煤油灯，几张拼起来的八仙桌旁围坐着红二团大队以上干部，以及来自各地的游击队长、赤卫队长、农协会委员长。团长兼党代表李文林端坐上首，其余参会人员则分列两旁，济济一堂。李文林点燃一支烟深深地吸了一口，手臂有力地挥了一下，神色凝重而坚定地说道："同志们，经过我们的不懈努力，广泛发动群众开展土地革命，如今已初见成效。攻打广昌县城的时机已经基本成熟。现就如何攻打广昌县城？请大家各抒己见，献计献策。"李文林缓缓地吸了口烟，目光转向邓培才，开口道："现在请湖陂游击队队长邓培才同志，介绍广昌县城敌人的兵力部署情况。"

李文林话音刚落，邓培才立刻回应道："好的。"接着，邓培才缓缓地站起来，声音洪亮地说道："同志们，广昌反动武装——靖卫团驻扎在县城郊外的长生桥村，现有官兵四百余人，装备较好，清一色的汉阳造步枪，还有数挺捷克式轻机枪。士兵大部分是当地人，没有经过严格的军事训练，战斗力较差。团长吴家瑜，又名吴文荪，外号毛伢。本县长桥乡人，土匪出身，自称'红大爷'，常在甘竹、高洲等地昼伏夜出，打家劫舍。后被国民党县长熊莫将其队伍'招安'成靖卫团，其本人'摇身一变'成为靖卫团团长。"

邓培才介绍完后，符竹庭旋即挺身而立，慷慨激昂地说道："同志们，广昌县城是一座没有城墙的县城。攻打县城，首先必须消灭靖卫团，为此，本大队愿承担攻打靖卫团的任务！"

符竹庭话音刚落，在座的各位游击队长、赤卫队长、农协会委员长，纷纷踊跃发言，他们深入剖析了敌人的兵力部署、火力配置、武器装备及作战素质等关键要素，同时提出了各自的意见和建议，对胜利充满了必胜的信心。

当大家发言完毕，李文林轻轻地挥了挥手，眸中闪烁着赞许的光芒："同志们，你们的意见和建议很好！"言罢，他猛吸了一口烟，仿佛将所有人的智慧与勇气一并吸入胸膛。随后，他清了清嗓子，激昂地说道："同志们，广昌县城是一座没有城墙的县城。目前反动靖卫团驻扎在县城郊外的长生桥村。他们虽然武器装备较好，但他们纪律涣散，战斗力薄弱。敌团长吴文荪狂妄自大，不会把游击队放在眼里。所以，咱们必须抓住他的薄弱环节狠狠地给予猛击！"李文林手臂猛地一挥，声音洪亮地下达作战命令："同志们，现在我宣布：由符竹庭率领红三大队和各地游击队，采取长途奔袭，拔掉靖卫团这颗钉子；由邓培才、陈富生等人带领赤卫队员与农协会员齐头并进，直取广昌县城，打他个措手不及！"

8月28日凌晨2时许，天空灰蒙蒙的，周围一片昏暗。符竹庭率领红三大队和游击队出发了。

山林沉寂无声，在暗夜的掩护下，战士们如同幽灵般悄无声息地逼近靖卫团驻地——长生桥村。此时，天空依然昏暗无光，田野上大雾弥漫，盱江水哗啦啦地向前奔流着。

远远望去，靖卫团在雾霭的笼罩下，朦朦胧胧，一片静悄悄的。"瞧，前面那栋大祠堂就是靖卫团团部。"一位侦察员悄声说道。

"注意隐蔽。"符竹庭小声提醒大家。

在雾蒙蒙的祠堂周围，战士们突然发现两个敌哨兵，一个抱着枪坐在祠堂大门边打瞌睡，另一个躲在屋檐下睡觉。

"侦察班，干掉敌哨兵。"符竹庭悄声下令。

"是！"侦察班长迅速带领几名侦察员，在雾霭的掩护下，悄然隐蔽迂回至敌哨兵身后，挥起刺刀"咔嚓"一声，瞬间结果了两个敌哨兵。

随着敌哨兵倒地身亡，符竹庭手臂猛地一挥，激昂地说道："同志们，冲进去！"战士们闻言，如同离弦之箭，向大祠堂猛扑而去。

当红军战士们冲进下厅，踢开两边一间间厢房时，发现敌人仍在酣睡。他们做梦也没想到，瞬间稀里糊涂地成了俘虏。然而，中厅、上厅房间里的敌人，猛然听见踢门声，瞬间被惊醒，慌慌张张地穿着裤衩滚下床，嚎叫着到处乱窜。

吴文荪睡梦中，突然听见屋里喊杀连天，知道情况不妙，慌忙滚下床，提起驳壳枪恼羞成怒地大声喊道："莫要怕，'赤匪'没有快枪，给老子顶住！"迅速组织上厅部分士兵负隅顽抗。一名瘦高个士兵打着赤膊，穿着裤衩，气喘喘地提着一挺轻机枪往窗台上架设。就在这千钧一发之际，符竹庭眼明手快地抬手一枪，"啪！"的一声枪响，那家伙当场毙命。紧接着，符竹庭大声喊道："同志们，冲啊——！"话音刚落，战士们的心中瞬间燃起了熊熊烈火，义无反顾地向前冲锋。枪声、手榴弹爆炸声此起彼伏。靖卫团那些虾兵蟹将哪里抵挡得住红军战士们猛虎般的锐气？纷纷举手投降。吴文荪发现抵挡不住红军的猛烈攻势，慌忙翻墙逃命。

"狗东西，哪里逃?!"战士们奋起直追，并向他连续开枪射击，"砰，砰砰⋯⋯"吴文荪身中三弹，拖着重伤的身体，狼狈地逃窜。

战至上午9时许，共毙伤俘靖卫团士兵三百余人，缴枪三百余支，其中捷克式轻机枪三挺。

此时，邓培才与陈富生率领着数千名赤卫队员、农协会员杀向了县城。

28日早上，天空仿佛被初升的朝阳轻轻掀开了一层薄纱，展现出它独有温柔与活力。邓培才与陈富生等人，一马当先，率领洽村、苦竹、瞿村、甘竹、头陂、下湖等地农协会会员与赤卫队员三千余人，分别经茗坑、下兰坑等地浩浩荡荡地向广昌县城奔去，气势磅礴，势不可挡。

上午10时许，符竹庭率领红三大队和游击队乘胜挥师广昌县城。在县城边与邓培才和陈富生带领的三千余名赤卫队员、农协会员汇聚成一股巨大的杀敌洪流，浩浩荡荡地向县城里涌去。此时此刻，数百面红旗迎风招展，数千支梭镖、大刀明明晃晃，呐喊声如阵阵春雷。县城里的伪警察哪敢抵抗？早已吓得屁滚尿流，逃之夭夭。那些官僚、土豪劣绅、太太小姐们，如惊弓之鸟，争先恐后地逃命去了。红军战士们迅速打开监狱，释放被国民党反动派关押的革命志士，查抄了伪县府。

一时间，广昌县城，梭镖闪闪，红旗飘飘，工人、农友唱起了《暴动歌》：

> 我们大家来暴动，消灭恶地主，
> 农村大革命，打土豪，杀劣绅，一个不留情。

四、前头捉了张辉瓒

凝聚军心励斗志

1930年初，寒冷的冬天过去了，春姑娘迈着轻盈的脚步来到了人间。山野上披上了淡淡的绿装，各种花儿，含苞待放。

江西红军发展很快，在红二、四团的基础上，发展了红三、五团，接着整编为红六军，军长黄公略，政委刘士奇。同年7月，红六军改为红三军，军长黄公略，政委刘士奇，后为陈毅、蔡会文、葛跃山。符竹庭改任红三军第一纵队第二支队第三大队政委。同年10月，符竹庭升任红三军特务营政委，11月升任红三军第七师第二十一团政委。

10月，蒋介石在中原大战结束后，迅速调集七个师十万兵力，以国民党江西省主席鲁涤平为总司令，国民党第十八师师长张辉瓒为前敌总指挥，开始了对中央根据地第一次大规模军事"围剿"。

12月下旬，国民党前敌总指挥兼第十八师师长张辉瓒率领先头部队向中央苏区发动进攻。12月21日，张辉瓒率部进入黄陂，获悉红三军正活跃于东固区域，便出口狂言，要一举歼灭红军主力。于是，他急匆匆率部日夜兼程扑向东固。

红一方面军总政委毛泽东，提出诱敌深入，歼灭敌人于根据地内的战略方针。红军主动大踏步地向根据地腹部地带退却。

12月28日午后，细雨如织，轻轻地拂过天际，永丰县龙冈村和缓的山坡上，红二十一团正在召开全团反"围剿"动员大会。山坡上挺拔的两根竹竿傲然矗立，宛如守护着某种庄严的仪式。它们之间两块修长的夏布悠然悬挂，宛如轻盈的幕布，而布面上，两幅鲜红的红纸跃然其上，红纸上写着："敌进我退、敌驻我扰、敌疲我打、敌退我追，游击战里操胜算；大步进退、诱敌深入、集中兵力、各个击破，运动战中歼敌人。"在熠熠生辉的横幅下，红二十一团指战员们队列整齐，他们有的肩扛闪亮的步枪，有的身背锋利的马刀，有的手执寒光闪闪的长矛，全神贯注地聆听团首长慷慨激昂的政治动员。

团长彭万龙与政委符竹庭站在横幅下的一块青石板上，仿佛两座屹立不倒的丰碑。符竹庭的目光如炬，缓缓地环视整个会场，最终凝聚在那条醒目的横幅上。他有力地扬起手臂，指向横幅，嗓音浑厚如钟，开口道："同志们！这两副对联是毛总政委、朱总司令的游击战术。今天我们的退却就是诱敌深入，集中兵力，各个击破敌人。同志们，我们的武器虽然不如敌人，但我们作战勇敢，不怕牺牲。而敌人呢？瞻前顾后，贪生怕死。"符竹庭清了清嗓子，继续分析道："同志们，我们在暗处，敌人在明处，我们可以伏击敌人，可以拣弱敌打。我们还可以牵着敌人的鼻子走，使敌人精疲力尽，丧失斗志；我们还可以声东击西，虚虚实实地迷糊敌人，让敌人顾头不顾尾；我们还可以选择有利的作战时机，有利的作战阵地给敌人设陷阱、布口袋阵。"

符竹庭有理有据的战情分析，声情并茂的政治动员，为打好这一仗奠定了必胜的思想基础。

敌张辉瓒的第十八师号称"铁军"，所谓"铁军"就是战斗力强的部队。全师一万三千余人，全是新式武器，还有德国造的枪炮，加上最近在永丰修了飞机场，可调五架意大利"达格佛斯"飞机来助战。12月28日，他率部直扑东固，发现东固山林有马嘶人喊，认为找到了红军主力，便命令部队开火，"轰！轰……""哒哒，哒哒哒……"双方猛烈地开火，炮火连天，硝烟弥漫，激战近两个小时，当张辉瓒终辨认出那支损兵折将的部队竟是公秉藩的第二十八师时，顿时他怒不可遏，言辞激烈，令周围人皆为之侧目。原来公秉藩为抢头功，率第二十八师早一天赶到了东固，却没有向总指挥张辉瓒报告，其行为之卑劣，令人不齿。

张辉瓒发现东固没有红军主力，倒是和自家人打了一仗，憋了一股恶气，下令：东固已匪化，石头要过刀，板凳要火烧，40 里内男女老少格杀勿论，不论民房、公房、草房在部队撤离前一律烧光，凡可携带的物资，全部带走。

霎时间，东固街上一片火光，到处都能听到杀害平民百姓的枪声，以及受害者令人伤心落泪的啼哭声、呼救声。

12 月 29 日上午，张辉瓒率领第十八师第五十二、五十三旅和师直属队由东固向龙冈方向孤军前进。

厉兵秣马迎鏖战

这天上午，天空阴云密布，灰蒙蒙一片，仿佛预示着即将到来的风暴。符竹庭与彭万龙骤然接到师长陈伯钧与政委李涛的作战命令，他们没有丝毫的犹豫，立即率领红二十一团如同离弦之箭般奔向指定位置——龙冈亭子岭。

龙冈山区笼罩在一片云雾之中，如同一个满腹委屈的巨人，阴森森地耸立在云端之上。符竹庭与彭万龙率领红二十一团的指战员们，经过数小时的行军跋涉，于下午到达黄竹岭以北小别村——亭子岭主峰。

符竹庭与彭万龙站在山顶之上，眺望那连绵起伏、云海翻腾的群山。符竹庭情不自禁地挥起手臂，豪情满怀地说道："老彭，你瞧这地形，简直就是上天赐予我们伏击敌人的好场所啊！"

"是呀，这里地势险要，易守难攻！"

符竹庭与彭万龙等人观察了一阵后，便沿着亭子岭数座山峰一路勘察。当他们走到第三峰左翼山腰时，发现北边有处山坳，符竹庭手指了指，说道："老彭，你看，那山坳必须加强防守。"

"是呀，那山坳是敌人一个突破口啊！"

两人迅速返回团指挥所，立即下达构筑防御工事的命令。不久，密林深处便回荡起了紧张有序的施工声。

符竹庭与彭万龙深入前沿连队，检查工事情况。面对群峦起伏，陡坡林立，怪石嶙峋的地形，符竹庭嘱咐战士们："同志们，多搬些石头放在壕沟上；石头不够，砍大树，把它锯成段木。别小瞧这些不起眼的石头、段木，在关键时刻能发挥大作用哩。"

彭万龙团长则指点战士们："同志们，多砍些竹子，把它削尖，用火烤烤，把竹尖烤得坚硬，埋在阵前，做陷阱，消灭敌人。"

其实，那时红军装备十分落后，三个人才一支步枪，大部分是大刀、梭镖。

12月30日凌晨，细雨蒙蒙，龙冈山坳间浓雾缭绕。上午8时许，敌张辉瓒率领第十八师，以第五十二旅为先锋，师部与第五十三旅紧随其后，浩浩荡荡由龙冈向五门岭推进。龙冈千嶂，大雾弥漫，山路湿滑，此刻，敌人的尖兵连悄然踏入小别村亭子岭脚下，当他们逼近红二十一团阵地时，刹那间，雨点般的手榴弹呼啸而下，在敌群中连续不断地爆炸。火光闪闪，硝烟弥漫，爆炸声震耳欲聋，瞬间，敌人浑身冒血地纷纷倒地。紧接着，一阵排子枪，"砰，砰……"敌人又倒下了一大片。

敌人遭到袭击。张辉瓒以为是小股红军袭扰，后来才知道是黄公略的红三军第七师第二十一团的先头部队。

张辉瓒自恃兵力、武器占优势，顿时欣喜若狂。他认为这下抓住了红军主力，"建功立业、升官发财"的机会终于到了。于是，他命令部队向红二十一团阵地发起猛烈的反扑。

身先士卒鼓士气

在亭子岭这一关键战场，遭受了前所未有的激烈交锋。敌人的炮弹狠狠地砸落在红二十一团主阵地上。霎时间，尘土飞扬，硝烟四起，整个阵地仿佛被一层厚重的烟雾所笼罩。紧接着，敌人潮水般，一波接一波地疯狂扑来，以压倒性的兵力企图突破红军防线。

红军战士们沉着应战，又一阵排子枪、手榴弹，"轰，轰……""砰，砰……"敌人像摧折的稻秆又倒下了一大片。

敌人轮番不断地向红二十一团阵地发动猛烈攻势。一股穷凶极恶的敌人咆哮着，如同猛兽般冲到外壕，眼看就要冲上战壕了。在这千钧一发之际，"扑通"一声巨响，尘土四溅，这股敌人踩上了竹尖陷阱，死伤惨重，哀号声此起彼伏。

然而，敌人并不死心，重整旗鼓后，发动更猛烈的进攻，并迅速逼近离红二十一团阵地仅十步之遥了，就在这时，战士们将事先准备好的巨石、段木猛然推下。刹那间，石头、段木像奔腾的洪流，砸得敌人脑浆四溢，死伤惨重。

下午，红二十一团阵地上的石头、段木已然耗尽，敌人仍如潮水般汹涌而至，战壕边缘已隐约可见敌人的身影。在这关键时刻，政委符竹庭猛然拔出大刀，奋力一挥，怒吼道："同志们，冲啊——！"随即，他身先士卒，带领众战士如猛虎下山般冲入敌阵，展开了惊心动魄的肉搏战。红五连三排班长曾克林带领全班战士挥舞着雪亮的大刀、刺刀在敌群中左冲右突，如无人之境，刀光剑影间，敌人纷纷倒下，犹如斩瓜剁菜般所向披靡。

敌人的冲锋被打下去了，但战斗依然激烈，敌我双方展开了激烈的拉锯式反复冲杀。据开国上将、北京军区原政委朱良才的回忆，这场战斗："从上午八九点钟，敌张辉瓒师开始进击，遭到我七师二十一团的迎头痛击，中午敌人对我红三军展开了全面进攻。战斗十分激烈，双方打过来打过去，成了拉锯状。"

红二十一团主阵地右翼一股敌人压过来，眼看主阵地快要失守，在这千钧一发之际，团长彭万龙大吼一声，拔出大刀，带领众战士跃出战壕，勇猛地冲入敌群中，展开了殊死的搏杀。

彭万龙身形如电，动作迅疾，挥起大刀风驰电掣，呼呼作响，瞬间斩杀了数名敌人。此刻，几个敌人咆哮着向他逼近，妄图将他置于死地。只见他身形一展，如同矫健的雄鹰腾空而起，手中的大刀犹如龙卷风般席卷而去，瞬间摆脱了敌人的夹击。然而，就在这时，一声枪响。一颗冷酷无情的子弹击穿了他的胸膛。一股股红的鲜血涌了出来。他紧捂胸口，憋足全身力气喊道："同志——们——打啊！"便昏了过去。

符竹庭眼见团长负伤倒地，心急如焚地奔上前，紧紧地拥抱着团长，声音中带着无尽的焦急与呼唤："老彭，老彭……你要挺住！"彭万龙费力地睁开眼皮，目光中透出一丝不舍与坚定，他喘着粗气，断断续续地说："政——委，我——不行——了。"随着话语结束，他紧捂胸口的右手缓缓无力地松落下来。

符竹庭目睹彭万龙团长英勇捐躯，泪水瞬间滚了出来。他霍然起身，怒火中烧，高举大刀，发出震耳欲聋的咆哮："同志们，为团长报仇，冲啊——！"话音未落，战士们仿佛一个个被激怒了的山林之王，以锐不可当之势，向敌人展开了猛烈的反击。红二十一团阵地上杀声如雷，尘土飞扬。兵刃相撞，刀光剑影。咒骂声、刺刀撞击声、枪声、爆炸声此起彼伏。

"冲啊——！""杀啊——！"突然，敌人身后响起了激烈的枪声、爆炸声和雷鸣般的呐喊声。敌人腹背受敌，顿时乱了阵脚，惊慌失措，纷纷扔掉枪支，四处逃命。

原来红八师、红九师等兄弟部队从敌人两翼发起了猛烈的反击；红十二军一部也火速赶到；红四军与红三军团赶来后，向敌人后翼发起了猛烈的攻击。从小别村亭子岭到黄竹岭，满山遍野红旗招展，口号连天，杀声如雷。红军战士们从大山上压下来，仿佛天兵天将一般，势不可挡地将包围圈越缩越小。

敌旅长戴岳吓得钻进灌木丛中仓皇逃命，副旅长洪汉杰、团长李月峰一命呜呼。张辉瓒期待中的援兵杳无音信。他感到形势不妙，于是传令集合残部，向东北方向突围。然而东北方那个山坳，红二十一团早已构筑了坚固的工事，并布下了重兵把守。张辉瓒带领部分残兵败将几次突围都没有成功。

激战至 18 时许，张辉瓒第十八师一万余人被全歼，缴获武器九千余件，子弹一百余万发，电台一部。

张辉瓒见大势已去，慌忙脱下将军服，从路旁阵亡士兵的身上扒下一套士兵服，仓促换上，狼狈逃向不远处的万功山，企图藏匿其中。

五天两仗歼灭战

敌第十八师被全歼，而敌师长张辉瓒却不见踪影，红军战士们心中如同熊熊烈火，誓要将张辉瓒捉拿归案，以慰藉牺牲的战友在天之灵。他们仔细搜寻，不遗漏任何一丝可能的藏身之处。这时，一名英勇的战士搜到半山腰，目光锐利地扫视着每一寸土地。突然，他发现一个杂草丛生的土坑中，一株茅草微微摇晃，显得格外异常。他大喝一声："谁！出来，不然开枪了！"

"我，我……别开枪，别……"一个胖胖的白军"士兵"浑身颤抖着从茂密的草丛中缓缓站起，双眼中满是惊恐与乞求。那名战士眼疾手快，一把将他擒住，毫不留情地推进了俘虏群里。这时，人群中几名俘虏兵认出了这个胖"士兵"就是师长张辉瓒。由于张辉瓒平时作恶多端，克扣军饷，俘虏兵顿时火冒三丈，纷纷骂他，有的冲过去打他耳光。看押俘虏的战士们意外发现这个肥头大耳的"士兵"竟然是敌师长张辉瓒，他们没有丝毫迟疑，迅速把他从俘虏群中请出来另行押解。

张辉瓒脸色灰黄，耷拉着脑袋，往日那种骄狂的面孔一扫而光，在红军战士们的押解下，乖乖地朝军官俘虏队走去。

歼灭敌第十八师的第二天，即 1931 年 1 月 1 日，红一方面军又下达了进攻敌谭道源第五十师的作战命令。红三军第七师第二十一团奉命向田营进军。这时，敌谭道源第五十师已经逃到东韶。为了鼓舞士气，加快行军速度，红二十一团政委符竹庭提出"追上谭道源，再打一个大胜仗"的口号，率领全团指战员奋起直追。

1 月 3 日，拂晓。红一方面军对敌谭道源第五十师形成包围。战斗打响后，三万红军指战员以排山倒海之势，从西、南、北三面压向东韶的敌人，并迅速占领老虎脑、船家坳、土地坛、杀尾嘴等高地，把敌人紧紧地挤压到离东韶街仅三华里的黄泥寨。

敌第五十师凭借黄泥寨制高点，疯狂地组织火力抵抗。红军正面进攻受阻，威胁红军左右两翼运动。为了迅速拔掉这个火力点，红二十一团组织敢死队，准备突击。就在这时，一位当地老大爷气喘吁吁地跑来，告诉红二十一团政委符竹庭，后面有条小路可以登上比黄泥寨更高的山峰。于是，符竹庭率领红二十一团的指战员们在老大爷的带领下，沿着荆棘丛生的崎岖小道，攀上比黄泥寨高出一截的雪崖脑主峰。随后，红二十一团的指战员们，迅速架设好刚缴获的轻机枪居高临下，向黄泥寨守敌进行猛烈扫射。在红一方面军前后夹击下，黄泥寨守敌纷纷缴械投降。

黄泥寨被红军部队攻克后，敌师长谭道源惊恐万分，竟如丧家之犬般匆匆钻进竹轿里，由卫兵抬着，在一片慌乱与狼狈中逃遁而去。

战至下午 4 时许，谭道源第五十师六千余名官兵全部被歼，缴获马步枪六千多支，轻重机枪六十余挺，迫击炮十门，电台一部。

红一方面军五天之内，连续打了两个大胜仗，彻底粉碎了国民党反动派第一次反革命"围剿"。这时，红军部队装备有了新的变化：军、师二级装备了电台，各团装备了重机枪。

1931 年 1 月 25 日，和煦的阳光下，张辉瓒在红二十一团战士们的押解下，黯然前往东固苏维埃政府接受正义的审判。三千多人参加了公审张辉瓒大会，原定在镇里广场召开公审大会，但因为参加公审的人太多，会场临时改在小山坡上召开。张辉瓒头戴高帽、五花大绑地被拖到一大群农民、赤卫队员和身披战尘愤怒的红军战士面前。

维持秩序的红三军第七师第二十一团的指战员们，十分痛恨张辉瓒，龙冈战斗中，红三军死伤二千余人，红二十一团的伤亡可想而知……

"天作孽，犹可违，自作孽，不可活"在一片"剥皮、抽筋"的声讨中，张辉瓒被当众枪决。

此时，红一方面军总政委毛泽东，写下了脍炙人口的诗词《渔家傲·反第一次大"围剿"》：

> 万木霜天红烂漫，天兵怒气冲霄汉。
> 雾满龙冈千嶂暗，齐声唤，
> 前头捉了张辉瓒。
> 二十万军重入赣，
> 风烟滚滚来天半。
> 唤起工农千百万，
> 同心干，不周山下红旗乱。

五、优秀的团政委

漂亮的伏击战

　　1931 年 2 月，寒风凛冽，大雪冰封。蒋介石不甘心失败，迅速调集二十余万重兵，发动了第二次大规模军事"围剿"。毛泽东、朱德率领红一方面军采取"诱敌深入，集中优势兵力，各个击破"的作战方针，将部队秘密集结到东固地区，埋伏在白云山中。

　　红二十一团的英勇指战员们与兄弟部队一道，埋伏在茂密的山林里已两三个月了，心中的战斗热情如同被压抑的火山，亟待喷发。终于，他们翘首以盼的战机悄然降临。5 月 15 日黄昏时分，红一方面军总部突然截获敌公秉藩第二十八师师部与留守处的明码电讯通话："我们现在驻富田，明晨出发。"留守处问："到哪里去?"师部说："到东固去。"

　　从富田到东固相隔二十多公里，有两条大路相通，中间都要经过一个叫中村的地方。那里峰峦叠嶂，地势险要。红军部队要抢先在中村设伏，必须抄近道，不然时间来不及。凑巧的是符竹庭驻扎在当地一位姓洪的猎户家中。符竹庭问老猎户："老人家，您常年在山里打猎，除了两条大路去中村，还有别的近路吗?"

　　"有是有，就是不好走。"老猎户缓缓地说道。符竹庭闻言，心中顿时涌起了难以言喻的喜悦，他连忙转身，大步流星地向军师首长汇报而去。5 月 15 日午夜子时，军长黄公略决定改变原定行军路线，请老猎户洪大爷当向导，全军连夜开拔。符竹庭率领红二十一团为先头，在老猎户洪大爷的引领下，红军战士们沿着弯弯曲曲、充满荆棘的羊肠小道，直插中村，抢先占领将军峁、观音岩，在两边峰峦叠嶂、地势险要的山岭周围设下埋伏。

5月16日上午，敌公秉藩第二十八师一万余名官兵扛着枪，大摇大摆地朝中村进发。公秉藩神气活现地坐在滑竿上由两名士兵抬着夹在行进的队伍中间，边看山景边和幕僚们高谈阔论，吟诗作对，好不惬意。然而，他万万没有想到待全师人马进入中村地区时，突然，一声炮响山谷震荡，数千颗手榴弹砸下了山谷，火光冲天，硝烟弥漫。轻重机枪构成纵横交叉的火力网，将公秉藩全师人马压制在谷底。红二十一团在符政委的带领下，勇猛当先，犹如猛虎般直击敌阵。战士们如同雄鹰展翅，飞奔而下，怒吼着挥舞大刀刺刀，以锐不可当之势左冲右突，斩瓜切菜般地奋勇杀敌。

敌军官兵猝不及防，瞬间惊慌失措，弃枪如草芥，抱头逃窜，状如丧家之犬，狼狈至极。敌第二十八师很快被红一方面军歼灭。公秉藩带着五六十个残兵，溜出了红军的包围圈。

红三军指战员们为全歼公秉藩第二十八师立下了头功，特别是他们飞奔而下的英姿，给在白云山指挥所观战的毛泽东留下了深刻的印象。毛泽东十分高兴，诙谐地给军长黄公略取了一个"飞将军"的雅号，并把他写入了《渔家傲·反第二次大"围剿"》一诗中：

> 白云山头云欲立，白云山下呼声急，枯木朽株齐努力。
>
> 枪林逼，飞将军自重霄入。
>
> ……

只有懂科学，就不会闹笑话

1931年6月，蒋介石调集三十万重兵，采取"长驱直入"的战略，进行第三次"围剿"红军。红一方面军采取"避实击弱"的作战方针，打败了敌人七个师，歼灭敌人十七个团，毙伤俘敌三万余人，缴获长短枪两万余支，彻底粉碎了国民党反动派第三次大规模军事"围剿"。

　　这一系列战役过后，红二十一团战功赫赫，军威大震。然而，令人痛心的是，在这辉煌的背后，深受红三军全体指战员爱戴的军长黄公略在敌机的狂轰滥炸中，英勇地献出了宝贵的生命。

　　这一噩耗传来，全军上下沉浸在无尽的悲痛之中。毛泽东悲痛万分，写诗悼念："广州暴动不死，平江暴动不死，如今竟牺牲，堪恨大祸从天降；革命战争有功，游击战争有功，毕生何奋勇，好教后世继君来。"符竹庭更是数日难以自拔，深陷于失去挚友与战友的哀伤之中。

　　红一方面军粉碎了敌人一、二、三次"围剿"后，红军部队不断壮大，根据地建设迅速发展，红军部队逐步掌握了主动权。

　　1932 年 3 月，符竹庭率领红二十一团参加了福建龙岩、漳州战役。红军攻克龙岩、漳州，第一次解放了大城市。符竹庭第一次看电影、听留声机，第一次学骑自行车。这些前所未有的新鲜事，让他感到无比激动和振奋。

　　当时虽然是无声电影，但大家做梦都没有见过，感到非常新奇，尤其是那留声机中，鼓声隆隆，锣鸣阵阵，交织着说唱之声，对那些出身田垄、未曾受过多少文化熏陶的干部战士们来说，倍感惊奇。他们满心疑惑，以为这奇妙的盒子里藏着某位技艺高超的艺人，正躲藏其中演绎这一出精彩绝伦的好戏。为了探个究竟，结果把留声机拆坏了，有的战士把灯泡当成打火机，点烟点不着，有的战士用教堂里的油漆马桶挑水等等，闹出许多笑话。红三军政委葛跃山在一次总结会上批评道："三军土佬，七师最差，电灯打坏了不少，留声机搞坏了三架。"为此，葛政委讲了一番学文化、学科学的重要性。

　　葛政委对红七师的深刻剖析，如同一记警钟，让符竹庭深切体悟到文化知识与科学素养的缺失所带来的严重后果。受此触动，他毅然决然地发起了一场席卷全团的"文化科学启蒙运动"，号召全体干部战士携手并进，共同学习，以知识的光芒照亮前行的道路。在一次学习文化、学科学活动中，他语重心长地对战士们说："同志们，我们这些土佬吃了没文化的亏，闹出许多笑话，造成了许多不应有的损失，给生活带来很多麻烦。所以，我们一定要加强文化学习，努力提高科学文化水平；只有懂科学将来进了城就不会再闹笑话，也不会给生活带来诸多不便。"不久，他登门邀请漳州中学老师到部队作专题报告，介绍科学知识。

升任师政治部主任

1932 年 5 月，龙岩、漳州战役后，红军部队有了显著变化：每人发了两套叫列宁装的灰布军装，椭圆形胸章，还有白衬衣、胶鞋。整个红军部队呈现出崭新的面貌，军容整齐，威武雄壮。同年 6 月，符竹庭升任红三军第九师政治部主任。

然而，对于这段历史，却鲜为人知。一些学者在写这段历史时，出现过许多矛盾，有文章称：1932 年，符竹庭任红一军团第一师第十九团政委；又有文章称：1932 年，符竹庭任红三军第七师第十九团政委，第七师第七十九团政委；还有文章称：1932 年，符竹庭任红一军团第十一师第十九团政委，等等。而墓志铭则是：符竹庭，15 岁参加革命，16 岁加入红军。由于他立场明确，忠于人民革命事业，故其进步甚快。不久，任红三军七师特务团政委。半年后，升任该师二十一团政委。之后，历任九团政治处主任，一团政委，红一军团二师政治部主任。

笔者通过查阅有关将帅回忆录和红一军团编制及历次整编等历史资料，认为当年符竹庭简历的撰写者，把"九师"误写成"九团"，从而使许多学者又把"九团"引申为"十九团"。根据红一军团红三军、红四军编制资料证明：红三军辖七、八、九师，依序是十九团至二十七团；红四军辖十、十一、十二师，依序是二十八团至三十六团。显而易见，1932 年，红一军团不存在"第一师"和"红九团"，也没有"七十九团"这个番号。

根据有关资料证明，红三军七师十九团从 1930 年至 1933 年，历任政委依序是：1930 年，宋裕和；1931 年 2 月至 8 月，殷超；1931 年 9 月至 1932 年 7 月，吴章成；1932 年 8 月至 1933 年，吴富善。

根据开国中将、原二炮副政委王宗槐回忆，这期间，符竹庭已经担任了红九师政治部主任。在他的回忆录中，有这样一段文字描述："1933 年 3 月下旬，第四次反'围剿'结束后，我从七师政治部调到九师政治部任青年科长，九师的几位首长是：师长李聚奎、政委刘英、参谋长耿飚、政治部主任符竹庭。师政治部的几位科长是：组织科长谭冠三、宣传科长陈子球、宣传队长肖思明……"王宗槐的回忆具有极高的可信度，他曾被著名军旅作家魏巍称赞为具有计算机似的记忆力。

符竹庭升任红三军第九师政治部主任后，部队奉命南下，前往广东南雄。

1932年7月，符竹庭与师长彭雄、政委朱良才等人，率红九师参加了南雄水口战役。9日上午，红九师包围了一股敌人，据情报说是三个连，无异于"雷公打豆腐"不必费多大力气，当接到红二十七团攻击得手的报告，彭雄师长急忙命令红二十六团左翼展开。他亲率预备队——红二十五团正面出击；参谋长耿飚和政委朱良才随师指挥所跟进。耿飚说："我们三个团收拾三个连不用多长时间。"谁知话音刚落，彭雄派人来说："敌人不是三个连是三个营，令调师直属队上去。"朱良才和耿飚大吃一惊，急忙按师长命令将所有人员统统调上去，以尽快解决战斗。

红八师战斗尤为激烈，大部分连团干部受到伤亡。红九师正面作战成了焦点，敌人兵力迅速增加到三个团，后来增加到九个团。红九师所属三个团面临危险的境地。红二十七团团长阵亡，红二十六团政委牺牲，红二十五团团长牺牲、政委重伤。情况万分危急，几个师领导紧急磋商，决定师首长分别到各团指挥战斗：师政委朱良才与参谋长耿飚到红二十七团指挥；师长彭雄到红二十五团指挥；政治部主任符竹庭到红二十六团指挥。

符竹庭赶到红二十六团立即收拢部队，接着任命了营连干部（原营连干部大部分牺牲），调整了作战部署，进行了战地政治动员。符竹庭成为红二十六团的主心骨。此时，在符竹庭的政治鼓动和军事指挥下，全团众志成城，士气高涨，灵活机动地死死咬住敌人。此战役打了三天，直到兄弟部队赶来增援，才把敌人压制住。师长彭雄负了重伤，参谋长耿飚也负了伤。

水口战役后，彭雄伤势过重住进了后方医院。不久，朱良才、符竹庭、耿飚等人率红九师随红一军团回师江西赣南。

六、初识良师罗荣桓

第一次见到罗荣桓印象

　　1932年7月下旬的一天上午，明媚的阳光洒满信丰县赤岗红九师驻地，微风轻拂，带来丝丝凉意，师政治部主任符竹庭身骑骏马，英姿飒爽，与警卫员小李一同前往驻地苏维埃政府参加意义非凡的扩红工作座谈会。当他俩持马来到一条小河边时，忽然间，一阵急促的马蹄声自远方传来，伴随着响亮的呼喊划破宁静："符主任——！符主任——！军团首长，来了——！"符竹庭猛闻身后呼唤，不禁愕然回首，只见师部通讯员骑马急驰而来，心急火燎地说道："报告符主任，军团罗主任来了。"

　　"罗主任现在在哪里？"符竹庭急忙问道。

　　"在师部。"

　　"好的，我现在就赶回去！"符竹庭急忙掉转马头返回师部。

　　一位三十多岁的红军，魁梧的身材，头戴灰布八角军帽，穿着打补丁的灰布军装，打着人字形绑腿，脚底下踏着一双草鞋。他方方的脸，宽大的额头，深度近视眼镜后面闪着严肃的目光，一口湖南普通话，充满柔和的同志爱。这是符竹庭第一次见到罗荣桓的印象。

　　"首长，不知您要来。"第一次见面，符竹庭脸上显得有些腼腆。

　　"没关系。"罗荣桓热情地迎上前，紧紧地握住符竹庭的双手。那一刻，符竹庭仿佛被一股和煦的暖流传遍全身。

　　符竹庭满腔热忱地招呼罗荣桓等人坐下，随即灵巧地拿起茶壶，麻利地为罗荣桓等人斟满了一碗碗凉茶。

随后，符竹庭朗声吩咐警卫员："小李，去买点西瓜来，为首长和同志们驱驱暑气。"

"是。符主任。"警卫员小李应声而转，迅速离去。

罗荣桓听闻，轻轻扬了扬手，和蔼地说道："竹庭啊，不要麻烦啰。"说罢，他取出随身携带的毛巾，轻轻地擦了擦脸上的汗水，随口说道："以前我在四军工作，对三军情况不太了解。"罗荣桓放下毛巾，喝了一口凉茶继续说："我们这次来，主要是了解各师的政治工作情况。"

"请首长指示！"符竹庭迅速掏出笔记本。

罗荣桓扶了一下眼镜，目光深邃地投向符竹庭，缓缓说道："对于'四不、五要'的原则，你们有何见解？"符竹庭闻言，即刻滔滔不绝地展开详尽的汇报：

"报告罗主任，我们认为'四不、五要'是部队军政建设的一项重要制度，也是思想政治工作中的主要内容。对此，我们首先动员全师干部战士自觉做到不抽烟、不喝酒、不怕苦、不掉队；要团结友爱、要遵守纪律、要讲卫生、要搞好军民关系、要积极参加文体活动。其次，我们针对上述内容经常组织政工干部深入基层连队检查督促，狠抓落实。"

"关键要常抓不懈。"罗荣桓进一步强调。接着问道："你们师最近召开过政治工作会议吗？"

符竹庭回答："报告罗主任，我们师前几天召开了全师政治工作会议，传达贯彻了总部和军团部的思想政治工作会议精神。"

罗荣桓语重心长地说："竹庭啊，召开政治工作会议不仅表现在传达与讨论上，更重要的是体现在一般党员、团员在群众中领导作用的提高；特别表现在战争中，如阵地上的领导，对敌方的宣传力度；红军指战员的英勇作战，勇敢冲锋，顽强固守阵地；做到行军不掉队、不落伍，负伤不下火线、不啼哭等等。"

"罗主任，我们这方面的工作做得还不够，今后一定努力做好这方面的思想政治工作。"符竹庭认真地在本子上记录着罗荣桓的每一句话。

罗荣桓微笑着说道："竹庭啊，做政治工作不是嘴上说说而已，关键要用自己的言行去影响、去教育干部战士；注重发挥党、团员的先锋模范作用和战斗堡垒作用，只有调动全体指战员的积极性和创造性，我们的政治工作才有活力，才能更好地服务于战争。"

符竹庭仔细想了想，点了点头说道："罗主任，您说得对！只有自己处处带头，潜移默化，才能使思想政治工作做得更好。"

罗荣桓说："这叫打铁还需自身硬啊！"

符竹庭爽朗地说道："好啊，只有自己的'身子骨'变硬了，才能更好地做好思想政治工作啊！"

罗荣桓微笑着，轻轻地拍了拍符竹庭的肩膀，意味深长地说："竹庭啊，要自己的'身子骨'变硬，就要好好学习，不断进步啊！"

符竹庭回答道："罗主任，我会努力学习，不断提升自己，让身子骨和学识都硬起来！"

说话间，警卫员小李搬来几个大西瓜，洗干净后用刺刀剖开，然后一片片放在木盆子里，端到桌子上。符竹庭急忙从木盆子拿出一片片切好的西瓜送给罗荣桓等人。

罗荣桓接过西瓜，吃了一口，顿时感到浑身凉爽了许多，他稍一抬头发现符竹庭明亮的眼睛放射出敏锐的目光，清秀的脸上透出几分稚嫩和腼腆，"竹庭啊，你今年多大啦？"

符竹庭回答："20 岁。"

罗荣桓说："到过基层工作吗？"

符竹庭回答："到过。"

罗荣桓又问："在基层担任过什么职务？"

符竹庭说："担任过大队党代表。"

罗荣桓一听，惊喜地说道："你当过大队党代表，好哇！经受了基层的锻炼，部队工作一定会搞得生龙活虎的。"他稍停了一下，又说："你年轻，部队还有许多重担等着你去挑啊！希望你加强政治、军事、文化学习。"

符竹庭坚定地说："罗主任，我一定加倍努力学习。"

罗荣桓问："你在哪里上过学？"

符竹庭闻言，顿时眼神中带着一抹淡淡的忧伤，轻声说道："我七岁那年读了不到三个月私塾，父亲就去世了，哪里有钱继续上学？后来，学徒期间上过一年多夜校。"

罗荣桓目睹着符竹庭眼中噙着泪水，便安慰道："竹庭啊，部队就是咱们的家，党就是咱们的父母，咱们大家都是亲兄弟啊！"

符竹庭立刻振奋起来："是呀，咱们大家都是亲兄弟，所以我更要加倍努力工作啊！"

罗荣桓沉思了一下，问道："竹庭啊，你能写总结报告吗?"

符竹庭回答："能写一些简单的总结报告。"

"这说明还是不错的，今后你写的总结报告给我看看，我们来个约定，怎么样?"罗荣桓高兴地伸出右手小指头，"咱们拉个钩吧。"

符竹庭闻言，立刻伸出左手小指头往罗荣桓的右手小指头上一钩，十分高兴地拉了一下，"我一定遵守您的约定。"

罗荣桓高兴地说道："我们拉钩了，就这么定了。"随即从口袋里掏出怀表看了一眼，说道："时间不早了。"符竹庭发觉罗荣桓要离开，急忙说道："罗主任，很晚了，吃过午饭走吧。"

罗荣桓略一思忖，微笑着说："好吧，那就客随主便啰。"

"小李，把昨晚咱们捉的泥鳅、青蛙拿到伙房去，多放些辣椒。"符竹庭吩咐道。

"是！符主任。"警卫员小李在外面回应了一声。

不一会儿，警卫员小李端上来一碗辣椒炒泥鳅，一碗辣椒炒青蛙，一碗辣椒蒜泥拌蕨菜和一碗鸡蛋汤摆放在桌子上。

符竹庭招呼罗荣桓等人吃饭。

"竹庭啊，让你的警卫员一块吃吧。"

"小李，过来吧，首长叫你一起吃饭哩。"

警卫员小李不好意思，胆怯地说："不啦，首长们吃吧。"

罗荣桓朝小李微笑着招了招手："小鬼，过来过来，大家一起吃饭才有味道呢。"

警卫员小李目睹罗荣桓说话温和、平易近人，便鼓足勇气走过去。

罗荣桓与符竹庭边吃边聊："竹庭啊，我们部队的思想政治工作，平时就要有意识地、有目的地培养同志们吃苦耐劳的精神；与战士们同甘苦共患难，一旦上了战场，领导干部就要鼓舞士气，身先士卒，起表率作用，这样才能显示出政治工作的威力。"

罗主任辅导学文化

1932年10月，符竹庭与师长彭雄等人率领红九师到达南丰县附近的康都。11月1日，红九师与兄弟部队一道分别向南丰县乾昌桥、大洋源、石沟之敌发起攻击，击溃敌第八师与敌第二十三师各一部。11月22日，红九师配合红三军团在赣东礼西赵歼灭敌第二十四师一个团。12月，红九师到达黎川团村休整。

12月上旬的一个夜晚，繁星点点，宛如漆黑天幕上镶嵌的珍珠，绽放出令人沉醉的熠熠光辉。在黎川县团村红九师政治部一间小屋内，微弱的灯光顽强地穿透了夜的寂静。昏黄的灯光下，符竹庭的身影显得格外坚毅，他正埋头于案牍之间，笔耕不辍，奋力撰写《乾昌桥等战役思想政治工作总结报告》。窗外，公鸡的啼鸣已响彻三遍，宣告着黎明的临近，而他的笔尖依旧在纸上跳跃，似乎忘却了时间的流逝。功夫不负有心人，符竹庭终于将《乾昌桥等战役思想政治工作总结报告》写好了。恰在此刻，罗荣桓来到红九师检查指导工作。

"罗主任您来得正好。"符竹庭快步迎上前，眼中闪烁着激动的光芒，边说边从口袋里掏出一叠材料，"这是我刚写好的《乾昌桥等战役思想政治工作总结报告》，请您检查。"罗荣桓连忙接过材料，幽默地说道："好哇！看来咱们的'约定'生效啦！"

"当然啰。我们拉过钩的。"符竹庭高兴地回答。

此刻，罗荣桓准备阅读《报告》，符竹庭急忙搬来一把椅子请罗荣桓坐下，自己找了一把小板凳坐在旁边。

罗荣桓双手拿着《报告》低头细看。只见他时而皱着眉头，时而露出笑容。

接着他从挎包里拿出一支铅笔，边看边时不时地在《报告》上批改着。

罗荣桓终于看完了《报告》。他望了一眼符竹庭红扑扑的脸庞，指了指《报告》笑着说道："竹庭啊，你来看看。"他用铅笔指着《报告》上的错别字，"这个字是这样写，这个字有两种读音，在这里用这个字不准确；标点符号呢，这里要用逗号，在这里应该用分号，这里就用句号了。"罗荣桓像先生教小学生那样十分认真。

随后，罗荣桓鼓励道："这份《报告》写得还是不错的，今后要在用词和标点符号上多下点功夫。"

从那以后，符竹庭每次写完材料，都会第一时间交给罗荣桓主任审阅。罗主任会认真阅读，仔细修改其中的错别字，并附上鼓励性的指导评语，再退回给符竹庭。

符竹庭根据罗荣桓主任修改的词句和更正后的字，以及指导点评，进行反复琢磨，从中吸取营养。

在红九师的日子里

1933年1月，蒋介石采取"分进合击"的作战方针，集中12个师的兵力，以陈诚为总指挥发动了第四次大规模军事"围剿"。

1月1日上午，微弱的阳光穿透寒冬，温柔地拂过冰封的大地。红一军团在黎川召开了反"围剿"作战誓师大会，林彪、聂荣臻、罗荣桓等领导分别作了慷慨激昂的动员讲话。罗荣桓在动员会上着重强调："全军团政治机关，必须做好战前思想政治动员。各师政治工作人员必须在上火线前5分钟召开党、团员活动分子动员会议，号召党、团员在战斗中起模范带头作用和战斗堡垒作用。政治机关要经常派出宣传队和政工人员在部队经过的道路上唱歌、呼口号，进行思想政治鼓动。"罗主任的这一番掷地有声的话语，不仅为全军团政治机关提出了更高的要求，更为全军团思想政治工作指明了前行的方向。

1月8日，红一军团第十师、第十一师在抚州黄狮渡与敌第二十七师、第九十师展开激战。敌人出动飞机大炮，战斗打得十分惨烈，红十师、红十一师两位师长先后负伤。关键时刻，红九师等部队袭击了彭家渡敌第十九师，歼灭其大部，乘胜向抚州追击。

2月27日，红七师、红九师到达黄陂以西，乐安登仙桥以东地区。当天下午，红七师首先打响战斗，敌第五十二师尚未察觉我军意图，但敌第五十二师是蒋介石嫡系，装备好，战斗力较强。战斗打响后，敌人一边向蛟湖、大龙圩收缩。凑巧的是一开始红七师就抓住了一名敌连长，他供出大龙圩有敌师部和一个旅的兵力。这天，军团参谋长徐彦刚和军团保卫局局长罗瑞卿来到红九师指挥所检查部署工作。徐彦刚立即向红九师几位领导面授直插大龙圩，争取活捉敌师长的命令。这时候，红九师师长是李聚奎。他立即命令参谋长耿飚率红二十五团迂回大龙圩，而自己则与政治部主任符竹庭一同率师主力，向大龙圩正面出击。部队悄然向大龙圩推进，红军战士们顶着蒙蒙细雨，忍着刺骨的寒风，深藏在密林深处。此时，符竹庭判断攻击敌人的时机已然成熟，立即与师长李聚奎磋商。最终，李聚奎果断下达了向敌第五十二师发起进攻的命令。刹那间，红军阵地上一颗红色信号弹呼啸而起，紧接着，群山中回荡起千军万马的轰鸣。只见黑压压的红军战士们，如同决堤的洪水，挥舞着闪亮的刺刀大刀，咆哮着从山坡上向大龙圩猛扑而去。

红军阵地上的轻重机枪向敌人发出了怒吼的声音，迫击炮弹划破长空，伴随着刺耳的啸音，在敌师部上空如同惊雷般炸响，刹那间，火光冲天，浓烟滚滚。一股无法抗拒的强烈气浪如狂龙出海，肆虐而来，所到之处，房梁横飞，瓦片如雨点般散落。敌师指挥所遭到突然袭击，顿时军心涣散，长官找不到士兵，士兵找不到长官。混战中，红二十五团机枪连连长向耿飚报告："参谋长，我们抓到一个胖子军官。"

"什么军官？"耿飚问道。

"他自己说是书记官。"

战斗结束后，才知道自称"书记官"的人竟然是敌师长李明。

战至28日上午，敌第五十二师被全歼，敌师长李明等六千余人被俘，缴获各种枪支三千七百余件，迫击炮十门，电台七部，战利品搬了四天才搬完。敌第五十二师师长李明，由红九师侦察参谋彭明治负责押送到红九师政治部，看押的同志用报纸做高帽给他戴，李明拒绝戴高帽，要求用纸写上姓名贴在身上。师政治部主任符竹庭与参谋长耿飚同意了李明的要求，他连连向符竹庭、耿飚点头称谢！

林彪、聂荣臻、罗荣桓等几位军团首长获悉红九师活促了敌第五十二师师长李明，十分高兴，异口同声地说："好，好，这叫擒贼先擒王呀。"

3月10日早晨，温柔的晨风轻轻拂过，带来花朵的馥郁芬芳，在这春意盎然的季节里，红一军团政治部在南丰官家僚，召开了全军团师以上政治工作会议。军团政治部主任罗荣桓，在会上号召全军团政治机关要全力以赴地做好敌工作，有效地开展敌工宣传，同时强化文化领域的广度与深度，并焕发青年工作活力。对于表现突出的方面，他给予高度评价与鼓励，旨在激励士气；同时，针对存在的不足，他进行了深刻的剖析与全面总结，为后续政治工作的精准决策奠定了坚实的基础。罗荣桓的号召，不仅为当前政治工作提供了明确指引，更为未来的政治工作发展方向点亮了明灯。

夕阳余晖中，会议圆满落幕。各级政治机关的领导干部们，纷纷离开了会场。此刻，符竹庭从警卫员小李手中接过马缰，翻身上马，准备返回师部。就在这时，身后有人喊道："竹庭啊，吃过晚饭再走嘛。"

符竹庭猛地一拉缰绳，骏马应声驻足，他旋即转身，只见罗主任乐呵呵地向他招手，"竹庭啊，来来来，我们一起吃顿饭吧。"

符竹庭欣然应允，嘴角勾起一抹微笑，随即轻盈地翻身下马，将马缰交给了身旁的警卫员小李，随后跟着罗荣桓的脚步，一同前往了伙房。

炊事员把一盘干辣椒炒芥子，一盘菜心炒猪肉，两碗米饭，两双筷子摆放在桌子上。

罗荣桓与符竹庭一边吃饭一边聊天。

罗荣桓惊喜地说道："这次反'围剿'，你们九师的战斗情绪非常高涨。特别是红二十五团固守阵地与敌人相持了一个晚上，没有吃饭饿着肚子，第二天继续作战，大家依然精神振奋。"

符竹庭说："我们首先安排政工干部深入基层一线，开展政治工作。其次，充分发挥党、团员的骨干带头作用。"

罗荣桓说："这很好！还要加强对白军士兵的宣传工作力度。有些宣传队对白军士兵提出的简单疑问如：'过来怕杀'，不能立即回答。"

符竹庭说："这是政策水平差的问题，我们的政策宣传教育做得还不够。我们准备适当的时候，举办一期对敌政策宣传培训班。"

罗荣桓说："举办政策宣传培训很有必要，但青年工作不能疏忽。我们红军战士，绝大多数是青年，做好了青年工作，部队的思想政治工作就做好了一大半啊！"

符竹庭斩钉截铁地回应："的确如此！青年工作乃重中之重，我必将竭尽所能，牢牢握紧这把钥匙。"

……

官家僚会议结束不久。3月21日拂晓，红一军团在草台岗两侧的霹雳山、龙嘴山伏击国民党陈诚第十一师。然而，该师的战斗力非同一般，他们拼死抵抗，退守黄柏岭高地。

敌第十一师凭借高地居高临下，顽抗坚守。红军四面围困，仰面强攻，但毕竟不是神话中的水漫金山。红一军团强攻一次次失利，激战中竟有三名师长负伤。战斗至下午3时，我军还未得手，而敌第十一师的炮弹不断向山下倾泻，军团长林彪被炮弹爆炸的气浪掀翻在地，他迅速爬起来继续指挥战斗。他命令作为军团预备队的红九师不惜一切代价歼灭敌第十一师，并展开一张地图对师长李聚奎说："这样拖下去不行，现在用得着你们，你们从这个山垭口突过去，给你们两个小时，多了不给，怎么样？"李聚奎有些为难，"敌人只要两挺机枪就可以把山垭口封住，我们攻不上去，怎么办？"

林彪沉着脸反问道："你说怎么办？"

李聚奎回答："以一个团正面佯攻，两个团从山梁左翼垭口迂回攻击。"

"你怎么不早说？这是你的事，我只要黄柏岭，其他一概不管。"林彪命令道。

李聚奎回到师部，立刻与几位师领导紧急磋商，及时调整了作战部署，决定：师政委刘英率红二十五团正面佯攻，吸引敌人火力；师政治部主任符竹庭率尖刀营从侧翼迂回登山，突袭敌师部；师长李聚奎与参谋长耿飚率大部队隐蔽在左翼垭口丛林中伺机攻击。

随后，政委刘英来到红二十五团，接着下达向敌人开火的命令，红二十五团的战士们闻令，迅速集中全团轻重机枪向敌人猛烈开火。

李聚奎与耿飚率红二十六团、二十七团隐蔽在垭口丛林中，伺机攻击。符竹庭则率领尖刀营从侧翼迂回逼近主峰。当尖刀营轻装悄然向主峰摸去时，一处断崖挡住了他们的去路。符竹庭稍思片刻，果断命令全营不惜一切攀上主峰，打敌人一个措手不及！

尖刀营王营长接到命令，立刻带领全营战士们迅速拿出绳索铁钩，动作熟练地一个接一个登上了主峰。接着他们利用杂草树枝掩护，悄无声息地向敌第十一师师部摸去。当他们行至距敌第十一师师部大约三四十米远时，符竹庭手臂猛地一挥，果断下达攻击命令。霎时，手榴弹划破长空，如密雨般倾泻在敌师部，顿时火光冲天，硝烟四起，爆炸声震耳欲聋。紧接着，步枪、机关枪咆哮着，如狂风暴雨般地向敌师部倾泻。敌师部遭到猛烈的火力袭击，顿时大乱。李聚奎、耿飚趁机率领大部队从垭口丛林中杀了上来。

红九师与敌第十一师展开了血战，不一会儿，天空中出现了飞机的嗡鸣声。符竹庭见状，猛然拔出大刀，毫不犹豫地大声喊道："同志们，冲啊——！"带领众战士勇猛地冲进敌群中，左冲右突，拼死搏杀。阵地上，喊杀连天，枪声、爆炸声、咒骂声、刺刀撞击声，此起彼伏。敌人的飞机在空中盘旋无法投弹，飞了几圈便飞走了。双方混战至傍晚时分，敌第十一师师长肖乾、旅长莫与硕中弹受重伤，失去了统一指挥。战至晚上8时许，全歼敌王牌第十一师，俘敌一万余人，第四次反"围剿"胜利结束。

与青年科长谈青年工作

1933年3月下旬的一天上午，和煦的阳光洒满大地，美丽的桃花芳香四溢。乐安县大金竹红九师政治部组织科门前，一位脸庞清秀的青年干部悄然而至，他轻叩房门，礼貌地喊道："报告！"

正在屋里忙碌的组织科长谭冠三，忽听门外传来轻轻的敲门声，连忙放下手中的工作，疾步上前，拉开了门扉。

门外，一位青年干部站在面前，只见他"唰"地敬了一个标准的军礼，声音洪亮地说道："报告，我是王宗槐，特来报到。"

谭冠三闻言，眼中闪过一丝惊喜，连忙热情地回应："哦，你就是王宗槐同志。快请进，请进！"说着，亲切地引领王宗槐入座，随后转身快步走到桌边拎起水壶，细心地斟满一杯热气腾腾的开水，双手递到了王宗槐手中，接着说道："昨天，听符主任说，军团政治部准备调王宗槐同志到咱师任青年科长，想不到你今天就来了，好快呀。"

"上级催得急。"王宗槐接过开水，呷了一口，随后把杯子放在桌子上，接着从挎包里取出介绍信递给谭冠三，"这是我的组织介绍信。"

谭冠三接过介绍信，浏览了一下，便说："你先歇一会儿，等下我与你去见符主任。"

不一会儿，谭冠三便带着王宗槐来到符竹庭的居所，并在门外报告："符主任，王宗槐同志前来报到。"

符竹庭正在屋里撰写《草台岗战役思想政治工作总结报告》，听到门外喊报告，连忙回应："请进。"

谭冠三轻轻推开门扉，与王宗槐并肩步入。谭冠三热情地指了指身旁的王宗槐，向符主任介绍道："这位是刚调来的青年科长王宗槐同志。"

符竹庭放下钢笔，起身迎了上去，满脸笑容地说道："师里青训班刚结束，你就来了。好快啊，欢迎！欢迎！"符竹庭热情地握住王宗槐的手，轻轻地摇了摇。

王宗槐说："昨天接到通知，要求我今天来报到。"

符竹庭说："好啊，上级非常重视青年工作。罗主任说过，青年工作做好了，思想政治工作就做好了一大半。这不，你来了，今后咱们师的青年工作就好办啰。"随后，符竹庭向王宗槐详细介绍了红九师的青年工作情况，两人交谈一个上午。王宗槐被符竹庭主任的一席话深深触动，满怀激情地说道："符主任，请您马上给我分配任务吧。"

符竹庭高兴地回答："你的工作热情很高，任务有你的。现在时间不早了，咱们先吃顿饭吧。"接着喊来谭冠三，亲切地吩咐道："老谭，你去伙房张罗一下，咱们和宗槐一块吃顿午饭。"

"好的。"谭冠三转身去了伙房。符竹庭总是亲切地称谭冠三为老大哥，两人关系十分融洽。

王宗槐从红九师政治部青年科长到解放军总政治部青年部长，青年工作伴随他走过了漫长的军旅生涯。值得称道的是，他还是一位被人们称为军中"活词典"的奇人。那是1941年反"扫荡"时，晋察冀军区政治部组织部接到上级发来的一份电报，要求上报一份营以上干部名册。两名干事刚到任不久，接到任务当时就蒙了。原来，1939年秋第一次反"扫荡"时，政治部组织部根据指示，烧掉了不便携带又无法转移的文件、档案等。这次要上报干部名册，两位干事傻眼了，急忙找到部长王宗槐。王宗槐二话没说，拿出笔伏案疾书。从军区司、政、供、卫机关到直属队，从第一军分区到第五军分区，所有营长、教导员、团特派员、总支书记、机关股长、科长、协理员等营以上干部，按编制序列写了出来。总计两千多人，与实数一个不差的花名册制好了。从此，王宗槐"活词典"的名声就传开了。

当红九师的青年工作开展得红红火火、有声有色的时候，符竹庭获悉了一个令人惆怅的消息，罗荣桓主任即将调离红一军团，符竹庭心中满是不舍。

4月14日，天蒙蒙亮，罗荣桓就带着警卫员离开了红一军团。符竹庭闻讯，急匆匆带着警卫员骑马前去送行，当他赶到军团部时，罗荣桓已经踏上了前往宁都的路上。他非常遗憾地紧握马缰眺望宁都方向。

罗荣桓同志，大学生出身，外表庄重严肃，内心一团火热，对革命赤胆忠心，对同志关怀备至，他崇高的人格魅力，在符竹庭的脑海里像无声电影，一幕幕地闪过："学文化、谈政治、讲宣传，和最近的青年工作。"从罗荣桓身上学到了许多宝贵的东西，给符竹庭留下了一个实事求是、朴素无华的革命长者形象。

"符主任。"警卫员小李急切地呼喊了一声。

符竹庭恍然回神，朝警卫员小李郑重地点点头。两人随即掉转马头，猛挥马缰，两匹战马一声长鸣，如同离弦之箭，朝红九师政治部疾驰而去。

七、整编后红一团首任政委

首战枫坪振军威

1933 年 5 月 12 日上午，阳光透过树叶洒落在草地上，空气中弥漫着清新的气息，仿佛一切都在焕发着生机，永丰县藤田镇沸腾了。红军部队如长龙般蜿蜒而至，汇聚于这座小镇里集结。

李聚奎与符竹庭、耿飚等人率领红九师的指战员们历经数日艰苦跋涉，终于 12 日傍晚时分，抵达了这个小镇里集结。这次部队集结不是打仗，而是红一方面军一次大规模的精简整编。

藤田小镇里三大军团，齐聚一堂，场面热烈非凡，人声鼎沸。许多红军将领，虽然素有耳闻，却未曾谋面。此番盛会终得相聚，大家谈笑风生，彼此间洋溢着无比的喜悦与振奋之情，给许多红军将领们留下了耐人寻味的印象。符竹庭印象最深的是陈赓，因为他名气大，大家都喜欢和他在一起聊天说笑。一次，开完师级干部会议后，大家会餐，陈赓与符竹庭、耿飚同桌，他见上来一盆肉，就迅速地把肉全分给符竹庭与耿飚等人碗里，然后把盆子藏起来咋呼道："喂，师傅！我这桌还没有上肉哪！"伙房果然又送来一盆。这时，他似乎没注意地将"谜底"露了出来，逗得大家哈哈大笑。

这次整编，改小师小团为大师大团，师以下部队逐级缩编，师编为团，团编为营，营编为连。将红一军团第七师、九师，红二十二军第六十三师合编为红一军团第一师；将红一军团第十师、十一师，红二十二军第六十四师合编为红一军团第二师；中央警卫团、军团教导队，瑞金模范师编为第三师（归中革军委领导），全军团 24656 人。

整编后，红一方面军总司令朱德、总政委周恩来，下辖红一、红三、红五军团。林彪任红一军团军团长，聂荣臻为政委，政治部主任李卓然，参谋长杨林。红二十二军军长罗炳辉改任第一师师长，红二十二军政委蔡树藩改任第一师政委，红二十二军政治部主任谭政改任第一师政治部主任，红二十二军参谋长毕占云改任第一师参谋长。红七师缩编为第一师第一团，建黎泰独立师师长周振国改任第一师第一团团长，红一军团第九师政治部主任符竹庭改任第一师第一团政委；红一军团第九师缩编为第一师第二团，师长李聚奎改任第二团团长，红一军团第九师参谋长耿飚改任第二团参谋长，红一军团第九师政治部组织科科长谭冠三改任第二团政治处主任；红二十二军第六十三师缩编为第一师第三团，师长黄永胜改任第三团团长，师政委邓华改任第三团政委。每团建制 2740 余人。符竹庭成为整编后的红一军团第一师第一团首任政委。

7 月 7 日黄昏时分，天边绚烂的余晖遍洒广袤的大地，空旷的山野渐渐沉入暮色的温柔怀抱。永丰县古县镇红一团驻地的宁静被一阵急促清脆的马蹄声骤然划破，未及众人反应，一匹骏马已风驰电掣般冲至近前。只见师部通讯员迅速跳下马，心急火燎地将一份作战命令交给团长周振国，随后转身离去。

团长周振国看完作战命令后，迅速将它递给政委符竹庭，目光坚定地说道："师长命令我团明天拂晓前，抢占枫坪。"

符竹庭接过作战命令，迅速浏览，接着眉头一皱，沉声道："老周，时不我待，立即下令集结队伍。"

随着周振国一声令下，团司号长有力地吹响了集结号。悠扬的号声划破了天际，全团指战员们闻声而动，他们迅速收拾行装，打起背包，挎上枪支弹药，如同离弦之箭冲上河滩，迅速完成集结。

符竹庭与周振国并肩站在沙滩一处高地上。政委符竹庭目光如炬，扫视了一眼齐刷刷的队伍，率先开口："同志们，刚才我们接到师首长的命令，要求我团明天拂晓前务必抢占枫坪。虽然枫坪远离我团驻地，道路更是崎岖难行，这正是考验我们的意志与决心的时刻，我们要发扬不怕苦不怕累的光荣传统，坚决完成师首长交给咱们的战斗任务。同志们，这是我团整编后的第一仗，必须打出军威来!"他手臂猛地一挥,激昂地说道:"同志们! 打好这一仗,有没有信心?!"

"有!"指战员们如同惊雷般的声音,震撼云霄。随着团长周振国一声命令,钢铁般的队伍瞬间启动,踏上了征途。

红一团的勇士们在山坳里、田埂上、小溪畔迅疾穿梭,每个红军战士肩扛步枪,腰挂四五颗手榴弹,迈着坚定的步伐,快步行进。

符竹庭与周振国骑马并辔而行,队伍行军数小时,踏入僻静的山谷,此刻,雾霭缭绕,山崖峭立,点点萤火,呜呜……的夜风悄然掠过,卷起地上的腐叶,在空中盘旋之后,缓缓落下,归于沉寂。符竹庭环视周围,略一沉吟,对周振国说道:"老周,为确保万无一失,必须派遣侦察排前去探明道路。"

周振国稍思片刻,沉稳地说道:"小心驶得万年船啊!"接着,他叫来侦察排长章志东,向他交代任务。

章志东接受命令后,迅速率领全排战士悄无声息地向前探路。当他们行进至大约三四里地时,突然前方传来一阵阵嘈杂的声音。章志东立刻带领几名战士悄悄地潜近声源,定眼望去,令他心头一紧:夜幕下,大批国民党士兵扛着各种枪支、迫击炮,向红一团所在地逼近。章排长当机立断,立刻派了两名侦察员火速回返,向团首长报告敌情。他本人带领战士们继续监视敌人的动向。

符竹庭与周振国接到侦察员十万火急的报告,立刻部署战斗。团长周振国眼神坚毅,果断下达作战命令:"一营听令,火速抢占前方无名高地,阻击运动中的敌人。"

"是!"一营长彭明治应声而动,立刻率领一营的战士们,如离弦之箭,朝前方无名高地疾驰而去。

"二营迅速运动到左翼高地,待一营开火后,你营从左翼发动攻击。"

"是!"二营长杨得志毅然领命,旋即迅速率领二营跑步奔向指定位置。

"三营运动到右翼丛林中埋伏,伺机攻击。"

"是!"三营长尹国赤接令,立即率领三营潜入右翼丛林中埋伏,伺机而动。

红一团严阵以待,一场遭遇战即将打响。

未几,山涧小路上传来人喧马嘶的声音,一道道手电筒的光柱划破了茫茫夜空，嘈杂声由远及近。团长周振国透过树枝，敏锐地发现黑压压的敌人正逼近红一团正面防线。此刻，周振国手臂猛地一挥，斩钉截铁地说道："王参谋，速令一营开火！"王参谋闻令，迅速抓起电话，向一营传达开火命令。

红一营阵地上，猛然间，"砰"的一声，一颗红色信号弹腾空而起，划破了夜空的寂静。顿时，手榴弹宛如密集的雨点，无情地倾泻在敌群中，伴随着一连串震耳欲聋的爆炸声，火光闪闪，硝烟弥漫。敌人猝不及防，哀嚎声、爆炸声交织在一起，他们惊慌失措地在硝烟中四处奔逃，企图逃离这死亡的漩涡。然而，当他们逃到左翼林地时，突然左翼高地响起了机枪的吼叫声，暴雨般的子弹呼啸而卜，顿时敌人身上溅起了团团血雾，如同倒塌的积木一般，稀里哗啦，连片倾覆。

敌人前后遭到伏击，纷纷朝右边丛林里溃逃。突然间，右边丛林里又响起了激烈的枪声、爆炸声。敌人被分割包围，成了瓮中之鳖。

红一团干净利落地歼灭了大股敌人，缴获了大量武器弹药，俘虏官兵六百余人。随后，政委符竹庭指令一营一连负责看守俘虏，大部队继续前进。

然而，当红一团接近枫坪仅两公里之际时，一个突如其来的坏消息仿佛晴天霹雳：枫坪已被国民党军第二十七师捷足先登。

这坏消息，给红一团带来了前所未有的严峻挑战！撤退，将影响整个战局，后果不堪设想。而前方，却是装备精良、训练有素的甲等师。

政委符竹庭陷入沉思，良久之后，他沉着冷静，有条不紊地分析道："我们一个团对峙敌人一个师，从兵力上看敌人占绝对优势，但我们知己知彼，士气旺盛。反观敌人，他们不知道我军虚实，而且毫无防备，只要我军火力猛烈，发起迅雷不及掩耳之势的突然袭击，精准打击敌人要害，就完全有能力扭转乾坤，战胜强敌。"

团长周振国在听完符竹庭条理清晰、掷地有声的分析后，眼神中闪烁着坚毅不拔的光芒，毅然决然地说道："好！我们便来个背水一战，破釜沉舟！"说完，他便与政委符竹庭带领几名作战参谋及营长们，毅然踏上了通往山坡的道路。

他们行至山巅。符竹庭站在一棵苍劲松树之下，缓缓地举起望远镜，对准远方枫坪村。镜头穿梭于轻纱般的晨雾中，逐渐聚焦于村内——那里，一排排战马安然被系，而敌人的哨兵则在朦胧中若隐若现。符竹庭轻轻放下望远镜，转身对周振国说："老周，我们得想个办法，派侦察员化装村民混进村，好好摸摸敌人的底细，特别是敌第二十七师的师部位置，要是把它给揪出来，咱们打赢这场仗就十拿九稳了。"

团长周振国听后，稍思片刻，立刻派遣精干的侦察员潜入村落探查敌情。未几，侦察员返归，带来了详尽的报告："敌第二十七师师部设在枫坪村祠堂内，大部分敌人沉浸在睡梦中。有一队巡逻兵正在村外巡逻警戒。敌第二十七师所属两个旅，则分别屯兵于大塘村与池沅村，两地距枫坪二至三公里，呈掎角之势。"

符竹庭听完侦察员的详尽汇报后，猛地抓起望远镜，急切地扫描着四周，他目光如炬，寻找着那隐匿于村落的祠堂踪迹。"瞧，就在那儿!"他蓦地一指，兴奋地对身旁的团长周振国说："老周，派两个连的兵力悄悄迂回到祠堂侧翼后龙山埋伏，当正面部队发动攻击时，趁其不备突然杀出，打他个措手不及!"

"此计甚妙!"团长周振国随即果断发出战斗命令："二营两个连，需巧妙紧贴靠敌师部的后龙山隐蔽待命，伺机发动致命一击。"

"是，团长。"杨得志应令而动，迅速率领两个连，如同林间幽灵般悄无声息地穿梭，全速向预定的阵地挺进。

"一营并二营六连，务必迅速抢占大塘与池沅战略高地，构筑工事，坚决阻击敌人增援的企图。"

"明白!"彭明治坚定地回答，随即迈开步伐，疾驰而去。

"三营及团直属队，即刻整备，为全面攻击敌师部做好万全准备!"

"是!"尹国赤声音洪亮地回答，随即投入到紧张的战前动员之中。

周振国目光转向通信连长，眼神坚毅，严肃地说道："通信连，务必争分夺秒，确保通信畅通无阻，同时立即行动，切断敌人的通信线路，使其陷入孤立无援之境。"

"是，坚决完成任务!"通信连长敬礼后，转身离去。

清晨5时许，一名负伤的敌军官踉跄着闯入了敌第二十七师师部，气喘喘地对值班参谋通报："我掩护部队在乌江附近遭到共军主力袭击，全军覆没。"此言一出，敌值班参谋顿时大惊失色，急忙向其师长报告。敌师长听后，脸色铁青，迅速拿起桌上的电话，欲图紧急调度各旅以作应对。可惜他晚了一步，红军已切断通信线路。敌师长急忙转向电台，企图向属下发出求救信号。

"轰！轰……""哒哒，哒哒哒……"骤然间，敌师部被激烈的爆炸声与机枪扫射声所笼罩，敌师长面对突如其来的攻势，惊慌失措，就像热锅中的蚂蚁，急得团团转，慌不择路地下达着混乱的命令，试图挽回败局。

此刻，红三营和团直属队的战士们，如同猛虎下山般向敌师部发起猛烈进攻。"同志们，冲啊——！"伴随着三营长尹国赤的呼喊声，战士们个个精神抖擞，奋勇向前。

敌师部警卫部队负隅顽抗，誓死守卫。然而，就在这时，敌师部后翼，突然响起了雷鸣般的枪炮声。伴随着震天动地的呐喊声，"冲啊——！""杀啊——！"红二营的战士们如同决了堤的洪水，汹涌咆哮着席卷而下，勇猛地冲进了敌师部，一场白刃相交的激战随即展开，刀光如电，剑影交错，敌人被这突如其来的猛攻打得溃不成军，四处逃散。敌师长在卫队的紧紧护卫下，惊慌失措地跨上战马，在一片混乱中仓皇逃窜。

敌第二十七师所属两个旅，发现师部正遭受红军猛烈袭击，慌忙赶来"救驾"。然而，当他们匆匆行至半途之际，突然间，密密麻麻的手榴弹从天而降，带着死亡的呼啸，在敌群中连续不断地爆炸，火光闪闪，硝烟弥漫，爆炸声震耳欲聋。紧接着，红军阵地上的轻重机枪齐声怒吼，宛如暴风骤雨般的子弹无情地编织成一张密不透风的死亡之网。敌人在这猛烈的火力打击下，纷纷中弹倒地，死伤惨重，令人触目惊心。

红一营的勇士们，在枪林弹雨中不仅以猛烈的火力向敌人发起凌厉的攻势，而且巧妙开展政治攻心战。当敌人惊闻师部被歼、师长下落不明的消息时，恐慌之下，误以为遇上了红军大部队。瞬间战斗意志瓦解，惊恐地向吉水县方向溃逃。

战至 8 日上午 10 时许，红一团占领了枫坪。

此役毙伤俘敌一千余人，缴获各类武器九百余件，子弹数万发和大量军需物资。

首战告捷，红一团打出了赫赫的军威。中央红军"猛虎团"的美誉由此传开了。

全军体育盛会获奖

1933年8月初，红一方面军第一次隆重纪念八一建军节。中央红军在江西永丰县藤田地区举行了首届赤色体育运动会。经周恩来总政委和朱德总司令研究，产生并批准了六个参加决赛单位，这便是：红一军团第一师第一团，第二师第四团、第五团，红五军团第十三师第三十七团，江西军区永丰独立团和龙冈独立营等六千余人参赛。

8月，苏区北部永丰县藤田镇令人陶醉，当大地刚刚从薄明的晨曦中苏醒起来的时候，肃穆清凉的原野上，飘荡着清朗的笑声。红一团参赛运动员们在政委符竹庭的带领下，正在紧张地练习足球、乒乓球、篮球和跳高、跳远。符竹庭喜欢打篮球，瞧：他正在传球，这边二营长杨得志快跑拦截，团长周振国接球后跨步投篮，连长陈正湘猛跳断球。

这次赤色体育运动会的竞赛项目很多，归纳起来有四大类：政治方面：三大纪律八项注意检查，现场听课、口试、笔试；政治讲演，政治竞走测验，墙报宣传，干部政治教育管理等。军事方面：刺刀、劈刀、杀梭镖、抢山头、挑对抗、掷手榴弹、实弹射击、紧急集合、赤色戒严、防空防毒、武术、魔术、军拳、翻杠子、爬城墙、上木马、越障碍物、目测距离、军事问答、武器保护、地形地物的运用、班排动作的演习等。体育方面：田径赛项目，跳高、跳远、撑竹竿、单杠、双杠、低栏；田径赛还包括，200米、400米、500米赛跑。球类：篮球、排球、足球、乒乓球。团体运动：游戏、拔河、泅水、铁饼、标枪和棋类比赛。文化方面：算数、识字、唱歌、京剧、猜谜、话报剧、跳舞、双簧、杂耍、成语填句等，要求每个战士都会写"纪念八一，消灭文盲"八个大字。

8月6日傍晚时分，灼热的骄阳慢慢地落山，空旷的田野上，红旗飘飘，男女老幼欢天喜地，红军指战员们身穿崭新的军装，迈着整齐的步伐，来到会场。主席台两边贴着红纸对联，中间挂着马克思、列宁画像。

周恩来总政委代表中革军委对红一方面军首届运动会表示热烈祝贺。他鼓励广大红军指战员们，要经常开展体育运动，练就一身强壮的体魄，就像一块铁，在熔炉里冶炼才会更加坚硬。如果不加强体育锻炼，就没有强壮的体魄，就不能完成艰巨复杂的任务。有了良好的体魄，就有了革命的本钱，才能更好地打仗，打胜仗；有了良好的体魄，对于保卫中央苏区有着十分重要的意义。

符竹庭和红一团的运动员们聆听了中央首长的讲话，很受鼓舞，跃跃欲试，恨不得马上在竞赛场上大显身手。

江西军区司令员陈毅率领省巡视团正在永丰检查工作，此时他同棋类选手中几名高手进行了几场别开生面的象棋比赛，陈毅司令员获得第一名，为开好运动会起了示范作用。

朱总司令喜欢打篮球，他传球快，投篮准，跨步、跳篮、断球都有一套。他为了言传身教，推动运动会成功举行，跟几位井冈山下来的老战士组成一支篮球队与红二师五团的篮球健将打了一场友谊赛。符竹庭带领红一团篮球健将们观看朱总司令的精湛球艺。瞧：朱总司令接球后，突然以 180 度反转，左拐右传，真是奇观。符竹庭激动地对身旁的红一团篮球运动员们说："你们看朱总司令传球，他的 180 度反转太精彩，使对方料想不及，今后我们要学会这种打法。"

《红星报》上刊登了一篇《火线上的青年晚会》，描写比赛盛况："红色的夕阳斜射着绿草覆盖的运动场上，从远处蜿蜒涌出的队伍，整齐地踏入运动场上集中。打球的，做游戏的，都在活跃着；跳高的，跳远的，也真不错；跳绳的，打乒乓球的同时开动了，他们一直竞赛到月亮的笑脸挂在天边。"值得一提的是，红五团一营二连排长曾国华跳高比赛获得第一名，给符竹庭留下了深刻的印象。

在田径场上，短跑和长跑的气氛尤为炽烈，啦啦队热情高涨。肖华对此写了现场报道："运动员们的比赛激情越比越有劲，评判员宣布进行 200 米赛跑。选手们如汽车般地跑着，不一会儿到了终点。"

在比赛的间隙，还开展了游艺活动，前来演出的工农剧社"蓝衫团"的女同志们和运动员们一起联欢，唱歌、对山歌，优美动听的歌声把气氛推向了高潮，台下观众们不时发出"再来一个"的要求和兴高采烈的喝彩声。

14日下午，评判组开会研究，根据参赛单位完成的单项指标和获得优胜团体项目累计进行打分评议，确定了三个主力团的集体竞赛综合大奖和一个纪念奖。这就是红一军团第二师第五团，获得了"模范工作第五团"的光荣称号；红一军团第二师第四团，获得了"英勇冲锋第四团"的光荣称号；红一军团第一师第一团，获得了"牺牲决胜第一团"的光荣称号；红五军团第十三师第三十七团获得了纪念奖。

当晚，运动场上，汽灯高照，彩旗飘飘。藤田赤卫队，少先队，儿童团敲锣打鼓，吹唢呐，放鞭炮。有的抬着各种彩牌，有的挑着瓜果、面巾、草鞋、雨伞送到会场慰劳运动健儿。

朱总司令主持闭幕大会，周总政委向获奖团队授奖旗。当红一团政委符竹庭从周恩来总政委手中接过奖旗后，怀着光荣、激动的心情，绕场一周，向大家致意，随后把奖旗交给了旗手，走进闭幕式队伍之中。

颁奖完毕，朱总司令便开始讲话，他说："这次赤色运动会开得很成功，军事体育竞赛有相当成绩，涌现了中国工农红军'模范工作第五团'，'英勇冲锋第四团'，'牺牲决胜第一团'，这样脍炙人口的先进典型，他们不仅政治竞赛先进，军事比武也先进。"红一军团政委聂荣臻插话道："这三个团是我们红一军团三只虎"，周恩来总政委加了一句"是三只拳头啊！"从此"红军三虎"这个说法就传开了。毛泽东、朱德、周恩来和聂荣臻等以三虎称呼之，周恩来更多时候还是称他们为三只拳头。

乌江战斗再创军威

1933年8月，蒋介石调集五十多万军队和二百多架飞机，分三路向中央苏区发动了第五次"围剿"，毛泽东受王明路线排挤离开了红军指挥岗位，以博古为首的临时中央，完全听命于德国人李德一套错误指挥：实行单纯防御

"短促突击",以堡垒对堡垒,同敌人拼消耗,使红军处于完全被动的局面。仗打得艰苦,红军损失惨重,干部战士想不通。8月15日,红一军团接到中革军委和红一方面军命令:前往永丰、乐安以南地区,配合东方军作战。8月30日,红一军团侦察得知:敌第八十师于29日进至乌江圩修筑工事;军团长林彪和政委聂荣臻做出决定:趁敌立足未稳之机消灭该敌;命红一师绕至乌江西北切断乌江圩至吉水之间交通,夹击乌江之敌,红二师一个团随红一师跟进。

8月30日夜晚,天空像一口黑锅笼罩着大地,闷热的天气没有一丝风。团长周振国与政委符竹庭率领红一团从永丰直奔乌江圩。

远处,崎岖的山间小道上传来轻微的脚步声,一支二千七百多人的队伍行走宛如蚕咬桑叶。有过部队生活的人一听就知道,这是一支训练有素的战斗部队。战士们背着枪支、手榴弹和鼓鼓的子弹带,脖子上系着一双双草鞋,一个个那么轻便利落,敏捷,一双双眼睛都那么机警深沉,闪射着投入激战前的焦灼和快乐,以及迫不及待的复仇意志。

次日拂晓,红一团到达指定位置。此时,雷电交加,大雨滂沱。政委符竹庭屹立于风雨之中,面向全团指战员做简要战斗动员,他声音洪亮地说道:"同志们,我们要狠狠地打击这股敌人,为牺牲的战友报仇!共产党员、共青团员在战斗中,必须发扬先锋模范作用和战斗堡垒作用,敢于拼搏,勇往直前!"接着,他手臂猛地一挥,激昂地说:"同志们!打好这一仗,有没有信心?!"

"有!"全团指战员群情激昂,声音如雷鸣般响亮。

周振国团长对各营战斗位置进行了详细部署。上午9时许,红一军团首长下达进攻命令。符竹庭与周振国迅速率领全团指战员向敌人发动了猛烈进攻。

"冲啊——!""杀啊——!"红军指战员们瞪着血红的眼睛,挥起大刀、刺刀,勇猛地冲进敌人群中,左冲右突,如入无人之境奋勇拼杀。阵地上,兵刃相交,刀光剑影,枪声、爆炸声,刺刀、大刀撞击声此起彼伏。

战至下午4时许,在各兄弟部队的共同努力下,全歼敌第八十师第二十三旅两个团,敌第八十师补充团和师直属队四千余人,俘虏敌旅长以下二千余人,缴长短枪二千六百余支,轻、重机枪五挺,迫击炮八门,无线电台两部以及大批枪支弹药和军需物资。

这次战役胜利，红一团再次受到了上级表彰，中央苏区报刊纷纷发表文章赞扬红一团英勇顽强、敢打敢拼的战斗作风，号召全军指战员，学习红一团不畏艰难、不怕牺牲、英勇善战的大无畏革命精神。

雪山岽阻击战

1933 年 9 月，黎川县城失守，我红军主力退守建宁北部防线，分兵把守建宁西部雪山岽防线。

然而，敌汤恩伯采取"步步为营，稳扎稳打"的战略方针，率领四个师，一步步向雪山岽推进。

雪山岽地处武夷山东麓，位于建宁县大源村、廖坊村和圳头村的亢尾、董家、际上之间，主峰海拔 770 米，是建宁西部主要防线。奉命坚守雪山岽阵地的是周振国与符竹庭率领的红一军团第一师第一团；彭绍辉与程翠林率领的红五军团第三十四师的红军将士们。

金秋十月，层林尽染。这天上午，坚守雪山岽阵地的红一团战士们正在加固工事，此刻有几名战士边修工事边发牢骚："现在咱们打的什么仗哟？敌人有飞机大炮，咱们呢？连子弹都不够，真是叫花子跟龙王爷比宝哟。以前打仗多痛快呀，可现在老叫咱们固守固守，这不是等着挨敌人的打吗？真想不通！"

团政委符竹庭对防御工事非常重视，他深知这关系到每个战士的生命，不能有丝毫的懈怠。所以，他经常带着警卫员深入前沿阵地检查工事质量。刚才那几名战士的牢骚话被他听见了。虽然他对这种阵地战也不理解，但作为政治委员，政工干部却不能有丝毫的怨言与情绪，应当尽量做好战士们的思想政治工作，确保部队旺盛的战斗力。他缓缓地朝战士们走去。那几名战士发现政委向他们走来便不吭声了。符竹庭微笑着向他们打招呼，随后拿起一把铁锹和他们一起施工劳动。符竹庭一边铲土一边与他们拉家常，慢慢地聊到修筑工事上面来，他语重心长地说道："同志们，敌人虽然有飞机大炮，只要我们把工事修好了，就能躲避敌人的飞机大炮，减少伤亡。虽然挖工事很辛苦，但是战时就能保护好自己；只有保护好自己才能消灭敌人。现在多流一滴汗，战时就能少流一滴血啊！"符政委的一席话，打开了战士们的思想疙瘩。

符政委回到团指挥所后，连忙对宣传股王股长说："王股长，马上带宣传队到各营阵地为战士们表演节目，组织战士们猜谜语，搞好文化生活，鼓舞士气。"

"是，政委。"王股长应声而动，敬礼后转身离去。

"咚咚锵，咚咚咚锵……"不一会儿，阵地上响起了悠扬的歌声，战士们欢心雀跃，唱歌、猜谜语、讲故事，阵地上传来阵阵笑声。

10月11日拂晓，灰蒙蒙的天空，突然传来了敌机的轰鸣声，不一会儿，七八架敌机从云层里钻出来，贴近雪山崇低空盘旋。

"同志们，敌机来了，快隐蔽！"符政委大声喊道。

"哒哒，哒哒哒……"敌机俯冲下来一阵扫射，接着拉高，继续盘旋，随后便开始轰炸。铺天盖地的炸弹在雪山崇炸响，"轰隆，轰隆……"火光闪闪，爆炸声震天动地，腾空而起的黑色烟柱，像一个个巨大的蘑菇云，仿佛大地在颤抖，在下沉。强劲、灼热的气浪卷起地上的泥土、碎石、树枝满山飞溅。

红军战士们隐蔽在防空洞里，双眼迸发出仇恨的火花。

敌机轰炸后，李默庵第十师官兵如潮水般地向山坡上涌来。远远望去，敌人的钢盔在阳光折射下，满山遍野闪来闪去，宛如萤火虫般。

团长周振国伫立于指挥所瞭望口前，双眼如炬，紧紧地盯住山坡上黑压压的敌人，心里默默地念叨，"把敌人放近点打。"当敌人冲到距红一团阵地仅仅二十来米远时，周振国大吼一声："打——！"

"砰！"一颗红色信号弹腾空而起。

"杀啊——！"顿时，红一团战壕里手榴弹呼啸而起，空中像飞过一群麻雀。密密麻麻的手榴弹在敌人群中凌空爆炸，连续不断的爆炸声震耳欲聋，横飞的弹片呼啸而下，敌人惊慌失措，四处逃窜。紧接着战士们手中的轻、重机枪怒吼起来了，"哒哒，哒哒哒……"子弹如雨点般倾泻而出，织成一张密不透风的火网。

敌人被打得溃不成军，纷纷向山坡下狂奔。敌人被打退了，山林里又恢复了宁静。这时各营指挥所传来了符政委的电话："同志们，敌人的冲锋虽然被打退了，但敌人不会善罢甘休的，他们马上要炮击了，请同志们隐蔽好，注意安全。"几分钟后，敌人的炮弹果然飞过来了，爆炸声震撼山谷。

红一团指挥所里，符竹庭伫立于瞭望口前，他目光如炬，紧握望远镜观察战况，当他把镜头慢慢地移向猫嘴峰阵地时，忽然发现远处大股敌人气势汹汹地朝猫嘴峰阵地压来。符竹庭迅速放下望远镜，急切地对团长周振国说："老周，猫嘴峰阵地敌情严重，我过去。"

"政委，还是我去吧。"

"老周，你是团长，这里是你的指挥位置。"说罢，符竹庭带着警卫员朝猫嘴峰阵地奔去。

坚守猫嘴峰阵地的是杨得志的红二营。符竹庭赶到猫嘴峰阵地时，杨得志正在打电话向各连下达战斗任务，看见符竹庭政委来了，忙说："政委，这里很危险。"

符竹庭脸色严峻地对杨得志说："老杨，大股敌人正朝你们阵地压来，要做好充分准备，恶仗不可避免。"

"政委，请放心，我们做到人在阵地在!"

"老杨，准备工作怎么样?"

"工事挖了好几层，弹药也充足。我们要求战士们沉着应战，近距离瞄准射击，不许放空枪。"

"很好! 一定要树立打败敌人的信心和决心!"符竹庭手臂一挥，激昂地说道："老杨，我们一起到前面看看去。"

坚守猫嘴峰最前沿的是二营二连。二连连长陈正湘看见团政委符竹庭和营长杨得志朝他们阵地走来，急忙跑步上前，"唰"地敬了一个标准的军礼，"报告政委，二营二连连长陈正湘正在部署战斗，请首长指示。"

符竹庭还礼，"战士们的战斗情绪怎么样?"

"报告政委，战士们的战斗情绪很高，只等一声令下。"

"很好! 符竹庭走近战壕，朝战士们挥了挥手，说道："同志们，我们一定要发扬敢打敢拼、不怕流血牺牲的战斗精神，尤其是我们的共产党员、共青团员们，要敢于担当，坚决打败我们面前的敌人！"符竹庭紧握拳头猛地一挥："同志们，打好这一仗，有没有信心?！"

"有！"战士们齐声高呼，声音中充满了激昂与坚定。

符竹庭简短的政治动员，更加坚定了战士们必胜的信心。

这时候，山坡上密密麻麻的敌人像吃草的羊群一般，向红二连阵地涌来。当敌人冲到距红二连阵地大约二十来米远时，营长杨得志突然拔出驳壳枪瞄准一名敌军官，扣动了扳机，随着"啪"的一声枪响，那名敌军官应声倒地。

伴随着杨得志的一声枪声，红二连阵地上的手榴弹呼啸而起，犹如冰雹一般，在敌人群中凌空爆炸，火光闪闪，硝烟弥漫。爆炸声震耳欲聋，横飞的弹片呼啸而下，敌人仿佛被狂风暴雨般撕裂，血肉横飞、惨不忍睹。紧接着红二连阵地上的轻重机枪怒吼起来了，瓢泼的弹雨洒向了敌人，敌人无处遁形，纷纷仰后栽倒在地。

敌人被打得溃不成军，纷纷逃命。就在这时，政委符竹庭猛然举起驳壳枪，大声喊道："同志们，冲啊——！"带领众战士纵身跃出战壕，勇猛地向敌人冲去。

"同志们，符政委冲在前头了，冲啊——！"杨得志紧跟着跃出战壕，带领众战士向敌人猛扑而去。

在符竹庭、杨得志身先士卒的激励下，战士们犹如一群雄狮怒吼着，奋不顾身地挥起大刀、刺刀向敌人展开了猛烈的反击。

迫击炮阵地上的敌人，还没来得及放炮，就被英勇的红军战士一阵猛打猛冲，吓得弃炮逃命去了。

符竹庭和杨得志冲到敌人迫击炮阵地上。杨得志目睹敌人丢弃的迫击炮，急忙扶起来，然后瞄了瞄，双手抱起一颗炮弹放入炮膛，"轰"的一声，炮弹呼啸而出，在敌人群中炸开了花。符竹庭惊喜地举起望远镜。就在这时，他发现山坡下密林上空有许多天线，顿时，他心中一亮，"老杨，山坡下那片密林上空有许多天线，一定是敌人的指挥位置。"说罢，将望远镜递给杨得志，杨得志接过望远镜望了一下，随即把望远镜还给符竹庭，迅速伸出右手拇指，目测距离，然后调整炮口，接着双手抱起一颗炮弹往炮膛里一放，"轰隆"一声，炮弹带着尖厉的啸音在密林深处炸响，紧接着又是一发炮弹，"轰隆"一声，把天线炸飞上天。

敌第十师指挥所突然遭到红军炮火袭击，敌师长李默庵险些被炮弹炸死，吓得急忙躲藏起来。"冲啊——！""杀啊——！""嘀嗒嗒嘀嘀嘀……"嘹亮的冲锋号响起，红军指战员们像决了堤的洪水一般，咆哮着，势不可挡地向敌人发动了猛烈的反击，一时间，战场上枪炮声震耳欲聋，硝烟弥漫。敌人被打得溃不成军，潮水般地溃逃。敌师长李默庵慌乱中骑上一匹战马，单骑独马逃跑了。

符竹庭目睹杨得志熟练的操炮动作，惊喜地说道："老杨，想不到你还会操炮，真不简单呀！"

杨得志笑笑说："政委，不瞒你说，以前我当过炮兵连长哩。"

"好啊，你当过炮兵，又精通步兵，要是将来有条件的话，让咱们的战士学会掌握多种武器技能该多好啊！"符竹庭既表扬又感慨。

符竹庭回到团指挥所。团长周振国关切地说："政委啊，听说你冲在最前面，没事吧。"

符竹庭轻松地回答："老周，哪有什么事？我这不好好的嘛。"

周振国高兴地说道："这次阻击战，是少有的胜利。共击毙敌人一千余名，俘虏敌人三百余名，其中军官三十余名，缴获步枪八百余支，机枪五挺，子弹二万余发，还有数门迫击炮和许多炮弹以及手榴弹等军需物资。"

红一团在这次战役中发挥了关键作用，受到了中革军委的表彰，被授予"顽强守备"光荣称号。

10月中旬，团长周振国生病去了后方医院治疗，康复后调红一军团独立团任团长。12月6日，在一次战斗中英勇牺牲。

周振国离开红一团后，红一团团长由政委符竹庭兼任。不久，师长罗炳辉调红九军团任军团长，红二团团长李聚奎接任师长。

这天，师长李聚奎来到红一团检查工作，符竹庭见了李聚奎就说："师长，老周调走几个月了，怎么还不派团长来？"

"没有团长，你不照样指挥打胜仗吗，兼着吧。"

符竹庭摇摇头，说道："不行，不行……"

李聚奎有些为难："老伙计呀，现在天天打仗，到处缺干部，你叫我去哪里给你调团长？"他又想了一下，悄悄地说："要不你推荐推荐，看看你们团哪位同志合适？"

符竹庭一听马上来劲，小声说道："人选倒是有啊！"

李聚奎一愣："哦，原来你早就有数了，快说说哪位人选？"

符竹庭胸有成竹地说道："二营长杨得志最合适，他仗打得好，各项军事素质好……"符竹庭一连串说了一大堆杨得志的优点。

李聚奎说："那好吧，你报上来，我们尽快研究上报军团部。"

1934年1月，杨得志接任红一军团第一师第一团团长。从此，他与政委符竹庭并肩战斗，打了许多硬仗、恶仗。红一团的威名在中央苏区更加响亮，他们因此结下了深厚的友谊。

八、战场英勇先锋、政治鼓动高手、深得聂荣臻元帅赞誉

三岬嶂阻击战

1934年2月，阴沉沉的天空，刮着冰冷的西北风，小小的雪花伴随着阵阵寒风，纷纷扬扬地飘落下来，乡间小路上覆满了白雪。

一天下午，一支二千余人的红军部队踏着簌簌作响的冰雪，迎着朦朦胧胧的雪花跋涉着。他们穿着草鞋，打着绑腿，身穿灰布棉军装，头戴八角军帽。有的身背步枪，腰挂手榴弹，有的横挎手提式机关枪，还有的肩扛轻重机枪；几十匹战马驮着数十门迫击炮和炮弹以及一箱箱子弹，浩浩荡荡大踏步地前进。这支部队就是中央红军闻名遐迩的三虎之一，被中革军委授予"牺牲决胜第一团"的红一军团第一师第一团。

红一团团长杨得志与政委符竹庭骑马并辔而行，一边行军一边交谈。杨得志见符竹庭脸色有些苍白，便关切地说："政委，病好些了吗？"符竹庭微微一笑回答："我这胃老毛病，不碍事。"

"等下次休整，去总部医院看看。"

"我没事，放心吧。"

他俩交谈着，慢慢地谈扯到"青年冲锋季"上面来。符竹庭说："等打完这一仗，我们团要好好地开展'青年冲锋季'活动。不过'打铁还需自身硬啊'，我们现在就得从自己做起哟。"杨得志皱了皱眉头说："'青年冲锋季'其他规定都好办，就是最后一条，'努力提高文化水平'还真有点难啰。"

"你不是读过两年私塾吗？"

"嗨！那是读什么书哟，跟着私塾先生唱了几天《三字经》《百家姓》，之乎者也，不解其意，时间长了，全还给先生了。"

符竹庭说："这样吧，我们来个互帮互学，怎么样？"杨得志一听高兴地回答："好啊！到时候你可得多帮帮我哦。"

后来，杨得志在符竹庭的帮助下，文化知识提高很快。在《谭政大将》一书中，有这样一段文字描述："红一团团长杨得志，以前不识字，现在能写简单的报告了。"

2月9日傍晚时分，红一团行军到达黎川西南部的三岬嶂（三家嶂）地区。这时，天上下起了毛毛细雨，部队艰难地在风雨中行进。突然，师部紧急通知红一团停止前进，原地待命。符竹庭与杨得志急忙收住马缰，命令部队停了下来。不一会儿，师长李聚奎骑马来到符竹庭与杨得志面前交代任务。

李聚奎瘦高个，平时说话像打机关枪，口音又重，这天加上情况紧急，讲起话来就显得不够清晰，好在符竹庭曾与他在红九师搭过档，听起来稍微好些，而杨得志就要打起十二分的精神来听。李聚奎说："国民党军有三个师的兵力朝三岬嶂一带运动，你们马上带部队行动，抢在国民党军之前占领三岬嶂高地，并坚决守住高地。"杨得志问："要守到什么时候？"

李聚奎下意识地看了看表，为难地摇摇头，说："上级只是让我们守住，时间没有具体交代，你们先行动，我随时会和你们联系。"稍停了一下，关切地询问符竹庭："竹庭，病好些了吗？"符竹庭摆了摆手，说："放心吧，老毛病，没事。"

这时，天空全黑下来了，毛毛细雨依然下个不停。山路崎岖，小路上长满了青苔，加上下雨路更滑。符竹庭与杨得志带领部队踩着青苔急行军，许多战士摔倒了又爬起来，带着满身泥水继续前进。部队冲到山顶后，杨得志命令各营迅速构筑工事，以防国民党军天亮后进攻。全团指战员迎着寒风，冒着毛毛细雨连夜紧张地构筑工事。

符竹庭习惯大战前深入基层进行思想政治动员，这次也不例外。他带着警卫员到前沿连队检查工事质量。警卫员陈士法提着马灯走在前面，不一会儿，他们便来到一处高地，符竹庭看见战士们工具不够，便大声说："同志们，铁锹不够，就用砍刀和刺刀挖吧！"说罢，他纵身跳下壕沟，拿起一把砍刀，与战士们一同奋力挖土。他边干边说："同志们，我们一定要守住三岬嶂，保卫苏维埃，保卫胜利果实啊！"随后，他霍然站起，目光如炬，声音激昂响彻全场："同志们！打好这一仗，有没有信心？！"

"有！人在阵地在！誓死保卫苏维埃！"战士们齐声回答，如同惊雷炸响。

"对！誓死保卫苏维埃！"符竹庭望了望战士们满头汗水，便说，"同志们，挖战壕修工事虽然很辛苦，但今天多流点汗，明天就能少流血啊！"他手臂猛地一挥，激昂地说道："同志们，加油干啊！"

战士们在符政委的激励下，干起活来更加有劲。全团战士们彻夜奋战，不畏艰辛，卧沟、跪沟、散兵防空壕、防空洞从山腰到山顶修了好几层，宛如一条蜿蜒的巨龙，盘旋在峻岭之间。团指挥所设在主峰后面一个深坑里。

第二天拂晓，符竹庭与杨得志绕山转了一圈，才看清了三岬嶂地区全貌。

三岬嶂地势险要，层峦叠嶂，连绵起伏，海拔六百多米。地面坑洼不平，长满了杂草和树木，山的正面是平川，只要控制三岬嶂，就可以阻止敌人向西南推进，打乱敌人的战略部署。

符竹庭与杨得志转了一圈便回到设在深坑里的团指挥所。这时，国民党军四五架飞机环绕三岬嶂上空盘旋侦察，然后开始轰炸和炮击。顿时，整个山川都在轰鸣，山上硝烟弥漫，碎石四射，断木横飞。远处黑压压的国民党士兵从四面八方向高地上涌来。

敌人发动集团冲锋，形势险峻，杨得志与符竹庭毫不畏惧，沉着冷静地赶往各营阵地检查了解战况。他俩途中几次被炸断的树枝砸倒，身上覆满了树枝和泥土。

符竹庭与杨得志赶到最前沿的山头阵地。该阵地由第三营把守，三营长尹国赤对他俩说："今天这个仗怕是不那么好打。"杨得志说："要有信心，国民党军虽多，但我们占据有利地形，在兵力配备上要小心，不能硬拼。"符竹庭则语重心长地说道："国赤同志，只要我们发扬英勇顽强、不怕牺牲的战斗精神，充分发挥党团员的先锋模范作用和战斗堡垒作用，就一定能够战胜强敌夺取胜利！"符竹庭一席话，坚定了尹国赤必胜的信心！"团长、政委，放心吧，坚决完成任务!"尹国赤坚定地说道。

接着,符竹庭与杨得志赶到二营阵地,当他俩看见二营长陈正湘正沉着地指挥战士们加固工事时,内心顿时感到踏实了许多。

向三岬嶂地区推进的是国民党罗卓英第五纵队。该纵队辖第九十一、九十四、十四师,其中第九十四师是罗卓英纵队的主力,也是进攻三岬嶂地区的急先锋。

敌第九十四师在飞机大炮的配合下,集中优势兵力向坚守三岬嶂主阵地——鸡公山(鸡笼峰)红二营阵地发动猛烈的进攻。炸弹、炮弹在红二营阵地上铺天盖地地炸响。爆炸声响彻山谷。敌人的轰炸一次比一次猛烈。红二营承受着巨大的压力。

"老杨,二营压力大,我过去。"符竹庭边说边往外面走去。"政委,我去!"杨得志劝符竹庭留在团指挥所。符竹庭说:"老杨,你是团长,这里离不开你。"说罢,带着警卫员陈士法飞快地来到红二营阵地。

符竹庭的到来,让营长陈正湘感到不安。他关切地说道:"政委,这里非常危险,你回去吧,我们保证完成任务!"

"我的同志哥,正因为形势险恶啊!"符竹庭挥了挥手,严肃地说道:"这样吧,重新调整一下作战部署,马上派人通知各连连长来这里接受任务。"说罢,便与陈正湘一道部署战斗。

一会儿,几个连长来了,符竹庭便谆谆告诫他们:"同志们,我们这次阻击的是敌第九十四师和第九十一师、十四师共三个师的兵力,是多于我们十几倍的敌人。同志们,我们要发挥共产党员、共青团员的战斗堡垒作用!哪里有危险,哪里就有共产党员、共青团员。同时要充分运用好老战士带新战士的方法;发挥好战士们奋勇杀敌的主观能动性,坚决打好这一仗!"接着,营长陈正湘给各连下达战斗任务。他用树枝指着地上画的简易图说道:"一连坚守左翼阵地,不能硬拼,先以班为战斗小组,在二十米左右甚至更近距离内射击;二连坚守右翼阵地,注意隐蔽,进行近距离打击敌人。如果敌人实施集团冲锋时,相互配合,实施交叉火力射击;三连和营部直属队为预备队。"

各连连长受领任务后迅速返回阵地,他们立即调整兵力部署,严阵以待,迎战敌第九十四师。

不久，敌第九十四师在飞机大炮的掩护下，集中全师兵力向红二营阵地进行集团冲锋，军官督战队逼着士兵往前冲，战斗场面激烈而残酷。

战斗间隙，符竹庭走到最前沿的红一连阵地。连长刘应梅看见政委来了，急忙跑步上前，"唰"地敬礼："报告政委，一连连长刘应梅正在部署作战任务，请政委指示。"符竹庭还礼，缓缓说道："准备工作怎样？""报告，一切就绪。"刘应梅说着，目光扫视了一眼战壕里枕戈待旦的战士们。

符竹庭走近战壕，目光深邃地扫过每一位坚毅的战士，右手指向前方，声音坚定而充满力量地说道："同志们，在你们阵地正前方是罗卓英纵队所谓主力第九十四师。其实敌第九十四师没有什么了不起！同志们，还记得咱们在洪门的战斗中，不到一个小时就消灭了敌第九十四师的后卫部队吗？"说到这里，他猛然挥动胳膊，提高嗓音说道："同志们，共产党员、共青团员们！我们要发扬敢打敢拼的战斗作风——勇！猛！狠！地打击敌人。同志们！打好这一仗有没有信心?!"

"有！坚决消灭来犯之敌，人在阵地在！"全连指战员热血沸腾、群情激昂地回答。

符竹庭简短的战斗动员，极大地鼓舞了全体指战员战胜强敌的信心，点燃了他们胸中的熊熊火焰！

在新一轮飞机大炮的轰炸之后，敌人气势汹汹如潮水般涌来。当敌人逼近距一连阵地大约十米之遥的生死关头，连长刘应梅一声令下。刹那间，步枪、轻重机枪咆哮起来，手榴弹在敌群中爆炸，敌人纷纷倒下，战场上一片狼藉。

在一排阵地上，一排长宋玉琳带领全排战士机智灵活地坚守阵地。他沉着指挥，灵活作战。敌人宛如密集的蚁群，蜂拥地向一排阵地上逼近，当他们几乎要触及那道防线的边缘时，猛然间，一排阵地上手榴弹腾空而起，划出一道道死亡之弧，在敌人群中密集地绽放出一朵朵毁灭之花。横飞的弹片如同愤怒的风暴，无情地撕扯着空气，所到之处无一幸免。紧接着，战士们手中的步枪与机关枪狂叫起来，如同狂风暴雨般倾泻而出，敌人宛如被狂风卷起的积木纷纷倒塌，成片地陨落在地。

敌人的进攻被打退后,宋玉琳迅速带领全排战士进入防空洞隐蔽。

不久,敌人的飞机大炮又一轮狂轰滥炸之后,敌步兵继续向一排阵地上涌来。眼看敌人就要冲上战壕了。危急关头,宋玉琳瞪着血红的双眼,猛然拔出大刀,跃出战壕,大喝一声:"杀啊——!"这声怒吼,瞬间点燃了战士们的热血。在他的带领下,战士们义无反顾,犹如猛虎下山一般,纵身跃入敌群,展开了一场惊心动魄的肉搏战。

宋玉琳怒目圆睁,勇猛无比,挥动大刀又快又狠,刀风凌厉,呼呼作响。他一连砍死了好几名敌人。就在这时,一名敌军官怒不可遏地举起刺刀向他猛扑而来。他反应敏捷,挥起大刀迎头而上,大喝一声:"杀啊——!"猛力一挡,"哐当!"一声,金铁交鸣,敌军官虎口振得麻痹难当,不由自主地踉跄后退。宋玉琳趁机,身形暴起,手起刀落,只听"扑哧"一声,瞬间敌军官鲜血四溢,应声而倒。

"杀啊——!"全排战士舍生忘死,勇猛地挥起刺刀、大刀,一阵斩瓜剁菜般地冲杀,很快把敌人打下了山坡。

三排阵地上同样遭受到敌人飞机大炮的狂轰滥炸。三排排长龙善沉着应战,当敌人飞机大炮轰炸时,他带领全排战士进入防空洞隐蔽;当敌人轰炸后,他立刻率领全排战士返回阵地,并迅速检查武器装备,严阵以待。他言传身教地告诉战士们打击敌人要稳、准、狠!要近距离投弹、射击,这样才能有效地杀伤消灭敌人。

此刻,敌人蜂拥而来。他们先是匍匐前进,然后弯着腰往上爬,当敌人发现三排阵地静悄悄的,愚蠢的敌人以为红军战士们在他们的炮火轰炸中"阵亡"了,于是,他们张牙舞爪地直起腰来呐喊着向三排阵地猛扑而上。当敌人冲至距三排阵地七八米远时,龙善怒不可遏地大喊一声:"打——!"三排阵地上手榴弹呼啸而起,空中像飞过一群麻雀,密密麻麻的手榴弹在敌群中爆炸,火光闪闪,硝烟弥漫,横飞的弹片四处飞溅。瞬间,敌人被炸得身首异处。紧接着,三排阵地上的轻重机枪怒吼起来了,"哒哒,哒哒哒……"子弹如密雨般倾泻而出,织成一张张死亡之网,向敌人横扫而去。

中午,战斗间隙,杨得志打电话向师长李聚奎请求补充弹药,却换来李聚奎无奈地叹息："弹药已尽，你们想办法自行解决吧。"

"没有弹药怎么打仗？"杨得志眉头紧锁，心绪难以平静。

符竹庭冷静地想了想，说："老杨，你看这样行不？通知各营从敌人尸体上搜集枪支弹药，另外多准备些大石头。"

"用石头砸敌人？"

"对！我曾用过这个土办法，还起到过事半功倍的效果呢。"

"看来，只好用这个土办法喽。"杨得志迅速打通了各营电话，命令各营认真打扫战场，从敌人尸体中搜集枪支弹药，同时，准备好大石头。

符竹庭深知二营压力大，他再次来到二营阵地，与营长陈正湘并肩作战，共同指挥全营精心加固工事、搜集枪支弹药，部署兵力、火力配置，并在壕沟旁囤积了大量大石头，以备不时之需。

下午4时许，敌第九十四师分三路向红二营阵地进行疯狂的轮番攻击。战斗异常惨烈，符竹庭数次被炮弹爆炸的气浪掀翻在地，他却如不屈的战神般迅猛跃起，继续指挥战斗。

在符竹庭政委的政治鼓动和军事指挥下，红二营全体指战员同仇敌忾、奋勇拼搏、勇猛顽强地抗击着数十倍于己的敌人轮番进攻，红二营阵地屹然不动，坚如磐石。

傍晚时分，我红一军团顺利完成了集结，接着向敌罗卓英纵队发起了猛烈反击。红一团二营在团政委符竹庭的指挥下，战士们眼里闪烁着愤怒的火光，挥起刺刀、大刀，像决了堤的洪水一般，咆哮着，势不可挡地冲入敌群，犹如斩瓜切菜般奋勇杀敌，将敌第九十四师打得溃不成军，狼狈逃窜。

三岬嶂之战，红一团付出了沉重的代价，二营伤亡最大，全营仅剩一百余人。

红一军团政委聂荣臻称赞三岬嶂一仗是红军牵制部队、击溃数倍敌人的光辉战例，他于1934年3月4日在《红星报》第三十一期上发表社论《把第一团顽强抗战的精神继续发扬光大下去》，现摘录如下：

我们的第一团以一营兵力，扼止了敌人一师之众。虽然敌人的飞机炮弹轰炸之声震动了山谷,但丝毫不能震撼我红色战士的心胆……

我们知道,在突击队中的政治工作是容易达到我们的目的的,因为我们的鼓动宣传与我们的行动是一致的。可是在钳制部队中,和防御的守备部队中,在精神上容易处于被动,虽然我们的红色战士都有最高的阶级觉悟,愿为苏维埃流尽最后一滴血。但是如果忽略了这些部队的环境,没有更深入的政治教育和更高的政治鼓动,仍然是不能完成他的任务的。

……顽强抗战的红一团万岁!

这篇文章不仅高度评价了符竹庭卓越的思想政治工作领导能力,而且高度赞扬了红一团广大指战员、党团员具有高度的阶级觉悟和不怕流血牺牲的英雄主义精神。

红一团这支英雄部队,不仅在中央苏区战功卓著,涌现过许多英雄人物,而且在长期的革命战争中,也是英雄辈出。长征中,有强渡大渡河的"十八勇士";抗战中,有"狼牙山五壮士",等等。2015 年 9 月 3 日,在中国人民抗日战争胜利 70 周年纪念大会上,"狼牙山五壮士"方队迈着矫健的步伐通过天安门广场,一支威武之师展现在亿万观众面前。

瑞金受奖

1934 年 8 月 1 日,阳光明媚,蓝天如洗,微风轻拂,带来了夏日里的一丝凉爽,让人们在炎热的季节中感受到几分惬意。瑞金大埔桥草坪上,枝叶茂盛的古老樟树底下,新搭起了一座红军检阅台。检阅台上方悬挂着:"纪念八一建军节暨授奖大会"的会标。两边贴着:"当兵就要当红军,红军处处爱人民"的对联,在阳光下,显得熠熠生辉。检阅台中间悬挂着马克思、列宁画像。

下午时分,嘹亮的军号响起,红军受阅部队身穿崭新的灰布军装,领口缀着黑边红领章,胸前佩戴红色椭圆形"中国工农红军"符号,头戴八角军帽,手持步枪、手提式机关枪、肩扛轻重机枪、迫击炮等,迈着整齐的方队,精神抖擞地通过检阅台，接受检阅。红一团有幸成为受阅部队之一。

检阅台上，朱德、周恩来、王稼祥、项英等领导同志微笑着向受阅部队挥手致意。草坪上挤满了前来观看的当地群众，气氛庄严而热烈。

当受阅部队逐一通过检阅台后，总参谋长叶剑英身骑骏马缓缓绕场一周，以深邃的目光审视着每一支队伍，随后骤然加速，如离弦之箭般飞驰而去。这一瞬间，全场爆发出雷鸣般的欢呼声与经久不息的掌声。随着"立正——！"的口令声，受阅部队指战员"唰"地双脚并拢。大家目光一齐转向检阅台。这时，朱德、周恩来、项英、王稼祥等中革军委领导身骑骏马，缓缓而行，绕场一周向全场红军指战员挥手致意。随后，中革军委领导回到检阅台上就座。

朱德总司令发表了重要讲话，他号召广大红军指战员，树立共产主义理想信念，发扬不怕困难、不怕牺牲，敢打、敢拼的大无畏革命精神。全场报以热烈的掌声。随后，周恩来总政委宣布授奖。当宣布红一军团第一师第一团授予"顽强守备"锦旗时，红一团政委符竹庭代表全团指战员，迈着矫健的步伐走上领奖台。顿时，全场爆发出雷鸣般的掌声，仿佛每一寸空气都在为他取得的成绩而欢腾！

团体奖颁授结束后，周恩来接着宣布授予个人红星奖章名单。当宣布符竹庭、洪超等人授予二等红星奖章，杨得志、陈正湘、刘应梅、宋玉琳、龙善等人授予三等红星奖章时，全场再次爆发出雷鸣般的掌声！

符竹庭的二等红星奖章，授奖书中这样写道："在五次战役中，一团担任数次重大守备任务，符竹庭有时虽在病中，但受领任务时能以身作则，不怕艰难困苦的亲临阵地，坚决领导全体战士完成其任务。"

红星奖章，全称中华苏维埃共和国红星奖章，分为一、二、三等。一等奖章为金质，外形是由两颗大小不同的五角星错角相叠而成的十角形，直径5.5厘米，有4厘米的银挂链。二等奖章为银质，图形如同一等，直径4.3厘米，有3厘米的银挂链。三等奖章为铜质，五角形，直径3.4厘米，有3厘米的铜挂链。三枚奖章内饰为红星和麦穗图案，并有"红星章"三个字，背面有中央革命军事委员会，编号为阴刻。红星奖章在中国人民解放军奖励史上，具有开创性意义。按照规定：一等奖章授予领导全部或一部革命战争之进展而有特殊功绩的人员；二等奖章授予在某一战役当中曾经转移战局而获得伟大胜利的人员；三等奖章授予经常表现英勇坚决的人员。

中国人民革命军事博物馆军史资料记载，授予一等奖章的仅有周恩来、朱德、彭德怀、林彪、徐向前等人。授予二等奖章的有陈毅、罗荣桓、聂荣臻、张云逸、罗瑞卿、肖克、何长工、寻淮洲、罗炳辉、李聚奎、符竹庭、王诤、李赐凡、曾希圣、彭雪枫、陈光等 41 人。授予三等奖章的有杨得志、杨勇、苏振华、王震、李天佑、黄永胜、陈正湘、肖锋、宋玉琳、刘应梅、龙善等120 人。

民间把红星奖章说成"免死牌"，虽然有些夸大，但由此说明人民群众对战功卓著的战斗英雄充满着崇高的敬意和无限的崇拜。

温 坊 大 捷

1934 年 8 月 25 日，红一军团移至福建曹坊，军团长林彪决定利用地形打一场伏击战。8 月 26 日，中革军委电令："敌李延年纵队定于 30 日集中朋口、碧州地域，准备向河田、汀州进攻。我军目前的作战任务是以红一军团（缺十五师）协同红二十四师在朋口以西地域抗击敌李延年纵队，并以红九军团作预备队。"经过缜密侦察和地形勘察，林彪决定将主力后撤二十里诱敌深入，并采取各种严密措施来封锁消息；在大路小路上设哨卡，不准任何人往敌人方向去，从敌人方向来的人一律不准返回。

8 月 31 日，敌李延年第四纵队第三师第八旅，在旅长许永相率领下，由朋口西进，于 13 时许，抵达温坊（文坊村）。

温坊村是一个百余户人家的村落，位于闽西长汀东南部，属连城县地域，距朋口二十里，沿途地势险要，两侧峰峦叠嶂，绵亘不绝。

杨得志与符竹庭率领红一团与兄弟部队早早地埋伏在温坊山林中，战士们看见敌人浩浩荡荡地从"乌龟壳"里出来，心里非常高兴，他们悄悄地说，现在有好仗打了。

8 月 31 日 21 时许，红一团接到正面攻击命令。团长杨得志与政委符竹庭迅速指挥部队向敌人展开了猛烈进攻。战士们奋不顾身地向前冲杀，有的挥动寒光闪闪的马刀向敌人左冲右突，有的举枪向敌人射击，有的向敌人投掷手榴弹。喊杀声、枪声、爆炸声交织成一股巨大的杀敌洪流，向敌人席卷而去。

在兄弟部队的共同努力下，于拂晓前结束了战斗。此战共俘敌一千六百余人，缴获轻重机枪四十余挺，迫击炮数门，子弹无数。

李延年第四纵队第三师第八旅在温坊被歼后，敌北路军第二路军总指挥蒋鼎文非常愤怒，为报"一箭之仇"在仍未探明红军虚实的情况下，急令第九师与第三师余部，第八十三师为预备队，由朋口向温坊反扑。

林彪与聂荣臻决心再干掉敌人一部，命令红一师负责截断敌温坊与洋坊屋之间的联系，并预阻止打击援敌；由红二师、红二十四师担任主攻，分别从八前亭、马吉头两个方向袭击温坊之敌。

9月2日，红一团接到军团部与师部的作战命令。晚上，杨得志与符竹庭率领红一团，悄无声息地埋伏在朋口与温坊之间的含灵山。为了做到绝对保密，确保作战顺利，符竹庭找来团特派员周贯五，嘱咐他做好保密工作，并安排警戒任务。

周贯五闻声而动，随即带领几名保卫干事，急匆匆地离开了团指挥所。周贯五，1932年开始在符竹庭领导下工作，那时符竹庭是红九师政治部主任，而他则是红九师二十七团的书记官。他比符竹庭年长十岁，所以符竹庭常称他为老大哥。

含灵山，海拔七百余米，从西到东不规则地排列着四座山峰，中间两峰较高，山上树木较少，生长着一人多高的冬茅和杂草，草丛中稀疏地生长着几株大树。站在山峰高处，可以鸟瞰山下村庄、公路、河流。此山距温坊两千余米。

9月3日上午，天气晴朗，阳光明媚。埋伏了一夜的红军指战员们，此时在太阳的照射下，浑身感到很热。他们焦急地等待着敌人进入伏击圈。9时左右，哨兵传来消息。从侦察情况得知，国民党军一个旅抵达温坊，据说这是蒋介石"剿共"的王牌部队，是标准的甲等部队。没过多久，一个团的敌人往山上涌来，不用说，这是老规矩、"步步为营"。杨得志与符竹庭接到前沿阵地报告，立即下达命令："等待部署，注意隐蔽。"此刻，敌人顺着村子往靠左的第一峰，山上爬来。红一团的哨兵们，隐蔽在杂草丛中，居高临下，敌人的一切活动都落入了哨兵的眼里。敌人一上山就集合，大概是个当官的站在士兵面前讲话布置任务，总算："简明扼要"不到半个小时就动工了。这一阵可热闹了，镐啊、锹啊、满山飞舞，一支支枪械在工事周围三五成堆地搭成架子。大概是天气热，这些家伙还统统脱下军上衣。那些当官的像是工头，叉着腰在穿着白衬衣的士兵周围来回走动。战士们看在眼里，急在心头，真想狠狠地揍他们，把他们解决掉。然而，他们深知必须保持冷静，所以只好焦急地等待，一个钟头又一个钟头过去了，从早上等到中午，还不见作战命令下来，战士们的心都急坏了。这时，团长杨得志与政委符竹庭来到一营前沿阵地。战士们看到两位首长来了，非常高兴，知道一定有好仗打了。一营长孙继先和营政委以及执行特派任务的团特派员周贯五迎上前与两位首长打招呼。杨得志习惯地拿起望远镜看了看第一峰，然后对孙继先说："怎么样？"孙继先激动地回答："一切像是我们事先安排好的。不过变化的是，有一个连的敌人已经延伸到第二峰。"符竹庭举起望远镜反复观察前方山峰，然后和杨得志一道带领孙继先与周贯五等人顺着山顶走去。随后，符竹庭问孙继先："你们对打好这一仗，是怎么看的？"

"报告政委，大家的心都盼碎啦，巴不得马上出击。"孙继先激昂地回答。

杨得志对孙继先说："那么干吧！兄弟部队都准备好了，只等着我们去收口袋。要来个全歼，坚决、彻底！你们营主攻，注意利用地形、地物隐蔽自己，接近敌人。敌人不发现我们，我们就不要开枪，越使敌人感到突然越好！这是一场好戏！"

"明白，团长。"孙继先刚要迈步，却被符竹庭叫住，并嘱咐道："一营长，一定要沉着，动作要迅速。"

"是，政委。"孙继先闻声而应，敬礼后转身离去。

团首长的命令像一阵春风，悄悄地传到了每个战士的耳朵里，"偷袭含灵山，全歼温坊守敌！"大家都为即将到来的"大丰收"而暗暗高兴。

太阳稍偏西，下午2点左右，红一团悄无声息地出发了。含灵山周围一切还静悄悄的，在山下左侧、右侧都是兄弟团埋伏在那里，现在敌人是三面受敌；敌人已经被我红军紧紧地装在了口袋里，而红一团正是往口袋里掏东西的大手。战士们想到这儿，心里甜丝丝的。部队沿着山路前进。团长杨得志率一营从正面出发，团特派员周贯五跟随一营前卫连走在最前面。政委符竹庭率二、三营迂回敌人侧翼，迅速占领第三峰，这是敌人的致命处。此峰高，茅草密，站在这里居高临下。杨得志与符竹庭按计划，把全团轻重机枪摆在左、右两侧有利位置。第一峰、第二峰的敌人在山腰里、山背后，连带山下温坊的敌人都被红一团的轻重机枪瞄准了。只要敌人一发现我们，那几十条火龙就将在这里发挥威力。机枪阵地安置好了，部队按照一营正面，二、三营迂回的队形往前悄悄地前进。战士们的动作越走越轻，每个人手指按着枪机，子弹随时可以从枪口里钻出去，手榴弹也打开了保险盖。大家敛声屏气，一个接一个前进。红一团指战员们已经越过第三峰，离敌人越来越近了，30 米、25 米……战士们几乎可以听清楚第二峰敌人来回走动的"咔咔"皮鞋声。大家心里痒痒的，战士们觉得打仗并不难受，而难受的倒是几乎用手抓都抓得到，可就是不准打。

战士们不时地回过头，看见团长杨得志还沉着地走着，不过他的脸色似乎要比平时严肃得多。只有在战斗紧张时刻，才能从团长脸上看到这种表情。战士们悄悄地摸到第二峰最前面，离敌人只有一百多米了，而敌人的哨兵还没有发现我们的战士。战士们可以清楚地看到敌人的一切。原来，第二峰敌哨兵背后，也有士兵在挖工事，连他们工具上的泥土也看得清清楚楚。一个军官模样的家伙，眼睛一睁一闭地靠在左边一棵大树桩上养神，嘴里还叼着一支香烟。战士们暗暗发笑："这家伙倒是好福气！"战士们用枪瞄准了他，只要一声命令，首先收拾这个挺如意的家伙。此刻，大家都很紧张，好像空气也格外稀薄。大家意识到战斗越来越近，每个人的心都在怦怦地跳动，眼看得更准，耳朵听得更清。

"砰！"果然敌人哨兵发现了我们的红军战士，慌手慌脚地开了枪，于是这一响便成了红一团的冲锋信号，"杀啊——！"战士们像出了笼子的狮子一般，一股劲地冲上去，平静的山峦顿时沸腾起来了，喊杀声、爆炸声混成一片，"哒哒哒，哒哒……"第三峰上的机枪阵地的"火龙"欢叫起来了，战士们还没有冲上去，机枪子弹便追上了敌人。敌人拼命地往山上两侧逃窜，又碰上了迂回的二营、三营的机枪火力。敌人乱了，穿着衬衣像着了魔一般叫着乱跑。现在架在他们旁边的"进口货"已经不是他们的救命菩萨了，而是他们逃命的绊脚石，有几个敌人慌里慌张地被他们的机枪绊倒。第一峰的敌人更是糟糕，别说反击，就是连逃命他们也感到手忙脚乱。一营前卫连在机枪的掩护下乘胜追击，山上东一堆西一堆的全是敌人死尸。"我投降！"突然从尸体中又蹿出一个家伙，战士们迅速地缴了他的枪。战士们拼命地追赶着敌人，忽然右方丢出一颗手榴弹，被随同一连战斗的团特派员周贯五发现，他凭着从小练就的一身武功，闪电般地用脚踢了回去，"轰"的一声爆炸了，接着他又"嗖"地从战士腰里抽出一颗手榴弹投掷过去，随着"轰"的一声，顽抗的敌人完蛋了。

山上的枪声不断地吼叫着，敌人一批批倒下去，几个敌人往山背逃，可没跑多远就被机枪子弹堵住了。敌人就像无头苍蝇四处乱撞，没多久山上一千多名敌人全部被消灭了。红一团乘胜追击，战士们不知哪里来的力气？连续翻过两座山峰，跑起来不知累。山下温坊的敌人见山上一打响，知道情况不妙，可离红二、三团火力太近，溜也来不及了，山下公路上的敌人汽车挤成一团，他们往东又不行，往西更不成。

红一团一口气追出二十多里地，沿途满是物资、尸体。一包包洋面、一袋袋大米，大炮啊、机枪啊、原装箱子弹到处都是，连他们的绝密文件也散落在稻田里。

团长杨得志与政委符竹庭在指挥部队追击敌人的战斗中，一名敌连长被追得实在跑不动了，只好无奈地举手投降。战士们从他身上缴获了一支漂亮的小手枪，把它上交给了团首长。政委符竹庭看了看小手枪，"啊，是外国货，挺不错的。"他欣赏了一下，便对杨得志说："老杨，这支手枪真不错，你看看。"杨得志急忙接过手枪左看右瞧，"确实漂亮，很不错的手枪啊！"

符竹庭看见杨得志爱不释手，笑着说道："老杨，这支手枪就奖给你用吧。"

"不，不，政委用合适。"

符竹庭说："你是军事干部，要有一支好枪，你客气什么？"

杨得志高兴地说："好啊，那我就不客气了！"说罢，小心翼翼地用袖口擦了擦这支漂亮的手枪。

符竹庭目睹杨得志如获至宝的模样，便开玩笑道："有了好枪，就更能打胜仗啰。"

从此，杨得志把这支比利时造的"勃朗宁"手枪视为珍宝，一直珍藏到生命最后一刻。据说，杨得志有"三宝"，一曰：三等红星奖章；二曰："勃朗宁"手枪；三曰：长征途经昆明发的一瓶云南白药。和平时期，杨得志把"三宝"锁在保密箱里，经常拿出来看看，追忆往事，怀念战友，教育子孙们。这当然是后话。

这场战斗一直打到天黑，晚上战士们借着月光打扫战场。此时，四处可见搬运战利品的红军战士，他们捧着大捆大捆的"进口货"，抑制不住内心的激动，仔细清点着这场战斗的硕果：毙伤敌人 2000 余人，俘敌 2400 余人，缴获各种枪支 1800 余件（挺），迫击炮 6 门，各种子弹 44 万余发，迫击炮弹 341 余发，手榴弹 3000 余枚，骡马 50 匹，西药 11 担，及其他各种通信器材。

受检阅加倍努力，守门户舍生忘死

温坊战役结束后，符竹庭与杨得志接到上级通知，红军总司令朱德要在长汀大田屋检阅红一团全体指战员。

1934 年 9 月 10 日上午，阳光和煦，秋风送爽。长汀县大田屋红军总部临时驻地，宽阔的沙滩上，新搭起了一座检阅台。检阅台上"欢迎万岁团——红一团凯旋"的横幅，在阳光下熠熠生辉。

上午 8 时许，锣鼓喧天，唢呐高奏。检阅开始，红一团二千多名红军健儿，在团长杨得志与政委符竹庭的率领下，手持步枪、手提式机关枪，肩扛轻重机枪、迫击炮等，迈着整齐的方队，精神抖擞地通过检阅台，接受朱总司令等总部首长的检阅。

检阅台上，红军总司令朱德等总部首长满面笑容地向受阅的红一团指战员们挥手致意。随后，全团指战员面向检阅台，在沙滩上盘腿而坐，聚精会神地聆听朱总司令讲话。朱总司令微笑着挥了挥手，发表热情洋溢的讲话。他声音洪亮地说道:"同志们,今天,我们在这里举行沙场阅兵,祝贺红一团凯旋。"

"同志们,五次战役以来,红一团高举党的旗帜,浴血奋战,勇往直前,战胜了一切敌人,征服了一切困难,多次打败了国民党反动派的猖狂进攻,立下了不朽的功勋!实战证明:红一团不愧为党领导下的英雄部队,不愧为能征善战的钢铁劲旅。我们为拥有这样的英雄部队感到骄傲和自豪!"

朱德手臂挥了一下,激昂地说道:"同志们,你们是全体红军将士的楷模,希望你们加强政治、军事、文化学习;加强团结,遵守纪律,继续发扬光荣传统,把赫赫'虎威'进一步发扬光大!"

检阅结束后,朱德总司令亲切地接见了红一团团长杨得志与政委符竹庭,并与两位领导人促膝谈心。他细致入微地询问红一团干部战士的学习、训练和生活情况,嘘寒问暖,关怀备至。他还时不时地轻轻拍打着符竹庭的肩膀赞扬道:"……竹庭同志以身作则,不畏艰难困苦,亲临一线指挥,领导全体同志,坚决、勇敢地打败了敌人,真乃共产党员之楷模!"

9月16日,红一团离开了红军总部,奉命参加"兴国保卫战",坚守兴国门户阵地——高兴圩狮子岭阵地,该阵地是敌我双方争夺的焦点。守住狮子岭阵地,就能阻止敌人向兴国县城推进的企图,确保党中央的安全。

9月20日,敌人向红一团阵地发动了猛烈的进攻,数百上千颗炮弹倾泻在红一团阵地上。爆炸声响彻天空,腾空而起的黑色烟柱,宛如一个个巨大的蘑菇云。大地仿佛在颤抖,在下沉,强劲、灼热的气浪卷起地上的泥土、碎石、树枝满山飞溅。在飞机大炮的掩护下,敌人蚂蚁般地向红一团阵地上涌来。

红一团团长杨得志与政委符竹庭,沉着地指挥部队向敌人展开了猛烈的反击。红军阵地上的手榴弹呼啸而起,天空中像飞过一群群麻雀。密密麻麻的手榴弹在敌群中连续不断的爆炸,火光闪闪,硝烟弥漫。紧接着,战士们手中的步枪、冲锋枪、轻重机枪发出了怒吼的声音,暴雨般的子弹向敌人倾泻。敌人像倒塌的积木一般,纷纷倒下,惨叫声此起彼伏。然而,敌人像飞蛾扑火一般前面的倒下了,后面的接踵而至。但英勇的红军战士们却如铜墙铁壁般,屹立不倒,用猛烈的火力将敌人一次次击退。

　　经过数天战斗，红一团阵地前沿敌人的尸体堆积如山。但红一团阵地上的弹药也消耗殆尽。战斗间隙，符竹庭政委及时召开党团员会议，号召全体共产党员、共青团员在战斗中起骨干堡垒作用，发扬大无畏革命英雄主义精神。在符竹庭政委的政治鼓舞下，全团指战员们毅然下定决心，绝不退缩。战斗打响后，黑压压的敌人向红一团阵地蜂拥而来。眼看敌人快要冲上阵地，关键时刻，杨得志与符竹庭猛然拔出大刀，齐声怒吼："同志们，杀啊——！"随即纵身跃出战壕，犹如猛虎下山般冲入敌群，拼死搏杀。在团长政委身先士卒的带领下，战士们奋不顾身地挥舞着大刀、刺刀，怒吼着冲入敌群，左冲右突，刀光剑影，奋力搏杀，咒骂声、惨叫声、金属撞击声，此起彼伏，展现出一幅英勇无畏的战斗画卷。

　　《谭政大将》一书中，对此有一段描述："……在整个阵地上，红一团战士个个勇敢战斗，拼搏顽强，重伤不叫不哭，轻伤不下火线，坚守高兴圩的红一团，真是可敬可佩。"时任红一师政治部主任的谭政，把红一团坚守高兴圩战斗思想政治工作写入他的《高兴圩以北战斗政治工作报告》中，为我军，为符竹庭的思想政治工作留下了一份珍贵的史料。高兴圩狮子岭阻击战，胜利阻滞了敌人于9月占领兴国县城的战略企图，为红一方面军集结与补充、实行战略转移赢得了宝贵的时间，为中央机关安全出发——长征创造了条件。

　　9月下旬，符竹庭被任命为红二师政治部主任。上任伊始，师政治部一位干事老远就热情地高呼："符主任，您来啦！"紧接着，他匆匆地跑上前，"唰"地敬了个军礼。"宗槐，怎么是你？"符竹庭惊喜地握住王宗槐的手说道。王宗槐激动地说："我是去年冬天，从红二团调红二师政治部组织科任青年干事的。"符竹庭高兴地说道："好啊，青年工作你熟悉，很重要。"

　　"怎么，你们认识？"在一旁的师政委刘亚楼有点惊讶。王宗槐解释道："我在红九师政治部任青年科长时，符主任就是我的老上级，老首长。"刘亚楼高兴地说道："好呀，你们知根知底啊！"

九、长征路上的"先锋师"政治部主任

一定回来解放家乡

1934 年秋，红二师死守兴国，战斗打得正酣的时候，红一军团几位首长突然来到红二师师部。陈光、刘亚楼、符竹庭等人迎了上去。陈光敬礼，说："报告军团长、政委，我们正在部署战斗，请指示！"林彪还礼后，问："现在战斗怎么样？"陈光回答："敌人的飞机大炮不断轰击我方阵地，指战员们很英勇，决心与阵地共存亡。"

"目前思想政治工作怎样？"聂荣臻目光转向刘亚楼。刘亚楼回答："我们充分发挥共产党员、共青团员的战斗堡垒作用，运用老战士带新战士——传、帮、带的方法，做到轻伤不下火线，重伤不啼哭。"

林彪简单地听完汇报，摆了摆手说："你们马上布置一下，把阵地交给红五军团第三十四师，你们撤下来，把部队带到兴国东南地区集结。"聂荣臻小声而又神秘地对刘亚楼与符竹庭等人说："可能有大的军事行动，具体怎样，还不清楚。"

军团首长离开后，师长陈光立即下达了部队撤离阵地的指令。

10 月初，灰蒙蒙的天空笼罩着一层薄雾，仿佛是大自然披上了忧郁的纱衣。秋风带着几分刺骨的寒意，穿过稀疏的树枝，发出呜咽的声响，如同诉说着无尽的哀愁。红二师从阵地上撤了下来，在兴国东南部完成集结后，便开往于都县川心店村休整。这时每个战士发了米袋，装满了粮食，还发了新军装。指战员们不知道要发生什么，更不知道要撤离根据地。乡亲们见了，一种预感使他们不约而同地来到部队驻地和指战员们诉说衷肠。

这天上午，红二师驻地来了几位陌生老表，其中一位年纪较大的老表询问正在张贴宣传标语的红军战士："你们晓得符接宗仔吗？"战士们回答："什么接宗仔，没听说过。"突然，那老表一拍脑门："嗨！这是乳名，他的学名叫符竹庭。"战士们一听"符竹庭"三个字，顿时警觉起来，问道："你是哪里人？"

"我是他堂叔，我们来看望他。"

战士们听出了那位老表的广昌乡音，便热情地说道："哦，您是符主任的堂叔，跟我来吧。"一位战士领着他们来到师政治部门前，与哨兵通报情况后，便匆匆地离去。

不一会儿，符竹庭从师政治部出来了。那位年纪较大的老表，老远便高声喊道："接宗仔，接宗仔！我是你堂叔呀！"符竹庭听见堂叔喊他，便朝他们迎面走来，"哎呀，是三叔呀，你们怎么来了？"堂叔拉着符竹庭的手激动地说："苦崽（孩子的意思），我们想你呀，听说队伍要离开苏区，不知什么时候我们叔侄还能相见。""三叔，也许三五年吧我们还能相见。"符竹庭强颜欢笑着，心中五味杂陈，极力掩饰着身为红军高级指挥员即将离别的深情与不舍。接着，他把堂叔和几个堂兄弟带到了自己的住处。

次日早晨，堂叔他们要回家了。符竹庭拉着堂叔和几个堂兄弟的手说道："三叔，二哥你们珍重，我们后会有期。"此时，堂叔忍不住流着眼泪，哽咽地说道："苦崽，你在外要多多保重啊，我们盼望你早日回来哟！"几个堂兄弟的眼眶里也噙满了泪水，望着符竹庭默默地站着。

看到堂叔和堂兄弟噙满泪水的眼睛，符竹庭极力克制着自己的感情，"放心吧，我们还会回来的。一定回来解放家乡！"符竹庭一边说，一边从口袋里拿出仅有的三块银元送给堂叔他们做路费。

说来也巧，1949年4月，中国人民解放军第四十八军一四二师四三〇团从北京通县出发，经过四个多月的跋涉，直达江西赣南，于9月15日从宁都县抵达符竹庭的家乡——广昌县头陂乡，并解放了头陂。27日夜，解放了广昌县城，实行了军事管制。而四三〇团的前身就是当年以符竹庭为政委的红一团（万岁团）。这种巧合，不知上级有意安排，还是无意部署。最终实现符竹庭当年的夙愿，当然我们不得而知。

夜渡于都河，突破三道封锁线

于都河，又名贡江、贡水，是一条秀丽、清澈的河流。

这条河的源头，可以追溯到福建长汀的新乐山，全长 319 公里，自东向西，流经石城、瑞金、会昌，沿途接纳濂江、梅江、平江、桃江，进入于都县境内始称于都河。这条河绕过于都县城的南门，蜿蜒西去，出峡山、过江口、经茅店、下七鲤，在赣州八镜台与赣州西面流来的章江合流，章贡为赣，成为一泻千里的赣江。

1934 年 10 月中旬，硝烟弥漫，炮声隆隆。这天上午，红军总司令朱德急匆匆地来到红二师师部。他随手拿起一根小竹棒，指了指挂在墙上的军事地图，脸色严峻地告诉陈光、刘亚楼、符竹庭等几位师领导："这次我们离开根据地，你们师在前面开路，动作要快，不然后面的部队就要被堵塞住，具体道路由你们在前头决定，不要等指示，以免耽误时间，我们在后面跟着你们来。"

10 月 16 日黄昏，陈光、刘亚楼、符竹庭、李棠萼身骑战马怀着沉重的心情率领中央红军主力前卫师——红二师（代号建昌）4922 名红军指战员，从于都县城东门渡口开始渡河。此时，在无数灯笼、火把的映照下，从四面八方赶来送行的老表们，拉着战士们的手亲切地问道："什么时候回来？"有的流着眼泪哽咽地说道："盼望你们早日回来哟！"有几位新婚不久的妻子，她们赶来送别丈夫，认识她们的战士趁机同她们开玩笑，闹得新娘子满脸红彤彤地赶紧躲在远处望着出发的部队。苏区姑娘很开通，她们把绣的荷包，炒好的瓜子，追着战士们往手里塞，胆大的干脆和战士们走一程，问什么名字呀？哪里人呀？有的姑娘三五成群地唱起了山歌："一送（里格）红军（介支个）下了山，秋风（里格）细雨（介支个）缠绵绵，山上（里格）野鹿声声哀号，树树（里格）梧桐叶呀叶落光，问一声亲人红军啊！几时（里格）人马（介支个）再回山……"还有的姑娘唱道："红军哥哥打胜仗，哎呀妹妹等哥快回来……"此情此景，使许多红军干部战士忍不住哭泣起来，正如肖华在《长征组歌》中所描述的那样：

> 红旗飘，军号响。子弟兵，别故乡。
>
> ……
>
> 红军急切上征途，战略转移去远方。
> 男女老少来相送，热泪沾衣叙情长。

　　在这种依依惜别之中，符竹庭含着泪水与陈光、刘亚楼等师首长率领这支开路先锋师踏上了用船只、木料和门板临时架设，再用篾缆联结固定"嘎吱"作响的浮桥，渡过了于都河，迈出了震撼寰球的二万五千里长征第一步。

　　10月21日，红二师采取夜袭战，一举攻占了龙南县金鸡镇，突破了敌人第一道防线。接着于11月8日连克湖南汝城和广东仁化县城口镇，突破了敌人第二道防线。然而，敌人第三道防线设在粤汉铁路沿湖南、广东一线，布置了20万重兵。面对险境，红一军团军团长林彪、政委聂荣臻命令红二师派部队迅速占领广东乐昌县以北的九峰山制高点。师长陈光应令而动，急令红四团抢占九峰山，掩护中央纵队等部队安全通过封锁线。11月15日上午，红二师行进途中来到一个三岔路口，师长陈光命令先头红六团继续向南警戒乐昌之敌，掩护中央纵队和其他部队通过大王山。

　　红军部队离开根据地，后勤保障十分困难，思想政治工作更加艰巨。为了保证部队旺盛的斗志，符竹庭经常派政工干部随基层部队行动：一来组织战士们开展文化娱乐活动，激活战士们的思想情绪，鼓舞士气；二来及时解决部队吃穿供给。红军部队离开了根据地，军需物资主要靠打土豪来解决，而打土豪的批准权在师政治部。

　　红六团接到师长命令后，立即派出红三营警戒乐昌之敌。师政治部青年干事王宗槐随红三营行动。

　　红三营向南沿着石头疙瘩艰难地行走了十多里路，在一个小村边停下来。村南边有许多土丘和坟包，三营长曾保堂和王宗槐商量后，立刻派出部队占领土丘和坟包制高点，派副营长郭玉探指挥战士在高地上架设机枪阵地。随后，王宗槐与三营教导员带领部分战士来到附近村庄，进行打土豪，解决先头营的供给。曾保堂营长是一位很有作战经验的指挥员，他把电话机引线搭在敌人的电话线上，监听乐昌城里敌人对外联络对话，听了个把小时，搞清了周围敌人的番号和所在位置动向。曾保堂是江西信丰县人，广东话讲得很好，敌人在电话里询问："北边情况如何？"曾保堂用广东话回答："北面情况正常，没有发现共军。"敌人信以为真，一直没有向北派兵。

再说，王宗槐与红三营教导员带着部分战士进了村，发现有栋漂亮的大瓦房，房顶垒着高高的防火墙。王宗槐和教导员走访了几户贫苦农民，证实这是一家土豪。王宗槐和教导员带领战士们"打"了这家土豪。这家土豪粮食堆积如山，仅银元就有两大箩筐。王宗槐和教导员及部分战士每人只带了几块银元交党费，其他全给了当地老百姓。受尽剥削压迫的贫苦农民接过红军赠送的银元，高兴得流出了眼泪。在打土豪的同时，部队一边抓紧做饭，全营美美地饱餐了一顿。下午5时许，中央纵队和其他部队顺利地通过了第三道封锁线。预定撤出警戒时间到了，红三营及时撤出警戒，转身向北，经过一个多小时的急行军，回到上午与主力部队分手的三岔路口。这时，大部队已进入大王山丛林了。王宗槐和曾保堂带领红三营战士们沿着小路跑步追赶大部队，黄昏时分在大王山脚下赶上了大部队。

血战脚山铺

1934年11月27日凌晨1时许，石塘镇下着淅淅沥沥的细雨，伴随着冰冷的寒风在漆黑的夜里发出阵阵呼啸声。然而，该镇公立学堂内，数盏马灯在寒风中摇曳的火光，仍然散发着腾腾热气。红一军团在此召开了团以上干部作战会议，军团首长林彪、聂荣臻、朱瑞、左权个个脸色严峻，看得出今天的会议决定着红军的生与死。红二师师长陈光、政委刘亚楼、政治部主任符竹庭、参谋长李棠萼；四团团长耿飚、政委杨成武，五团团长钟学高、政委易荡平，六团团长朱水秋、政委王集成；红一师二团团长龙振文、政委邓华，他们个个紧紧地绷着脸，聆听军团首长的作战指示。

　　军团政委聂荣臻做了简短的战前动员后，军团参谋长左权宣布命令："军团主力于凌晨3时许，从大坪渡口过湘江，决定：二师政治部主任符竹庭率四团沿桂黄公路南下抢占界首渡口；二师参谋长李棠萼率五团沿桂黄公路北上抢占全州；二师师长陈光、政委刘亚楼率师直属队和六团驻防二美滩，以策应四团、五团。一师二团随二师师部跟进。"

　　凌晨2时许，符竹庭率四团迅速南下渡过湘江，抢占了界首渡口。陈光、刘亚楼率师直属队和六团由凤凰大坪渡口涉渡湘江到达二美滩，控制了界首到大坪的湘江沿岸所有渡口和徒涉点。李棠萼率领五团从全州屏山渡过了湘江后，立即奉命开往全州县城，然而，县城已被敌人捷足先登，他们只好无奈地原路返回。

　　广西全州桂黄公路像一条长蛇，蜿蜒地向南延伸，翻过一座小山，有一个十来户人家的小村庄，这个小村庄叫脚山铺。脚山铺附近的山叫脚山，分东西两侧，从东到西以皇帝岭最高，海拔三百多米，山上长满了松树，两侧山岭夹击桂黄公路长达一两公里。该地距全州14公里，南距凤凰嘴渡口17公里，西距界首渡口40公里，距大平渡口14公里。如果敌人越过脚山铺，红军将无险可守，后果不堪设想。

　　11月28日凌晨1时许，符竹庭率领四团顺湘江公路奔跑，于早晨6时许，赶到了脚山。这时，师长陈光正焦急地等待在公路上，目睹四团跑步赶来，立刻跑步引导，迅速带领四团进入阵地。

　　军团长林彪与政委聂荣臻随后赶到了脚山。他们召集红二师领导陈光、刘亚楼、符竹庭、李棠萼，并在李棠萼的引领下，爬上山岭沿脚山铺到鲁板桥一路勘察地形，从东至西依次为米花山、美女梳头岭、怀中抱子岭、先锋岭、皇帝岭、西瓜双抱岭，诸峰呈凹字排列着。山岭上长满密密的松树，遍布着枯黄的松枝针叶，松树底下长满了齐腰的灌木丛。最后，林彪决定将红一师二团和红二师三个团沿桂黄公路两侧进行部署。随即，部队就地构筑工事，搭置临时指挥所。

　　红一师两个团在师长李聚奎率领下，正在阳乐田、潘家岭一带阻击敌周浑元部，到28日早上才将阵地交给红五军团第三十四师，然后跑步赶往脚山铺，中午时分到达脚山后，将两个团部署在沿公路米花山一线。

11月29日早上，银霜遍地，寒风袭人。忽然传来嗡嗡的飞机声，敌人十余架飞机飞临红军阵地上空，向阵地俯冲、扫射、轰炸，阵地上顿时火光冲天，硝烟滚滚。接着敌人的大炮也向阵地倾泻。在炮火的掩护下，敌人怪叫着，像黑压压的蚂蚁一样朝红军阵地上涌来，当敌人距阵地十多米远时，突然一排排手榴弹飞向了敌人。手枪、步枪、轻重机枪发出了怒吼的声音，敌人尸横遍野，红军前沿阵地上的将士伤亡也很大。

11月30日，敌人占领米花山和美女梳头岭后，对红二师五团构成了严重威胁。敌人在炮火的掩护下，从三面向先锋岭围过来。五团政委易荡平带领两个连进行英勇战斗，但敌人源源不断地向山上冲来，炮弹雨点般地倾泻，茂密的森林被炸得火光闪闪，硝烟弥漫。林彪担心易荡平和两个连有危险，下令让易荡平突围。然而易荡平没有选择突围，而是继续阻击敌人。敌人不断地向阵地上冲击，最后，因寡不敌众、弹尽援绝，易荡平同志英勇牺牲。

战斗空前残酷，红军阵地上敌人尸体堆积如山，红军的伤亡也非常惨重。红军战士越来越少，而敌人的后续部队却接踵而至。炮弹像暴雨一样向红军阵地倾泻，经反复冲杀，究竟打垮了敌人多少次冲锋，谁也记不清了。渐渐地，一个又一个小山头的红军战士全部牺牲，随即被敌人占领。红五团左翼阵地被敌人占领后，黑压压地向红四团压过来。眼看红四团随时有被敌人包围吃掉的危险，师长陈光立刻将预备队全部投入战斗。但敌人潮水般地涌来，师预备队犹如杯水车薪，于是陈光下令收缩兵力，命令红四团向皇帝岭收缩。红四团随即边打边往后撤。政委杨成武率红二营在公路右边抗击，突然一颗流弹击中他右腿膝下，血流如注，疼痛难忍，不能动弹。敌人疯狂叫喊："捉活的，捉活的。"危急时刻，被红五团二营六连指导员陈坊仁发现，他果断指挥战士冒着生命危险把杨成武从战场上抢救下来。六团担架队的战士及时把杨成武抬到脚山铺小村庄，之后由两位村民把他抬到野战医院救治。红四团团长耿飚率领团直与一营、三营边打边后撤，这时一股敌人快速围上来，耿飚见敌人已近在眼前，形势危急，不由得大喝一声："拿刀来！"警卫员将马刀递了上去，耿飚随即挥起马刀带领战士们杀入敌群中。经过一番拼杀，冲上来的敌人被消灭了，战士们个个成了血人。耿飚边打边撤，这时，军团保卫局局长罗瑞卿提着张开机头的驳壳枪出现在阵地上，他用枪指着耿飚的脑袋吼道："为什么丢了阵地？"耿飚说："全团伤亡过半，政委负伤，在敌人十倍于我们的优势下，阻击阵地上的官兵全部牺牲的情况下丢失的。"罗瑞卿听后缓和了一下，接着掏出一支烟递给耿飚，"指挥员指挥战斗披着毯子像什么话。"警卫员赶忙解释道："我们团长打摆子发高烧！"罗瑞卿没有再说什么，转身下了阵地。

红一军团脚山铺第一道防线，在敌人强大的攻势下全部失守。朱德看了红一军团的电报，知道形势非常严峻。12月1日凌晨1时许，朱德给全军下达了紧急作战命令。凌晨3时30分，又以中革军委、总政治部的名义给红一、三军团下达以下命令："一日战斗关系我野战军全部，西进胜利，可以开辟今后发展前途，退则我野战军被层层切断。红一、三军团首长及其政治部应连夜派遣政工人员分头深入到各连队进行战斗鼓动，要动员全体指战员今日作战意义。我们不为胜利者，即为失败者。"

几天来，符竹庭双眼熬红了，喉咙喊得嘶哑，但他仍不断地用电话询问各团政工干部的战斗鼓动情况，及时派遣政工人员深入基层连队开展政治鼓动。红五团政委易荡平同志壮烈牺牲，一股强烈的复仇情绪在符竹庭脑海中快速涌现。"为易荡平政委报仇！誓死保卫党中央！保卫苏维埃！"的口号迅速传遍了红二师各连队、各阵地、各个角落。红军指战员们像被撩开的火焰，怒火万丈，勇猛顽强地与强敌展开血战，一次又一次地打退了敌人的猖狂进攻。

红二师政治部设在山坡下，山坡上是红一军团指挥所。12月1日中午时分，林彪、聂荣臻正在指挥所里围着地图，商量下一步行动计划。忽然，警卫员邱文熙心急如焚地冲进指挥所，急切地说道："报告政委，敌人上来了，快撤，快撤！"聂荣臻疑惑地问："你没搞错？你不会拿咱们的部队当敌人吧！"邱文熙坚定地说道："这可不是咱们的部队，我看得很清楚，这是端着刺刀的敌人！首长，快撤吧，再不撤就来不及了！"聂荣臻连忙走出指挥所，定眼一看，发现果然是一股端着刺刀的敌人已经猫着腰悄悄地靠上来了，离指挥所仅有四十多米远了，形势十分危险。聂荣臻急了，对刚抽出时间端着饭碗的左权参谋长说："敌人到家门了，别吃了，赶快撤！"聂荣臻火速冲进指挥所，一边与林彪收拾地图、文件，一边吩咐警卫排长刘辉山："赶快通知山坡下的红二师政治部符竹庭主任，让他们按预定方案赶快转移！"刘辉山闻令而动，一抬脚，一颗子弹竟然将他的脚板打穿了，他忍着剧痛，跑到红二师政治部，见了符竹庭急切地说道："符主任，聂政委通知你们赶快按预定方案转移！敌人已经冲到军团了。"符竹庭听后为之一怔，急忙大喊："全体干部和警卫部队做好战斗准备，冲上山保卫军团首长！"刘辉山赶紧说："符主任，军团首长已经安全转移了，你们赶快撤吧。"符竹庭得知军团首长已经安全转移，紧绷的脸，松了下来，随即命令师政治部机关和警卫部队按预定方案撤离。

再说，林彪、聂荣臻、左权等人冲出指挥所，一边布置警卫部队进行掩护阻击，一边指挥机关人员向附近山隘转移。一向非常严肃的林彪一边走一边心有余悸地说："今天真是好险，再晚几分钟，我们可真的要成了湘军的'座上客'了！"

战斗接近正午时分，聂荣臻与林彪得知红军主力已经渡过湘江，中央纵队已经越过桂黄公路，这才松了一口气。林彪立即下令红一、红二师交替掩护，边打边撤，向西边大山靠拢，以摆脱敌人的围追。到此，脚山铺血战落下了帷幕。

符竹庭目睹着衣衫褴褛、血迹遍身的战士们，布满血丝的眼睛，顿时湿润了，泪水顺着脸颊往下淌，一颗颗泪珠滴落在湘江边，犹如一滴滴殷红的鲜血。

突 破 乌 江

1934 年 12 月 14 日，红二师攻克贵州黎平县城，暂时摆脱了敌人对中央红军的围追堵截。随后，党中央决定在黎平县城召开会议。为了确保黎平会议顺利进行，中央军事领导小组电令红二师向黎平中黄、锦屏等地进军。

红二师迅速北上锦屏，经剑河、台江、施秉，到达黄平县。在黄平县一个小村子里作短暂休整。为了解决给养，师政治部主任符竹庭找来地方工作科科长赖际发，吩咐他抓紧时间搞好地方联络，积极做好打土豪筹款工作。

师政委刘亚楼看见老战友符竹庭为全师筹给养忙里忙外，便开玩笑道："老符，你这个政治部主任呀，简直成了后勤部长啰。"符竹庭笑着回答："政委呀，搞好后勤供给是一项十分重要的思想政治工作哩。"

刘亚楼说："这倒是。但你也要多注意休息嘛。"符竹庭笑着回答："谢谢政委关心啊。"

红二师经过短暂休整，粮食弹药得到了补充，战士们的体能也得到了恢复，部队继续前进。

1935年1月1日早晨，红二师前卫团（红四团）已逼近乌江渡口。师首长急忙派师侦察连深入江边侦察情况。经过侦察发现，乌江江面宽约250米，水流每秒1.8米，南岸要下10里陡坡石山台阶才能到达江边，北面又要登10里陡坡石山台阶才能到达遵桐大道，其余都是悬崖绝壁，无法攀登。碧绿的乌江水，墨黑的高石山，真是名副其实的乌江天险！

当天上午，符竹庭与陈光、刘亚楼等师首长化装到江边进行现场勘察。他们发现对岸敌人正在拼命地构筑工事。敌人在渡口配备一个连的兵力；渡口上游约五百米处有条小路与渡口大路相通，但两岸少有沙滩，很难上岸。岸上有工事，旁边庙里有敌人的预备队；距江边五里外的山上有一个团的兵力。

中午，他们回到师指挥所，接着召开了渡江作战会议。政委刘亚楼首先发言："从我们现场勘察的情况来看，渡口大道是敌人极为注意的地方，工事比较坚固，上游五百米处彼此能上下，而此处敌人兵力比较薄弱，防守也松懈。"

"那就佯攻大道，重点攻击上游五百米处敌人的薄弱环节！"师长陈光不假思索地说道。符竹庭稍思了一下，说："我认为要派部队假装搬运架桥材料，吸引敌人火力和兵力，这样有利于我们强渡。"

"我认为，江宽水急，无筏无船，工兵部队要马上赶制竹筏，以便强渡和架桥。"李棠萼参谋长不紧不慢地说道："要动员一二十人善游水的指战员，游水过江驱逐敌人警戒，以便掩护后续部队强渡。"陈光果断地回答："好吧，通知部队马上行动！"

此刻，刘亚楼望向符竹庭，低声而坚定地说："符主任，前卫团的政治动员工作，就交给你去办，如何？"

"天气如此寒冷，我们的战士正面临着严峻的考验！"符竹庭猛地站起，"好，我现在就去！"随即，他带着警卫员匆匆地来到前卫团。

此时，符竹庭远远就听见战士们在议论："'双枪'兵呀！看你守得了几时？""乌江不知到底有几宽？""两边石山相当险要哩！""这里到遵义不知有多远？"

"同志们，你们在议论什么呢？"符竹庭笑呵呵地向战士们打招呼。"符主任来了！"战士们笑眯眯地站起来。他们知道师首长来了，肯定战斗要打响了。

"符主任，您来了。"团政委杨成武、团党总支书记罗华生急忙迎上前，"唰"地抬手敬了个军礼。

符竹庭还礼，"你们两人都在，马上开个动员会。"

"好的，我们马上集合部队。"

不一会儿，前卫团全体指战员齐刷刷地站在小山坡上，聆听师首长的战前政治动员。

符竹庭声音洪亮地说道："同志们，前面就是乌江。敌人封锁了渡口，不让我们过江。怎么办？"

"消灭'双枪'兵！我们一定要过江！"战士们振臂高呼，声音响彻云霄。

"对！我们一定要过江！但先要泅水过去，驱逐警戒的敌人。"符竹庭手臂猛力挥了一下，激昂地说道："同志们，突破乌江是中革军委的战略方针。我们一定要完成中革军委交给的战斗任务。虽然天气寒冷，环境恶劣，但只要我们发扬刀山敢上、火海敢闯的大无畏革命精神，就一定能战胜困难，夺取渡江战斗的胜利！"

符竹庭清了清嗓子，声音洪亮地继续说道："同志们，我们后面有无数敌人向我们扑来，前面又有'双枪'兵阻拦我们前进的道路。因此，我们必须万众一心、破釜沉舟，冲向对岸，夺取胜利！"

"同志们，突破乌江有没有信心?!"

"有！坚决完成中革军委交给的战斗任务！"全体战士齐声回答，声震云霄。

符竹庭主任的政治动员，点燃了前卫团指战员们胸中的熊熊火焰，为战胜寒冷、突破乌江奠定了坚实的思想基础。

第二天上午9时许，灰蒙蒙的天空下着密密的细雨，波浪滚滚的乌江正在进行着一场你死我活的渡江战斗。乌江两岸呼啸而起的炮弹在江水中轰然炸响，激流的江水瞬间腾起了一股股数十丈高的浪花，如蝗的子弹在乌江上空飞窜。

在炮火的掩护下，红二师前卫团一营三连连长毛振华率领最善泅水的八名战士迎着刺骨的寒风，赤着身子，"扑通"一声跃入江中。他们每人携带一支驳壳枪，带着绳索游过对岸。可惜绳索被敌人的炮弹炸断了，毛振华等人只好又游回来。

"怎么办？不能干等啊！"前卫团团长耿飚心急火燎地跳上竹筏准备亲自强渡，被在场的师长陈光拦住。

江边上几位师首长望着江中炮弹爆炸掀起的巨浪，脑海里翻滚着，他们紧急磋商，决定由前卫团一营进行晚上偷渡。

晚上9点，黑魆魆的乌江两岸，滔滔江水在北风的吹拂下，闪烁着粼粼波光。符竹庭和陈光、刘亚楼等师首长迎着寒风来到江边，指挥部队偷渡。

首先由红一营一连善泅水的五名战士登筏，并约定火光为联络信号。随后第一筏悄悄地向江中划去。

第二筏由红一营三连连长毛振华率领一名通信兵，三名机枪射手，携带一挺机关枪登筏。他们悄无声息地划向江心，渐渐地消失在夜色之中。

时间一分一秒地过去了。20分钟、30分钟、1个小时，依然没有毛振华等人的音讯。师首长和前卫团、营的干部迎着寒冷的北风，站在江边焦急地等待着。夜深人静，寒风刺骨，大家估计他们被激流冲走了。然而，师首长们依然不依不饶，决心不惜一切代价突破乌江！

第三天上午9点，在强大的火力掩护下，红二连连长杨上堃带领战士们奋不顾身地登上竹筏再次强渡。他们不管敌人的火力有多猛，依然奋不顾身，勇往直前地向江中猛划。他们很快划到了对岸。

敌人发现红军战士们的竹筏靠了岸，惊恐地向他们扫射，子弹呼啸着在他们头顶飞过。突然，敌人脚下石崖里跳上来几个人抱着机关枪向敌人哨卡猛烈扫射，一个个手榴弹飞上了敌人的哨卡。猛烈的火力，剧烈的爆炸声，此起彼伏。顿时，敌人惊恐万丈，不由自主地扔掉枪支，仓皇逃窜。

向敌人哨卡射击的正是红三连连长毛振华等人，原来他们过江后，划着一根火柴向对岸发信号，因为火光太弱，对方无法看清，联络不上。他们只好忍着刺骨的江风在石崖下坚持着。

红二师攻克了对岸的乌江渡口后，师首长商量决定在偏僻狭窄的河道上架设竹桥，并决定由前卫团——红四团担负架桥任务。

红二师政治部地方工作科科长赖际发来到前卫团了解架桥情况，他问前卫团政委杨成武："老杨，你们架桥有什么困难？"杨成武笑着回答："就是没有材料，只要你能解决材料，我们就能架桥。"

赖际发微微一笑，说："行！"转身离开了前卫团带领师政治部地方工作科的干事与部分战士走村串户，很快解决了竹竿、绳索、门板等架桥材料。

红军战士们迅速扎好竹排，绑上木条和木板，用竹筐装满石头沉入河底，可是箩筐截石阻不住凶猛的激流。

"这可怎么办？"杨成武心急如焚，愁眉不展地望着滔滔江水。"成武，怎么犯愁了？你听说过'水打千斤石，难冲四两铁'吗？"符竹庭轻轻地拍了拍杨成武的肩膀，微笑着说道。杨成武转过身，惊喜地回答道："符主任，您的一番话真是让我茅塞顿开呀！"

"听说你和际发有个约定？"符竹庭笑着问道。

"我说过，他能找到架桥材料，我就能架桥。"

"那怎么不去找他？"

"是！"杨成武"唰"地敬了个军礼，转身找赖际发去了。

赖际发得知需要用铁来固定桥墩，便找到铁匠买来大铁墩，从土豪家里要来布匹，拧成粗绳，终于在波涛汹涌的江面上架成一座竹排浮桥。红军浩浩荡荡地突破了乌江天险。毛泽东走上浮桥，连声赞叹："真了不起，用竹排架成这样的桥，世界上都没有。"符竹庭站在浮桥上直夸赖际发："赖科长，你干得不错嘛！"赖际发回答："听老杨说，还是你出的好主意呢。"

电影《突破乌江》，再现了当年红军长征突破天险乌江的英雄壮举。当然，这是后话。

战友情深

红二师突破乌江后，接着占领了遵义。为了保障党中央遵义会议安全，红二师攻下了娄山关，占领了桐梓县城。桐梓县是贵州军阀王家烈出道之地，也是王家烈军官之家。昔日军阀豪绅住的小洋楼，住满了红军机关和部队，市面上秩序井然。许多店铺赶忙为各部队赶制定做干粮和服装。

红二师师部驻扎在王家烈一个部卜的宅邸。部队驻扎后，通信主任曾思玉找来向导和师参谋长李棠萼去勘察地形，了解民情社情和行军路线。曾思玉登上城墙转了一圈，被小城奇特的景色所吸引。城西北是一座蛤蟆山，山脚下有一个天然溶洞，曾思玉走进溶洞里，看见溶洞顶上挂满了千姿百态的钟乳石，上面的水珠落在洞底下的清泉池里发出有节奏的叮咚声响，犹如优美的音乐，好不惬意。

曾思玉回到驻地，吃过晚饭后，突然觉得浑身散了架似的，腰酸腿疼脚发胀。他躺在松软的床上，熄灭灯，想早点睡觉休息，可不知为什么总睡不着。

他索性起床，走到大门口右侧小耳房与刚认识的向导侃大山，进一步了解社情民情。第二天吃过早饭，曾思玉突然鼻孔流血，开始并不在意，用纸团塞鼻孔，血没有止住，再舀一碗凉水，用手蘸着水往脑门上轻轻拍打。招招用完了，血还是止不住，鼻血依然流淌不停。一位老中医把珍藏多年的云南白药献出来让曾思玉口服，涂抹双管齐下，但也无济于事。晚上曾思玉躺在床上，两眼直冒金花，四肢无力，不听使唤，只有把头从枕上歪倒下来，任凭鼻血顺嘴往下滴。

曾思玉流鼻血的事，有人告诉了师政治部主任符竹庭。符竹庭找来地方工作科科长赖际发，对他说："老赖，听说思玉流鼻血很严重，你和小刘去看望一下他；看看能否找个郎中给他医治。"

赖际发与刘干事来到曾思玉床前，见曾思玉躺在床上，双眼充满了泪水，虽无力说话，但脑子清醒。赖际发弯腰附在曾思玉耳边安慰道："老曾，部队明天一早就要出发，你这身体恐怕支持不住，走不了路，倒不如找一家可靠的老乡寄养下来，等养好了身体再找部队。"话音刚落，刘干事接上话茬："那不成了'干人'吗?"（干人，就是外地人流落到当地，到当地人家里当干儿子，过着寄人篱下的生活）曾思玉有气无力地摆摆手，"不行，不行!"大家都明白曾思玉的心思，又都不知该怎么来安慰他，满屋的战友们都怔住了。赖际发科长赶紧岔开话题，"老曾，你放心，我们不会丢下你不管的，你先安心休息吧，我们回去想想办法。"

赖际发把曾思玉的病情向符竹庭作了汇报。符竹庭觉得事关重大，马上把曾思玉的病情告诉了陈光和刘亚楼。

第二天早晨，部队集合出发。陈光、刘亚楼、符竹庭、李棠萼一同来看望曾思玉。曾思玉见到陈光、符竹庭他们，竭尽全力握着师首长的手，鼻血、鼻涕、眼泪交融淌在一起，成了花脸了。他用恳求的目光注视着首长们一张张熟悉的脸，是走是留，命运就在一瞬间。几位师首长脸色凝重，静静地沉思着……曾思玉紧张、焦灼、不安地等待着……

"在王家烈军官之家，土匪之地留下来等于送死!"符竹庭首先打破了沉闷的气氛，说了一句有分量的话。

陈光说:"人还清醒，依仗年轻，很快会好的。"

"对! 战友情，同志爱是我们工农红军的真谛!"刘亚楼把目光转向陈光，"叫卫生部叶部长派一副担架来，抬着走。"

部队出发了，曾思玉躺在担架上，思忖着病好以后，如何报答首长和同志们，如何报答轮流抬着自己行军的战友们。到了宿营地，司务长端来盆米饭和几个煮鸡蛋。他没有客气，就狼吞虎咽地吃起来，接连吃了两天，竟然可以骑马行军了。从此，他的鼻子再也没有流过血。

昆明路上的"中央军"

"横断山，路难行。敌重兵，压黔境。战士双脚走天下，四渡赤水出奇兵。"这是肖华将军笔下，对这段艰难历程的壮丽颂歌。

1935 年 3 月中旬，云雾缭绕，细雨绵绵。红二师行进在山峰万嶂的云贵高原上，部队几乎天天行军，天天打仗。这天，红二师奉命从鸭溪镇出发攻打鲁班场，但打下来后，又主动撤出战斗，机动至仁怀以北的茅台，从茅台附近地区再次西渡赤水河向古蔺方向前进。然而此刻，红二师突然接到渡河命令，于是急忙掉头向东，第四次渡过了赤水河，紧接着掉头南下，南渡乌江。

4月26日，红二师攻克易龙县城。易龙县距昆明仅有八十多公里。26日晚上，符竹庭与陈光、刘亚楼等师首长在易龙县城召开了军事会议（又叫易龙会议），研究部署进军方案。经研究决定，三个团分头行动：第五团攻取嵩明；第六团进至杨林；第四团直逼昆明。

27日早上，符竹庭和刘亚楼召开师政治部机关干部会议。符竹庭在会上说："同志们，这些天咱们天天走路，绕圈子，很辛苦吧？然而，这艰辛的行军，正是为了摆脱敌人的围追堵截，忠实执行毛主席那深谋远虑的革命大计。所以，咱们政工干部必须做好过细的思想政治工作。"符竹庭挥了挥手，激昂地说道："同志们，部队要分头行动了，咱们机关干部必须下到团、营、连，随基层部队行动。下去后，必须做好三方面工作：一是做好基层部队思想政治工作，鼓舞士气；二是搞好宣传工作，到处粉刷'攻克昆明、活捉龙云'的标语营造攻打昆明的势头；三是开展打土豪工作，及时解决部队物资供给，保证部队打胜仗！"

符竹庭讲完话后，刘亚楼在会上强调："今天要抢占嵩明城，一师右翼，我师左翼，齐头并进。同志们，我们要和一师赛赛看，看谁先进嵩明城。"

青年干事王宗槐被派到第五团第二营前卫六连。易龙县离嵩明城八十余里，为了摆脱地方民团的纠缠，加快部队行军速度，红六连换上缴来的国民党军装，装扮成"中央军"顺顺当当地过了一村又一村。午饭时，他们赶到嵩明城外大路旁一家茶水店，大家站在店门前抬头向城墙上张望，敌哨兵以为他们是"中央军"便打开城门，等他们进城。忽然天空出现了飞机，他们没想到自己穿的"国军"服装，而本能地躲避，这一来引起了敌人的怀疑，顷刻敌机扔下炸弹，守城的敌人从爆炸声中清醒过来，赶紧关闭城门，并用机枪扫射，幸好茶水店背面是一片高高的土坎，红六连指导员陈坊仁立即组织攻城，突破口选在塌落的豁口处，陈指导员交给王宗槐一挺机关枪叫他掩护，王宗槐争着要随部队攻城，陈坊仁说："别争啦！进机关，我听你的，在连队你得听我的。"

说完带着两个排向前突进。王宗槐端起机关枪迅速瞄准敌人的机枪手打了几个点射，"哒哒，哒哒哒……"敌人的机枪顿时成了哑巴。接着，他朝豁口两侧使劲扫射，敌人不敢抬头，陈指导员趁机指挥部队搭人梯，迅速攻占了嵩明城。敌人一部分被俘，大部分溃逃了。随后，王宗槐带领战士们去打土豪，解决部队给养。王宗槐来到伪县政府没收了伪总务科长一只钢壳怀表，回到师政治部后，便把缴获的钢壳怀表上交给符竹庭主任。符竹庭接过怀表看了看非常高兴，夸他任务完成得好，并说："这只怀表就奖给你用吧。"王宗槐从符竹庭手中接过怀表，十分高兴，虽然他当时还不会看分秒，但他觉得十分新鲜，不时地从怀中掏出来，听那嘁嚓嘁嚓的声音。

此刻，被派到第四团的地方工作科科长赖际发，积极主动地与四团领导共同研究了行军路线，同时制定了相应的宣传舆论工作方案。随后，赖际发带领一支红军小分队一面开展打土豪筹粮筹款，一面开展大造"攻克昆明、活捉龙云"的宣传舆论。为了迷惑敌人，他们穿上从遵义缴获的国民党正规军军装，胡编了一个番号，来到一个县城边，打听到城里有三百名民团驻守，赖际发心里一阵惊喜，"这下我们要收拾你们了"。于是，他率领小分队大大方方地进城。民团团总以为他们是"中央军"高兴地出来欢迎他们，就在这时，赖际发突然拔出手枪顶住团总的脑袋，反动头目束手就擒，头目一抓，士兵像一盘散沙。赖际发抓住机会，向民团士兵宣传共产党和红军的方针政策，民团士兵本来许多都是穷苦人出身，通过宣传，他们都愿意参加红军。

赖际发还在民团团部的夹壁墙里搜出了很多枪支弹药。这时，有人来报：敌人一个连的正规军即将回城。赖际发稍思片刻，急忙命令一部分战士守城，自己带领一部分战士趁着浓浓大雾，迎着敌人来的方向行进。他们一边走，一边故意大声吆喝。突然，迎面来了几辆敌人的军车。车上的敌人看见前面走来的是"国军"，便停下车来，问道："你们是哪部分的？干什么去？"赖际发假装说是民团团总派去向军长报告"共军"情况的。他边说边悄声命令大家散开。战士们悄悄地包围了军车，接着突然向敌人发动了袭击，敌军官还未明白怎么回事就被击毙了。这场战斗缴获了二十多份云南地图，一千多包云南白药，还有宣威火腿，普洱茶，大批白糖和饼干。他们的战利品不仅给全师指战员改善了好几天伙食，还送了一批给兄弟部队和总部首长。毛泽东表扬道："这一战绩比战场上缴获的武器还重要，可谓巧获呀！"符竹庭伸出大拇指直夸赖际发："赖科长，你们这趟下去收获不小啊！既大造了舆论，调动了敌人，又保障了供给，还受到了毛主席的表扬哩。"

巧渡金沙江、飞夺泸定桥

1935年4月29日，阳光明媚，春暖花开。红二师先头部队化装"中央军"智取了禄劝、武定、元谋，占领了金沙江龙街渡口。红二师决定要在这水流湍急、波涛汹涌的金沙江龙街渡口渡江。符竹庭凝视着滔滔江水，心中不禁涌起层层涟漪，一番深邃的思索后，他随即指示宣传科创作一首渡江歌曲来鼓舞士气。宣传科长舒同闻令而动，很快集体创作了一首渡江战歌："金沙江流水响叮当，英勇的红军要过江。不怕它水深江流急，更不怕山高路又长。我们红军真顽强！战胜困难克服一切疲劳，下定决心我们要渡江！"这首歌先由宣传科宣传队教唱，很快在红二师部队传唱开了。

龙街渡口水太急，无法架桥，船又少，红二师便转向皎平渡口。这时，罗荣桓同志来到红二师。符竹庭看见罗荣桓就像看见久别的亲人一样，两人紧紧地拥抱在一起。罗荣桓高兴地说："竹庭啊！我们分别快两年了吧。"

"是啊，这两年时间，感觉真是太长了。"看得出符竹庭心里非常惦念老首长，他诚恳地说道："首长，这次您别回去了，跟我们一起走吧。"

刘亚楼接过话茬，坦诚地说："您不要回去了，就跟我们二师走吧，跟我们走比跟机关走要安全一些。"又说："您回去，他们连骡子都会给您收了。"罗荣桓乐呵呵地对符竹庭与刘亚楼说："骡子现在还没收，即使收了，我还有两条腿嘛，有么子要紧。"这时，符竹庭拿出刚缴获的火腿、饼干和普洱茶招待罗荣桓，并说："这是师政治部地方工作科科长赖际发缴获的战利品。"罗荣桓高兴地说道："你们做得好哇，政工干部不仅会做思想政治工作，还会打仗！"

5月4日上午，符竹庭与罗荣桓、陈光、刘亚楼四人同乘一条小船渡过了金沙江，来到会理县。红二师在会理城北一个村子里休整，罗荣桓便离开了红二师，回总政治部去了。

5月16日，红二师向德昌县进军。部队到达德昌县城不久，青年干事王宗槐突然生病了，发高烧。第二天部队要出发，符竹庭找来组织科长刘发科，对他说："宗槐生病了，让我的骡子给他骑吧。"刘发科回答："那你呢?"符竹庭微笑着说："我有两条腿嘛。"

王宗槐骑着符竹庭的骡子过了铁索桥到达西昌。不久，红二师向泸沽进军，走大路有敌人阻击，走小路就要通过彝族区。此时先遣队是红一师第一团，红二师随先遣队红一团到达冕宁。一路征战，部队减员不少，为了补充战斗人员，符竹庭倡议全师政工干部每人吸收六名穷苦人参加红军。王宗槐积极响应，匆匆地走到附近村庄搞扩红工作。当他来到一个山岗上时，突然发现几十个人一丝不挂，仅用树枝遮体。他心里顿时一亮，这些穷苦人不正是扩红的好对象吗? 于是急忙走上前询问，结果发现他们竟然是红一团前卫连——工兵连的指战员们。原来他们遇到了彝族同胞，他们的衣服裤子和枪支等被彝族同胞抢走了;为了执行民族政策，他们只好强忍着。王宗槐搞清楚情况后，立即报告了符竹庭主任。符竹庭感到很吃惊，立刻派人把打土豪缴获的衣服裤子给他们送去。同时，打通了杨得志的电话："喂，老杨吗，我是符竹庭啊。"杨得志突然接到符竹庭打来的电话，急忙回答："符主任，您有什么指示?"符竹庭说："老杨，有件事告诉你:工兵连几十个同志的衣服裤子被彝族同胞扒光了，枪支也被他们收走了。——我已派人给他们送去了衣服裤子。"杨得志闻言，心中猛地一颤，这样的事情竟会出现，实在出乎意料。符竹庭说："彝族同胞长期受国民党反动派的压迫剥削，对我们不了解啊。——目前刘伯承参谋长正在与当地首领谈判，应该很快会解决这件事。"杨得志听后，动情地说："符主任，真是太感谢您了!"

符竹庭爽朗地回答："哎，咱们俩之间还用这么客气?"两位老战友在电话中你一言我一语，热络地聊了起来。

5月25日，红一师第一团在安顺场强渡大渡河成功。但安顺场地势险要，南北两岸悬崖陡峭，河水流急浪高，河面又宽，仅靠三只小船全军无法在敌人赶到渡口之前全部渡江。必须打开第二条道路。中革军委决定红一师和干部团在安顺场渡河外，主力沿大渡河西岸上行，夺取泸定桥。红二师首长决定把夺桥任务交给第四团。第五团、第六团和师直属队随师部跟进。

符竹庭派王宗槐随前卫团——第四团行动。5 月 27 日早晨，红四团从安顺场出发，直奔泸定桥。一路上，山道崎岖，途中还时不时地遇到敌人纠缠，但红军指战员们不畏艰难险阻，英勇善战。他们消灭了纠缠之敌，行程 240 多里路，于 5 月 29 日上午到达泸定桥。随后，王宗槐与红四团新任团长王开湘、政委杨成武、总支书记罗华生等人一起到泸定桥头勘察地势。他们发现泸定桥用 13 根碗口粗的铁索建成，长 103.67 米，宽 3 米，河水湍急，奔腾咆哮。对岸桥头还有敌人驻守。王宗槐与几名团领导一起商量攻桥方案。最后决定组织突击队，以连长廖大珠为队长，红三连负责铺设桥板。接着红四团在沙坝天主教堂召开全团干部动员大会。夺桥前，王宗槐与杨成武、罗华生来到突击队和红三连做战斗动员。杨成武和罗华生讲话后，王宗槐代表师政治部首长做战斗动员，他说："同志们，我受师政治部首长委托，代表师政治部对你们突击队和红三连全体同志寄予厚望，希望你们发扬不怕苦、不怕流血牺牲的光荣传统，拿下泸定桥，完成党中央交给的重任！"首长们的政治动员，为夺桥胜利奠定了坚实的思想基石。当天下午 4 时许，王开湘下令，冲锋号响彻山谷，红军所有武器向对岸开火。突击队长廖大珠调选了 22 名队员，每人手持冲锋枪，身背大刀，腰缠十来个手榴弹。红三连连长王友才率领红三连指战员紧随突击队身后铺设桥板。敌人企图用火阻挡，廖大珠带头冲进大火，战士们紧跟而上，挥起大刀与敌人展开白刃战。此时，王开湘、杨成武、王宗槐等人带领部队冲过东桥头打退了敌人的反扑，占领了泸定城。随后，陈光、刘亚楼、符竹庭等师首长赶到了泸定桥。师首长对夺桥英雄进行了高度赞扬，号召全师指战员向夺桥英雄学习。符竹庭和刘亚楼亲手将列宁服、笔记本、钢笔、搪瓷碗和筷子送到每个夺桥英雄手中。

红二师渡过了大渡河，在一个小村里休整，有件趣事值得一提。那天，通信主任曾思玉带着师部几名警卫战士走进一所教堂内，有位老人见他们说话和气、礼貌，就带他们去品尝外国传教士享用的高级食品，并赠送了很多食品给他们。曾思玉在《百年见证》一书中写道:"我们带着食品回到师部,走到师政治部门口,我便径直朝符竹庭主任屋里走去。我提着像马桶般的果脯盒走进屋里,还没来得及报告,正在看文件的符主任扭头一看,劈头就问:'曾主任,搬这个马桶来干什么?'冷不丁一句话,把屋外机关干部逗乐了。我回答:'我是来给主任送吃的,你不要?那我可搬走了。'刚跨出门槛,战友们笑着来抢,都说:'主任不要我们要!'符主任觉察不对劲儿,急忙跨出门来,见是果脯,便爽朗地笑道:'大家都吃吧。'接着伸手抓了一把,和大家一起津津有味地吃起来。"

爬 雪 山

1935年6月8日,红二师进占宝兴县城。师首长派通信主任曾思玉去调查行军路线。曾思玉找到一家刘姓客栈老板,向他打听道路情况。刘老板告诉他,前面有座大雪山很难通过,并热情地找来一本县志给他看,说据此记载:该雪山叫夹金山,又叫神仙山,海拔四千多米,终年积雪,空气稀薄。刘老板还介绍自己年轻时跑马帮的经历,同时建议他如何攀登大雪山,并提出了五条攀登雪山的方法。

曾思玉返回师部后,便向几位师首长汇报了行军路线情况。师长陈光听完汇报后,满意地点了点头,说:"思玉,你了解得很及时,也很详细。"接着,他望了一眼在座的师参谋长李棠萼,说:"李参谋长,把群众的五条建议迅速下达到各团和师直属部队;命令各部队按照上述要求做好登山准备。""好的。"李棠萼快步走到桌前,抓起了电话……

政委刘亚楼与政治部主任符竹庭悄悄地商量着,"符主任,明天上午召开全师政治动员大会。动员报告由你来做,你看呢?"

"好的。第一次爬雪山,士气很重要啊,我马上就去做准备。"

第二天上午,天气晴朗,万里无云。宝兴县城一所学校操场上,红二师正在召开全师攀登雪山政治动员大会。四千多名红军指战员齐刷刷地站在操场上。在火辣辣的阳光下,指战员们聚精会神地聆听师首长的政治动员。

　　陈光、刘亚楼、符竹庭、李棠萼站在台阶上，面向全体指战员。身材精干的符竹庭，身穿灰布军装，腰扎牛皮带，绑腿打得挺直，显得非常精神。

　　师政委刘亚楼主持大会，他说："同志们，今天我们在这里召开爬雪山动员大会！——爬雪山，对我们而言，乃是一次重大的挑战，更是一次磨砺意志的考验！同志们，接下来请符主任为我们做爬雪山政治动员。"

　　刘亚楼话音刚落，符竹庭向前迈了一步，声音洪亮地说道："同志们，前面就是大雪山了。这座雪山叫夹金山，根据本地县志记载：夹金山海拔四千多米，终年积雪，空气稀薄，气候变幻无常，时阴时雨，时雪时雹。所以，翻越此山面临着前所未有的挑战啊！"

　　紧接着，符竹庭手臂猛地一挥，激昂地说道："同志们，虽然面临着诸多困难，但并不可怕！一座雪山，又算得了什么？只要我们发扬不怕苦、不怕死、刀山敢上、火海敢闯的大无畏革命英雄主义精神，就没有什么困难能阻挡得了我们前进的步伐。再难爬的雪山我们也无所畏惧，勇往直前！"

　　符竹庭振臂高呼："同志们，翻越夹金山有没有信心?!"

　　"有！我们一定能闯过去！"全师指战员声如洪钟，响彻云霄。

　　符主任的政治动员把每位红军指战员胸中的火焰点燃起来了，为战胜困难，勇攀雪山，奠定了坚实的思想基础。

　　动员大会结束后，符竹庭主任立即安排师政治部机关干部做好攀登雪山准备。师政治部地方工作科科长赖际发，积极响应，组织干部战士制作木棍，购置羊皮、狗皮、牛皮制成各式各样的背心、裤子，还购置了有色眼镜和有色面纱，较快地解决了部分御寒物资和防止雪光刺眼等装备。

　　6月12日上午9时许，红二师以第四团为前卫团开始攀登夹金山。符竹庭和陈光、刘亚楼等人率领红二师指战员们沿着弯弯曲曲的山路，顶着呼啸的寒风，向山顶攀登而上。

　　白雪皑皑的夹金山，刺骨的寒风夹着硕大的雪片，狂啸怒号，让天地之间变成白茫茫的一片。红军指战员们，迎着冷冽的寒风，艰难地向上攀登。然而，越往上空气越稀薄。逐渐地，疲劳和缺氧向战士们袭来。有的战士呼吸急促，胸闷难受。符竹庭发现后，亲切地鼓励战士们，坚持就是胜利，并把自己的骡马让给体力差的战士骑。

红军指战员们经过艰难的攀登，终于登上了山顶。此刻，许多战士想趁机休息一下，恢复体力。就在这时，符竹庭急切地告诉大家："同志们，这里空气稀薄，很危险，不能停留！必须坚持，坚持，再坚持！赶快下山！"红军战士们响应符主任的号召，克服极度疲劳，以坚强的毅力，翻过了夹金山，来到了达维境内。让大家意想不到的是：意外地与红四方面军第三十军会师了。

红三十军代军长程世才、政委李先念、政治部主任李天焕，热情地接待了红二师师长陈光、政委刘亚楼、政治部主任符竹庭等人。红二师与红三十军开展联欢，共同庆祝会师。干部战士心情激动，举枪欢呼，笑声、欢呼声、口号声在草原上空回荡！

营救红六团

中央红军翻越了夹金山、梦笔山，来到川西北高原——卓克基。此时，红一军团政治部主任朱瑞来到红二师指导工作，并与师领导研究北进方案。经研究决定，红二师分左右两路北进：朱瑞、陈光、李棠萼率领第六团为左路；刘亚楼、符竹庭率领第四团、第五团与师直属队为右路。

朱瑞、陈光等人率领红六团经草地绕出松潘，在前进的道路上，遇到极端彪悍的敌骑兵，横加拦阻，既战不利，乃折回右路。朱瑞、陈光等人率领红六团在折回的路上走了四天，到达一个不知地名的村庄。这个地方一片是雪，是个不堪回首的村庄。村庄不大，周围是绿油油青稞麦，敢居山腰，高出地面十多里。红六团到达这个村庄时，粮食已断绝，茹草饮雪，无法充饥，已山穷水尽。朱瑞、陈光向刘亚楼、符竹庭拍发救援急电，符竹庭阅电后，心急如焚地对政委刘亚楼说："朱主任、陈师长、李参谋长与红六团的指战员们危在旦夕，我们必须马上组织救援！"

"好，咱们马上采取行动！"随即，刘亚楼与符竹庭紧急磋商，决定由师政治部紧急动员全师筹集粮食，组织运粮队火速送往红六团。

　　驻芦花的红二师部队每天都在田里自割未熟的青稞麦而食，各人揉各人的麦子，各人做各人的馍馍，用自己的血汗去生产。师政治部经过紧急动员：干部、党团员把这些粒粒皆辛苦、处处拼血汗的救命麦子、牛羊、馍馍粉搜集起来了。

　　被派到红五团做政治动员的师政治部宣传科科长舒同，刚开完全团筹集粮食政治动员大会。中午时分，突然接到师政治部主任符竹庭打来电话："舒同同志，经研究，决定让你带领师政治部警卫排和运粮队，将筹集到的粮食马上送往红六团。"符竹庭在电话中严肃地说道："舒同同志，这次任务非常艰巨，一定要完成好！事关千余人的生命啊！"

　　舒同在电话中回答："请首长放心，保证完成任务！"随后舒同率领师政治部警卫排和运粮队，从芦花出发了。

　　舒同率领运粮队和警卫排向红六团驻地奔去，这时已经是三点，四点，五点了，估计要两天时间才能赶到，而今天还要赶三十里路，才能找到宿营的地方，否则露营有意料不到的危险，这个问题一开始就威胁着他们。

　　天色黑得像夜晚，乌云簇簇，细雨纷纷，运粮队在路上蠕动着，前后由少数武装护卫，中间是运粮队，他们有的背着糖，有的赶着牲口。不上五里路，在一个桥头右边，山林深处，有一个班的红军战士在那里搭棚子住着，他们是预定同去送粮的。当舒同派人喊他们的时候，恰好，遇着他们用面盆茶缸满盛着羊肉和面粉，从它的香气中可以想象得到那滋味了，饿着肚子的警卫排战士们和运粮队队员们，口水险些都要流出来，又不好向他们讨吃，只是催他们快点吃了同去。不上十分钟，他们就一边吃一边走，插入了行军序列。

　　"人马同时饥，薄暮无宿栖！"这诗不啻为运粮队真实写照吗？他们走到一个深山穷谷里，没有人影，没有房子，没有土洞石岩，参天的森林，合抱的粗树，没胫的荒草，不知道什么地方才能找到房子，运粮队在这个坡路上徘徊了很久。

　　"好吧！我们就在这里宿营，时间天气都不容许我们犹豫选择了。"舒同下达了宿营命令。队员们急忙把粮食放下，羊、牛、马集拢起来，靠着几棵大树，背靠背地坐着，伞连伞地盖着，四面由警卫排放好警戒哨，然后大家悄无声息地睡下，希望一下子天亮。

然而，一刹那风雨排山倒海袭来，运粮队员仿佛置身于惊涛骇浪的大海之中，虎豹似乎在周围怒吼，雨伞油布失去了抵抗力量，坐着，屁股上被川流不息的刷洗，衣服全湿透。舒同和两个青年干事挤坐一堆，死死抱着雨伞和油布，又饿又寒的肚子，在那里起化学作用，个个放出很臭的屁，虽然臭得刺鼻难闻，但因为空气冷，暴雨压迫，谁也不愿意打开油布放走这个似乎还有点温度的臭气。王干事拿出一把炒麦子，送进舒同的嘴巴，于是他就在臭气里咀嚼这个炒麦子的滋味。

这个地方本来就很冷，在气候突变的夜晚，其冷更不待言。有很多同志冷得发哭哀吟，这时，很多共产党员却能用他们坚忍不拔的精神、艰苦奋斗的模范作用去影响群众、安慰群众，他们通过讲故事、说笑话，就这样坚持着，挨寒、挨饿、挨风、挨雨，通宵达旦。

天色已光明了，风雨也停止了，恐怖似乎不是那么厉害，大家起来，如同得到了解放一样，相互谈笑，重整担子，一队充满着友爱互助精神的红军战士又继续前进了。一直走了二三十里地，绕到高山上的几个破烂房子前，运粮队才停止休息。

热度不高的太阳，破云出现了，运粮队员放下担子，布置好警戒哨，他们费了很大的劲找到一点柴火，然后烧好开水，泡了点熟粉，就这样吃了一顿。

大家都在回忆着昨夜，回忆着短短的过程，一部分战士正在呼噜呼噜地睡着，恢复肉体上的疲劳。

山回路转，沿途看不见人影马迹，只有这支红军运粮队伍。

"走吧！赶早，时间已过半了。"舒同催促运粮队员们赶路，他说："我们红六团的同志还在那里望眼欲穿地等候着，我们早点去早点接济他们！"

哨子一发，队伍集合，于是又继续向着目的地前进。

河水骤然高涨起来，泛滥在两岸山谷中，一条小路，有时淹没得不见，排山倒海的流水声，伴随着他们行进，小雨使道路泥泞，运粮队员们埋头一个个跟着。

离红六团驻地只有五里路了，红六团先头的几个同志与运粮队尖兵相遇，红六团大队人马继续赶到。

"哎呀！不是送粮食给我们么，我们的救星！"

"你们迟到一天，我们就要饿死，真是莫大功劳啊！"

这时，红六团政委邓富连冲着舒同大声说道："宣传科长，你们来了，真的来得好，救了我们的命！"

舒同回答："这是刘政委、符主任想尽一切办法收集起来的粮食。"

"谢谢刘政委、符主任的救命之恩啊！"邓富连激动地流下了眼泪。

朱瑞、陈光等人饿得连走路都走不动，他们见到舒同时，双手紧紧地握住他，激动地说："舒同同志，你们运粮队这回立大功了！"

一下子环境变得喧腾起来。许多红六团的同志围拢过来，争相讲述他们如何过草地，如何打敌骑兵，如何冲破困难，如何盼望着运粮队来接济等等说不完的话题。

运粮队员们这时不知道怎样应付才好，怎样安慰他们才好。运粮队员们除了把运来的粮食全部供给他们，连自己的生活必需的几天干粮也零零星星地分送给了他们，就是最后的一个馍馍，也基于阶级同情心，分给了红六团的几个同志吃了。

过 草 地

1935 年 7 月 10 日，红二师到达毛儿盖。这里平均海拔三千多米，湿地苔藓此起彼伏，原始森林密布，积满白雪的山峰仿佛就在头顶上。

红二师到达毛儿盖前一天早上，发生了一件令人痛心的事：师参谋长李棠萼外出检查部队时，不幸被藏匪袭击，英勇牺牲。通信主任曾思玉望着李棠萼参谋长的遗体，忍不住号啕大哭。师首长陈光、刘亚楼、符竹庭与师机关全体同志怀着悲痛的心情为这位亲密战友——黄埔军校高才生，优秀的红军高级指挥员李棠萼参谋长举行了葬礼。

红二师在毛儿盖休整期间，邓小平同志调任红一军团政治部宣传部长。来的那天他没有骑骡子，身背一个小背包，后面跟着一个勤务兵，挑着一副行李，扁担上挂着一盏马灯。

7月30日，刘亚楼调任红一师师长。原红一师师长李聚奎调任红四方面军第三十军参谋长。这时，中革军委拟调符竹庭任红四方面军第四军政治部主任，因张国焘阻挠未能成行。这时候，红二师的几位首长是：师长陈光、政委肖华、政治部主任符竹庭。想不到他们三人在抗战中，战斗在山东大地，领导山东军民抗击日本侵略者，谱写了一曲曲抗战史上的凯歌。

红二师在毛儿盖休整了一个多月，部队出发前，为了保证部队顺利通过茫茫草地，师政治部制定了草地用粮纪律，严格规定：一日三餐只准吃两牛眼杯粮食（每杯一两），违者军法处置。

8月21日，红二师向草地进军。红四团为前卫团。红一军团部和直属队同时跟进。道路崎岖，山路弯弯曲曲，路面坑坑洼洼非常难行。部队转了一弯又一弯，走了一天路才到达草地边缘。

"只道马行荒草地，不知身已陷重围。"8月22日，红二师开始了艰难悲壮的过草地征程。荒无人烟的草地，水流淤滞，杂草丛生，大片大片的沼泽地一望无际，根本看不到道路。人和马必须踏着草甸走，从一个草甸跨到另一个草甸跳跃前进。或者挂着棍子探深浅，几个人搀扶着走。这样下来，精疲力竭。过草地有三怕：一怕没踩着草甸陷进泥沼。泥沼很深，如果拼命往上挣扎，会越陷越深，来不及抢救就会被污泥吞噬。刚开始没经验，不断地有战士陷进泥潭，旁边的战士前去营救，结果一起牺牲了。后来掌握了营救方法，一旦陷入泥潭，几个人站在草甸上用绑腿布条把他拉上来。草地上的泥水不仅不能饮用，而且破了皮的腿泡过还会红肿甚至溃烂。二怕下雨。草甸本来就难走，天上下着雨，脚底下更软、更滑，稍有不慎就会掉进泥沼里去。下雨后晚上气温极低，睡着容易冻死。有一个班的战士就是这样，整整齐齐两人一组，背靠着背，怀里抱着枪，像熟睡了一样再也没醒来。三怕过河。草地上有不少河流，有的水浅好一点，有的河宽流急很难过，如果遇着下雨就更难了。其次是饮食难。准备的青稞炒面，需要用水煮熟吃，没有水，干吃难受，且口渴难熬。先头部队在向导带领下，摸索前进，在岔路口插上路标，后续部队照着路标所指的方向踏着松软的草丛一步一步行进。有的草丛底下暗河交错，积水泛滥，水呈淤黑色，散发着腐臭味道，人和骡马一不小心就会陷进泥潭。茫茫草地海拔3500多米，且气候恶劣，忽而风雨冰雹，忽而浓雾弥漫。第一天，红二师师部在一个叫分水岭的地方过夜。第二天，在一个叫后河的地方宿营。这天又下雨，符竹庭和陈光、肖华几个师首长找了块稍高的地方，铺上油布、斗笠，放上背包，撑开雨伞，遮着脑袋和半个身子，长夜漫漫无法入睡，他们就讲故事、说笑话熬到天亮。在草地的几天只能吃点炒麦充饥，饿得实在不行了，就采野草煮着吃。生活非常艰苦，但部队的政治鼓动工作依然很活跃。符竹庭意味深长地对政工干部说："越是困难越要加强思想政治工作，多让同志们唱唱歌，活跃活跃文化生活，用乐观主义精神战胜困难。"所以，部队每天早晨出发前，指战员们都要唱一首歌，有的唱《打骑兵歌》："敌人的骑兵不可怕，沉着应战来打他，目标又大又好打，排子枪快放齐射杀，我们瞄准他，我们打垮他，我们消灭他"；有的唱《噼呖啪歌》："手牵手，向前杀……建立苏维埃，我们的红旗遍天下。"经过四天的艰难跋涉，红二师指战员们，怀着共同的革命理想，保持着严明优良的纪律和乐观主义革命精神，发扬了令人感动的阶级友爱；同甘苦，共患难，以巨大的精神力量战胜了自然界的困难。在死神的威胁下，终于穿过了茫茫草地。8月25日到达班佑，随后进行休整。

为毛主席送信

班佑是川北若尔盖县一个很小的村子，这里草原辽阔，水草丰茂。房子是用柳条编起来的，里外糊上一层牦牛屎，外表黑黝黝的，人们叫它牛屎房。

9月11日上午8时许，天空湛蓝如洗，红二师驻地迎来了一支疾驰的马队，来者正是毛泽东、周恩来、王稼祥、张闻天、博古等一众领导人物。陈光、肖华、符竹庭等人满腔热情地将他们迎进屋内。符竹庭看见他们个个脸色严肃，预感到可能发生了什么重大的事。此刻，没容符竹庭等人多想，毛泽东开门见山地说："张国焘要分裂红军，现在有一封非常重要的信，要你们师派人送给徐向前同志。"毛泽东把信交到陈光手中。陈光接过信意识到这是关系到党中央和红军前途命运的大事，于是他便把肖华、符竹庭叫出屋子。三人紧急磋商，经商量，决定把送信的任务交给师司令部通信主任曾思玉。随后，他们把曾思玉叫到另一间房子里，陈光表情严肃地说道："思玉，交给你一个极其重要的任务，而且十万火急。"他边说边拿出一封信交给曾思玉，"这是毛主席写给红四方面军徐向前总指挥的一封信，命你火速送交给他。你马上带领红六团一营和师部备用电台，用最快的速度赶到昨天经过的那个岔路口，这是你见到徐向前总指挥的最后时机和地点，千万不要错过。"

陈光话音刚落，肖华接着说："你去完成这个任务，路上遇到的各种困难，都要灵活处置，尽量避开，一切都为送信任务服务。"

符竹庭表情凝重地说："这是关系到党中央和红军的前途命运的大事，任务艰巨，困难很大，要想尽一切办法完成任务。哪怕牺牲自己也要想方设法将信送到徐向前总指挥手中。"

曾思玉坚定地回答："困难再大，保证想办法完成任务！"

随后，陈光、肖华、符竹庭带着曾思玉来到毛泽东等党中央领导开会的屋子里。陈光向毛泽东报告说："这是我师司令部的通信主任曾思玉同志，由他来执行送信任务。"曾思玉向毛泽东敬礼并说："毛主席保证完成任务！"毛泽东见了曾思玉笑了："哎，你不是给我选派担架员的曾思玉吗？主任亲自出马，一个顶两个，我相信你能够顺利完成这次送信的任务。"

随即，曾思玉带上电台，率领红一营指战员们迅速出发了。大约下午两点左右，便赶到了草地小山坡的岔路口。曾思玉命令一营长曾保堂带部队在北侧山坡上隐蔽警戒，并派观察哨，用旗语信号联络等候。自己带了两名红军战士在岔路口雪松树下休息等候。

下午4时许，旗语信号报告，东面有一支骑兵队伍过来了，曾思玉想，可能是徐总指挥的马队来了。没过几分钟，几个先头骑兵奔驰过来，曾思玉立即上前，拿出信摇晃着高喊："同志们，停下，停下，徐总指挥来了吗？"

奔驰的骑兵队伍听到叫喊声，便停了下来。骑兵们身穿新军装，肩背手提式机关枪，曾思玉马上明白这是红四方面军的同志。对方看见身穿破衣烂衫的曾思玉他们，也知道是红一方面军。曾思玉走上前问道："哪位是徐总指挥？"一位拎驳壳枪的同志用手指了指后面一位骑马的红军说道："那位就是徐总指挥!"

曾思玉跑步上前，向徐向前敬了个标准的军礼，接着送上信件。徐向前接过信件，一看是毛主席亲笔写的"徐总指挥收"几个字，当即拆开信封，打开信笺阅读起来。

曾思玉问："报告总指挥，您有回信吗?"徐向前略加思索地说："没有回信，我写个字条，表示收到这封信，签上我的名字。"并问："你是什么职务?"曾思玉回答："我是红一军团二师通信主任曾思玉。"徐向前点了点头，又问："毛主席、周副主席身体好吗?"曾思玉连忙回答："毛主席、周副主席和中央其他领导同志身体都好!"徐向前微笑着点点头，随即从旁边一位红军战士手中接过纸和笔，接着写道"毛主席，信已收到"几个字，落款"徐向前"。徐向前将纸条递给曾思玉，曾思玉接过纸条向徐向前敬礼后，转身离开岔路口，带领红一营和电台人员飞奔而去。

曾思玉在《百年见证》一书中，以"急送毛主席亲笔信"为标题专门作了回忆，最后写道："我掏出了徐总指挥签字的收条交给陈师长，陈师长迅速派人把收条送交毛主席。"

当天，党中央和毛泽东率领红一、三军团北上。

突破天险腊子口

9月13日，毛泽东率领北上红军，从俄界出发，沿白龙江东岸，向甘南腊子口前进。16日，红一军团到达腊子口外。毛泽东望了望高耸入云的大山和山上敌人的碉堡，稍思片刻，派人叫来林彪、聂荣臻等人研究部署攻打腊子口的作战方案。

此时，天色昏暗，高高的山峰上飘浮着朵朵乌云，天空中下着毛毛细雨。白龙江支流石沙河，湍急的河水从栈道底下奔腾而过。一条一尺多宽的小小栈道，被荒草和枝条掩盖着。聂荣臻和林彪从朵里寺毛泽东住处出来，顺着这条小径一直走到红二师师部。符竹庭和陈光、肖华看见军团首长来了，急忙迎上前，"唰"地敬了个军礼。

聂荣臻和林彪跟他们寒暄了几句，便带领他们去勘察地形，随后向他们布置攻打腊子口的任务。

腊子口，是个三十来米宽的山口，两边悬崖陡壁，周围崇山峻岭，无路可通，一座木桥将两座山峰连在一起，形成了一条通道。湍急的腊子河从这道缝隙里奔流直下，桥西是纵深的阵地，桥东山坡上构筑了坚固的碉堡。腊子口后面设有仓库，囤积大批粮食。敌人做了长期死守准备。桥头守军两个营，整个腊子口山梯次配备了一个旅。在岷州城内还有一个团的主力部队，随时可以增援。

入夜，战斗打响了。攻打腊子口的任务由前卫团——红四团担任，红二营六连担任主攻。毛泽东多次派人到红二师指挥所询问红六连突击队位置，以及有什么困难，要不要增援等。

战斗打响前，符竹庭赶到红四团做政治动员，号召战士们不畏艰难险阻奋勇杀敌。他还派遣政工干部随战斗部队行动，结合战时情况适时灵活地开展战地思想政治鼓动。同时，指示师政治部宣传科即兴创作了一首《腊子口战歌》：

炮火连天响
战号频频吹
决战在今朝
开展胜利进攻
消灭万恶敌人

宣传队员在腊子口山下一个个简易宣传棚里，高声唱着这首战歌，歌声激昂嘹亮，催人奋进。

红六连战士们在歌声的激励下，奋不顾身地向前冲锋，"冲啊——！""杀啊——！"怒吼声、枪声、爆炸声、歌声交织在一起，汇聚成一股杀敌洪流。

然而，腊子口太窄，敌人用手榴弹封锁了木桥前面那条道路。50米的路面上铺了一层厚厚的手榴弹破片和没有拉弦的手榴弹，有的地方已经堆积起来。

午夜2点左右，林、聂首长下令红六连撤下来休息。红一军团首长和红二师首长来到红四团指挥所，共同商讨办法。经研究决定，由红四团政委杨成武率领红六连正面进攻，吸引敌人火力；团长王开湘率领一、二连从腊子口右侧，攀登陡峭的崖壁，迂回敌人身后，突袭。

怎样攀登笔立陡峭的崖壁呢？有个外号叫"云贵川"的贵州苗族小战士毛遂自荐，主动要求承担攀登崖壁任务。接受任务后，他用一个带铁钩的长竿子，钓住岩缝，像猴子般地攀上险峻高耸的绝壁，然后从上面放下绳索，迂回部队顺着这条绳索一个一个地攀登上去。可惜这个苗族小战士只留下外号，没有留下姓名。

红一军团首长和红二师的首长在相距200米的栈道旁指挥战斗。虽然栈道旁森林密布，但敌人的子弹时不时地飞进树林。红二师政治部组织科长刘发科同志在林子里布置政治鼓动工作时，不幸被敌人一颗流弹击中，英勇献身。他是腊子口战斗中牺牲的唯一一位团级领导干部。

红六连组织敢死队，战士们互相鼓励："是英雄，是好汉，腊子口上见！"

敢死队员隐蔽接近小桥，一位战士抓住桥下横木过桥时，不幸掉进激流，把敌人惊动了，敌人向桥下猛烈开火，也就吸引了敌人的火力。连长杨信义、指导员胡炳云趁机带领众战士冲上前与敌人展开白刃战。

正在这个节骨眼上，腊子口背后半山腰升起了一颗表示迂回成功的白色信号弹。白色信号弹从高空闪烁徐徐下降。发信号弹的是红四团通信股长潘峰，他只顾高兴，忽略了上前一步便是悬崖，结果他从悬崖上滚下来，多亏一条小路把他挡住，才没有掉进激流。他从昏迷中醒过来时天色已亮。

师长陈光立即命令部队发起总攻，一颗红色信号弹腾空而起，霎时军号响彻山谷，红军指战员们向沿河两岸山谷纵深冲锋。敌人放火烧山，企图阻挡红军进攻。然而，红军指战员们无所畏惧，冲进大火，勇猛地追击敌人。

17日拂晓，侧翼突击队与正面红六连胜利会师了。此刻，战士们欣喜若狂，团长王开湘站在腊子口上高兴地呐喊："同志们，天险腊子口终于被我们砸开了！"这位鏖战腊子口的英雄，不幸于1935年11月因伤寒病在陕北吴起镇去世。

腊子口战斗，缴获粮食几十万斤，食盐两千斤，对于北上的红军来说，真是无价之宝，更重要的是攻下腊子口，为红军北上打开了通道。

17日上午，红二师通信主任曾思玉率领师侦察连化装"中央军"开路。他们到达哈达铺镇公所门前，碰上了敌运输队。带队的敌少校军官看见师侦察连长梁兴初领章上佩戴着中校军衔，急忙"唰"地敬了个军礼："中校，你们辛苦了！"梁兴初问他："你们从哪里来到哪里去？"敌少校回答："从兰州来，现在回队伍上去。"梁兴初又问道："车上运些什么东西？"敌少校回答："服装、弹药、面粉等。"未等那位敌少校说完，梁兴初正颜厉色地说道："你们的东西我们全接收！"敌少校不明白，梁兴初大声说道："我们是工农红军！"敌少校一听"红军"二字，顿时脸色苍白，乖乖投降。

曾思玉和梁兴初把缴获的物资上交到师政治部。符竹庭目睹着院子里一大堆东西，高兴地直夸道："曾主任、梁连长，你们这回立大功了！"

曾思玉高兴地说道："符主任，这里还有一捆报纸呢。"梁兴初得意地扬了扬手中的报纸，说："符主任，你看。"

"嘿，还缴获了这么多报纸，这可是个宝贝，说不定里面还有重大信息呢。"

师长陈光听见外面说话声，急忙从屋里走出来，发现梁兴初手里提着一大捆报纸，便打趣道："梁大牙，快把报纸送到军团部去吧。"

"好的。"梁兴初随即转身离去。

林彪、聂荣臻急忙派人把报纸送给毛主席和党中央。红二师侦察连俘虏敌运输队，为中央红军主力到达哈达铺献上了一份厚礼！

18日，毛泽东率领红一军团、红三军团到达哈达铺。哈达铺是甘肃宕昌县一个镇子，是回民聚居地区。22日，党中央在哈达铺关帝庙院里召开了团以上干部会议，首先王稼祥宣布开会，随后毛泽东作重要讲话，他说："红军离开瑞金快一年了，一年来我们走了两万多里路，打破了敌人无数次围追堵截，今天到达哈达铺，取得了伟大的胜利。"接着毛泽东又说："目前蒋介石仍然在甘肃，陕西追堵我们，我们北上抗日的道路仍然很艰难。"最后，毛泽东讲了张国焘的错误，指出他闹分裂，不愿北上，要回四川吃大米饭，但回四川没有前途，要成为"瓮中之鳖"。毛泽东坚定地说道："我们抗日，首先要到陕北去，陕北有红军，有根据地，可以落脚。"符竹庭等领导同志听到这里时，报以热烈的掌声。这时，毛泽东说要整编队伍，将现有部队编为陕甘支队，下辖一、二、三三个纵队，原红一军团为第一纵队，红三军团为第二纵队，中央纵队和军委直属队为第三纵队。团改为大队直属纵队指挥。9月27日，部队整编完毕。彭德怀任陕甘支队司令员，林彪任副司令员兼第一纵队司令员，毛泽东任陕甘支队政委，王稼祥任政治部主任，杨尚昆任副主任，叶剑英任参谋长。符竹庭任陕甘支队政治部巡视团主任，随陕甘支队政治部翻越六盘山，于10月19日到达陕北定边县吴起镇。11月3日，恢复了红一方面军番号，彭德怀任红一方面军总司令，毛泽东任总政委。符竹庭任红一方面军政治部巡视团主任；1936年5月，符竹庭升任中央军委总政治部巡视团主任。

十、"元始天尊"的弟子

世界上独一无二的课堂

1936年6月1日,清晨的第一缕阳光,轻轻洒在人们的脸上,带着满满的温暖和希望。上午8时许,陕北瓦窑堡米粮山。一座旧庙成了"红军大学"的校部。庙门前一片空地上,临时堆起了一个土台,土台上放着一张方桌,几张木条凳。一条横幅悬挂正中,上面写着:"中国人民抗日红军大学开学典礼"几个大字在阳光下熠熠生辉,旧庙墙上贴满了红红绿绿的标语,整个会场简朴而又隆重。

主席台上,毛泽东、周恩来、张闻天等党中央领导同志一一落座,主席台下,红军大学的学员们盘腿而坐,在高干科的阵容里,一位身材精干、英气勃发的青年军人,全神贯注聆听中央首长的讲话。这位青年军人便是符竹庭同志。他有幸被选调到红大高干科学习,并出席红大开学典礼。

在雷鸣般的掌声浪潮中,红军大学的开学典礼拉开了序幕。毛泽东发表热情洋溢的演讲,他说:"我党创办抗日红军大学,是为准备迎接民族革命战争的到来。为了适应新的形势,解决新的问题,需要培训干部,提高干部素质。因此我们的干部重新学习,重新训练,以便将来出校后,能够独当一面地去工作。"毛泽东讲话生动激昂,他双手比画着,说:"第一次大革命时,有个'黄埔',它的学生成为当时革命的主导力量,领导北伐成功,但到现在它的革命任务还未完成。我们的红大就要继承着'黄埔'精神,要完成'黄埔'未完成的任务,要在第二次革命中也成为主导力量,即:要争取中华民族的独立解放。"毛泽东两手时而叉腰，时而举起右臂猛然挥动。

抗日红军大学由林彪任校长，毛泽东任政委，罗瑞卿任教育长，刘亚楼任训练部长，莫文骅任政治部主任。

当时的红军大学（简称"红大"）一科负责培训红军军师两级指挥员。"红大"只办了一期，后改为"抗大"，所以有"红大"无二期、"抗大"无一期的说法。这段"红大"历史堪称空前绝后的红色历史。因此，"红大"一科的40位学员成了这段历史的"绝版""孤本"。这40位学员是：校长林彪，教育长罗瑞卿，一科科长陈光，一科政委罗荣桓，谭政、张爱萍、彭雪枫、杨成武、刘亚楼、陈士榘、张纯清、杨立三、王平、杜理卿、苏振华、符竹庭、彭加伦、耿飚、周士第、郭述申、赵尔陆、张经武、黄永胜、周建屏、李涛、贾拓夫、邓富连、吴富善、张达志、童小鹏、宋裕和、莫文骅、贺晋年、张树才、刘惠农、谭冠三、肖文玖、罗宝连、武亭（朝鲜）、洪水（越南）。他们当中，年龄最大的周建屏46岁，最小的童小鹏22岁，符竹庭当时只有24岁。这些人，平均每人身上有三处伤疤。其中，不少人是在蒋介石那里挂了号的人物，蒋介石曾多次悬赏要这些人的首级，其赏价加起来有200万银元之巨。值得一提的是两位外籍学员，引人注目：一位叫武亭，原名金武亭，朝鲜人，1945年回国后，曾任朝鲜劳动党中央第二书记，人民军炮兵总司令，朝鲜战争期间，被清洗。另一位叫洪水，原名陈洪水，越南人，精通五国语言，黄埔四期生，回国后改名阮山，即在越南与武元甲齐名的阮山将军。

1936年6月21日，这天是星期天，下午3时许，符竹庭将胶鞋穿好，绑腿打得挺直，准备晚饭后参加晚会。突然，陈光大声喊道："司号员吹吃饭号，快！快！"随着号声，大家立刻忙去吃饭。刚吃完饭，罗荣桓来了，他通知大家："快准备，马上出发！"国民党军高桂滋部，突然袭击瓦窑堡，听到枪声判断敌人是从侧翼钻进来。由于红军主力配置在南面抗击敌人，瓦窑堡后方只留下一个连负责警戒，还有一个班的赤卫队。阻击战打响后不久，天色已近黄昏，敌人不知城内虚实，未敢贸然入城。红军大学随中共中央机关迁往保安。40位同学迈着整齐的步伐，唱着歌，朝保安前进。队伍走了很久，当翻过一座小山坡，大家便停下来休息。这时罗荣桓提议全体同学来个"全家福"合影。

当时只有耿飚有架照相机，他会照相，还会修理钟表。同学们排好队，由彭加伦打着拍子指挥大家唱歌，耿飚用三脚架固定好照相机，按下延时快门，跑入队列中，一张珍贵的历史照片诞生了。这张照片后来被美国记者斯诺收录在《西行漫记》一书中，取名"红大士兵在唱歌"，照片上背雨伞打拍子的就是彭加伦同志，同学们戏称他为"加伦将军"。

7月3日，他们到达保安。保安是北宋王朝的西北门户。北宋与西夏曾在此迭次交兵。这些窑洞何时修凿的，已无法考证了。举目四望，除了荒山野坡，不到五百人口的小城，到处都是野草乱石，遍地牛屎马粪。山坡上稀稀拉拉地长着几丛酸枣树，石壁高高矮矮露出几十个像蜂窝似的黑黢黢的洞口。难怪当地有句民谚："保安穷山窝，破庙比房多，菩萨比人多。"一进保安，满目疮痍，真让大家倒吸了一口凉气。

新校址设在保安东南面一公里的山坡上，依山有十几孔石窑洞，破烂的窑洞像是荒废了不知多少年代，沉积了厚厚的一层羊粪、腐草和兽骨，人走进去臭气难闻。同学们没有被眼前的困难所吓倒，他们自力更生，创建了红大新校舍。同学们都是指挥千军万马的高级指挥员，一下子变成打扫垃圾的"清洁工"，变成劈石弄土的"泥瓦匠"。大家清理完垃圾，修整好洞穴，用石灰水把洞壁刷白，在窑洞口，用石块垒成墙和门，用旧木材做门框，把茅草编成门帘。自己凿石、挖土，自制了教学和生活用的石黑板、石粉笔、石桌、石凳、石床、石枕，甚至连油灯都是石头做的。有的同学开玩笑说："啊！我们又回到石器时代啦！"这天，罗荣桓、符竹庭、陈士榘等同学劳动后，站在窑洞门口欣赏着自己双手整修一新的校舍。罗荣桓提议大家在"校舍"窑洞边合影留念，同学们兴趣很高，喊来耿飚。这天，符竹庭穿了一件深蓝色军装，上衣口袋挂了一支钢笔，站在中间位置。同学们排好队从左至右依序是：武亭、莫文骅、陈士榘、苏振华、符竹庭、赵尔陆、刘亚楼、张爱萍、黄永胜、罗荣桓。耿飚调好镜头，按下快门，记录了一张珍贵的历史瞬间。

这是世界上独一无二的课堂。晴天，符竹庭与同学们在大树底下上课，雨天就搬进石洞里上课。学员们把石洞改造成简陋的学校；小的窑洞里住两人，大的窑洞里住四五个人。在窑洞里，睡的是石炕，用石头砌起来的床铺，上面铺上木板或禾草。那时候保安一带狼很多，夜里常听到狼嚎。有几次，狼跑进学员住的窑洞里。后来，学员们晚上睡觉时，把桌子、脸盆放到门口，若狼一进来，拱翻这些东西，其声响会把狼吓跑，惊醒屋里的人。学员们还在床头备有一根打狼棍，以防万一。清晨，当林中小鸟吱吱叫起来的时候，学员们像战士一样出早操了。学校没有操场，周围没有一条平坦的路，一科党支部决定，自己动手修建一条贯通校门的大路和三条通往大道的支路。7月13日清晨，符竹庭拿起镢头和同学们迎着旭日朝霞，开始修路劳动。平静的校园出现了热火朝天的修路场面，歌声笑语汇成一片。符竹庭对同学们说："我提议大家唱支歌好不好啊！"说罢领头唱道："冲！冲！冲！我们是开路的先锋。"大家一边唱一边劳动，充满着欢乐的气氛。晚上，符竹庭躺在床上，发现自己手上起了好几个水泡，同室的同学也有水泡，但大家都很兴奋，摸黑躺在床上聊起了各自参加革命的斗争往事，说着说着，便入睡了。

开学不久，大家听说毛主席要来讲课，于是同学们在校门口用青翠的松柏搭成了一个彩门，门楣两边各插了一面红旗，在清新的风中猎猎飘扬，门楣中间悬着"主席您好"四个大字，在阳光的映照下，熠熠生辉。一科学员在教育长罗瑞卿的带领下，正站立在门口，等候着主席的到来。符竹庭站在学员之中，回首望向坡上那十几孔修葺一新的窑洞，白生生窗纸，红英英窗花，鲜亮中透着喜庆的气氛。平整的操场上，已洒过清水，一排排砖砌的长凳，像整齐的队列。操场边新栽的松树，像威武的哨兵，他想，主席一定会很高兴的。

"看，毛主席来了！"不知是谁叫了一声，人群中的喧哗瞬间爆发出热烈的欢呼！

毛泽东带着警卫员与周恩来、张闻天等同志健步走来。罗瑞卿跑步上前，向毛主席一行敬礼："欢迎主席来讲话。""辛苦了，罗长子。"毛主席还礼后朗声说道。他抬头看到门楣上的大字，风趣地说："我好什么？白天开会，晚上办公，早上又来给你们上课。我的讲话提纲还是昨晚突击出来的，这叫临时抱佛脚，信口开河。哪像你们，严阵以待嘛。"站在彩门旁的符竹庭与其他同学听后哈哈大笑起来。"主席讲什么，大家都欢迎。"罗瑞卿大声说道。符竹庭与同学们又是一片欢声笑语。

　　毛泽东又说:"今天我帮你们请来了不少教员,有洋的,有土的。"接着,一一介绍张闻天、博古、李维汉、凯丰等同志。当介绍到徐特立时,毛泽东说:"他不仅是你们的老师,还是我的老师。"介绍完后,毛泽东向大家讲话,他说:"前个时期革命形势不好,弄得我们两脚一走就是两万五千里,孙悟空腾云驾雾,一个跟斗就是十万八千里。我们不会腾云驾雾,也走了两万五千里路。要是会腾云驾雾就不晓得会走到哪里去了?"

　　"我们红军曾经有几十万,现在只剩下两三万。要不是刘志丹帮我们安排了这个地方,我们还不知道要到哪里去呢? 反正我不到外国去。到外国做什么呀? 我们东方不亮西方亮,丢了南方还有北方。"

　　最后,毛泽东讲了学习的必要性。这时已快到中午了。毛泽东说:"你们怎么样,现在我的肚子造反来了。今天讲的只是个开场白。"

　　毛泽东又参观了学员的宿舍。说学员们住的地方清静,空气清新,比他住的地方好。毛泽东扭头对坐在身边的聂荣臻、符竹庭、耿飚等人说:"古人云,洞中方七日,世上已千年。你们可成神仙了,你们是'元始天尊'的弟子,天下大乱,你们就出洞下山,救苦救难。"

孜孜不倦地学习

　　红大创办之初,学校机构简单,仅有三名教员,毛泽东和其他中央领导同志经常来校讲演或上课。主要课程有:毛泽东讲授《中国革命战争的战略问题》,张闻天讲授《中国革命基本问题》,博古讲授《辩证唯物主义》和《联共(布)党史简明教程》,凯丰和吴亮平讲授《政治经济学》,杨尚昆讲授《各国论》,徐特立讲授《新文字》,李维汉讲授《党的建设》,李德(共产国际顾问)讲授《兵团战术》。

　　李德讲授《兵团战术》讲得很好,虽然他指挥打仗不行,但他的军事理论有一套,许多知识性很强的军事术语,让红军将领们领略了现代军事技术的魅力。他做教官是称职的。

　　各科教材都是教员编的讲义,印讲义的纸张是用过的废纸背面或敌人飞机上撒下的传单,有白的、黄的、红的、绿的等。背面不光滑,印得不清楚,看起来很费劲。符竹庭每天晚上坐在石凳上,俯首石桌,在油灯下或烛光下,啃书啃得津津有味,直到油灯燃尽才合上书本,上床休息。为了节省灯油,大家讨论时,便吹灭灯,摸黑躺在床上讨论。

红大学习非常艰苦,除了讲义,没有别的什么书籍。保安城里党中央机关有个小图书馆,规定可以去借书,但每天只准借一本。有些书很珍贵,如艾思奇的《大众哲学》一书,只有毛主席保存一本。学员们便向毛主席借来刻印,每组发一本,大家争先恐后地阅读。符竹庭对学习抓得特别紧,放下饭碗,便夹起书本,找个禾草堆一靠,如饥似渴地读起来。一科学员整天读书,连星期天也不休息,党中央非常关心一科学员的身体健康,多次派杨尚昆同志前来传达指示,要求学员们注意劳逸结合,以利长期坚持学习和战争。同时,上级在生活上也给予了极大的关心,特地从几十里外的地方买了十几头猪、几十只羊,让他们每周能吃到一头猪或一只羊。一天,林彪、罗瑞卿不知从哪里搞来狗肉,叫符竹庭过去吃狗肉。符竹庭一进门碰见罗荣桓、陈光、刘亚楼等同学都在,还有红三军团的彭雪枫、张爱萍等同学。七八个人吃得津津有味。林彪说:"你们学习很辛苦,弄点狗肉来犒劳你们。"大家又说又笑,边吃边聊。

为了让大家充分得到休息,学校规定晚饭后,自由活动时间不准读书;星期天一定要过假日,必须把门锁起来,不准留在洞里,要到野外去休息。然而,一到星期天,符竹庭与同学们吃过早饭,便拿起书本,走出窑洞,找个禾草堆,三三两两地躺在草堆里看书。时值深秋,漫山遍野一片枯黄,湛蓝的天空,白云朵朵,和煦的太阳晒得人们暖烘烘的。在战争环境下,学员能如此静下心来读书是非常不容易的。因此,每个人都在为实现中国革命的艰巨任务而刻苦学习。看书看累了,大家便望着蓝天白云,漫谈起来。有一次,符竹庭与莫文骅等几个同学讨论经济学关于货币的问题,有一位同学说货币是钱。他想到有个同学曾经向他借过钱,便说:"那位同学借了我的货币。"他的话引起同学们的哄堂大笑,也引起了一番理论上的争论。经争论,大家对"货币"概念有了比较深的理解。每天晚饭后,符竹庭便与同学们三五成群地走出窑洞,到草地上或小河边散步,边散步边谈心。同学们感到越学习越觉得自己知识贫乏。在徐特立老师的号召下，课余时间很多同学学起了新文字，也就是今天的拼音字母。符竹庭深知学会拼音的重要性，所以他每天天蒙蒙亮就起床，练习拼音字母。一次，他与彭雪枫、莫文骅、张爱萍几个同学商量好用拼音字母来通信，送给对方，然后再推敲是否对。结果各人都有方言，写的信对方很多地方看不懂。

红大一科的学员们，虽然文化程度不高，但肯动脑筋，钻研问题，思路开阔，接受能力和理解能力比较快。一天上午，美国记者斯诺在校长林彪的陪同下，应邀到红大演讲。他讲的题目是《英美对华政策》，他概略讲英美对华态度后，表示愿意解答学员提出的有关问题。没想到一下子学员提出的问题的条子像雪片一样飞到讲台上。所提的问题涉及面很广，如：英国政府对亲日的冀察委员会的成立持什么态度？对驻在华北的日军持什么态度？如果中日战争爆发，德国和意大利会帮助日本吗？你认为如果日本没有他国帮助，它对华大规模战争能维持多久？国际联盟为什么会失败？英国反法西斯阵线的形成进展如何？美国又怎样？学员们提出的这些问题完全出乎斯诺意料，本来只安排演讲和解答问题时间为两个小时，结果从上午10时，一直到下午很晚才结束。后来，他在《西行漫记》一书中感慨地说："我概略地讲了美英的态度，然后同意回答问题。我很快意识到这是个大错，这顿面条宴抵偿不了我回答问题所处的窘境。"

后来，美国记者斯诺也经常来红大一科与学员们聊天，看学员们打篮球；与学员们一道打网球，还为学员们照了许多照片。张爱萍的女儿，后来在美国堪萨斯州立大学的斯诺博物馆里还找到了当年红大一科许多学员的照片。猜想，符竹庭的照片也应该在其中吧。

团结紧张严肃活泼

红大一科大部分学员，因为年轻都很好动。处在山沟里，文体活动贫乏，学员有空就玩一种游戏叫"打油"。武亭身宽体胖，就当"油桩"。四人抬着一个人，两个人抓手，两个人抓脚，把这个被抬的人的屁股往武亭屁股上撞。他们称这种活动为"打油"。模拟南方榨菜油的动作。当时，一科学员住一排窑洞，当中有一条小路。在"打油"时，无形中就形成以小路为界"东方战线"和"西方战线"。"西方战线"这边有杜理卿（许建国）、张爱萍、谭政、张树才、周建屏等人约占一科学员总数一半。有一次他们打"东方战线"这边同学的"油"，这位同学的头有点秃，戴着帽子，在"打油"时，无意中将他的帽子碰掉了。这样一来，他不干了，大怒道："你们欺负老子。老子是来革命的，革命还挨打吗？老子受地主压迫挨打受骂才参加红军的，你们打我，你们和地主一样啊！"打他"油"的同学一看，他当真了，都悄悄地溜走了。"东方战线"的同学就去劝他，越劝他越来劲，这一来，惊动了罗荣桓政委，他从窑洞里下来问道："你们这是干什么？"随后，他把情况了解清楚，便召集小组会、支部会进行批评教育，指出，碰掉这位同学的帽子是揭短。打他"油"的同学纷纷向这位同学赔礼道歉。听见同学们的道歉，这位同学"扑哧"一声笑了，"其实我也有缺点，我也'打'过别人的'油'"。支部会上做出决定：从此以后再不许"打油"了。不许"打油"，青年人的文体生活怎么办呢？过了几天，罗政委叫人从那里找来一只土羊皮缝制的篮球。他把张爱萍、莫文骅、贺晋年、赵尔陆找去，商量组织打球的事，大家说："没有球架、球框，也没有球场啊！"罗政委说："这好办，没有球架，买四根柱子，没有球框，找两个桶箍，用绳子绑在柱子上。没有球场，自己动手平。"于是打篮球活动开展起来了。没打气筒，用嘴巴吹，几个人替换吹也很难吹鼓，但武亭力气大，他一个人就可以吹鼓，以后他担负吹篮球的任务。

球场虽然平整，但里面的石头仍然很多，球碰到石头，蹦起来常改变方向。尽管条件这么简陋，但大家打得还蛮有味道。吃饭时，扒几口饭就搁下饭碗去占位置，去晚了就上不了场。

一天晚饭后，罗荣桓、陈士榘、张爱萍与符竹庭他们正在打篮球，符竹庭个头不高，却奋力抢夺。只见他高高跃起断球，不小心把罗荣桓的眼镜撞在地下，断了一条眼镜腿。裁判说，合理冲撞，不算犯规。罗荣桓心疼地捡起眼镜，擦了擦。符竹庭笑着说："等有一天还你一副新的吧。"

符竹庭除打球，还有一大爱好，就是骑马。一次，他与同学陈士榘比赛骑马，他驾驭战马飞奔而去，结果陈士榘没有赶上他。

这天符竹庭很高兴，特意骑马在窑洞前照了一张相。

朱总司令到保安后，经常到一科球场上打篮球。他常参加输的一方。有时，他给学员当裁判，全场跟着跑，认认真真吹哨子。符竹庭在江西苏区藤田运动会上就目睹过朱总司令的打球风采。每次朱总司令上场打球，他都要争着和朱总司令打上几个回合，从中学习朱总司令的打球技艺。

打球开展起来了。罗政委又找学员商量："你们看看，可不可以演戏"，张爱萍、莫文骅、彭加伦、童小鹏、肖文玖等几个活跃分子凑在一起商量，决定由彭加伦写剧本，然后排戏，没有女同志，由童小鹏扮女角，罗宝连扮男角，肖文坎扮红军战士。戏的内容是反映拥政爱民的。当演出时，党中央和军委的许多首长都来观看，演出非常成功。这次演出在保安城引起了轰动，成为当时保安文化生活一件趣闻。还有一次，有个节目，由罗瑞卿、张爱萍、宋裕和等同学自编自演。原来让高个子耿飚饰蒋介石，可他执意不肯，后改由罗瑞卿饰蒋介石，他个子高又瘦，演得不错。剧中还有一个小脚老太婆，由宋裕和扮演，他穿上老乡家借来的老太婆衣服，用脚后跟一拐一拐地学小脚老太婆走路的样子，惟妙惟肖，引得台下观众眼泪都笑出来了。

一科的学习达到了毛泽东提出的：团结、紧张、严肃、活泼的要求，为后来的抗日军政大学优良校风的形成，打下了良好的基础。

"西安事变"前后

1936年10月9日，红一、四方面军在甘肃会宁会师；10月22日，红一、二方面军在甘肃隆德（今属宁夏西吉）将台堡会师。不久，一科学员得知朱总司令、刘伯承、贺龙、关向应等同志将来保安。欢迎他们到来的那一天，符竹庭和同学们穿上干净的衣服，在阵阵锣鼓的欢快声中，目睹着毛主席与朱总司令、刘伯承、贺龙、关向应等同志的拥抱。这时，符竹庭见朱总司令和刘伯承之间有一个戴眼镜的高个子，有人说，他是张国焘。符竹庭知道，长征途中，就是眼前这位张国焘与党中央闹分裂。

朱总司令回到陕北保安的第二天，符竹庭和同学们一起到朱总司令住的窑洞问候他，大家把窑洞挤得水泄不通。

过了几天，朱总司令与张国焘一起来到一科。在欢迎会上，大家根据毛主席的提议，请朱总司令给学员们讲军事课。朱总司令爽快地答应了，他风趣地说道："主席昨天已同我说了，要我讲，我就执行。我做了一点准备，过两天就讲。但是我这个先生可能当不好，讲不清，你们不要把我驳倒了。不过倒了也不要紧，我自己会爬起来。如果我起不来，就请你们扶我一把。"接着请张国焘讲话。只见他用手推了推眼镜，说："我是来看望大家的，没什么讲的。"这时，有位学员说："毛主席给我们讲了战略问题，张闻天同志讲了中国革命问题，博古、凯丰同志的哲学，徐老教我们新文字，现在朱总司令要给我们讲军事，就是一门党史没有人讲。"这时，朱总司令看看张国焘。有位同学说："是不是请张总政委讲啊？"

同学们知道这是"将"张国焘的"军"，大家立刻异口同声道："好啊！好啊！"这时张国焘非常尴尬，脸涨得通红，只好说："这个，这个……"会场一下子冷场了。就在这时，罗荣桓出来打圆场："同志们的意见是对的，我们党自然有她的历史，这个历史有很长一段时间我们亲历过。但现在还没有总结起来，还没有形成文字。今后肯定会有的，慢慢来嘛，现在不能讲，以后一定会讲的，当然，中共党史也不好讲喽，但总要讲的。现在时间不早了，朱总司令，张总政委都很辛苦，以后再说吧。"

三大主力会师后，刘伯承被任命为红大副校长。刘伯承经常来一科，与一科的学员们在石桌上下象棋、聊天。符竹庭很喜欢下象棋，经常与刘伯承杀上几盘；不下棋的时候与刘伯承聊天、开玩笑。刘伯承讲起四川方言，逗得大家直笑，自己却作古正经，这就更增加了笑的效果。有一次，他对大家说："你们这些神仙，天天吃素，全打光棍，可别真的不食人间烟火哟！有机会得考虑找老婆了。"有的同学趁机同他开玩笑："讲讲你自己的恋爱史吧。"他说："恋爱史嘛，得由你们自己去搞，听别人的格有意思？不过告诉你们，找对象主要有三点：第一找人，第二要活人，第三嘛是女的。"他讲一阵，大家笑一阵，而他却仍然认真地说道："我讲得有道理嘛，信不信由你了。"

1936年12月12日，火红的太阳冉冉升起，在温暖的阳光下，坐落在城外山壁上孔孔蜂窝似的窑洞——红大一科教室里显得格外肃穆。符竹庭和同学们在自己住的窑洞里讨论战略问题,猛然间,听见洞外有人大声喊道:"同学们,蒋介石被抓起来了,被张学良、杨虎城活捉了。"符竹庭与同学们顿时惊愕不已。他们相互目光询问,会是真的吗?洞外依然狂喊着,其他同学也从各自的窑洞里走出来欢呼着。是真的!符竹庭用拳头往炕上重重地一捶!大声喊道:"真好啊!"说着便跑出洞来,小跑到一科科部,看见罗荣桓满脸喜色地走出来。此刻,符竹庭与同学们欣喜若狂,笑啊、跳啊,把帽子抛到了天空,有的同学在雪地上打滚,有的同学竟蹲在地上呜呜地哭了起来。大家纷纷议论,蒋介石追杀我们十几年,这回该报仇了!但事隔几天,中央决定和平解决西安事变,释放蒋介石,促成国共合作抗日。对于这一方针,一科的同学大多数感情上一时接受不了,觉得蒋介石一向奸猾,言而无信,不能轻易放虎归山。为了把学员的思想统一到党的抗日统一战线的战略方针上来,12 月 26 日,即张学良释放蒋介石的第二天,毛泽东亲自到一科操场上给学员和中央机关干部作了一场解决西安事变的报告。他针对部分学员、干部要求杀蒋介石的思想,着重说明了释放蒋介石和联蒋抗日的道理。他说:"在目前形势下,杀了蒋介石,会使国内形势更加复杂和混乱,有利于日本帝国主义。何况杀了一个蒋介石,还会出现第二、第三个蒋介石。过去诸葛亮对孟获还搞七擒七纵,我们对蒋介石为什么不可搞一擒一纵呢?"毛主席还风趣地打比喻,说:"陕北毛驴很多,赶毛驴上山有三个办法,一拉二推三打。蒋介石是不愿抗战的,我们就用赶驴上山一样的办法,拉他、推他、再不走就打他。这就是我党'逼蒋抗日'的方针。"

同学们听了毛主席的报告,茅塞顿开,思想豁然开朗,一致拥护党中央关于和平解决西安事变的方针。由于发生了如此震惊中外的重大事变,毛主席和党中央以及其他领导同志忙于处理大事,无暇再给一科学员们讲课了。特别遗憾的是毛主席讲的《中国革命战争的战略问题》这一课,还没有讲完。写一章讲一章,尚缺《战略反攻和政治工作部分》,他说:"没有时间了,不讲了。"

1937 年元旦刚过,红军大学第一期学员的毕业典礼在保安一座旧戏台上隆重举行。清晨,符竹庭早早地起床,整理好内务,穿起洗得整洁的军装,列队来到戏台前。

毛泽东参加了第一期学员的毕业典礼，这时候的毛泽东由于操劳过度，加上营养条件差，颧骨微凸，双眼有些下陷，他穿的棉袄也显得宽松。他一上主席台，便朝学员们挥了挥手，说道："现在该是你们下山的时候了，我代表中央来给大家送行。"台下顿时爆发出热烈的掌声。掌声一停，毛泽东又着重讲了西安事变的意义和未来的形势发展。最后，毛泽东说："现在大家要到前线去了，我希望你们回去后，一定要同张学良、杨虎城将军的部队搞好联合，要知道你们联合得越好对抗日越有利，希望你们那里将来有一个很大的发展。希望发展以后，我们中央和你们用无线电联系，而不用骑兵通信员联系。同志们，抗战到底，前途光明！"

七个月不平凡的红军大学生活结束了，在窑洞里修炼的"元始天尊"的弟子们陆续下山。学员们临别依依，分赴红军各主力部队，一部分到了延安。

毕业前夕，周恩来副主席找符竹庭谈话，对他说："中央军委准备调你到红四方面军工作，你有什么意见？"符竹庭回答："如果是征求本人意见的话，我认为留在红一方面军比较合适。"后来毛泽东找到符竹庭坦率地告诉他："长征路上，中央军委拟调你到红四方面军第四军任政治部主任，因张国焘阻挠没有去成。这次还要派你去红四方面军第四军，不过任职稍有变动，你去红四军担任军党委常委、政治部副主任兼组织部长。"毛泽东接着语重心长地说道："虽然比你原来的任职（军委总政治部巡视团主任）稍降了一些，但，这次是中央军委派你去完成任务的！是一次重大的政治任务——那就是纠正张国焘的错误政治路线。"符竹庭听了毛泽东的一番话，坚定地回答："请毛主席放心，坚决完成任务！"

3月中旬，符竹庭肩负着党中央、毛主席的重托，来到甘肃镇原县红四方面军第四军就任军党委常委（副军）、政治部副主任兼组织部长。

十一、在红四军的日子里

深入农村访贫问苦、建立基层党组织

1937年3月中旬，黄土高原渐渐地回暖，犹如一位饱经风霜的老者披上了春天的绿纱，焕发着新的生机与希望。此时，镇原县屯字镇，红四军政治部驻地。一位身材精干、脸庞清秀、英气勃发的红军青年干部，常常穿梭于黄土漫天飞扬的山径之中。这位红军青年干部不是别人，他正是红四军党委常委、政治部副主任兼组织部长——符竹庭。他的身影在这片黄土地上绘就了一幅青春与信仰交织的壮丽画卷。

这天早晨，晨曦微露，霞光满天。符竹庭带着警卫员徒步来到离驻地不远的肖嘴村。肖嘴村四面环山，村子不大，住有几十户人家。

符竹庭与警卫员刚进村子，一孔破旧的窑洞映入了他们的眼帘。符竹庭与警卫员见窑洞门扉半掩着，便不由自主地迈开步伐，轻轻踏入这方幽静的天地。窑洞不大，有些昏暗，一对年轻夫妻，正在吃早饭。

"老乡，我们是红军。对不起，打扰你们吃饭。"

年轻力壮、皮肤黝黑的丈夫，见家中骤然来了两位红军，心头不免泛起一丝紧张。然而，符竹庭那温和而亲切的话语传入耳中，他紧锁的眉头渐渐舒展，脸上绽放出一抹释然的微笑，随后，便心安理得地继续吃饭。

年轻的妻子是位二十八九岁的农村妇女，脸上红彤彤的，一根长辫子甩在身后。她见两位红军笑容可掬，便礼貌地放下碗筷，拎起炉子上咕嘟作响的水壶，倒了两碗热气腾腾的开水，送给符竹庭和他的警卫员。

符竹庭接过热气腾腾的开水，轻轻地吹了吹，慢慢地呷了一口，然后放下碗，打量着整个窑洞。窑洞十分破旧，靠里面是炕，炕上放着一张破旧的小炕桌，离炕不远是用土砖堆起来的灶台，灶台上方，因长期烟熏，已结了一层厚厚的黑灰尘。

符竹庭目睹着这眼前的破败景象，不由自主地感慨道："看来，你们的日子过得挺难的。"

"唉，穷人就是这个命。"

符竹庭说："老乡，这不是命，是地主老财的剥削。你想想，你们耕种的田地，收成后，交了租，还剩下多少？我们共产党红军是老百姓自己的队伍，是为穷人打天下的队伍。我们要消灭剥削制度，让穷人有饭吃、有衣穿，过上好日子。"

那位年轻的丈夫听了符竹庭这番话后十分来劲，急忙放下碗筷，脸露喜色，将信将疑地问道："两位红军长官，是真的吗？要是真的能过上好日子，额（我）蒋登肖跟你们干！"

这时，警卫员自豪地引荐道："这位是我们的军政治部符副主任，在我们这里不兴呼长官，我们称首长。"

符竹庭摆了摆手说："我们彼此称同志吧。"

"对，对！符首长同志。"蒋登肖一时语塞，竟不知该如何表达心中的敬意之情。

符竹庭问："你们村有多户人家？"

蒋登肖回答："额们村有26户人家。"

符竹庭又问："像你这样的贫农有多少户？"

蒋登肖说："像额这样穷得叮当响的就有十八九户，还有五六户比额好一点，有二三户是有钱人家。"

符竹庭说："登肖啊，我们贫苦农民一定要团结起来！拧成一股绳，才能与地主老财作斗争。只有斗争，才能不被剥削和压迫啊。"

蒋登肖听后十分高兴地说道："好，好！只要符首长同志一句话，我蒋登肖没的说。"

符竹庭在蒋登肖家里讲了许多穷人闹翻身、求解放的故事，蒋登肖听得如痴如醉。从而使他明白了许多革命道理，给他留下了刻骨铭心的印象。从此，蒋登肖积极参加村里的抗租反剥削活动。在抗租反霸斗争中，他向贫苦农民介绍了红军，介绍了符竹庭。不久，符竹庭在蒋登肖等人的积极协助下，成立了肖嘴村第一个农民协会。

经过一段时间工作与考察，符竹庭介绍蒋登肖加入了中国共产党；在肖嘴村农民协会的基础上，发展了第一批党员，同时，建立了肖嘴村党支部。后来，蒋登肖担任了屯字镇抗日救国会领导成员。

在符竹庭深入农村访贫问苦、发动群众、发展党员的基础上，红四军政治部作出了全军政治机关深入农村、广泛发动群众的倡议。红四军政治部派出民运部部长周干民等干部战士，组成多个工作组，深入全县乡村全面开展农村工作。通过广泛深入发动群众，积极宣传党的方针政策，充分调动农民的积极性，发展党员，并在乡村各级建立了党支部。

从此，镇原县有了共产党的各级组织。

红四军离开镇原县之前，已发展党员一千多名，建立了十多个区工委。

建立起来的中国共产党镇原县各级组织，认真执行党的方针政策，努力开展各项工作，组织和建立了共产党领导下的抗日救国会各级群众团体。

当时，镇原县的县长、区长仍是国民党任命的各级地方政府官员，但是抗日救国会各级群众团体，实际上是人民政权的雏形。群众打官司、抓坏人、禁赌、制止保甲长为非作歹，都要找抗日救国会。后来，国民党政府宣布抗日救国会是非法组织，要建立他们的抗敌后援会，我党立即把抗日救国会改名为抗敌后援会。

营救西路军

1937年4月30日下午，午后的阳光悠然洒落，如同金色的绸缎轻轻铺展在大地上。平凉县红寿乡王洼子村，突然来了一支红军骑兵队伍，为首的是两位红军指挥员，二十出头，其中一位长方脸、白皮肤、瘦高个，两道黑黑的剑眉下，双眼炯炯有神——这位正是红四军党委常委、参谋长耿飚；另一位则是红四军党委常委、政治部副主任兼组织部长符竹庭。

他俩带领军部几名侦察参谋，骑马来到平凉县王洼子村一带勘察地形、了解情况，准备组织营救西路军失散人员。符竹庭与耿飚早在1932年就是搭档，他们同时进入红大高干科，既是战友又是同学，毕业后同时受党中央、毛主席委派来到红四军工作。

符竹庭与耿飚命令侦察参谋分散侦察。一位老侦察参谋骑马来到村头侦察情况。突然，他发现一位身穿长袍的"商人"，腋下夹了一把雨伞，正在向当地老乡问路，眼睛锐利的老侦察参谋，猛然认出这位"商人"——正是总指挥徐向前。于是，他立即纵马飞奔过去，大声喊道："徐总指挥！"这时，徐向前也发现了一个骑兵朝自己飞奔而来，以为是国民党兵，便向小巷子躲去。这位老侦察参谋紧跟其后，大喊："徐总指挥！我是红四军军部的侦察员。"此刻，徐向前认出了这位老侦察参谋，眼泪一下子就淌了出来。

符竹庭在红四军的日子里，还有一件轶事值得提及。那是3月下旬的一个阳光明媚、温暖宜人的上午，符竹庭与耿飚带领参谋干事们在一个村子里深入开展群众工作。突然，走来一位个子高高瘦瘦，满脸胡子拉碴，穿着满身油腻麻花状的破烂衣裤，肩背一个破布袋，手里拿着一根打狗棍，看样子是个"乞丐"。然而，当这位"乞丐"见到符竹庭与耿飚时，竟直呼其名。符竹庭闻言一愣，定眼细看，泪水瞬间涌上了眼眶："老李，你受苦了！"符竹庭万万没想到，这位"乞丐"竟然是他昔日的老战友——李聚奎。

为了营救西路军，符竹庭策划并实施了一次别开生面的营救行动。那是5月下旬一天上午，平凉县河西走廊公路上，突然走来了三三两两的陌生的年轻人，他们有的身披粗布短衣，有的身穿细布长衫，有的肩挑担子，有的骑着自行车。他们有的朝兰州方向行走，也有向青海公路前行。不过这些人的行踪有些诡秘，他们走走停停，好像在寻找什么。其实这些人不是别人，正是化了装的红四军政治部的干事们，他们正在执行寻找红军西路军失散人员的任务。

这次行动正是红四军党委常委、政治部副主任兼组织部长符竹庭同志一手策划的。还在前几天的红四军政治部部务会上，符副主任要求政工干部不仅要会做思想政治工作，还要会打仗、会搞侦察工作。这次，他为了锻炼政工干部的实战侦察能力，才出现了上述这一幕。

功夫不负有心人，政治部的干事们终于侦察到一条好消息：国民党兰州集中营，要将被俘的西路军官兵押送西安。他们把被俘的西路军指战员编为两个队：一队士兵队约有一千七百余人，一队军官队约有二百余人。由国民党军第九十八师派了一个营押送。从兰州走了十多天，到了平凉又移交给国民党军第四十三师，国民党军第四十三师也派了一个营押送。

在他们到达平凉途中，符竹庭根据侦察所掌握的情况，决定动手营救。他要求化了装的干事们紧紧跟着这些被国民党士兵押送的西路军被俘人员，寻找机会进行营救。

当这些被俘的西路军指战员们在国民党士兵押解到路边小店小憩喝茶时，他们抓住时机，推着自行车，车后架上绑着提篮，里面装有镇原小吃干粮锅盔，"喂，老总，买几个锅盔吃吃吧，走路肚子饿得快，很便宜，一角钱十个。"

"我们饿了，走不动，要吃东西。"几个被俘的同志向国民党士兵要求道。

"吃什么吃，休息一下马上就走！"押送的国民党士兵瞪着眼睛吆喝道。

被俘同志目睹国民党军态度蛮横无理，顿时被激怒了，大家起哄，"不吃东西怎么走路？我们反正走不动，不走了！"有的被俘的同志干脆坐在地上，一动不动。

"好啦，好啦！吃就吃吧，吃饱了抓紧时间上路。"一名军官无可奈何地说道。

这时，被俘的同志七手八脚地围住卖锅盔的"小商贩"们，争着买锅盔吃。这些被俘的同志买一两个锅盔，"商贩"们会给他们两三个锅盔。每当给锅盔时，总要使个眼色说："好好看，这是两个……这是三个。"他们让每个被俘的同志都买到了锅盔时，才愉快地推着自行车走了。被俘的同志偷偷地掰开锅盔一看，发现中间夹着两块钱和一张纸条，上面写道："四十里铺村以东便是游击区。"落款写着："红四军政治部。"顿时，大家心里高兴极了！他们暗下决心，一定要回到党和红军的怀抱。为了争取机会，设法逃脱敌人的魔掌，他们故意寻找各种理由，走走停停，慢慢吞吞，拖延时间，当到达四十里铺村时，夕阳西下，他们吵着要饭吃。押送的敌军只好满足他们的要求，停下来吃饭。他们慢慢地吃完饭，天已完全黑下来了，无法行走，便停止行进，分散在老百姓家里住宿。其实，老百姓家里早已埋伏了红四军政治部的敌工联络员，他们已经等候多时了。晚上 9 时许，突然，天空电闪雷鸣，风雨交加，机会终于来了。敌人的看守开始松懈，军官队和士兵队的部分同志，在我敌工联络员的带领下，冒着滂沱大雨，连夜渡过泾河，向东北方向奔跑。他们爬上草峰原，翻过潘阳涧，一路狂奔，押送的国民党军士兵束手无策，眼睛看不见，路又滑追不上。

此时，失散的西路军同志们，浑身上下被大雨淋得不像样子，有的同志伤了腿，依靠两只手爬呀爬……，血水染着泥浆，爬出了一道道血水之路，泥泞与血迹混杂，斑驳可见，满载着无尽的泪水与哀伤。

与此同时，红四军政治部派出了部队救援被俘的同志，有的用担架把他们抬回来。

红四军各级政治机关，将被营救的二千多名西路军指战员们分别迎接到各级招待所、接待点安顿下来，然后为他们准备了热气腾腾的洗澡水，让被俘归来的同志洗澡换衣服，同时准备了热饭热菜让同志们吃饱肚子，让他们好好休息。

符竹庭风尘仆仆地来到红四军各级招待所看望、慰问西路军失散归来的同志，并亲切地对他们说："同志们，你们受苦了！我代表红四军党委来看望大家。同志们，你们在险恶的环境中，在十分困难的条件下，采取各种方式、方法，坚持斗争，终于回到了党和红军的怀抱。你们是党和红军的宝贵财富。"符竹庭的一番话，宛如一股温暖的春流，涌入了西路军失散人员的心田。有的同志被这深情的话语感动得热泪盈眶，仿佛离散的游子重新找回了家的温暖。

肃清张国焘错误不负重托

3 月下旬，和煦的阳光温柔地铺满大地，轻轻唤醒了沉睡中的万物生灵。

在一个明媚的上午，位于镇原县城关镇的红军援西军司令部——忠恕街慕氏家庙内，正在召开援西军高级干部会议。参会的都是援西军所属各军的领导班子。会议开始，气氛紧张，许多干部情绪有些低沉。会议由援西军政委张浩主持，中共中央书记处书记任弼时到会传达《中共中央政治局关于张国焘错误的决定》。

红四军的领导班子陈再道、王宏坤、符竹庭、耿飚等人参加了会议。

符竹庭紧挨着王宏坤坐在一条板凳上，聆听着中央首长的传达。此刻，符竹庭不经意间，发现王宏坤脸色苍白，双眉紧锁。

"怎么啦，有思想包袱？"

"唉！我们曾经执行过张国焘的错误路线啊。"

符竹庭轻轻地拍了拍王宏坤的衣袖，温和地劝慰道："这不能怪你们，责任不在你们身上。等下任书记会作出具体指示。我们要相信党中央。"

随着会议的深入，中共中央书记处书记任弼时同志代表党中央，向援西军全体指战员传达《中共中央政治局关于张国焘错误的决定》，当他传达完《决定》后，便和蔼地说道："援西军进行清算张国焘分裂主义错误的斗争，必须强调矛头只对准张国焘个人，最广泛地团结红四方面的军广大官兵，不搞扩大化。"

援西军司令员刘伯承、政委张浩也在会上就批判张国焘的错误作了重要指示，强调：坚持教育为主，不开批判会，对张国焘错误路线进行检查批判，重点批判张国焘另立中央，分裂红军的罪行。还应该批判他一贯假借"肃反"排除异己，杀害党和红军的大批优秀干部的罪行。

党中央和援西军总部首长给批判张国焘错误指明了方向。

会议结束后，王宏坤与符竹庭在回军部的路上，两人骑马并辔而行。

王宏坤说："符副主任，你刚才说的没错，中央领导和总部首长都强调批判张国焘分裂党和红军的错误，不搞扩大化。"

符竹庭缓缓地说道："是啊，红四方面军的广大指战员是忠于党中央的，都是好同志。"

王宏坤皱了皱眉头说："目前，可能有些指战员暂时转不过弯来。"

符竹庭坚定地说道："对于党中央的决定，我们必须如期传达并贯彻落实。

少数人一时转不过弯来，我们要通过认真细致宣传党的方针政策，揭露张国焘错误的严重性，他们迟早会转过弯来的。"

王宏坤沉思了一下说："符副主任，请你制定一个学习贯彻方案，好吗？"

符竹庭说："好的。我马上就去通知组织部尽快拿出方案来。另外，我建议，首先召开军党委常委会，统一班子成员思想认识；然后，召开全军党员代表大会，统一全军党员思想认识。你看这样行吗？"

王宏坤回答："竹庭同志考虑周全，这个办法挺好。"

4月7日，红四军如期召开了第一次全军党员代表大会。符竹庭在大会上就张国焘分裂党和红军的错误进行了系统的说明，比较具体地联系红四军本身的实际问题，进一步检查了张国焘错误路线的实质。全军掀起了一个联系实际，深批张国焘错误路线的热潮。

红四军十二师三十五团供给处指导员李德生，长征前他在红四军十师交通队当班长，深受张国焘路线的迫害。在被开除党籍的情况下，他跟随红军三次过雪山草地，没有停止过革命的脚步。李德生受处分的包袱一直背到1936年12月部队到达陕北后，由师特务连指导员李明科重新介绍他入党。

红四军十二师三十五团在召开全团党的活动分子会议上，李德生作了深受张国焘错误路线迫害的典型发言，引起全团乃至全军的共鸣。符竹庭抓住这一典型案例，将其编成简报印发全军，通过具体实例揭露张国焘排除异己、分裂红军的罪行，从而有效地指导了全军批判张国焘错误路线斗争的顺利进行。

4月25日，在符竹庭的建议下，红四军召开了第二次党的活动分子会议。会议决定在批判张国焘错误路线的同时，开展反对单纯的军事观点、本位主义、贪污腐化、农民意识、锦标主义，把部队中存在的许多具体的错误观点，联系张国焘错误路线进行了党的原则性理论教育。

统一战线初见成效

红四军不仅在批判张国焘错误路线走在援西军的前列，而且统战工作在符竹庭的努力下也是硕果累累。屯字镇闫孟村财主孟耀祖非常开明，他为了支持红军抗日民族统一战线，主动把他家的碉堡让给红四军做军部，又将周围 40 亩耕地让出来给部队做操场。部队的军事、政治教育开展得红红火火。部队每天"三操两讲"从基本动作开始，射击、刺杀、投弹，除按照老式步兵操典及内务条例执行外，还经常深夜紧急集合，急行军、夜行军，由随营学校人员任教官。女战士们唱歌，登台演戏，文体活动开展得轰轰烈烈。

6 月上旬的一天上午，屯字镇红四军政治部驻地，一座古朴老旧的戏台檐下，赫然悬挂着横幅："抗日民族统一战线，先进集体、先进个人表彰大会"的会标，在阳光映照下，熠熠生辉。戏台周围贴满了"停止内战、枪口对外！""收复失地、还我河山！""红军万岁！"等振奋人心的标语，格外引人注目。

戏台上，陈再道、王宏坤、符竹庭、耿飚等军首长一一落座。

戏台下，红军指战员们与当地民众汇聚一堂，人山人海，摩肩接踵。他们热情地互相打招呼，三三两两地聊起天来，各种乡音交织在一起，形成了一片欢快之声。

这时，大会主持人，郑重地宣布大会正式开始，话音刚落，一串串鞭炮如同喜庆的乐章骤然奏响，璀璨的火花随之腾空而起，宛如繁星划破夜空，瞬间将大会的氛围推向了沸腾的巅峰。

随着鞭炮声渐渐消散，主持人彬彬有礼地宣布："接下来，有请符副主任为我们讲话，请大家欢迎。"话音未落，全场爆发出经久不息的热烈掌声。

在热烈的掌声中，符竹庭迈着矫健的步伐走向台前，向台下民众唰地敬了个标准的军礼，接着声音洪亮地发表讲话："各位先生，各位开明士绅：今天召开抗日民族统一战线工作表彰大会。表彰为抗日民族统一战线作出贡献的仁人志士。各位先生，各位开明士绅：回顾过去的历程，你们怀着忧国忧民的思想，不辞劳苦日夜奔走，为抗日救国慷慨解囊，捐钱捐物，把民族抗战事业推向了新的高潮。各位先生，各位开明士绅：我们中华民族有着深厚的爱国传统，历朝历代，许多仁人志士都具有强烈的民族忧患意识，以国事为己任，前仆后继，临难不屈，保卫祖国，关怀民生，这种可贵的爱国精神，使中华民族历经劫难而不衰！"符竹庭清了清嗓子，手臂猛地一挥，激昂地说道："各位先生，各位开明士绅：你们是爱国忧民的典型代表，这种关心祖国命运，在危难之际，慷慨解囊、无私奉献的精神，堪称民族之光，典范之举。为此，我代表红四军党委，对你们的爱国主义精神表示崇高的敬意！"符竹庭精彩的演讲，赢得了全场民众的热烈掌声与阵阵喝彩。

随后，陈再道、王宏坤等人在大会上做了讲话，他们号召全军指战员，深入开展拥政爱民活动，用实际行动报答和感谢镇原县的父老乡亲。（红四军指战员帮助驻地群众割麦不要工钱，不吃群众的饭，不喝群众的水，被当地群众传为佳话。）

开明士绅代表孟耀祖、张千、高云胖等人在会上先后发了言。他们表示坚决拥护中国共产党领导下的抗日民族统一战线，把日本帝国主义赶出中国！

会议结束时，陈再道、王宏坤、符竹庭、耿飚等人给开明士绅张千、张天合、高云胜、李仲仁、田维番、李生奎、孟耀祖等人授奖。奖品匾额上写着："民族先锋，爱国可亲。"

这期间，红四军还将一部分粮食支援给了延安党中央。

7月，符竹庭对红四军在批判张国焘错误路线过程中，所采用的方式、方法和取得的成效，进行了深入的分析与总结。7月12日，由他主持的红四军政治部起草的关于《四、五、六三个月四军政治工作状况的报告》并将总结批判张国焘错误路线的详细经过呈报给援西军总部和党中央。《报告》中有段文字这样描述："红四军在党中央的绝对正确路线与援西军首长的指导和直接帮助下，到达镇原县后，开始了反对张国焘错误路线斗争……"

8月22日，援西军改编为八路军一二九师，红四军改编为第三八五旅。此时，符竹庭圆满地完成了党中央交给的使命，重返红一方面军改编的八路军一一五师，踏上了抗日战场。

十二、亮剑平型关

肩负着民族的希望

1937年8月25日，中国工农红军改编为国民革命军第八路军。朱德任总指挥，彭德怀任副总指挥。林彪任第一一五师师长，聂荣臻任副师长，罗荣桓任政训处主任，周昆任参谋长。

符竹庭被任命为第一一五师第三四三旅第六八六团政训处主任。在不设政委的条件下，政训处主任履行政委职责，所以上级对政训处主任要求很高。当时六八五团团长黄永胜不尊重政训处主任邓华，从而产生矛盾，师首长得知后，进行严肃处理。罗荣桓主任亲自找黄永胜谈话，并撤换了黄永胜，改由杨得志任团长。

六八六团是红三军团的老底子，符竹庭过去从未到过红三军团，这次他到六八六团赴任，过去的一些老战友劝他别去。然而，他却淡淡一笑："我是共产党员，革命工作需要我干什么就干什么。"其实符竹庭在这之前已经历了二次降职使用。符竹庭常说："我们共产党员，应该处处为革命利益打算，不能老强调个人利益，只有革命事业获得成功，个人问题才能得到适当解决。"符竹庭到任不久，一一五师奉命从陕西三原出发，东渡黄河，开赴抗日前线。

在太原火车站，符竹庭目睹国民党被动挨打，看到东北流亡学生和难民哭诉日军烧杀掳掠的罪行，恨不得立马横刀于抗日战场。

六八六团在侯马等了两天，等来了一列火车。乘车时，符竹庭叫政训处干事吴岱随一营行动，明确他管一管政治工作。同蒲路是窄轨的小铁路，铁路的路基又不好，被大雨一冲，不少路段冲坏了，火车走走停停。部队一边修路，一边前进。

等车时，符竹庭叫吴岱到街上买些纸张、办公用品等文具。他走进了几家商店一看，都是卖香粉、花露水、金银首饰、高跟鞋，就是没有卖文具的。好不容易找到有家文具店，货架上却是空空的，他只好买了几十张油光纸和一打铅笔。往回走时，迎面走来许多国民党兵，他们三五成群，根本无人带领，有的挑着背包行李，有的拿着从老百姓家里抢来的鸡鸭，嘴里唱着小调，只顾朝后方逃；当官的赶着毛驴，驮着箱笼带着姨太太也是争先恐后。有几个国民党兵问吴岱哪部分的，吴岱回答："我们是八路军，要上前线抗日。"

那几个兵嘲笑说："鬼子的飞机大炮厉害呀！你们凭几支吹火筒，大刀片能打鬼子？"

"你们有好武器，为什么不和鬼子硬拼呢？"

"没有好的指挥嘛。"

"你们打死多少鬼子？"

"我们连鬼子的影子都没有看见，就撤下来了。"

吴岱说："那就看老子去打吧，八路军靠的不是武器，靠的是四万万同胞，靠的是一腔爱国热血！"

回到团部，吴岱气呼呼地把刚才遇到的事说给符竹庭听。

符竹庭说："国民党高桂滋部一师人马驻扎在大同，鬼子去了一架飞机，绕了一圈，一颗炸弹也没投，这个师就一窝蜂似的溃散了，枪马车炮丢得一干二净。他们叫日本人吓破了胆，中国的抗日，靠他们只有亡国，我们八路军责任重大啊，我们肩负着民族的希望。"

符竹庭对身边的政训处干事们说："快到太原了，我们要利用群众欢迎我们的机会，宣传八路军的抗日主张，扩大我军的影响。"

打出八路军的威风

山西，四面环山，地势险要，素有"华北屋脊"之称，在军事上被兵家称为"华北之锁钥"。日军认为，只要控制山西就掌握了整个华北战场的主动权。所以，日军在华北战场实施的攻击战略中，突破华北西部山地，抢占山西就成了重中之重。而日军为之图晋绥，必先夺太原；欲夺太原，必先夺大同或平型关。1937 年 9 月 1 日，日军开始进攻山西；10 日，日军攻入阳高县城，屠杀无辜平民千余人；11 日，天镇失守，日军屠城三天，2300 名平民遇难；13 日，大同失守；14 日，日军攻入广灵、怀仁县城；16 日，日军占领浑源县城；18 日，日军占领左云、山阴县城；20 日，日军侵占灵丘、应县。此时，日军兵分两路向雁门关、平型关一线进攻，企图逼近太原。

日军精锐坂垣第五师团步兵第二十一旅团旅团长三浦敏事少将带着四千人马，在华北开战以来，已占领大小百余座县城，正傲慢骄横，狂气十足，大摇大摆一步步进逼平型关。

平型关位于内外长城之间的晋北地区，曾经是赵武灵王"辟地千里"，汉武帝刘彻北击匈奴，三国曹操驻兵屯田，北宋杨家将抗辽守边之所。平型关古称瓶形寨，金时为瓶形镇，明清称平型岭关，据说因关岭城墙形状如瓶而得名。

平型关是山西东北部的一处咽喉要道，两侧峰峦叠起，平型关以北的老爷庙附近的山沟里有一条马路，叫乔沟，是日本车队的必经之地。乔沟地形一边高、一边低，是伏击歼敌的理想之地。

1937 年 9 月 20 日，林彪带着几个参谋人员和电台先期到达平型关，为了不暴露身份，他穿着一件破粗布褂子，扎了根布腰带，头戴一顶毡帽，化装成农民。随行参谋人员也是如此打扮，他们从关口爬上北侧山岭，对照地图观察平型关以东的山势河沟。因为他们不会说当地话，不便到村里买东西吃，饿了就从地里抠地瓜和大家一起生吃。临走时留下钱用土块压在抠出的地瓜坑里。

9 月 23 日上午，一一五师在上寨小学操场上召开连以上干部动员会。首先发言的是副师长聂荣臻："中华民族，正经历着巨大考验，我们共产党、八路军应当担当得起，也一定能够担当起救国救民这一重担。平型关一仗是一一五师出征的第一仗，也是八路军参加抗战的第一仗，这一仗必须打胜。打败了，打个平手都不行。党中央和全国人民都在盼望八路军的第一个胜利捷报！"

师长林彪讲话了，他的声音虽然不高，但逻辑很清晰，开始他平静地分析了敌我双方的态势，随后进行作战部署：命六八五团占领白崖台以西高地，截住日本鬼子先头部队，消灭关沟至老爷庙之敌。

命六八六团占领乔沟中段两侧高地，实施中间突破，分割歼灭小寨至老爷庙之敌。

命六八七团占领蔡家峪、韩家湾两侧高地，截住日本鬼子退路。

命六八八团为师预备队。

命独立团阻击蔚县、灵丘、涞源之敌。

讲着讲着，这位平常不动声色的师长激动起来，带领指战员们高喊起口号，这在林彪一生中并不多见。

师部动员会一结束，在回团部的路上，符竹庭对李天佑说："老李，战略战术问题已经清楚了，关键是要把战士们高昂的士气引导好、保持住。我看，我们下午召开全团动员大会，鼓舞全团指战员奋勇杀敌。"

李天佑说："你是担心战士们被传染恐日症？"

符竹庭说："是啊！国民党兵节节败退，会在心理上影响战士们敢打必胜的信心。我还听说国民党士兵劝我们的战士不要去送死。我担心，日军不可战胜的神话会对战士们产生影响啊！"

李天佑说："好，我同意你的意见，下午召开全团动员大会。"

23 日下午，六八六团在上寨小学操场上召开了全团动员大会。会上，团政训处主任符竹庭作了激动人心的政治动员："同志们，国家兴亡，人人有责，人民的子弟兵，要有中国人的骨气。要消灭日本法西斯，打出八路军的威风，为中华民族雪耻，为受苦受难的同胞报仇！"接着，符竹庭分析敌我双方态势："同志们，这次战斗，我们有许多有利条件：首先，地形险要。师首长亲自带领各团指挥员对前沿阵地作了详细的侦察，选择了最有利的地形，对整个战斗作了周密的部署；其次，我们所采取的战术是伏击战，这是我们最拿手的好戏。"这个政治动员和精彩分析把每位官兵胸中的火焰点燃起来了，为夺取作战胜利奠定了坚实的思想基础。

动员会结束后，符竹庭立即派政训处的股长、干事们奔赴各营进行战斗动员，加强思想政治工作，并随各营参加战斗。

24 日午夜，部队刚要出发，天空布满了乌云，好像山忽然长高了，天忽然变低了，像一口大黑锅扣在大地上。

一道闪电，一声惊雷，瓢泼大雨落了下来，接着竟然噼里啪啦下起了阵阵冰雹。谁也没有雨具，雨水从头到脚往下淌，这时山路更滑了，更加伸手不见五指，战士们只得互相拽着衣角摸索前进。一不小心，一个滑倒了，后面几个跟着倒下，然后又迅速爬起来，最糟糕的是山洪暴发，队伍沿着一条小溪走来绕去。水越涨越高，浪涛呼啸，河水齐胸，战士们解下绑腿打成结连起来，一个班一个班互相搀扶着向前蹚，人人冻得牙齿咯咯直响。

这时候，大家听到符主任的高喊声："同志们，打起精神来，把胸中的火苗烧起来就不会冷，坚持就是胜利！"

战士们互相鼓励着，有的战士说："长征路上雪山草地都没有拦住我们，一条小河顶个屁！"就这样战士们在黑夜暴雨中，经过大半夜急行军，六八六团终于按时赶到目的地。

六八六团指挥所设在平型关东南半山腰土崖湾里，往上几十米是旅指挥所，一棵不显眼的歪脖树是它的标志，师指挥所设在离旅指挥所不远的山顶上。

25 日早上 6 时，师长林彪、副师长聂荣臻用望远镜观察山下，这时，师侦察员电话报告林彪，日军已到蔡家峪北公路。林彪打电话给旅长陈光，告诉他日军动向，陈光拿起望远镜在一块大石头后，向沟底公路观察。

六八六团部署在东起小寨，西至土桥的乔沟一段，是整个伏击日军的"口袋"，最关键的"腰身"地段。

六八六团指挥所里，政训处主任符竹庭用电话询问各营战斗准备情况，得到报告是准备完备，只等一声令下。符竹庭满意地放下电话，用望远镜观察乔沟公路上的动静。

上午 7 时许，乔沟公路上，前方出现一个小红点。红点慢慢地向前移动，还听见隆隆的马达声，红点越来越近，为首的高举着一面太阳旗，与太阳旗并排走着二十多名尖兵，载着军用物资的二百辆马车和骡马炮队随后跟进，车声隆隆。乔沟公路另一端，一百多辆汽车对向驶来。

由于公路泥泞不好走，东行的日军几十辆汽车行至小塞村附近，而西进的日军行至蔡家峪时，师指挥所发出了三颗信号弹。埋伏在老爷庙附近的六八六团一营二连立即用机枪、步枪、手榴弹猛烈地开火，接着迫击炮弹带着啸音飞向敌群，手榴弹雨点般地飞进沟道，日军突然遭到袭击乱作一团，日军被打得人仰马翻。但日军很狡猾躲在汽车底下负隅顽抗。这时，师长林彪发现小股来救援的日军正向老爷庙山梁运动，如果日军占领老爷庙山梁北侧高地，将影响整个战局，后果不堪设想。林彪遂令六八六团派一个营迅速抢占设伏前怕暴露目标而来不及占领的老爷庙山梁北侧高地。团长李天佑立即命令三营冲过公路，抢占老爷庙山梁北侧高地。

这时，老爷庙上空出现了六架日军飞机，飞机低空盘旋，一位干事看见飞机，连忙说道："符主任，敌机来了。"

符竹庭看了一眼，说："没关系，我们已经与小鬼子搅在一起拼刺刀，小鬼子的飞机不敢轻易投弹。"

不一会儿，果然不出符竹庭所料，飞机在上空盘旋了几圈就飞走了。

再说，三营长邓克明与教导员刘西元接受团指挥所命令后，率三营在烟雾弥漫中冲上公路与日军开展白刃格斗。三营排长田世恩带领全排战士向老爷庙山梁冲去，当田世恩冲到山坡下时，猛然发现一个日本兵往老爷庙山梁奔跑，田世恩怒不可遏拼命追赶那个日本兵，当要追上时，他屏住呼吸，憋足了劲，向其背后猛刺一刀，日本兵没来得及反应就滚下了山坡。紧接着，田世恩举起刺刀猛地朝一个矮个日本兵刺去，想不到那家伙猛然转身，使劲一挡，"哐当"一声，田世恩急忙往后一撤，但刺刀被挡弯了。正在这时，一颗子弹从田世恩右膀下穿过。那家伙见田世恩中弹，正要松动一下，田排长一咬牙，腰一闪，掉过枪托，纵身一跳，照准他的脑袋直劈而下，那家伙立即倒地，田排长又顺手抄起他的枪，朝他肚子上乱扎了两刀。这时，一个日军军官拿着东洋刀朝田排长劈来，田排长大吼一声，拨开军刀，猛力一刀把那个日本军官送上了西天。白刃格斗，刺刀闪光，吼声如雷。三营十连指导员王六生发现远处小山包上有两名日本兵的身影在晃动，一个手持望远镜，一个手拿指挥刀，王六生估计是日军军官，于是他举起步枪瞄准，"叭！叭！"两声枪响，两名日军军官应声倒地。连长见此情形，大声喊道："冲啊——！缴枪不杀。"但日本兵根本听不懂，仍顽固抵抗。搏杀半小时，三营受到了很大的伤亡，却终于杀出了一条血路，冲向老爷庙山梁。立足未稳时，营长邓克明突然被一颗子弹击中腹部，肠子流出半截，教导员刘西元叫他去休息，他焦急地伸出右手，指着正在冲上来的日本兵，嗫动着嘴巴大声嚷嚷，却发不出半点声音，接着晕了过去。

符竹庭发现三营争夺老爷庙山梁北侧高地，面临着危险的境地。急忙放下望远镜与副团长杨勇紧急磋商，果断任命政训处干事吴岱任三营三连代连长兼指导员，并向吴岱下令：一定要迅速夺取老爷庙山梁北侧高地。吴岱临危受命，率三连跑步迂回到老爷庙山梁后侧，迅速登山至山顶，居高临下，向爬山的日军扔手榴弹，炸得日本兵滚下了山坡。然后接应三营其他几个连占领了老爷庙山梁北侧高地。三营教导员刘西元立即组织强大的火力，朝爬山的日军猛烈地开火，日本兵纷纷毙命，仅三营在老爷庙山梁北侧高地就消灭了日军四百余人。

战士们打得非常英勇、顽强。六八六团一营教导员戴润生说，一营连炊事员也参加了战斗。有位炊事员没有武器，顺手拿起挑锅的扁担，朝日军冲过去。不知什么原因，这个炊事员接连砸死三四个日本兵。

师长林彪用望远镜对整个战斗看得十分仔细，他观察到吴岱率三营三连迅速迂回登山的整个过程。事后，他总结分析说："日军步兵穿皮鞋爬山简直不行，虽然他们已爬到半山腰，我们还在山脚下，结果我们先上去，给他们一顿猛烈的手榴弹，他们好像滚萝卜一样滚下去。"

战至下午3时30分，伏击圈内的日军被全歼，长长的山沟里到处都倾覆着日军的汽车，烧着了的还在冒烟，汽车上面和车轮下面都是日军的尸体，有的挂在汽车挡板上，从姿势看，显然是没来得及下车就被击毙了，半山腰上日军的骑兵连人带马横尸遍地。据统计，共歼灭日军一千余人。可惜的是，没有抓到一个俘虏。

公路上的汽车和大车载满着弹药、装备、被服、粮食、饼、香烟，还有散落的文件，遍地都扔着枪支弹药，东洋兵的黄呢大衣、大头鞋……不可尽数。

时为灵丘县白崖台村民兵张万富回忆说："9月25日那天，早晨我根据县委指示，带着村里七个民兵从关沟到平型关的一条小路上去埋地雷，到七八点钟的时候听到白崖台那个方向枪声响起来，我们赶紧往回赶，回到白崖台，马上组织村民兵用驴车和担架去抬伤员。等到下午3点多钟的时候，老爷庙那边的枪声就基本上没有了。又过了一会儿就有八路军组织我们去打扫战场。我记得当时要求我们先捡枪和子弹，我一个人就背了十几支'三八大盖'回来。"

符竹庭对干事吴岱临危受命，率三连机智灵活地抢占老爷庙山梁北侧高地，对整个战局起到了关键作用感到十分满意。符竹庭非常高兴地拍着吴岱的肩膀说道："夺回老爷庙山梁北侧高地，吴岱起了关键性作用，现在给予奖励。"说完当场拿出战利品：一支日本派勒特金笔奖给了吴岱。从此这支笔一直伴随着吴岱从山西跟随符竹庭转战山东。

平型关大捷打破了日军不可战胜的神话，打出了八路军的威风，有力地打击了日本帝国主义的嚣张气焰，挫损了日寇侵略中国的锐气，鼓舞了全国人民的抗战热情，树立了必胜的信心。

十三、捷报频传奏凯歌

广 阳 大 捷

山西晋中，位于太行山西麓，山西东部。这里群山逶迤，峰峦叠嶂，气势磅礴，紫霞劲射，由此这里被称为紫霞关。人们又叫它关山。因地势险要，历史上为兵家必争之地。

平型关战斗后，部队士气高涨，战士们求战心切。符竹庭等团首长又把目光注视着晋中的关山了。他们准备给进犯的日军予以新的打击。

十月的高原，刮着塞外吹来的寒风。大清早，枯黄的茅草，已经披上了一层洁白的薄霜。符竹庭与李天佑、杨勇、彭雄率领六八六团的指战员们，翻过了一座座大山，在崎岖的山道上、巉岩峭壁中间，急速地向南进发。雨后的山路异常泥泞，却不能迟滞战士们行军的速度；北方十月寒风袭人，战士们虽然身上只穿着单薄的夹衣，但是部队的情绪却像冰雪融化后的春水，不断地高涨着。

为了振奋精神，鼓舞士气，符竹庭主任派政训处股长、干事们随基层连队行动，适时开展政治鼓动。一路上，雄壮的口号声此起彼伏："我们要保卫山西而战！为保卫太原而战！发扬平型关战斗胜利的精神，再给敌人一个歼灭性的打击！"

行军路上，指战员们抓紧点滴时间，边行军边开干部会、支部会、干部战士讨论会。大家议论最多的是如何开展缴枪和捉马比赛。

10月29日，符竹庭等人率六八六团通过了正太线，30日，到达晋中路南的沾尚地区。根据侦察得知，敌人已占领平定及以南之白家掌一带。于是我军遂决定在昔阳县沾尚镇广阳山地中，利用优势地形，设下埋伏，配合友军，打击西进之敌。

11 月 4 日，日寇第四十旅团四千余人向寿阳县松塔镇方向前进。寿阳县松塔镇位于昔阳县西部交界的沾尚镇广阳村之间，两地隔山相望，山峦连绵，沟河相间。

4 日拂晓，符竹庭与李天佑、杨勇等人率领六八六团指战员们，静悄悄地隐蔽在日军通往松塔必经之地——广阳南部山地里。在树林里、山沟中，战士们心情兴奋地期待着打一个像平型关一样的胜仗。此时，只有深谷中的山风在树林里呼呼地吹响外，整个埋伏地区鸦雀无声，谁也不会想到在这寂静的山林里，有着千百颗火热的心在跳动。

六八六团指挥所设在广阳村以南的半山腰密林深处，全团各营、连指战员分别部署在沿公路两边的山腰丛林里，像一个口袋张网以待。指战员们从山上隐蔽的地方，可以清楚地看见远处向松塔前进的日军；从早晨 7 时起，四千多名日寇，车马隆隆，缓缓而动。中午 13 时许，日军大队人马开始慢慢地进入伏击区。此时，指战员们高兴极了！大家认真地准备着瞬息间就要到来的战斗。

符竹庭与李天佑、杨勇等人在指挥所里商量着怎么个打法，最后决定：采取避强击弱的战法，放过先头主力，待日寇辎重部队进入伏击区时，再打。

夕阳西下，晚霞渐渐染红了整个山林。这时，日寇辎重部队慢悠悠地踏进了我军布置好了的口袋阵中，就在鬼子兵放松警惕之时，一颗红色信号弹从山林中腾空而起，划破了寂静的天空，这是团指挥所发出向日寇攻击的信号。霎时，指战员们从山林中排山倒海般地杀出。机枪、步枪、手榴弹、迫击炮，响成一片。硝烟弥漫，火舌流窜，整个山林顿时沸腾起来了。

日寇猝不及防，惊慌失措，如同无头苍蝇般，在山地中东跑西窜。这些日本兵还没有弄清楚子弹、炮弹是从哪里打出来的，就被打得人仰马翻。有些日本兵一面跑，一面盲目地朝天放枪。人和马到处乱窜，在狭窄的山路上互相践踏着。日本兵稍微清醒之后，便顽固地组织抵抗。山谷中展开了白刃战，刺刀闪着寒光。敌人像垂死的野兽，疯狂地反扑。"同志们，拿出平型关战斗的劲头来啊！坚决消灭眼前这伙日寇强盗！杀啊——！"符主任一面高喊，一面带领众战士勇猛地向前冲锋。

战士们在符主任身先士卒的激励下，像猛虎下山一样，越战越勇，经过约半个小时的恶战，山谷中大部分日军被消灭。河边、山脚、沟底、桥畔，到处躺着日本兵的尸体。

有小部分日军藏在石崖下还想企图顽抗，一营二连用机枪朝其正面射击，将其牢牢地堵住，三连迂回到敌人侧翼用手榴弹猛炸，把日军从石崖下轰了出来。日本兵像被猎人追赶着的野鸡，顾头不顾尾，慌忙从石崖下狂奔到小河边，匍匐在沙滩上，一会儿又从小河边狂奔回石崖下面。我军居高临下，四面射击，扔手榴弹，日军来回奔走，无处藏身，全部被我军消灭了。

经过四小时激战，歼灭日军一千余人，俘虏日军伤兵一人，缴获骡马七百余匹、步枪三百多支以及大批军需物资。

战斗结束后，当地老乡争先恐后地帮助八路军抬伤员，有的老乡把肩膀都压破了，也不肯放下担架。日寇从伪满洲抓来的一百多名"东北伕子"也在这次战斗中被解放了。他们见到六八六团的指战员们时，那干瘦蜡黄的脸上，顿时泪流满面，他们激动地说道："六年不见中国军队了，今天真是重见天日。"他们积极主动地与当地老乡一起打扫战场；许多人还要求参加八路军。

广阳之战，又一次震撼全国。日军遭到重创，企图报复。六八六团接师、旅首长的命令，在松塔镇附近配合一二九师三八六旅再次设伏，歼灭日军250余人。11月9日，符竹庭等人率六八六团主动转移至同蒲路南段，准备进行新的战斗。

晋东南扩军

平型关、广阳两次战斗，一一五师伤亡较大，兵员亟待补充，上级决定符竹庭、杨勇等人到晋东南一带扩兵。

11月中旬，符竹庭与杨勇率领六八六团政治处机关和二百余名营、连、排干部到达晋东南等地开展扩军工作。杨勇带领一批干部到洪洞一带扩兵；符竹庭带领一批干部奔赴襄垣、武乡一带扩兵。

符竹庭率领的扩军干部队伍对外称："八路军一一五师工作团"。其任务除招兵扩军外，还有一项重要任务就是：发动群众，发展党员，建立地方党组织。

符竹庭率领政治处机关欧阳文、杨忠、吴岱、王六生等一百余人的干部队伍，军容整齐、浩浩荡荡地向襄垣、武乡进军。部队在羊肠小道上跋涉。山路崎岖，山下是开阔的河谷，弯弯曲曲的关河从山谷里穿过。

经过数天艰难的行军，部队首先到达襄垣县城——天益当。

襄垣县地处太行山西麓，山西东南部，东邻黎城，西与沁县相连，南与长治、屯留接壤，北与武乡为邻。全县平均海拔一千多米，沟壑纵横，河流交错。

符竹庭率部到达襄垣县后，随即建立党组织，主持召开动员大会，宣传我党我军抗日民族政策。据襄垣县志记载："1937 年 11 月 15 日，中共襄垣县工委在天益当成立，八路军第一一五师工作团团长符竹庭主持成立大会，会议选举多运海为中共襄垣县工委书记、马向荣为组织委员、张文琦为宣传委员。次日，中共襄垣县工委召开工作会，会议研究了今后工作方针、任务和宣传贯彻《抗日救国十大纲领》等问题，确定了当前中心工作：一是深入发动群众，组织群众积极参加抗日救亡运动；二是组织各种救亡团体，发展牺盟会员，开展破路、填井、空室清野工作；三是接受八路军一一五师工作团在襄垣发展的党员，并建立党支部；四是完成扩兵任务，保证补充兵员到位，尽快建立地方抗日武装。这次会议还接受了上级党组织移交来的 47 名党员组织关系。并根据党员的居住条件和工作范围，组建了司马、郭庄、西营、城关等 6 个党支部、12 个党小组。"

符竹庭在襄垣数天后，接着率领八路军一一五师工作团一部，继续往北抵达武乡县城——段村镇。接着成立中共武乡县工委，并建立地方各级党组织。召开群众大会，大张旗鼓地宣传我党我军的抗日民族政策，宣传八路军平型关、广阳大捷的伟大胜利！

武乡县及其周边各县沸腾了。各地民众纷纷走出家门，万人空巷，群情振奋。他们拥护抗日救国十大纲领，高呼："中国共产党万岁！""热烈欢迎英勇抗日的八路军将士！""抗日救国踊跃参军！"——村村户户，锣鼓喧天，欢呼声此起彼伏，城镇男女老幼涌上街头，口号连天，共同表达着对抗日救国的坚定信念和必胜的信心。

八路军宣传队，运用当地文艺：鼓书、琴书在全县各乡村开展了轰轰烈烈的宣传活动。街头、巷尾文艺战士敲着鼓、弹着琴唱道：

> 平型关啊真雄伟，八路队伍了不起。
> 巍巍群山埋伏兵，一一五师是战神。
> 日军王牌坂垣师，神高气扬目无人。
> 突然枪声如暴雨，喊杀冲天如五雷。
> 昔日强盗如粪鼠，丢盔卸甲亡命徒。
> 六八六团猛如虎，老爷庙前扑鬼狐。
> 鬼子尸体遍狼藉，物资满地堆尘土。
> 青年赶快把兵当，当兵就当八路军。
> 八路军呀真英明，专打日本鬼子兵。

精彩的宣传，热烈的鼓动，吸引着许多热血青年前来投奔八路军。

这天上午，秋风轻拂，阳光和煦。武乡县城城隍庙的古戏台上，一位英姿勃发的八路军干部正慷慨激昂地进行着即兴演讲，他时而双手叉腰，时而有力地挥动胳膊，生动地描绘着抗日救亡、保家卫国的壮丽画卷。这位干部，就是符竹庭同志。他虽然带有浓重的广昌口音，但他的演讲深入浅出，热情奔放，就像一块磁石，紧紧地吸引了络绎不绝的民众。人群层层环绕，形成一圈又一圈的热烈场面。

"我报名！"

"我参军！"渴望投身八路军的青年源源不断。

符竹庭的扩兵工作不仅采取张贴宣传标语和各种文艺宣传形式，而且他亲自带领干部深入到老乡家里串门谈心，宣传平型关、广阳战役的伟大胜利和我党的抗日主张，在周边各县建立了地方党组织，设立了招兵站。

当时，国民党也在武乡招兵，他们的招兵站紧挨着八路军的招兵站，可是八路军的招兵站要求报名参军的青年排着长队，而国民党的招兵站却无人问津。他们眼巴巴地望着大批青年涌入八路军的招兵站，"来我们这里当兵吧，我们有吃有喝，每月还发给大洋，也同样打鬼子嘛！"

"你们打胜过哪一仗呀？"

"这个——"他们被问得张口结舌，半天说不出话来。

"人家八路军在平型关、广阳打败了日本鬼子精锐，你们呢，见了鬼子飞机就望风而逃，我们才不当逃兵呢，我们要当八路军。"

抗战前，山西人经商多，年轻人不愿当兵，流传着"好男不当兵，好铁不打钉"的民谣，说男儿当了兵，铁打了钉，就什么用也没有了，然而日本强盗侵略中国，奴役中华民族，谈何经商，只有拿起武器保家卫国。当许多热血青年听到威震平型关、广阳的八路军——五师工作团在此招兵，他们弃商从军，仰慕而来。

11月底，符竹庭带回新兵三千多人，其中包括裴飞正等一批热血青年。

随符竹庭到晋东南扩兵的原六八六团政治处组织股长欧阳文，在回忆录中这样写道："平型关一战，我八路军——五师打出了名气，战后我们到晋东南招兵，我团招兵站和国民党的招兵站紧挨着，他们那里根本没人去，我们却在短时间里就招了三千多人。"

年底，——五师驻扎在临汾与洪洞之间的曲亭，而武乡、襄垣等地距曲亭有160公里路程。为了节省时间，走近路返回驻地，部队请了一位老乡做向导，在行军途中，符竹庭发现这位老乡一边走路，一边采摘树上的枣子吃，经过了解，原来这位向导在吃饭时，未能吃饱。符竹庭就把有关同志找来批评了一顿，尖锐地指出："不让向导吃饱饭，是不爱护群众的表现。"接着，他从口袋里掏出仅有的一点钱，买了点心送给向导。向导非常感动，连连说："这个长官好，这支队伍好！"

平型关战斗后，——五师三四四旅调总部直接指挥。三四三旅一分为二，一部分随聂荣臻开辟晋察冀抗日根据地，主力随林彪、罗荣桓开辟吕梁抗日根据地。此时，林彪、罗荣桓决定增建一个补充团。

补充团实际是一支没有番号的战斗部队。因为国民党不给番号，所以只能叫补充团。要在短期内训练一支战斗力强、素质高的战斗部队不是一件简单的事，必须挑选好一位军政兼优的主官。林彪与罗荣桓商量决定由符竹庭来担任补充团军政委员会书记、团政委。

11月底，符竹庭从襄垣、武乡等地带回三千多名新兵，刚从阜平回来的师政治部主任罗荣桓见一下子来了这么多新兵，心里非常高兴。他抓紧时间调配干部，留下二千名新兵为补充团打底子，另外一千多名新兵，补充到三四三旅其他部队，又从六八六团调来连、排干部到补充团。补充团全团排以上干部，个别班长都是经过长征的老红军，不少人参加过平型关战斗。六八六团三营营长邓克明升任补充团团长，但邓克明在平型关战役中身负重伤，仍在八路军后方医院疗伤。因此，符竹庭为筹建补充团费尽了心血。符竹庭向师旅首长要求，补充团和六八六团暂时驻扎在一起，便于向老大哥部队学习军事技能，提高军政素质。建议六八六团参谋长彭雄暂时代理补充团团长，帮助抓好全团军事训练。师旅首长同意了符竹庭的要求。彭雄一面代理补充团团长工作，认真抓好军事训练，另一面认真管好六八六团的参谋业务工作。

没有番号的补充团

补充团的领导班子搭起来了，参谋长刘德元，原是六八五团一营营长，是符竹庭的老部下；政治处主任王麓水原是六八五团政训处副主任；副主任杨忠原是六八六团政治处民运股股长，他们的军政素质都是非常棒的。

12月，补充团与六八六团驻扎在汾河杜戍村，他们团部驻在杜戍堡子里董家楼家中。这是一座典型的地主庄园，四周有围墙，墙头上二人可以并行，向外有女儿墙和垛口，这里完全是一座堡垒。在杜戍堡子西修了一座大操场，并建有天桥、浪桥、平台、障碍墙、壕沟、独木桥、单杠、篮球场、戏台等设施。早晨，符竹庭组织全团官兵在这里跑步，饭后开展军事训练。晚饭后，在这里开展丰富多彩的文体活动和演戏。有的营、连抓紧点滴时间练习通过各种障碍。

朱德总司令对补充团这支新部队非常关心，要来检阅补充团与六八六团。朱德总司令两次专门检阅符竹庭的部队，这在我军历史上并不多见。符竹庭抓住时机，对全团指战员进行宣传激励！鼓舞全团官兵，积极练兵，刻苦训练，以全优的成绩迎接朱总司令的检阅。

1938年1月1日上午，补充团、六八六团到达操场上集合，由补充团代理团长、六八六团参谋长彭雄负责将部队连摆纵队，营摆横队，团摆横队，等待朱总司令检阅。在通往万安镇的大道上派出多名号号员联络，发现朱总司令到来时，立即用号音报告。上午8时左右，当远处吹响悠扬的号声，六八六团团长李天佑乘马前去迎接，没多久，朱总司令在李天佑的陪同下，骑马而来。到达检阅场时，李天佑向朱总司令敬礼，高声报告并请朱总司令检阅。朱总司令还礼后，检阅开始，补充团、六八六团各营陆续发出"向右看！"的口令，朱总司令面带笑容，频频还礼。检阅结束后，部队重新整队，面向戏台盘腿而坐，聆听朱总司令的讲话。

朱总司令说道："八路军取得平型关大捷后，粉碎了日寇不可战胜的谎言，对山西和全国的抗战形势影响很大，广大民众树立了抗战必胜的信念，把共产党和八路军看作救星，把抗战胜利的希望寄托在我们身上。"朱总司令还对我军作战训练、政工、统战工作提出了很多要求。朱总司令讲话非常生动，很有鼓动性。全场掌声、口号声不断，肖华、符竹庭轮流带领大家喊口号，全场情绪高涨，大家心情激动。朱总司令讲完话后，由上海来的战地服务团——抗日救亡演剧队演出话剧《八百壮士》，把气氛推向了高潮。

1938年春，日军侵占了晋西南的介休、汾阳、孝义，国民党军队又逃往晋南和黄河岸边。八路军总部命令一一五师率三四三旅六八五团、六八六团、补充团进至灵石、孝义以西地区开展游击战，创建以吕梁山为依托的晋西抗日根据地。

一一五师在平型关战斗后，缴获了日军许多物资，可谓发了"洋财"，团以上干部都得到了一件黄呢子军大衣，师长林彪也不例外，还挑了一匹名唤"千里雪"的大洋马。3月2日，部队向隰县方向前进，大部队中途休息。前方传来隆隆炮声，林彪叫侦察科长苏孝顺（苏静）带骑兵班前去侦察。苏孝顺回来说，未发现什么情况。林彪心急，骑上战马带骑兵班先头出发，参谋处长王秉璋跟在后面。12匹坐骑都是平型关缴获的日军大洋马，骑兵班好些战士还穿着缴获的黄呢子大衣。他们路过隰县千家庄时，阎锡山第十九军哨兵误以为是日军军官，便举枪射击。枪声过后，林彪坠马倒地。林彪伤势严重，罗荣桓立即安排师卫生部副部长谷广善和保卫部部长朱涤新，一同护送林彪到延安八路军总医院治疗。在谷广善护送林彪去延安的路上还有段趣事：林彪因打了麻药伤口不觉得痛，他不听谷广善劝说，竟然坐了起来，结果引起伤口喷血。谷广善为其止血后，再次警告：不要乱动。经此教训，林彪对谷广善言听计从。勤务兵是个十几岁的小鬼，天真地问："部长官大，还是师长官大？"谷广善说："当然是师长官大。"小鬼不解地问："为啥师长老听部长的话？"引得林彪、谷广善二人开心地笑了起来。

　　林彪负伤后，八路军总部决定由三四三旅旅长陈光代理师长。3月9日，日军第二十师团进攻蒲县，六八五团在田家蒲、双池一带侧击敌人，毙伤日军一百余人。16日，六八五团又在罗曲镇附近痛歼日军辎重部队二百余人，缴获骡马一百余匹。17日，六八六团又在井沟以西截获敌运输汽车六辆，歼敌二百余人。当夜又袭击午城镇，毙敌五十余人，烧毁汽车五十余辆。18日，敌人步兵、骑兵八百余人进犯午城镇，我军决定在井沟地区伏击敌人，经一昼夜激战，于19日拂晓除少数敌人逃跑外，其余全部歼灭。

　　这几次战斗，补充团都担任了观战的角色，看到别人打仗，特别是打胜仗，对新兵来说，也许是很惬意的事，可是对补充团那些战斗积极性高的老兵来说，这简直是一种惩罚。

　　请战书一封封飞到连里，又一封封飞到营里。

　　战士们摩拳擦掌，跃跃欲试。

　　没有上级指示，教导员吴岱只能说："积极备战，听候命令。"一天下午，耐不住性子的三营三十名红军骨干一齐到营部要求回原来的团队，不在补充团当"观战兵"。吴岱犯难了："大家要有组织纪律，要沉住气，我代表大家到团部去请战。"这才把大家动员回连，吴岱骑马飞奔团部而去。

赶到团部时，天已黄昏，团长邓克明不在，符竹庭骑马从外面刚刚回来，他把吴岱领进屋子，吴岱找到水瓢舀了一瓢凉水咕咚咕咚一饮而尽。

符竹庭的江西广昌话不太好懂："看你'几燥'（口渴）慢慢'歇'（喝），还有一缸'虽'（水），管你'歇'（喝）的，我看你不光'几燥'（口渴）了，更是饿了吧？"

来者不善，符竹庭心知肚明。

吴岱用袖角擦了一下嘴，说："是很饿！政委，凭什么别的团吃的白面馒头，补充团连馒头渣都吃不到，再不给战斗任务，部队没法带了。今天下午好多老同志找，要求回原来的团，坚决不在补充团当'观战兵'。"

符竹庭一听笑了："哦，不光是连队战士吧，我看教导员也急得够呛喽。"

吴岱说："三营是天天在备战，却天天在等待，猫啾耗子，只能看不能逮，多难受哇！"

符竹庭到六八六团之前不认识吴岱，自从当了六八六团政训处主任，觉得吴岱在工作上、战斗上确实不一般，很有独到之处，特别是在太原火车站，平型关战斗，襄垣、武乡扩军，可以说放到哪里都放心，叫干什么都出色，满心喜欢这个19岁的老红军。成立补充团让他当政委，他向旅部要来吴岱当教导员。

符竹庭心里也急，刚到旅部找到肖华政委，又到师部找到罗荣桓政委，达到了请战的目的才回到团部。

他问吴岱："你看补充团能打仗吗？"

吴岱一听心中有数了，就来了一个竹筒倒豆子，哗啦啦说了个七八条："第一，部队情绪很高，求战心切；第二，经过三个月的军政训练有一定的军事技术；第三，班排长是红军骨干和老部队差不多；第四，新兵成分好抗战热情高；第五……"符竹庭说："行啦，上级已经批准，下次战斗一定给补充团作战任务，不过要先调动你的工作。"

吴岱慌了，"政委，要打仗，可不能把我调开，等打完仗，调到哪里都行。"

符竹庭说："不行，你回去交代工作，越快越好。"

吴岱急了，"我犯了什么错误？"

符竹庭扑哧一笑,"看把你急的,工作还要调动,一、不出补充团,二、一定有你的仗打。"

符竹庭坐下来,叫吴岱也坐下来,慢慢说明白了:"为了加强补充团的战斗力,师里决定抽调六八六团战斗力很强的特务连编为补充团三营十二连,侦察连编为补充团一营三连,这样只有二营没有老连队,决定把你调到二营当教导员,你还有什么意见?"

吴岱把驳壳枪往脖子上一套,"没有什么意见,我回去啦。"

符竹庭说:"不行,你还没有吃晚饭吧,吃了晚饭再走。"

面条和稀粥上来了,符竹庭说:"骄兵必败,补充团是新部队,你的头脑要冷静一点,怎么敢说和老部队差不多呢? 要记住,什么时候六八五团、六八六团都是补充团的老大哥,要向老大哥部队学习。"

这可是吴岱第一次暴露出骄傲情绪,就让符竹庭重重地敲了一棒子。此后的几十年中,符竹庭这番话深深地刻在他脑子里。

油房坪大捷

1938 年 4 月初,补充团进到汾阳、孝义以西地区,对从汾阳、孝义出来的敌人,补充团抓住战机,狠狠地咬了敌人一口。一系列战斗下来,补充团的战斗力逐步得到了提高。

7 月 7 日,晋西孝义,一一五师隆重地举行了抗战一周年纪念大会。罗荣桓、陈光分别作了激动人心的发言。

散会后,罗荣桓说:"我们几个同学照个相吧。"

于是,符竹庭与罗荣桓、陈光、陈士榘几个同学走到一棵高高的松树底下,大家背靠松树,战地记者相机一闪,定格了一张珍贵的历史瞬间。

9 月 14 日,日寇第一〇八旅团一部沿汾阳离石公路西犯,企图渡过黄河威胁陕甘宁边区。三四三旅在薛公岭打了个伏击,缴获敌人 21 辆汽车,消灭敌人二百余人,还利用缴获的两辆汽车满载战利品驶回根据地。

日军在汾离公路上遭到连续打击,损失惨重,公路上一连几天见不到敌人的汽车了。这在黄河边的日军得不到后方的支持，连吃的都没有了，他们出来抢粮又到处受到我军袭击，一〇八旅团山口少将只好命令部队杀马吃肉。

过了几天，敌人又开始运输了，先以一百多人押一车粮来试探。一一五师师部指示，先给敌人点甜头，送个"人情"放过一车粮，没有动手。第二天，敌人果然又来了20辆汽车。敌人的汽车从汾阳一出发，我军的情报就到了。这一仗旅首长决定要补充团来打，战前符竹庭动员时说："打汽车，对老大哥部队来说是家常便饭，对我们补充团来说，还是大姑娘上轿——头一回。这仗是补充团战斗力的检验，一定要打好！"

符竹庭与邓克明带领全团连以上干部去勘察地形，二营是吴岱带连干部去的。符竹庭等人经过仔细勘察，决定把伏击地点设在油房坪任家塔以东300米一个叫欢欢窑的窑顶山上，该地紧靠公路，处于獐狼沟沟口上，与公路平形，距公路高15米，居高临下，既可以从正面有效地伏击敌人，又可以便于战后安全撤退。任家塔是油房坪村的一个小自然村，距油房坪大约500米之外，中间隔着一条河。邓克明决定一营打头，二营打尾，三营是团预备队。按作战计划，由二营先打，免得敌人的后尾逃掉。

9月17日这天下着大雨，上午由汾阳开往离石的日本香月军团司令部无线电一、五分队的二十多辆汽车，载着一百多个押车的日本兵，雨水将其浇得像个落汤鸡。汽车在坎坷不平的公路上颠簸了一天，好不容易才通过王家地，爬过薛公岭，来到油房坪任家塔。上午10时许，二十辆汽车进入伏击圈后，吴岱的驳壳枪响了，机枪、步枪、手榴弹居高临下，猛烈地朝敌人开火。十二连首先冲上公路一顿猛打，山道路滑，汽车大部分东倒西歪，翻了个儿。二营四连还没用半个小时，就把后面的九辆汽车全打着火。这一仗，消灭日军一百多人，还活捉了三个日本兵，缴获了一百多支步枪，还有一门山炮，一部电台。

这一仗，二营背着缴获的枪支、电台凯旋，可把一营气坏了。原来前面的敌人车辆已经到了一营埋伏圈里，还是没有听到二营的枪声，当二营打响后，前面敌人的汽车已经跑了。战后一营、三营埋怨二营打晚了，放跑了敌人。

吴岱说："二营是按战前作战计划行动的。"说也奇怪，也不知是日军叫八路军打怕了，还是汽车上山没有劲，再就是因为下雨路不好走，二十辆汽车不知为什么落了近两公里路的距离。

还是团长邓克明作出公正的裁判，"什么一营、二营的，头一仗我们打掉了鬼子的18辆汽车，也算可以了。"

油房坪任家塔伏击战至今为当地老百姓所传颂，有的老乡说在此曾捡到过弹壳和军用刺刀。2007年4月，《山西日报》对当年这场漂亮的伏击战进行了报道，并呼吁："这个大捷遗址是一个很好的爱国主义教育基地，眼下只剩下两孔残破的土窑洞，该遗址紧靠307国道边上，随着明年国道的扩建，若再不及时抢救，这一遗址很快就会消失殆尽，悔之晚矣。"

补充团已锤炼成一支响当当的精锐部队。1938年11月25日，毛泽东发给彭德怀的电报，电文如下：

德怀同志：

　　我们考虑结果，以陈罗率师部及陈旅主力（两主力团）全部去山东、淮北为适宜，晋西地区暂留陈旅之补充团并集中各游击队编为一团交陈士榘指挥，尔后一二九师调一支队接防。陈罗东开时，拟公布于新老黄河广大地区，包括津浦东西，胶济南北在内。

　　尚昆、小平认为可行，你意如何，盼告。

毛、王、滕
二十五日

不久，补充团编为晋西支队一团，到达山东后该团编为一一五师教导二旅四团，是一一五师、山东军区、滨海军区的主力部队。在抗日战争中，该团让日本鬼子闻风丧胆，受到山东沂蒙山老区人民的爱戴。他们赠送给四团的锦旗，称之为"英雄老四团"，该锦旗至今保留在临沂革命纪念馆。在抗美援朝战争中，该团三连以果敢的行动抢占松骨峰，一举切断美第八集团军南撤的退路，为主力部队歼敌赢得了时间。其战斗故事被著名军旅作家魏巍写成长篇通讯《谁是最可爱的人》，闻名全国。

　　2013 年 11 月 28 日 19 点，中央电视台新闻联播报道习近平总书记视察沂蒙革命老区，"英雄老四团"的锦旗豁然出现在荧屏上。随着播音员的解说，这支符竹庭筹建、指挥过的英雄部队——"英雄老四团"更加名扬。

十四、八路军"挺纵"东进冀鲁边

东征前夕

平型关大捷后，三四三旅副旅长周建屏奉命率六八五团二营进入河北平山县一带活动，发动群众，组织武装，打击日寇。1937年11月底，一一五师命令六八五团二营为基础，将平山县地方武装扩编为一一五师第五支队，以继续发扬模范红五团的光荣传统，对外称永兴支队。二营营长曾国华任支队长，李宽和任政委。1938年4月26日，曾国华随一二九师副师长徐向前越过平汉线到达冀南。7月7日，一二九师津浦支队支队长孙继先奉命协同一一五师永兴支队东进冀鲁边区。

1938年4月，黎玉赴延安向党中央、毛泽东汇报山东工作，黎玉请示派一个主力团去山东，毛泽东认为应该多派些部队去山东。不久，中共中央酝酿派一支干部队伍前往山东，初步确定肖华、符竹庭率部前往。

徐向前、宋任穷率部在冀南开辟根据地。孙继先支队和曾国华支队到达冀鲁边区。当时这两个支队属冀南军区领导，而冀南离冀鲁边区相隔较远，且斗争复杂，不利于统一指挥，于是徐向前、宋任穷、陈再道等人向中共中央提出，由肖华、符竹庭统一指挥冀鲁边区的武装。《徐向前传》第16章有一段文字，这样描述："9月16日，徐向前、陈再道、宋任穷给党中央写信，提出'津浦路以东以肖华、符竹庭、马国瑞等同志组成军政委员会，统一军政党的领导'的建议，得到中央批准。"

油房坪任家塔伏击战的硝烟还未散尽。补充团刘参谋带着几个战士跑到山脚下打扫战场,刘参谋见一辆完好的日军汽车,便打开车门跳上驾驶室,摆弄起方向盘、脚踏板,还拿了一把刺刀在仪表上乱捅,因为汽车发动不起来,气得直咬牙嘟囔,"嘿!小鬼子都完蛋了,你还跟我较劲!走,你给我走!"气恼地用力踹,不料,草鞋帮撕裂。旁边几个战士哈哈大笑。刘参谋气得把草鞋摔出去,结果"砰"的一声摔在挡风玻璃上。忽然一个战士说:"首长来了。"

肖华、符竹庭走过来。肖华见刘参谋光着一只脚,手上拿着一把刺刀,笑了,"怎么刘参谋,你跟鬼子汽车拼上了刺刀?"

符竹庭跟肖华开玩笑,"刘参谋要开汽车拉我们。"大家听后哈哈大笑。

肖华看着这么好的汽车,遗憾地摇摇头,"可惜呀,这里离延安上千里,不然给党中央毛主席送去喽!"一摆手:"既然我们不能要,那就让鬼子来捡废铁吧。"

刘参谋仍不解气,气呼呼地说:"烧!把它烧成灰!"

符竹庭和肖华来到一门迫击炮前。肖华高兴地说:"符政委,你们补充团可真行啊,一下子就鸟枪换炮了,"并调侃,"人家小鬼子给你们当供给部长,你们拣了洋捞,何以报答。"

符竹庭一听,故作严肃地说:"肖政委,下一仗你还给我们团的话,我保证让鬼子多吃几颗'花生米',在旁边搬运战利品的战士听后又是哈哈大笑起来。"

这时,师部通讯员骑马匆匆来到补充团,见到肖华下马敬礼,然后把一张纸条递给肖华。肖华接过纸条看完后,对符竹庭说:"罗政委通知你我还有邓团长到师部去。"符竹庭高兴地说:"说不定又要打一场大仗喽!"

随后,肖华、符竹庭、邓克明带着警卫员翻身上马去了师部。

肖华、符竹庭、邓克明纵马奔驰来到师部门口,收住马缰,一个个翻身下马,警卫员接过缰绳,他们朝北屋走去。

在北屋的炕上,师政委罗荣桓伏在炕桌上,移动着放大镜看地图,眉头习惯地皱着,厚唇紧抿着。忽然门外喊了一声:"报告!"罗荣桓放下放大镜,抬起头,扶了扶用线拉在耳朵上的眼镜,打量着肖华、符竹庭、邓克明,并很疼惜地摇了摇头,指着墙角脸盆,一口湖南衡山腔:"看看,你们都变成泥猴子喽。快洗洗。"

符竹庭、邓克明拿起脸盆沿上的毛巾擦了擦脸。肖华却心情急切地问道："罗政委，有什么新任务给我们旅？又要打大仗吗？"罗荣桓笑着说："一仗接一仗，都成了拼命三郎了，还要打多大的仗才过瘾？"

这时，符竹庭从衣兜里掏出一副眼镜笑着说："政委，我还你两条腿，鬼子少佐的。"

肖华、邓克明见符竹庭突然拿出一副眼镜送给罗荣桓政委，感到惊讶，他们不知道这是怎么回事？

罗荣桓见肖华、邓克明惊讶的样子，便笑着说道："去年的时候，竹庭和我都在红大高干科学习，一天打篮球打得欢，我抓到球，他奋力抢夺，结果把我的眼镜抓掉了一根腿！"肖华、邓克明听后哈哈笑了起来。

罗荣桓把新眼镜戴起来，"哟"了一声，立即摘了下来，"你这是老花镜嘛。"此时，符竹庭脸上流露出尴尬和遗憾的神色，"唉，下次吧！"

罗荣桓重新戴上旧眼镜，平静地说："战士们情绪怎么样？"

肖华说："战士们盼望着再打几场像平型关那样的大仗呢。"

符竹庭补充说："只是伏击鬼子运输队不过瘾。"

邓克明说："再打几仗，我们补充团也是主力了。"

罗荣桓望着他们求战心切，而且充满着自信，脸色突然严肃起来，"看来，速胜论思想，单纯军事观点还得继续肃清哟！特别是领导干部的思想意识。"

肖华、符竹庭、邓克明见罗荣桓政委突然严肃地批评他们，一下子愣住了。

这时，罗荣桓拿出毛泽东的《论持久战》晃了晃问他们："你们读了几遍？"肖华说："我读了两遍。"罗荣桓见肖华回答爽快，便说："真的读懂了毛主席的观点？"肖华说："毛主席把抗日战争分为三个阶段：防御、相持、大反攻。"罗荣桓看着符竹庭问："你说现在是什么阶段？"符竹庭说："敌人进攻，我们防御，现在是防御阶段。"罗荣桓又说："我们八路军担负什么任务？"邓克明说："配合正面战场，主要是开展山地游击战。"

这时，罗荣桓拿起桌子上一份电报举了举说："中央通报正面战场情况，日军进攻广州、武汉的攻势很猛。广州外围已经失陷，很可能不保！"接着他又说："中央分析，日军打广州、武汉后，也成了强弩之末，再也无力了，那么，他们主要是回头巩固后方！毛主席预见的相持阶段就要到来了！"随后罗荣桓把电报让肖华、符竹庭等人阅看。

罗荣桓说："日军一回师，我们在华北的游击战就起主导作用了，而要打好游击战，我军就必须进一步壮大力量，并在敌后巩固和扩大根据地！你们说是不是？"肖华、符竹庭等人连连点头称："是"。

这时，代师长陈光来了，他高兴地同老战友肖华、符竹庭打招呼。他走到墙边，在挂的大地图边停下来，用一根竹子指着地图说："日军在华北占领区暂时力量空虚，他们只是占据中等城镇和交通线，广大农村腹地就等着我们去占领！时机对我们很宝贵啊！中央军委和总部的要求是，我军要进一步分散主力去华北各地！"

肖华说："明白了，师长、政委是要我旅抽调干部和部队？"

罗荣桓望着肖华、符竹庭、邓克明抿嘴笑道："抽你们三人！"

陈光接了话题："对，要你们三人去开辟一个新地区。"

肖华、符竹庭同时问道："去什么地方？"罗荣桓说："由吕梁山这里往东千里之外，冀鲁边区大平原。"罗荣桓走到地图边，指着地图说道："你们看，天津以南直到黄河，津浦铁路大运河以东直到渤海，一马平川，这就是冀鲁边区！正处于日军后方心腹之地，战略位置十分重要。一二九师孙继先支队和我师曾国华支队刚刚到达那里，同我党领导的地方武装会合后，已初步打开了局面。中央军委决定肖华、符竹庭、邓克明率领干部队伍迅速组建八路军东进抗日挺进纵队，肖华任司令员兼政委，符竹庭任政治部主任，邓克明任参谋长，许世友任副司令员（未到职），同时，中共中央北方局指示由肖华任冀鲁边区军政委员会书记，符竹庭任军政委员会委员，全面领导那里的党政军工作。"

肖华、符竹庭、邓克明神色庄重，深深地吸了一口气。陈光说："你们到那里并不孤单，你们北边有吕正操的部队，西边有一二九师徐向前副师长率领的部队。你们到后，要马上与他们取得联系。"陈光又说："眼下处处兵力都很紧张，我们抽不出多少部队让你们带走。师部研究，就以三四三旅政治部、旅直属队，六八六团抽调部分干部给你们。虽然部队不多，但都是我师的精华，以后全凭你们自己发展。"罗荣桓接过话茬说："给你们三天时间，然后开拔！先到太行山八路军总部，由朱总、彭总具体交代任务。"

游击队之歌的诞生

在仅有的三天时间里，肖华与符竹庭即将率领部队离开根据地，踏上千里远征，独立承担起艰巨的任务。面对时间紧迫与准备的仓促，符竹庭脑海中不断盘旋着一个问题：如何能有效地开展思想政治工作，以确保部队深入敌后，进行山地游击战的过程中克服一切困难，保持高昂的士气。他深思熟虑后认为，创作一首能够振奋精神，激励战士们战胜艰难险阻的战歌，将是至关重要的。

符竹庭擅长运用战歌来激励部队克服艰难险阻，鼓舞士气。长征路上，他曾用热血沸腾的战歌，使部队始终保持着高昂的战斗力。此刻，他思考着：宣传部能在两天内创作一首新歌呢？突然，他想起了正在部队进行慰问演出的上海战地服务团抗日救亡演剧队，特别是其中的作家刘白羽与作曲家贺绿汀两位同志，为何不请他们帮忙呢？于是，符竹庭决定亲自登门拜访他们。

9月下旬的一天下午，秋阳斜照，泛着金色的余晖。山西孝义县抗日救亡演剧队驻地。一栋农家小院门外，一位年轻的八路军干部正在轻轻地敲门，"笃笃笃……"不一会儿，门扉轻启，发出一阵悠长的"吱呀"声，随后，一位年轻人缓步而出。他面容白皙中透着健康的红晕，耳畔架着一副眼镜，举手投足尽显温文尔雅的书卷气息。当他猛然发现一位八路军干部正静候门外，眼中闪过一丝好奇，礼貌地问道："同志，请问您有何贵干？"

"我来拜访刘白羽同志。"八路军干部回答道。

"本人就是刘白羽。"刘白羽不假思索地回答。

"哇，你就是作家刘白羽同志？"八路军干部眼中闪过一丝敬佩，声音也微微提高了几分。

刘白羽听见对方称自己"作家"，脸"唰"地红了，他有些迟疑地望着站在自己面前的这位八路军青年干部,略带羞涩地问道:"您是——?"

"噢,我是符竹庭。"八路军干部微笑着自我介绍,语气中透出一种爽朗与热情。

"啊,原来是符竹庭同志!"刘白羽一听"符竹庭"三个字,顿时面露惊喜之色,恍然道:"哟,您就是符政委!"他眼眸瞬间亮了起来,往事如潮水般涌上心头。"那天在杜戍堡朱总司令检阅部队时,您和朱总司令、肖政委坐在主席台上,风采卓然。不知您今天有空到这儿?"刘白羽热情地把符竹庭引进屋里。

符竹庭踏入屋内,目光不由自主地扫视了一圈,只见屋内陈设十分简单。墙角边放着一个脸盆架,两条毛巾放在脸盆沿上。墙壁上挂着两个灰色挎包,旁边窗台上堆放了一叠书。靠墙边一张不大的炕显得格外醒目。一位知识青年正盘腿坐在炕上的小炕桌边全神贯注地看书。

"贺绿汀,八路军符政委来了。"刘白羽一面喊一面向贺绿汀介绍,"这位是符政委。"

符竹庭快步走上前,紧紧握住贺绿汀的手说道:"绿汀同志,打扰你了!"

"不打扰,不打扰。首长请坐,请坐。"贺绿汀连忙回应道。

刘白羽提起刚刚烧好的一壶开水,为符竹庭倒了一碗,然后与符竹庭、贺绿汀一起围坐在炕桌边,盘腿而坐。符竹庭吹了吹热气腾腾的开水,小心翼翼地抿了一口,随后缓缓地将碗放在炕桌上,微笑着转向刘白羽与贺绿汀,诚恳地说道:"我和肖政委后天即将带部队远征,我们希望拜托二位为我们创作一首激昂的出征战歌。"

刘白羽问:"你和肖政委带部队开拔到哪里?"

符竹庭回答:"离这里千里之外的东部大平原上。"符竹庭用期待的目光望着刘白羽与贺绿汀,"时间紧,只有两天时间。"

由于时间太紧,刘白羽心中不禁泛起一丝犹豫。然而,他的思绪突然被那天杜戍堡子的记忆所打断——他眼前仿佛浮现出了符政委与肖政委率领八路军战士们,庄严地接受朱总司令检阅的场景。他联想到在吕梁山抗日根据地的点点滴滴,目睹着这支英雄部队的英勇事迹:看到训练场上的肖华、符竹庭英姿勃发带领战士们训练刺杀、投弹、越障碍。而最近，他们更是捷报频传，屡战屡胜，还缴获了鬼子大量武器弹药。想到这里，刘白羽情绪变得激昂起来，他紧握拳头，猛地一挥，坚定地说道："放心吧，首长，写什么内容？"

"我们计划深入敌后，进行山地游击战，不如给我们创作一首游击队之歌吧。"符竹庭满怀期待地望向刘白羽与贺绿汀，"时间仓促，能行吗？"

"没问题，我们保证明天就能把歌曲交给您。"刘白羽与贺绿汀异口同声地回答道。

符竹庭心情非常激动，一把抓住他们两人的手，激动地说道："我代表八路军东进抗日挺进纵队，代表肖政委谢谢你们。"

9月下旬，北方的天气开始转冷，在一些海拔高的地区有时还会下雪。当天晚上，刘白羽与贺绿汀，一个在屋里来回踱步，一个坐在炕上沉思。当时天气骤然突变，屋里一下子很冷，但他俩却兴奋得不知道冷。刘白羽受到近期山地游击战的启发，围绕"游击队之歌"的主题迅速创作了歌词，并随即交给贺绿汀进行谱曲。

随后刘白羽躺下睡觉了。贺绿汀仍埋头坐在炕桌边苦思冥想。他一边小声地哼唱着，好像周围的一切全部忘了，直到雄鸡报晓，贺绿汀一把拉起刘白羽，"白羽快起来，刚谱写成的《游击队之歌》。"两人唱着唱着，深深地陶醉在雄壮的旋律中。

吃过早饭，刘白羽与贺绿汀将从蜡版上刻印好的《游击队之歌》交给了符竹庭主任。

随后，符主任急切地召来了宣传部长王辉球，满脸喜悦地吩咐道："辉球啊，这是刘白羽与贺绿汀两位同志刚创作完成的新歌——《游击队之歌》。你们务必抓紧时间翻印，让这首歌曲尽快在部队中传唱开来，鼓舞战士们的士气！"

"是，符主任。"王辉球急忙接过《游击队之歌》，"唰"地敬了一个军礼转身离去。

肖华、符竹庭、邓克明辞别罗荣桓、陈光后，率八路军东进抗日挺进纵队向东进发。这支队伍中有：政治部组织部长王叙坤，宣传部长王辉球，锄奸部长周贯五，民运部长刘贤权，司令部作战科长刘政，侦察科长刘友芝，加上机关干部、教导队、警卫部队共三四百人。

队伍里战马嘶鸣，其中一匹战马驮着两只小木箱格外引人注目。其实，这两只小木箱装的是符竹庭红大一科带来的教科书《列宁文选》《联共布党史》，毛泽东的《论反对日本帝国主义的策略》《中国革命战争的战略问题》，还有《孙子兵法》《三国演义》等。符竹庭把这些书当宝贝一样看待。

曾经与符竹庭朝夕相处的刘伟在《追忆符竹庭同志》一文中，有这样一段描述："……符竹庭同志不仅是我军的一位杰出的政治工作者，也是一位优秀的军事指挥员。他认真学习毛主席的军事思想，通读古代《孙子兵法》和《三国演义》，研究现代战争作战方法并把军事理论同实践结合起来，亲自指挥或参与指挥了许多重要战役……"

还在几个月前，符竹庭患了严重的痢疾，身体虚弱得连路都走不动，组织上给他配了一副担架。但是，他躺在担架上也闲不住，认真研读《论反对日本帝国主义的策略》和《孙子兵法》等书籍。他的书，专门安排了一名挑夫挑着。

中午时分，天空突然飘着雪花。肖华、符竹庭、邓克明率领八路军东进抗日挺进纵队的干部队伍向东挺进。

"我们唱歌走吧，就唱刚刚创作的新歌——《游击队之歌》，唱起来有干劲。"符竹庭提议道。

"对，这首歌是专门为我们出征创作的战歌哟！"肖华立刻来精神了。

部队迎着飞雪昂首前进。这时，抗日救亡演剧队刘白羽、贺绿汀和全队同志及驻地群众夹道欢送肖华、符竹庭率领的这支远征干部队伍，军民第一次唱起了震撼大地的战歌：我们都是神枪手，每一颗子弹消灭一个敌人；我们都是飞行军，哪怕那山高水又深。在那密密的树林里，到处都安排同志们的宿营地；在那高高的山岗上，有我们无数的好兄弟。没有吃、没有穿，自有那敌人送上前；没有枪、没有炮，敌人给我们造。我们生长在这里，每一寸土地都是我们自己的。无论谁要强占去，我们就和他拼到底！……

从此，这首战歌响遍了大江南北，鼓舞着抗日军民不断战胜日本法西斯强盗；此后，这首战歌在 20 世纪六七十年代被列为中小学教科书，鼓舞激励着青少年一代；今天，这首催人振奋的战歌依然响彻祖国大地。

几十年后，刘白羽描绘欢送肖华、符竹庭出征时的情景："我们在路边排成长队，欢送出征的人们。就在这时，肖华、符竹庭同志以一种战斗姿态出现了。他们二人个头不高，身穿灰色棉军装，全身洋溢着炽旺的精力，腰间皮带上挂着小手枪，他们在行进列中，扬着手臂，高声唱着这首战歌。我觉得从他们心里发出火、发出光，我深深地为这两位八路军高级指挥员的青春飒爽所打动，我们第一次唱起了震响大地的歌……"

老总的教诲

肖华与符竹庭率领八路军东进抗日挺进纵队干部队伍穿过同蒲铁路，进入八路军总部所在地太行山抗日根据地。他们在八路军总部接受朱德总司令、彭德怀副总司令和左权参谋长的指示。

朱总司令见到符竹庭与肖华时，高兴地握住他们的手像慈父般叮咛道，"你们两个伢子哟，这次单独离开总部，深入敌后，你们就是火种，要在广大的敌后发动群众，建立政权，扩大统一战线，组织发展抗日武装，点燃抗日熊熊烈火。"

"总司令，请您放心，我们坚决完成任务。坚决执行党中央和总部的指示精神。"符竹庭坚定地回答。

"好，你们要及时与总部保持联系，总部给你们多配发几部电台，以作备用。"朱德总司令紧紧地握着符竹庭的手说道。

"谢谢总司令。"肖华与符竹庭"唰"地敬礼。随后，肖华、符竹庭与邓克明前往副总司令彭德怀住处接受具体指示。

彭德怀见到肖华与符竹庭非常高兴，紧紧地拥抱他们俩，亲昵地连连拍打着肖华、符竹庭，总部参谋们连忙倒上热气腾腾的茶送到肖华、符竹庭等人手上。

他们喝完茶，彭德怀开始说话了。肖华、符竹庭、邓克明坐在对面板凳上一边听，一边认真记录着。

彭德怀说："你们去的这冀鲁边区，可是一块战略宝地。我们得到它，就像在敌人心脏插上了一把刀子！现在对敌人是个很大牵制，将来就是反攻的前哨。国民党限制我们发展，不叫我军跑出晋、察、冀三省，但是山东他们又收复不了。我军必须进入山东。你们去，还有一个对国民党的态度试探问题，你们的任务，就是在冀鲁边区建立起一块根据地，并且在那里长期坚持。"彭德怀喝了一口茶接着又说："你们纵队，暂时受一二九师副师长徐向前同志直接指挥。徐向前同志目前在冀南地区直接领导宋任穷、陈再道的冀南军区。中央还考虑一一五师下一步也要去山东，开入山东省南部的沂蒙山区，那时，你们再归一一五师建制。"

彭德怀望着肖华、符竹庭等人，神色庄重地说："你们得有充分的思想准备。那里不同山西，没有山、没有水，都是一眼望不到边的大平原。地理条件很不利于打游击，又在敌人嘴边。那里我党基础也比较薄弱。平原游击战怎么打，平原根据地怎么建立，还要靠你们自己摸索总结。"

谈完话，彭德怀立刻显得随和起来，"上饭"，他对警卫员说："馒头限量，窝窝头管饱。"

吃完饭后，彭老总见他们一身征尘，便说："我今天破例，请你们洗澡。"在太行山，水是很珍贵的，能洗上一回澡，那是非常不错的。符竹庭听说能洗上澡非常高兴。

彭德怀带着肖华、符竹庭、邓克明来到村头一个很小的池塘边，风趣并带有诡秘地说道："你们看这澡堂怎么样？"

符竹庭一看恍然大悟，肖华则小声开起玩笑，"不会犯三大纪律八项注意吧？"

"拉倒吧肖华，周围早就警戒上了。"说着彭老总把一盆水往肖华、符竹庭身上倒，激得符竹庭、肖华跳了起来。肖华、符竹庭也把盆里的水往彭老总身上倒，几个人你一盆我一盆浇得好痛快，小小的池塘边，演绎了八路军上下之间的手足之情。

彭老总送给八路军东进抗日挺进纵队5万元法币。当时，1角钱可买12个鸡蛋。他送了队伍一程又一程，队伍走出很远，仍然在山冈上目送着。

夕阳西下，晚霞将彭老总与壮丽的太行山镶在一起，成了一尊庄严的雕塑。

八路军东进抗日挺进纵队出了太行山，越过平汉铁路，来到了冀南。

徐向前、宋任穷和肖华、符竹庭等人热烈握手。

冀南军区机关设在当地一个开明士绅的大宅院里。

徐向前、宋任穷、肖华、符竹庭沿着宅院围墙外边走边聊。

徐向前说："我们在冀南开辟了十几个县的根据地，说起来就是要放手发动群众。这里没有山，我们要把人民群众推动到抗日战线上来，把广大人民武装成游击队的'人山'，我想不管什么样的山，也没有这样的山好。在建立县区政权方面，我们是和日寇还有国民党争地盘啊。当然和国民党争地盘还要讲究个战略战术问题。河北有鹿钟麟，山东有沈鸿烈。你们要迅速打出八路军东进抗日挺进纵队的大旗。"

宋任穷说："刚来的时候，这里混乱得很。当地流传着一句话，'兔子乌龟满地跑，土匪司令多如毛'，当地武装力量各有各的打算，有的胸怀民族意识，而无谋略大志，有奉国民党为正统，反对共产党的气焰十分嚣张。有的满嘴喊着收复失地，暗中却与日寇勾结；有的见乱举兵，趁火打劫；有的拥兵自重，窥测时局，伺机择主。我们发动群众，宣传抗日，收编杂牌武装，队伍就这样一天天扩大起来了。"

徐向前说："毛主席在《论持久战》里说得好啊！战争的伟力之最深厚的根源，存在于民众之中。大平原，没有山、没有海，人民群众就是我们的山，我们的海啊！"

正说着，正好一位战地记者走过来。徐向前说："来得正好，帮我们拍一张照吧。"他指着围墙边上的一棵槐树，"就以大树为背景吧，祝愿你们在冀鲁边发展得树大根深，枝繁叶茂！"

照相机灯光一闪，留下了一张珍贵的历史照片。

肖华、符竹庭还参观了一二九师骑兵团，上千匹战马让肖华、符竹庭赞叹不已。骑兵团团长王振祥、政委邓永耀挑选了两匹上好骏马送给肖华、符竹庭。临别时，肖华、符竹庭与骑兵团领导合影留念。从此，符竹庭骑着一二九师骑兵团赠送的枣红骏马一路征战。

肖华、符竹庭率八路军东进抗日挺进纵队一路向山东挺进。

晨光熹微，山涧寂静。一支四百多人的八路军干部队伍匆匆行进在蜿蜒的山路上。

傍晚，夜幕拉开，津浦铁路路基高高地耸立着，北不见头，南不见尾，像一条巨大的蟒蛇横卧在旷野里。

远处隐约可见高大的岗楼，更夫"梆梆"地敲着竹筒。

装甲车隆隆而过，车上的探照灯射出刺眼的光柱，在空中乱扫。远处偶尔传来零落的枪声。指战员们卧倒在路旁两侧的谷子地里，睁大眼睛，注视着铁路两侧的动静。"呜……"一声长鸣的汽笛响，日寇的一辆运货车由北向南驰来，轰轰隆隆的响声震天动地，地皮似乎也颤动起来。符竹庭说："同志们，火车一走，我们要迅速跨过铁路。"

火车远去，肖华大声说："大家快过铁路！"大家冒着纷纷散落的煤烟，箭一般地冲上路基，跨过铁路。

又是一夜急行军，东方渐渐地亮了，太阳似乎从地面爬起来，又大又圆，血红血红，仿佛近得可以用手去摸它。队伍静静地行进着，只听见"沙沙"的脚步声和"嘚嘚"的马蹄声。

经过十多天的日夜兼程，八路军东进抗日挺进纵队，走完了一千多里路程，于10月初，抵达冀鲁边缘——山东乐陵县城。

乐陵城门上方"乐陵"两字被夕阳镀上了一层金色的朝晖。

乐陵县位于山东省北部，东接庆云、阳信，西邻宁津，南靠商河、惠民，北连河北盐山。

乐陵高大雄伟的古城楼上张贴着：欢迎八路军东进抗日挺进纵队驻防我县的巨幅横标，在夕阳的映照下，熠熠生辉。"挺纵"司令员兼政委肖华，政治部主任符竹庭，参谋长邓克明英姿飒爽地走在最前面。队伍迈着整齐、坚实的步伐徐徐入城。马国瑞和曾国华、孙继先以及当地军民上万人夹道欢迎。行至县城西关，地方党政组织召开了隆重的欢迎大会。

乐陵西关，一个临时搭起的主席台上，肖华、符竹庭、马国瑞，国民党乐陵县县长牟宜之和三十一游击支队司令邢仁甫先后在会上发表讲话，表示竭诚拥护中国共产党的《抗日救国十大纲领》，团结一致，齐心抗战。会场上红旗招展，口号震天；抗日军民一齐放声高唱，抗战歌声响彻云霄。

晚上，冀鲁边区文艺宣传队首场演出《放下你的鞭子》，张岫石、潘大可等当地演员演出了精彩的抗战文艺节目。

十五、冀鲁边"黄埔军校"

乐陵 整编

冀鲁边区，拥有河北南部和山东北部相连的一大片地域，约600万人口。辖24县：沧县、南皮、东光、宁津、吴桥、庆云、盐山、新海（以上属河北省）、乐陵、商河、惠民、阳信、沾化、无棣、德平、陵县、临邑、济阳、齐河、滨县、德县、蒲台、禹城、平原（以上属山东省），它的战略地位十分重要，南北威胁天津、济南，东则可以封锁渤海湾，向西可以控制津浦和运河水道。

肖华、符竹庭的到来，曾国华、孙继先、马国瑞、邢仁甫，乐陵县县长牟宜之等人迎了上去。

符竹庭见到孙继先和曾国华很高兴。当年中央苏区第五次反"围剿"，温坊战役前夕，刚调红一团任一营营长的孙继先，在战斗中，率领全营敢打敢拼的战斗作风，给团政委符竹庭留下了深刻的印象。孙继先见到符竹庭的那一刻，激动地敬了一个标准的军礼，"符主任，一路辛苦了。"

符竹庭惊喜地一把握住孙继先的手，"继先同志，很久没见面了。"

孙继先摇着符竹庭的手，"老政委，三年多时间没有见面。"

符竹庭笑着说："虽然三年多没有见面，只要过河，就会想到长征路上强渡大渡河的十八勇士，就会想到你这位英雄哟！"

曾国华上前敬礼，"符主任。"

符竹庭握着曾国华的手："国华呀，听说你们营扩大了三倍？又可以恢复红五团啰，希望把红五团的光荣传统继续发扬光大。"

曾国华的永兴支队是六八五团二营扩编的，该营原是红二师五团。符竹庭任红二师政治部主任时，曾国华是红二师五团二营六连连长。

曾国华惊喜地说道："战士们听说老主任来了，高兴得几天都睡不着觉呢。希望很快见到你哟。"

符竹庭笑着对孙继先、曾国华说："继先、国华，我们初来乍到，这冀鲁边区的情况你们熟悉，给我们透透底啊。"

曾国华说："刚来这里时，我们支队还不到一千人，我们收编了一大批地方武装，虽然还很杂乱，但毕竟是我们的抗日力量了。"

肖华、符竹庭率部到来之后，为了迅速打开局面，加强边区党、政、军统一领导，调整了冀鲁边区军政委员会。中共中央北方局决定：肖华任书记，符竹庭、马国瑞、李启华、杨靖远为委员。肖华在首次军政委员会会议上传达了北方局和一二九师副师长徐向前的指示：冀鲁边区是一个重要战略区，将来要划归山东统一领导，军区建制隶属一一五师。在一一五师开进山东之前，暂归一二九师管辖，地方党组织归北方局领导，暂由冀南区党委代为指导。同时，确定了"巩固津南，发展鲁北"的战略方针。

金秋十月，树枝、草地、庄稼一片金黄，明媚的阳光使大地充满温暖。

10月中旬的一个清晨，乐陵县旧县镇"纵队"司令部临时驻地的一间屋子内，汇聚了八路军各级指挥员，他们济济一堂，共商抗日大计。

肖华、符竹庭主持会议。

符竹庭坐在桌旁，目光扫视了一眼在座的与会者，随后缓缓拿起一本笔记本，轻轻地翻了翻，郑重地说道："同志们，为了统一领导冀鲁边区的抗日武装，军政委员会决定：野战部队编为四、五、六三个支队。孙继先津浦支队为第四支队；曾国华永兴支队为第五支队；邢仁甫的三十一支队为第六支队。决定'挺纵'政治部锄奸部部长周贯五同志调任第六支队政委。目前，全纵队九千余人。"

地方武装三十一支队司令邢仁甫挺胸端坐，神情深沉："俺们这个支队编几个团呢？"

肖华说："暂编三个营！"

邢仁甫有点不高兴，迟疑着，"三个营？俺们支队原有25路哩。"

马国瑞是冀鲁豫省委宣传部长，冀鲁豫省委改为冀南区党委（属省级机构）就成为冀南区党委宣传部长，他是冀南区党委驻冀鲁边区的代表。这时，他觉得邢仁甫很不情愿，于是他神情严肃地说道："你们那25路总共才一千多人，太散了，何况新兵又多，怎么能有战斗力？"

肖华认为马国瑞说得有道理，就对邢仁甫说："老邢同志，准备抽调你们支队600人分别编到孙继先支队、曾国华支队去，再从他们两个支队中抽调400名老战士加强你的支队。"

符竹庭微笑着说："老邢同志，你们支队要加强党的领导。这样吧，你们支队的营长、连长，从你们25路指挥员中，挑选能力强的党员同志担任，怎么样？"

三十一支队政治部主任马振华听到符竹庭这句话，非常高兴地说："这下子，俺们支队的骨架子就硬啦！党的领导也真加强咧！"

邢仁甫有些紧张，他觉得这样一来，就不由他个人说了算。他有些不安地说："那，那其余指挥呢？"

肖华态度干脆地回答："担任副职或调地方或调四、五支队任副职！"

邢仁甫听到肖华要把六支队的副职调到四、五支队去，心情非常不安，虎着脸，沉默不语。

马振华对邢仁甫转不过弯来，有些不满，"老邢，你是不是不赞成这样的整编？咱们是党员，应该把队伍交给党组织！"

邢仁甫本来心里不痛快，马振华这么一说，他冲着马振华发火，"马振华！你嘛意思？我说不交了吗？"

"你咋不表态？"马振华反驳道。

邢仁甫拍着桌子，"没跟底下商量，怎么表态？"

马振华说："那你总得自己表个态。"

邢仁甫气呼呼地说："好不容易拉起来的队伍，别说底下，我也想不通！"

马振华心情激动地说："亏你还是个共产党员，怎么讲这样的话？队伍是你个人的吗？拉抗日队伍是党交给你的任务！没有党的政策，你个人有何作为？"

符竹庭看见他们两人吵架，便一把按下他们，和颜悦色地说："都坐下，我们是在讨论工作，不是吵架，要冷静！"

肖华平静地对邢仁甫说："老邢同志，你们支队，最先在冀鲁边区打起民众抗日的大旗，对开辟冀鲁边区的抗战局面是有很大功劳的，这是应当充分肯定的，但也应当看到，你们支队战斗力还薄弱，成分也复杂，不稳定！不彻底整编，就无法保证党的领导，也无法提高战斗力！"

这时，邓克明重重地说了句："整编方案是军政委员会决定的，北方局和八路军总部批准的。"

马振华首先表态，"我作为三十一支队党的负责人，坚决服从组织的整编决定！"

符竹庭望了望邢仁甫，心平气和地对他说："老邢同志，你是位老党员，应该深知个人需要服从组织的道理，这是党的纪律要求。"

邢仁甫看了看肖华和符竹庭，点了点头，"好吧，我个人会服从组织决定！"

这时，肖华觉得会议开得差不多了，便宣布散会。他起身后，郑重其事地对邢仁甫说："老邢同志，各路指挥们还要靠你吹吹风啊！"

邢仁甫也起身，说道："好吧。"随即向肖华、符竹庭敬了个军礼，便匆匆地离去。

参会人员走了后，符竹庭对肖华说："肖司令员，我们扩大抗日根据地，整编武装，干部太缺了；我们必须办一所干部学校，抓紧时间培养边区干部。"

肖华一听顿时充满了热情，对符主任说："我们想到一块儿去了！那办军校这件事，就交由你来负责如何？"

符竹庭爽快地答应道："没问题。"

肖华沉吟片刻后，说："咱们得给学校起个名？"

符竹庭提议道："叫'八路军挺进纵队军政学校'，怎么样？"

肖华赞不绝口："这个名字太好了！不过，校长一职，还得请你来担任。"

符竹庭连忙摆手，说："不行，不行，校长这个位置你来当最合适。"

肖华说："别谈什么合适不合适的。你是红大首届高干科的毕业生，这个职位非你莫属。"

符竹庭笑着回应道："那好吧，我就勉为其难地当一回校长。"

军校校长

1938 年 10 月，"挺纵"军政学校成立了：校长符竹庭、副校长曾庆洪、教育长朱子伟，校党总书记李全生，教育股长干省身。军校设在乐陵中学内，聘请"挺纵"政治部民运部副部长李青，宣传部部长王辉球，冀鲁边区特委书记李启华，"挺纵"六支队政委周贯五，乐陵县委书记周玉锋（后改名关锋），乐陵县战委会主任王国华等同志兼任教员。

> "黄河之滨，集合着一群中华民族优秀的子孙。人类解放救国的责任，全靠我们自己来担承。同学们，努力学习，团结、紧张、严肃、活泼，我们的作风；同学们，积极工作，艰苦奋斗，英勇牺牲，我们的传统。像黄河之水，汹涌澎湃，把日寇驱逐于国土之东，向着新社会前进，前进，我们是抗日者的先锋！"

嘹亮的《抗日军政大学校歌》从古城乐陵"挺纵"军政学校校园里飘出，飞向广袤的枣乡原野。来自八路军、地方抗日武装、边区党政基层和友军的战士、爱国知识分子、热血青年们，怀揣一个共同的目标：把日本鬼子赶出中国去！——他们积极投入了火热的军校生活。

符竹庭站在军校讲台上告诫学员们："同学们，我们是共产党领导的革命队伍。我们来自老百姓，扛枪打仗是为了把日本鬼子赶出中国去，不当亡国奴；扛枪打仗是为了将来建设一个新中国。这个新中国是个啥样子？就是咱们老百姓坐江山。自从盘古开天地，老百姓坐江山是头一回啊！我们这支队伍，不论到任何时候都是老百姓的子弟兵。"

清晨，学员们全副武装在枣林里排兵布阵。列队、展开、卧倒、匍匐前进、瞄准、射击、投弹、冲锋、刺杀……他们边训练边唱着《抗战歌》："抗战已发生，大炮响连声，前方我弟兄，勇敢杀敌兵，拿一把青龙大刀显威风，活活像关公。天色正黄昏，大炮刚刚停，前方我弟兄，冲杀鬼子兵，看他们一个一个脸发青，刀下送了命。男的上前线，妇女随后跟，男的去打仗，妇女看伤兵，你看那男女老少齐上阵，痛杀鬼子兵。男女齐上阵，痛杀鬼子兵，杀声喊连天，打败日本鬼，你看那老头小孩齐欢呼，胜利真光荣！一二三四！"枣林深处传来了阵阵的刺杀声和嘹亮的歌声。

学校设备非常缺乏，教学器材也十分简陋；训练枪支不够，就用木头枪代替；课本只有毛泽东同志的《论持久战》是铅印本。其余如：《游击战术》，马国瑞同志的《抗日民运原则》，艾思奇同志的《大众哲学》等则是特委机关和"挺纵"政治部手刻蜡纸油印的。刻印的课本字小而密，却非常精美清晰，本子小巧易藏。得到一本同学们争相传抄，以读为荣；大家求知若渴，读后印象很深，讨论起来更加认真。

课堂上，学员提问："啥叫游击战？"邓（克明）参谋长回答："游是走，击是打，游而不击是逃跑，击而不游是拼命，这两个办法都不行。'敌驻我扰，敌疲我打，敌进我退，敌退我追'，这就是游击战。"

晚上，豆油灯下，学员们分组讨论、交流学习体会："小鬼子占了大半个中国了，啥时候才能把鬼子打出中国去呀。"听了符（竹庭）校长讲毛主席《论持久战》的三个阶段，学员心里真亮堂了：持久战跟两个人撂跤一样啊，开始咱们身子骨弱，撂不过对方。随着不断长劲儿，两人撂个平手了。接续着再长劲儿，就把对方撂倒了。

符竹庭不仅为学员们讲课，而且对军政学校的教学训练和学员的学习生活抓得很细致。他要求在学员中发展中共党员，建立学员党支部。针对学校经济困难的问题，他亲自找到国民党乐陵县县长牟宜之，请他为军政学校解决实际困难。牟宜之十分敬佩符竹庭，他想尽一切办法帮助军政学校解决了装备给养。每期学员结业时，符竹庭都要找优秀学员个别谈话，针对斗争形势，选派学员到各地开展武装斗争，发展壮大抗日力量。

军政学校主要招收边区爱国知识分子和党、政、军及群众组织的基层干部。学员分政治、军事、民运三个中队，每个中队都成立了党支部。学习内容有：抗日游击战术、军队政治工作、抗日民族统一战线和党的建设、群众工作等。每期三个月，第一期培训学员400人，结业后，军事队、政治队分配到部队和政府机关工作；民运队大多数回家乡开展工作。

第二期是军政学校全盛时期，规模最大，共11个队，一千多人。学员有：正规部队排长，地方部队连、排长；战委会干部，县区游击队干部；进步青年学生。这些人经过学习，有的仍回部队，有的回去当区长、锄奸部长、民运部长、宣传部长。另外，还有国民党地方部队——保安队长、警备队长等。

司令员肖华也常到军政学校作报告。1938年10月27日，他在军政学校作了题为《放弃武汉后的形势与当前的紧急任务》的报告，肖华的报告从国际反法西斯战争讲到中国抗战，从全国形势讲到边区抗战，从战略讲到战术，有声有色，引人入胜，深受学员和广大抗日民众的欢迎。

军政学校教育长朱子伟是位老红军，也是一位优秀的军事指挥员。他为了培养学员不怕苦、不怕累、不怕难，专拣烈日炎炎或大雨滂沱的天气，把学员集合到院子里，让学员在日晒雨淋中经受锻炼。一次，他在烈日下给学员作报告，一个学员晕倒了，他叫人把他抬下去，然后继续讲话。他高声说道："同志们，我们是共产党领导的八路军，它前一个名字叫红军，我们是劳苦大众的队伍，目标是解救全中国劳苦大众。现在，日本鬼子强占了我们的国土，眼看要亡国亡种，我们绝不当亡国奴！八路军是抗日救国的先锋队，你们是先锋队的排头兵。同志们，要发扬红军爬雪山、过草地、吃草根、不怕苦、不怕死的革命精神，夏练三伏，冬练三九，练身骨，练意志，练本领。练兵场上多流汗，到了战场上就少流血啊。"平时集合，他要求学员在几分钟内做到队列整齐，有时他夜间突然搞紧急集合，组织学员进行军事演习，锻炼学员快速反应能力。

学员们的生活很艰苦，吃窝窝头、咸菜，但学员们的精神生活却是快乐多彩，充满活力。军政学校以抗大为榜样，提倡"团结、紧张、严肃、活泼"的校风。他们除了开展打篮球、打乒乓球外，还经常开展文艺演出。学员中，燕明、辛国治都是当时有名的文艺活跃分子。

锣鼓敲,琴弦奏,学员自编自演文艺节目,文救会主任吕器创作的《难民参军小调》搬上了舞台:

> 左手拿着个瓢哟,怀中婴儿抱,举家逃荒,就把饭来要。
> "你家住在哪里?"
> "家住在山东省,乐陵城正东,我的庄名叫'高廷'。"
> "老乡,你为什么来要饭?"
> "同志们,你问那干甚么?提起这事来很伤心,止不住两眼泪纷纷。"
> "去年夏天,大水波浪翻,满地的庄稼全被大水淹。"
> "这水是谁放的呢?"
> "问水是谁放,都是那小东洋,鬼子放水淹了地,使得遍地闹灾荒。"
> "你们要饭,要到何处算一站呢?你们参加八路军不好么?"
> "同志们的一席话,提醒我梦中人,咱们大家齐去参加八路军。"
> "参加八路军,还不快走么?"
> "走、走、走,干、干、干,赶走日本鬼,大家得平安。"

看台下,观众热烈鼓掌,群情激奋。

"挺纵"军政学校的学习达到了毛泽东提出的"团结、紧张、严肃、活泼"的要求,为培养我党我军敌后抗日军政人才,壮大我党我军抗日力量奠定了良好的基础。

军校英才辈出

"挺纵"军政学校,从 1938 年 10 月至 1940 年 3 月,共培训了五期学员计二千余人。这些学员对边区各县发展党组织,开辟抗日工作,组织发展抗日武装,建立政权,起到了不可估量的作用。因此,笔者从他们当中介绍几位:

学员马冲。马冲从"挺纵"军政学校毕业后,分配到东光县大队任教导员。

为开辟鲁北抗日根据地，他于 1938 年 12 月在糖坊村建立了临邑县为中心的七县（临邑、商河、济阳、禹城、陵县、德县、平原）工作委员会并任书记。他不畏艰难，发展党员五十多名，后改任临邑县委书记。在他的协助下，建立了八路军鲁北支队二大队和临邑抗日环城大队两支重要武装。在恶劣的环境中，他冒着生命危险，恢复被日伪破坏的党组织和地下交通站。策反、分化、瓦解伪军和伪政权人员，为抗日战争事业作出了重大贡献。

学员王哲。王哲毕业后，组织上派他到国民党张国基部做统战工作。张国基不收留，他便在吴桥、德平、德县三边地区开展抗日宣传活动，秘密发展党员，筹建地方抗日武装。1938 年冬，他参与建立了德县中华民族解放先锋队并任大队长。1939 年 4 月，他与德县武连鹏、德平县张龙祖建立了八路军东进抗日挺进纵队第二游击大队。1940 年 4 月，德县抗日民主政府成立，他领导的"挺纵"游击二大队改为德县大队，他任县长兼大队长。他领导抗日军民积极开展对敌武装斗争，镇压汉奸、打击土匪、袭击日军据点，动员各阶层力量共同抗日。为了打击日伪军的嚣张气焰，鼓舞抗战信心，他经常带领县大队在青纱帐里打伏击，在交通要道上埋地雷。打炮楼、拔据点、炸军火库，出奇制胜，神出鬼没，打得日伪军寝食难安。在他的领导下，德县抗日形势发展转向了共产党领导的全面发展阶段。

学员陈怀治。1938 年 10 月，陈怀治抛弃了富裕的家庭生活，悄悄地联系了同学夏久治、夏昌等人到乐陵找到八路军东进抗日挺进纵队司令员肖华和政治部主任符竹庭，要求参加八路军，经两位首长介绍，进入"挺纵"军政学校，学习军事、政治理论。通过学习，他明白了许多革命道理，懂得了社会主义、共产主义才是全人类的理想社会，只有在中国共产党的领导下，才能打败日本帝国主义，解放全中国。陈怀治从军政学校毕业后，被派回商河县开展建立抗日武装斗争工作。

这时候，商河县一片混乱，党的力量非常薄弱，日、伪、顽相互勾结，力量强大。国民党投降派刘景良纠集部分地主、绅士、旧官吏相继建立了县区伪政权。兵痞、土匪也趁机作乱，他们自立旗号，扩充武装，鱼肉乡里，各霸一方。面对斗争异常艰苦，环境非常险恶，陈怀治到商河后，向当地群众宣传共产党八路军的抗日救国主张，动员说服不少亲朋好友秘密参加抗日队伍。1939年7月，商河县抗日民主政府成立，同时也建立县政府警卫班，陈怀治任班长。警卫班虽有十几个人，但枪支太少两人分不到一支枪；弹药更是缺乏。为了解决枪支弹药，他带领警卫班成员走东家串西家，发动群众为抗日救国出力：有钱的出钱，有枪的出枪，在几天时间里，他就动员出五支大枪，两支匣枪，发展壮大了警卫班的力量。同年10月，在警卫班的基础上成立了商河县大队，陈怀治任县大队副大队长。1939年农历中秋节，陈怀治带着警卫班跟随县长李逸民一行七人，身藏短枪，他们这次行动是要拔除顽敌刘景良部十一团警卫连这颗钉子。他们来到十一团团部，一进门陈怀治就大声说道："中秋佳节，抗日民主政府县长和李雨田团长共同赏月。"这时，李雨田团长的侄子李鸣州斜着一双醉眼点头哈腰地迎了上来说："李县长大驾光临，欢迎，欢迎！不巧的是团长今晚回家了，如果县长赏脸，请到屋里喝两杯。"陈怀治环视了一下周围，与李逸民相互使了个眼色，进屋坐定后，李鸣州话多起来，李逸民见时机已到，端起一碗茶水往地上一泼，这是动手信号。只见陈怀治突然拔出驳壳枪，大喝一声"不许动！"如雷轰顶，吓得李鸣州瘫在椅子上，哆哆嗦嗦地说："李县长，这，这……"陈怀治上前抓住李鸣州说："少废话，要活命，就带路去缴警卫连的枪，不去就……"说着陈怀治用枪顶住李鸣州的腰，李鸣州赶紧说："我去，我去。"李鸣州带路来到警卫连，招呼连长王景儒出来，王景儒一出来，还没有来得及问啥事，就被陈怀治一把抓住，缴了他的枪，"八路军主力包围了你们，我们奉命来收你们的枪。"李鸣州赶紧说："八路军县长来了，快让弟兄们缴枪！"王景儒看到黑洞洞的枪口对准自己，只好乖乖地命令他的士兵排好队整齐地把枪放在连部大门外。这一次就缴枪七十多支。

这些胜利，在当地引起了极大的震动，有力地打击了伪顽的嚣张气焰，为县大队的建立和发展创造了良好的物质条件。之后，陈怀治率县大队配合主力部队作战，摧毁敌伪政权，为保护人民群众的利益作出了贡献。

学员辛国治。辛国治于1938年11月入军政学校学习，在校期间加入了中国共产党，是学员中有名的文艺活跃分子之一。毕业后留校任政治队党支部书记，后调任六支队七团连指导员、团宣传股长，教六旅政治部宣教科科长，渤海军区第二军分区政治部副主任、主任。在战争中，他三次负伤。解放战争中，他担任渤海纵队十一师政治部主任，参加了济南、淮海、渡江、上海等战役。在战斗中，他深入一线开展战地政治工作，如淮海战役中，寒冬腊月他与战士们同吃、同住、同睡在战壕里，从而有效地鼓舞了士气，保证了部队打胜仗。解放初期，他任上海警备区政治部主任，为了做好城市中的部队思想政治工作，他多次深入到南京路上值勤的八连蹲点，与干部战士一同站岗，一同执勤，帮助八连克服种种困难，从而使八连在香风熏雨的南京路上站稳了脚跟。他主持撰写了《南京路上好八连政治工作经验》，上报总政治部，得到党中央和军委首长的高度赞扬，被国防部授予"南京路上好八连"荣誉称号。

学员王猛。王猛在"挺纵"军政学校毕业后留校任学员队党支部书记，指导员。王猛时时处处留心观察红军干部言行举止，从他们身上学习思想政治工作和领导艺术。红军干部平时以身作则，战时冲锋在前，危急时刻挺身而出，使他深受教育。1940年初，他任"挺纵"五支队五团二营教导员，跟随"挺纵"政治部主任兼"挺纵"军政学校校长符竹庭转战冀鲁边。在抗日战争、解放战争中，他率部机智灵活，发扬了敢打敢拼的战斗作风，为中国人民的解放事业立下了赫赫战功。在"文化大革命"中，他与陈伯达、江青、张春桥等人进行过正面碰撞，被周恩来称为"猛将"王猛。

每当王猛、辛国治等老将军回忆起冀鲁边八路军"挺纵"军政学校那段难忘的峥嵘岁月，总是心潮澎湃，满怀深情地说道："我们在那里转变了世界观，由单纯的抗日爱国思想转变为共产主义思想，学到了军事战术。"

冀鲁边八路军"挺纵"军政学校，在符竹庭校长的领导下，在抗日战争的烽火岁月里，培养造就了许许多多抗日精英和军政人才，为中国人民的解放事业作出不可磨灭的贡献。同时，也获得了极高的赞誉——冀鲁边"黄埔军校"。

十六、创办《挺进报》

群策群力办报

1938年11月下旬的一个寒夜，晚霞褪去，星辰点点，"挺纵"政治部一间屋内，几张八仙桌拼凑在一起，中央点着一盏摇曳的小马灯。昏黄而微弱的光线下，各部门的首长团团围坐。符竹庭端坐桌旁，手执钢笔，记录本摊开，他环视四周，目光掠过每一位部长的脸庞，开门见山地说道："同志们，今天的部务会议，主要议题是讨论研究'挺纵'机关报的事宜。"符竹庭轻轻地挥了挥手，微笑着说："同志们，众所周知，一份优秀的机关报对于部队军政建设，宣传敌后抗日武装斗争，鼓舞士气，都具有不可替代的作用，现在请大家畅所欲言，谈谈如何办好'挺纵'机关报的看法和建议。"

符竹庭讲完话，会议室里陷入了一片沉寂，大家都在寻找合适的言辞，这时符竹庭以他特有的幽默感打破僵局："同志们，你们都是我们'挺纵'的文化人，'大秀才'啊，怎么成了哑巴？快，别藏着掖着了，有什么好点子都拿出来分享分享。"他把目光转向敌工部部长董秋浓，诙谐地说道："秋浓同志是个留洋生，大知识分子哩，可别告诉我你也没什么说的哦？"

董秋浓听见符竹庭夸他"大知识分子"顿时满脸通红，不好意思地说："办报，我可是外行哟。"

符竹庭摆了摆手，说："不懂，慢慢学，外行变内行嘛。"

宣传部部长王辉球首先作表态性发言："作为宣传部长，负有办机关报的义务，我虽然是大姑娘上轿——头一回，但这是我义不容辞的责任，我将一定竭尽全力办好机关报。"

王辉球话音刚落，组织部副部长范阳春紧接着发言："对于办报，我确实是个门外汉，不过，在我看来机关报作为'挺纵'的喉舌，其刊名至关重要。"他稍作沉思后提议道："叫《敌后抗战报》如何？"

民运部部长刘贤权接过话题，表达自己的看法："依我看呀，这个刊名没有新意。"

"那你觉得什么样的刊名才算有新意？"范阳春反问道。

刘贤权沉思了一下，说道："至少要体现出'挺纵'的特色。"他皱了皱眉头，接着说道："这个问题并不简单，我得仔细琢磨琢磨。"

锄奸部部长匡根山嘴里叼着烟斗不停地吸烟，浓浓烟雾在屋子里飘绕，不知谁看了他一眼，他连忙停止吸烟，把烟斗往自己的鞋底下敲了敲，"唉，我是个大老粗，说不上什么，请你们这些文化人多说说吧。"

敌工部部长董秋浓一直保持着低头沉默的姿态。这时，他似乎灵光一闪，猛然抬起头，缓缓开口："如果要有特点的话？我们八路军东进抗日挺进纵队作为深入挺进敌后抗战的队伍，报刊主体应鲜明地反映出我们挺进敌后的独特性。我觉得，可以围绕'挺'字做文章，将报刊命名为《挺进抗日报》，不知大家怎么看？"

大家你一言我一语，热烈讨论着，各抒己见。这时，总务处处长姚锦福见大家围绕刊名争论不休，便果断提议："大家意见纷呈，不如请符主任拍板。"

符竹庭一边记录，一边倾听，当听见姚锦福说要自己拍板时，这才放下钢笔，抬起头来微笑着说："同志们，大家都说机关报要体现'挺纵'的特点，刚才秋浓同志提出围绕'挺'字做文章，我认为这个意见很好。结合你们的意见，现在我来谈谈我的看法。"他清了清嗓子，继续说道："大家知道，机关报是咱们'挺纵'的喉舌，代表'挺纵'的声音，必须具有'挺纵'特色。所以，我认为刊名叫《挺进报》比较合适，因为'挺进'二字有两层含义：一是我们八路军东进抗日挺进纵队，挺进敌后建立抗日根据地，恰似一把钢刀插入敌人的心脏；二是我们都是革命者，应该挺起胸膛向前进，任何敌人都无法阻挡我们向前挺进的步伐。"

"好!《挺进报》这个刊名好啊!"董秋浓不由自主地赞叹道。

参会的各位部长一致认为符主任提出的《挺进报》刊名有新意,有特点,纷纷表示赞成。

符竹庭见大家情绪高涨,微笑着说:"既然刊名已得到大家的认可,那我们接下来讨论一下,由谁来牵头具体负责这项工作?还有,工作人员怎么落实?"

姚锦福不假思索地说道:"宣传部不是现成的吗?"

符竹庭说:"锦福啊,你只说对了一半。宣传部的工作不仅仅局限于办报纸啊,他既要具体负责部队的思想政治工作和宣传教育工作,又要统筹抓好部队的文艺工作,任务相当繁重啊!"符竹庭拿起茶缸喝了一口开水,清了清嗓子,微笑着说道:"我提议暂由每个部门抽调二至三名文化水平较高的同志成立'挺纵'《挺进报》社,大家有什么意见吗?"

众人异口同声地回答:"没有意见。"

接着,符竹庭对王辉球说:"辉球啊,这项工作很艰巨,由你这个宣传部长牵头吧。"

"是!保证完成任务。"王辉球毅然决然地回答。

"挺纵"政治部各部门雷厉风行,抽调的干部很快到齐了。符竹庭要求《挺进报》在最短的时间内创刊发行。

不久,文庙一间不大的屋子里,《挺进报》社开张了。十几名干事,忙碌着,有的修改稿件,有的拣字排版,有的校对,有的正在印刷。宣传部部长王辉球每天都要到报社检查指导工作,发现纰漏及时纠正。符竹庭主任也经常来报社看望大家,鼓励大家发奋努力。除此之外,他对主要稿件亲自把关、修改。

沙漠中的甘泉

《挺进报》开始仅发行"挺纵"三个支队,随着部队不断扩大,发行量也增大了。后来发行到冀鲁边各县乃至乡村。起初,报纸是每周一、六出版,特殊情况下出日报，四开四版。每期印刷二至三千份不等。一年以后，报社扩大规模达到全盛时期，共有五台印刷机。报社设有一室六科和一部电台，九十多名工作人员。报纸也改为隔日一期，对开四版，每期五至六千份。开始由"挺纵"宣传部部长王辉球具体负责，后来王辉球调任六支队政治部主任，报社由"挺纵"新任宣传部部长姜思毅具体负责。姜思毅被誉为"军中一支笔"，新中国成立后曾任军事科学院副院长。当然，这是后话。

"挺纵"到达鲁西后，成立八路军鲁西军区，《挺进报》便成为鲁西军区机关报。在《挺进报》的基础上，符竹庭又创办了一份杂志《挺进周刊》，发行量六千余份，每半个月一期。1941年，鲁西军区和冀鲁豫军区合并成立新的冀鲁豫军区，《挺进报》又成为冀鲁豫军区机关报。

《挺进报》这份报纸一面世，就以鲜明的立场、真实的报道、生动的文字和新颖的版面受到根据地广大军民的欢迎。它以报道和指导对敌斗争为主。例如我军胜利消息——"挺纵"三打灯明寺，犹如一道闪电，迅速传遍了整个冀鲁边区，抗日军民欢欣鼓舞，抗战热情更加坚定。

《挺进报》还对作战战术进行总结。战例分析、敌军战术和我军战斗情况，介绍战斗英雄事迹也有所涉及。对部队军事训练研究，对敌作战战术、小部队活动以及军事技术等等占据该报的主要位置。除此之外，还有相当的篇幅指导部队建设。符竹庭很善于通过报纸推动部队工作。他从部队实际出发，除研究战时思想政治工作外，还对学习毛泽东思想，实行调查研究，加强部队思想政治教育，发扬革命英雄主义进行了宣传报道。为了鼓舞边区军民战胜困难，英勇抗战，符竹庭特意安排宣传部创作歌曲《冀鲁边区进行曲》。他对该歌歌词特别重视，亲笔逐句逐字修改，并在《挺进报》上发表。其歌词是：

> 东临渤海，西助津浦，
> 南凭黄河，北迫平津。
> 这里是敌人深远后方，
> 曾经混乱沦亡，
> 这里是抗日的坚强阵地，

山东、河北的屏障，

准备反攻的堡垒。

我们高举解放的大旗，

驰骋在广阔的平原上。

炮火连天中，

我们飞速地发展，

不断地壮大。

不怕，二百个据点的敌人疯狂"扫荡"，

任它、纵横的公路网，

离敌人三五里宿营。

不管吃的是树叶和糟糠，

永远站在我们的岗位上。

环境越困难，

越是我们的光荣。

我们一定干到底！

我们一定要胜利！

……

这首歌在《挺进报》上发表后，迅速传遍了冀鲁边区，成为最有影响力的战歌。

报纸是无声的宣传员、战斗员。一张张报纸，像一束束火把，点燃了干部战士的理想之火；像一柄柄正义之剑，刺向敌人的心脏，令敌人心惊胆寒。一首首抗战歌曲，像一支支冲锋号角，鼓舞着抗日军民奋起战斗，打击日本侵略者。

自《挺进报》创刊那天起，符竹庭养成了一个习惯，每一期报纸印刷出版后，第一张总是首先送给他，他收到报纸后，便认认真真地阅读，不时地用铅笔在上面圈圈点点，打记号、做眉批，记下优点、缺点。创刊初期，他亲自参加审稿。除此之外，他还是《挺进报》写稿最多的人之一。

八路军东进抗日挺进纵队的胜利进军，拓宽了《挺进报》的发展道路，忠实地记录了冀鲁边抗日游击健儿惊天地泣鬼神的英雄业绩，成为冀鲁边这片荒芜的"沙漠中的甘泉"，它的威力赛过千军万马。

指导边区办报

这天傍晚，晚霞映红了半边天空。在乐陵县城文庙八路军东进抗日挺进纵队政治部的简陋房间时，符竹庭与冀鲁边区特委书记李启华刚刚结束工作交谈，符竹庭对他说："启华同志，我听说你们办了一份《血花》报？"

李启华回应道："是呀，你想看这份报纸，我可以派人给你送来。"

符竹庭摇摇头，解释道："不是的，我是在想，我们边区党委要有一份自己的机关报。"

李启华说："这倒是，可我们目前还没有这方面的经验和能力呀。"

符竹庭说："我们也谈不上有什么经验，不过《挺进报》社的同志或许能帮一下你们啊。"

李启华高兴地说："符主任，我举双手欢迎啊！"

符竹庭说："你先别着急，得先给刊物起个名字。"

李启华问道："《血花》这个刊名难道不好吗？"

然而，符竹庭却认为："《血花》这个刊名意义不够深远，且无法充分体现边区党委的独特性。"

李启华茫然地说道："那怎样的刊名才能充分体现边区党委的独特性呢？"

符竹庭缓缓地说道："我们'挺纵'原来有份刊物叫《烽火》，现在停刊了。从《烽火》这两个字的含义上解释：抗日武装斗争像烽火一样成燎原之势，将日寇埋葬在人民的汪洋大海之中。依我看呀，你们用这个《烽火》刊名非常恰当。"

李启华欣喜地说道："符主任，听你这么一解释，让我茅塞顿开，《烽火》这个刊名真是太棒了！我完全赞同。"

冀鲁边区特委在《血花》出版三期后，即更名为《烽火报》，并以冀鲁边区党委机关报名义发表创刊词社论。

随着形势的发展，《烽火报》的发行数量越来越大，发行范围也越来越广。这份报纸后来成为冀鲁边区最有影响力的报刊，报社工作人员最多时达到一百余人。时任新四军五师师长兼政委的李先念同志曾为《烽火报》写过社论：《胜利在望》；冀南军区政委宋任穷也为《烽火报》写过：《坚持团结，反对分裂》等文章。

冀鲁边有位叫郑正的老战士写了一首赞美《烽火报》的诗：

"烽火"照路明，革命旗鼓先头行，
莫轻油印一面字，本是烈士血写成。

符竹庭在冀鲁边区期间还帮助津南、鲁北特委创办了《火光报》《战士报》和《斗争》等军队和地方报刊。后来吴桥、南皮、盐山划归渤海第一军分区。渤海第一军分区将《战士报》进一步发扬光大。

"挺纵"机关报——《挺进报》，第一个在敌后抗日根据地吹响了敌后抗日的进军号角，积极有效地传播了敌后抗日的胜利捷报，鼓舞了敌后抗日根据地军民坚强抗战的信心，有力地推动了抗日救国的迅猛发展。

符竹庭创办的《挺进报》闪耀着历史的光芒！

十七、巧出奇兵定乾坤

杨靖远血洒盐山

1938 年 10 月，国民党顽固派河北省主席鹿钟麟企图用武力征服八路军东进抗日挺进纵队，把"挺纵"赶出河北。亲自召见盐山县四区反动民团头子孙仲文，委任孙仲文为国民党政府军第五十三游击支队司令；拨钱、配枪，还成立了一个"官团"大队用来专门对付"挺纵"。孙仲文当上"司令"后，自以为有钱、有枪、有靠山，越发骄横，派兵包围了盐山五区抗日政府，并在区政府门口架设机关枪，强令区政府制册交印。还在苏基、大赵村、丁村一带挖沟垒墙，扣押"挺纵"过往职员，活埋抗日干部，手段残忍，令人发指。

为了顾全大局，肖华司令员派津南督察公署专员兼第六军分区司令员杨靖远找孙仲文交涉，劝其停止破坏活动，一致抗日。

杨靖远，原名赵荣山，1902 年生于辽宁沈阳，毕业于北京医科大学，九一八事变后加入了中国共产党，曾任中共河北省委负责人。

1938 年 10 月初的一天上午，杨靖远挎上二十响驳壳枪，带着警卫员吴二楞骑马朝河北盐山县方向疾驰而去。

河北省盐山县大赵村是孙仲文的老巢，也是盐山县一个小集镇。小镇周围挖有深深的壕沟，两扇高高的寨门竖在寨墙中间。寨门下，站着几个身穿黄狗皮横挎步枪的小喽啰兵，他们对过往的老百姓吆五喝六。

中午时分，大赵村东南面，突然传来嘚嘚嘚的马蹄声，声音由远及近，不一会儿只见杨靖远和吴二楞驾驭战马箭一般地朝寨门飞驰而来。众喽啰兵急忙持枪拦住他俩，并大声吆喝："站住！你们是干什么的?!"

"我们是八路军！前来谈判的!"杨靖远两颗炯炯有神的眼睛正视着他们。

"那……那你们也要下马接受检查!"一个喽啰兵斜着二吊眼结结巴巴地吆喝道。

警卫员吴二楞指了指，一脸严肃地说："这位是我们八路军的杨司令!"

喽啰兵仗着人多势众，并不买账，抄起枪指着杨靖远与吴二楞吼道："快，快下来，接受检查!"

吴二楞眼见众喽啰兵嚣张跋扈，怒火中烧，猛然拔出双枪，枪口直指众喽啰兵，咆哮如雷："谁敢动，老子崩了谁!"

众喽啰兵目睹吴二楞愤怒的双眼和两把乌黑发亮的二十响驳壳枪，顿时惊慌失色，一个喽啰兵慌里慌张地说："那好！你，你……等着。"边说，边拔腿跑了。

不一会儿，那个喽啰兵又气喘喘地跑回来，说："咱们孙司令说，放，放……这两位八路进去。"

杨靖远与吴二楞持马来到小镇一栋大宅门前，突然发现大门前挂着一块招牌："国民政府第53游击支队司令部。"门外站着两排身穿黄、黑两种服装的喽啰兵。

穿黄狗皮的喽啰兵手握九二式中正步枪，威严挺立；着黑衣服的喽啰兵手持寒光闪闪的大刀，气势汹汹。从大门口至大门内，他们夹道而立，形成两道密不透风的人墙。杨靖远与吴二楞从容不迫，步伐稳健地穿过这刀枪林立的人墙，径直朝孙仲文的客厅走去。

孙仲文坐在太师椅上傲慢地抽着香烟，看见杨靖远进来，冷冷地说道："杨司令，今天又有何事呀?"

杨靖远单刀直入："孙先生，你们的所作所为太过分了。"

孙仲文骄横跋扈，出言不逊地说："本人现在是国民政府委任的司令，负责管辖盐山一带，你们要么听从我的指挥，要么退出盐山县。"

杨靖远沉着冷静地据理反驳："大家有目共睹，盐山县已有抗日民主政府，一直在领导民众进行抗日斗争，怎么成了你管辖？大敌当前，国共联手抗日，怎么能一方赶走另一方？"

孙仲文胡搅蛮缠，强词夺理地说："我这也是各为其主，奉命行事。既然杨司令以大局为重，那就把你们的人马撤出去。"

杨靖远义正词严，有理有节地说道："我们正是从抗日救国大局出发才一再忍让，并不是软弱怕你。你必须停止制造事端，不然，再干这些亲者痛、仇者快的事情，只有死路一条！"

孙仲文一听，脸色骤变，大声吼道："杨司令，谁死谁活还说不准呢？天堂有路你不走，地狱无门自撞墙，你今天来了，还走得了吗?!"

杨靖远冷笑一声："我敢匹马单枪来，就不担心走不了，你能奈我何？"

孙仲文面目狰狞，大声吼道："本人请你在这里住几天！"说完用力猛拍桌子，随着"砰"的一声，从客厅影壁后面和两厢突然蹿出十几个喽啰兵。

不等喽啰兵走上前，杨靖远呼地起身，右手掏枪，一伸左手抓住孙仲文，大喝一声："那个敢动手，我就宰了你们的主子。"

吴二楞纵身一跃，冲到杨靖远身前护卫，手上两把二十响驳壳枪张开机头，怒不可遏地吼道："往后退，不然老子的枪子不认人！"

众喽啰兵一时傻了眼，木桩般地愣在那里。

孙仲文眼见杨靖远的枪口紧顶着自己的要害，连忙改口，语气中带着一丝颤抖，却不失圆滑："杨司令，你放手，刚才说的是句玩笑话，误会，误会。"

杨靖远提溜着孙仲文往外走："孙先生，有来无往非礼也，烦劳你送我们一程吧。叫你的狗离远点。"

孙仲文为了保命，连声呵斥喽啰兵："别在腚后头跟着，滚远点！"

杨靖远和吴二楞来到村边，将孙仲文丢在路边，然后一拱手："孙先生，再会。"说罢飞身上马，留下一溜尘土。

孙仲文瘫坐在地。众喽啰兵跑过来低声下气地说："司令，追不追？"

"追个屁！"孙仲文狠狠地骂了他们一句。

杨靖远和吴二楞冲出了魔掌，脱离了险境，回到了乐陵。

杨靖远回来后，立即向肖华、符竹庭汇报了孙仲文野蛮无理的行径。

肖华、符竹庭闻讯后，怒不可遏！我八路军顾全大局、推心置腹地前来谈判,孙仲文竟然气焰嚣张,妄图加害我八路军谈判代表。是可忍孰不可忍,肖华气愤地说道:"孙仲文以为我们八路军顾全大局就是软弱可欺,这个惯匪实在无药可救,那我们只好反击他,迫使其放弃对我军的挑衅。"

"肖司令员,把这个任务交给我吧。"杨靖远紧握拳头,毅然决然地说。

肖华沉思了一下,说:"靖远同志,孙仲文是个恶贯满盈的匪徒,一定要小心。"

杨靖远坚定地回答:"肖司令员,放心吧。"

次日晨光熹微,杨靖远率领第六军分区部队,犹如离弦之箭朝盐山方向疾驰数小时,最终抵达了盐山县境内的大赵村。

杨靖远指挥部队对大赵村南门进行强攻,然而,敌人两挺轻机枪封锁了寨门的道路,部队连续冲锋几次都没有成功。杨靖远焦急万分,心急如焚地走到寨墙下附近麦秸垛旁指挥战斗。不料被居高临下的敌人发现,他们立刻开枪射击。杨靖远不幸中弹倒地,警卫员杨炳章冲上前营救,被暴雨般的子弹击中。参谋长傅相吉一边命令战士们压制敌人火力,一边不顾一切地向杨靖远跑去,也不幸中弹身亡。

敌人发现我军指挥员接连中弹倒下,竟变得肆无忌惮,猛地冲出,将身负重伤的杨靖远和杨炳章掳进寨子里。此时我军失去统一指挥,被迫后撤。

喽啰兵把杨靖远和杨炳章抬到大院里。孙仲文急忙命令喽啰兵抬出来一口铡刀,得意忘形地说:"杨同志,这回可对不起你了。"

杨靖远怒目圆睁,正气凛然地回答:"共产党人是不怕死的,要杀要砍随你的便!"

孙仲文气焰十分嚣张:"杨司令,只要你让部队向我投降,盐山县归了我,我立刻放了你。不然,可别怪我不客气!"

杨靖远大义凛然,慷慨陈词:"呸!要缴枪投降的是你们这些不抗日的顽固派;你们残杀抗日军民,我们八路军是不会饶恕你们的!少废话,动手吧!"

孙仲文恶狠狠地说:"好!那我就成全你!"

孙仲文手臂猛地一挥,命令刽子手行刑。刽子手们得令,立即用铡刀将杨靖远铡成三截。杨炳章亦被铡死。接着把杨靖远的头颅砍下来,挂于贾象村西头树上。

噩耗传来，肖华、符竹庭十分悲痛。他们两人分别在乐陵与旧县镇为杨靖远同志举行隆重的追悼大会。

肖华为两地追悼大会写下了两副挽联："断头流血乃革命者家常便饭，奋斗牺牲是抗日的应有精神"；"抗战方兴竟在盐山留遗恨，建国未艾空对鬲水吊英魂。"

10月上旬的一天上午阴云密布，天色灰暗，恰似大地为牺牲烈士披上了一层沉重的哀纱。旧县镇冀南督察专员公署、第六军分区驻地操场上，悬挂着大副挽联，追悼会现场哀思无限。当地各行各业群众自发地送来挽联、花圈。灵堂上方，悬挂着杨靖远同志画像。追悼会开始，哀乐响起，当地数千名群众和八路军指战员们，向他们的专员、司令员杨靖远同志鞠躬默哀。

符竹庭主任代表冀鲁边区军政委员会为杨靖远同志主持追悼大会。会上，符竹庭发表慷慨激昂的演讲，他手臂猛地一挥，大声说道："同志们、同胞们、父老乡亲们：今天，我们大家怀着无比沉痛的心情悼念我们边区军民爱戴的杨靖远同志。杨靖远同志是我党我军的优秀党员，忠诚的共产主义战士。他的一生是革命的一生，为民族解放事业而奋斗的一生。他本来是一位优秀的医生，为了祖国人民的解放事业，为了赶走日本法西斯强盗，他弃医从戎，为中华民族的抗战事业呕心沥血。他积极组织边区民众参加抗日救亡运动，为创建抗日根据地立下了赫赫功勋。就拿这次事件来说，杨靖远同志为顾全大局，不顾个人安危，多次深入虎穴，苦口婆心地向孙仲文宣传我党我军的抗日民族统一战线政策。可是，孙仲文骄横跋扈，根本不听劝告，继续残害我八路军过往人员，而且变本加厉地将杨靖远同志残忍地杀害。"符竹庭手臂猛地一挥，激昂地说道："同志们、同胞们、父老乡亲们，我们一定要化悲痛为力量，彻底清算反动匪首孙仲文的滔天罪行！"

符竹庭那激情澎湃的即兴演讲，犹如一把烈火，瞬间点燃了广大军民对孙仲文的刻骨仇恨，掀起一股势不可挡的熊熊火焰，愤怒的民众高举双臂齐声呐喊："打倒民族败类孙仲文！为杨司令报仇雪恨！"这口号声此起彼伏，如同滚滚春雷，震耳欲聋一浪高过一浪，不断在空中，汇聚成一股誓要讨回公道的强大力量！

运筹帷幄用奇计

杨靖远同志牺牲后，肖华心里非常沉重。他感到，要在冀鲁边区站稳脚跟，必须广泛发动群众，彻底消灭惯匪孙仲文。他想："孙仲文是盐山县有名的地头蛇、土霸王，曾经上过保定军校，当过军阀团长。此人社会关系复杂，地理环境熟悉，而且十分狡猾。加上其老巢周围明碉暗堡，壕沟纵横，要消灭他困难是很大的。怎么办？"肖华皱着眉头来回踱步，静静地思考："必须选择一位作战经验十分丰富的指挥员来担当重任。谁呢？"肖华脑海里突然闪现出一个人——他就是智勇双全、文武兼备、身经百战的符竹庭同志。

符竹庭主持完杨靖远同志的追悼大会后，返回乐陵"挺纵"司令部已是傍晚时分。他见肖华脸色沉重地在司令部里来回踱步，知道肖华心里非常难受，便缓缓地说道："肖司令员，靖远同志牺牲，大家心里非常难过，我们一定要为他报仇！"

肖华正埋头沉思、踱步，忽然发现符竹庭回来了，惊喜地迎上前，"符主任，我考虑了很久，由你来担任攻打孙仲文匪部战斗总指挥，怎么样？"

符竹庭说："战士们的情绪很高，我看消灭孙仲文的时机到了。"

肖华说："调五支队吧，这是我们红二师五团的老底子。"

符竹庭说："我看就用六支队吧。虽然六支队是新部队，仗打得少，可以通过实战锻炼来提高他们的战斗力，何况现在士气正旺着呢。"

肖华热情地握住符竹庭的手，眼神中充满了期待与信任，语调沉闷而充满情感地说："拜托了，我等你的好消息！"

"挺纵"六支队是一支新部队，在"桃峪"会议后整编为一一五师教导六旅，解放战争中整编为第四十三军。当然，这些都是后话。

10月12日早上，太阳喷薄四射的光芒，从东方的岭脊上，从若有若无的薄雾中闪现出来，它照耀着蒙了一层严霜的鲁北平原。

旧县镇八路军东进抗日挺进纵队第六支队驻地。忽然传来嘚嘚嘚的马蹄声，随着声音由远及近，只见符竹庭主任带着警卫员骑马来到了六支队司令部门前。

六支队政委周贯五闻报，急忙迎了出来，惊喜地说："符主任，肖司令员打电话说你今天要来我们支队。想不到你这么早、这么快就来了。"

符竹庭说："我的老哥，形势逼人啊！"

周贯五心中暗自欣喜，深知这位年轻的老首长，不仅能打大仗、恶仗，也能打巧仗。因此，充满期待地说道："符主任，你来指挥，我们更有底气，信心更足啊！"

符竹庭微笑着说："老周，别抬举我，打仗靠大家。"说完看了一下手表，说道："时间不等人啊，抓紧时间，开个会，请大家议议怎么个打法。"

"好的，我现在就去通知。"周贯五说完，转身匆匆地走了。

不一会儿，支队作战科长、参谋、各团团长、政委都到齐了。大家挤在一间不大的屋子里。符竹庭端坐在八仙桌上首，他缓缓地从口袋里取出笔记本，目光如炬，掠过在座的每一个人，随后开口道："今天我们开个诸葛亮会，俗话说，'三个臭皮匠，赛过一个诸葛亮'，今天请大家来，就是要充分发挥大家的聪明才智！"

一位作战参谋首先站起来发言，他激昂地说道："我想，孙仲文这家伙狡猾多变，加上工事坚固，我们应采取突然袭击的战术，把大赵村包围起来，实施强攻！"有人说，孙仲文的部队驻扎在苏基、大赵村、丁村。应先打丁村，后攻苏基，逐个攻取，先易后难。也有人说，必须搞清楚孙仲文的兵力部署、火力配置，知己知彼，实施攻击。又有人提出，应采取夜晚攻击，充分发挥我军夜战、近战的优势，趁其不备而攻之。

会议室里参会人员发言踊跃，各种作战思路如泉水般涌现，讨论之声激情洋溢。最终，大家的视线汇聚于符主任身上，静待着他的决策。符竹庭全神贯注地倾听每一位同志的发言，手中的笔，记下了每一个闪光点。此刻，他感受到四周投来殷切的目光，于是翻了翻记录本，沉吟片刻后，以一种沉稳而充满力量的语调缓缓开口："刚才大家谈了很多想法，也提出了很多作战思路。从目前掌握的情况来看，孙仲文有两千多兵力，大部分集中在大赵村、苏基和丁村。这三个地方都挖有深壕，筑了碉堡，火力密集，易守难攻。到目前为止我们对孙仲文的具体兵力部署、火力配置仍然不得而知啊。《孙子兵法》曰：'知己知彼，方能百战不殆。'"接着，他手臂猛地一挥，郑重其事地说道："同志们，现在我们必须迅速派出侦察人员摸清敌人的兵力部署、火力配置以及孙仲文的活动规律，然后相应制定出我们的作战计划。"符竹庭拿起钢笔轻轻地敲了敲桌子，严肃地说道："同志们，对付孙仲文，不能大意，要慎之又慎啊！"

傍晚时分，派往大赵村、苏基、丁村的侦察员们，陆续地返回支队司令部。他们把大赵村、苏基、丁村敌人的兵力部署、火力配置，碉堡、暗堡标上了坐标，绘成草图交给了符竹庭主任。

当天夜晚，夜深人静，寒风萧萧。"挺纵"六支队作战室内依旧亮着一盏灯。符竹庭坐在一把破旧的椅子上，双眼紧盯着桌子上一张张由侦察员们绘制的敌人军事布防、火力配置草图，边看边静静地思考："敌孙仲文在大赵村有兵力一千余人，苏基兵力六百余人，丁村也有四百来人。总之，大赵村防御工事坚固，火力点密布，易守难攻。侦察员还从其他渠道得到了一条重要线索：孙仲文在其住处秘密挖了一条暗道。"

怎么突破孙仲文设置的重重防御工事？怎样擒获这个恶魔？符竹庭脑海里飞快地运转。猛然间，他右手轻轻地挥了一下，喊道："刘参谋！"

"到！"刘参谋应声而到，推门进来。

符竹庭指了指旁边一把凳子，示意刘参谋坐下。刘参谋便在符竹庭旁边坐下来，接着从挎包里取出记录本，又从上衣口袋摘下钢笔，等候符主任指示。符竹庭从上衣口袋里掏出泛黄的笔记本，翻了翻，缓缓地说道："刘参谋，根据各路侦察员所掌握的侦察情况来看：大赵村寨门上方配有一挺重机枪，寨墙上有重兵把守，寨墙东西两侧各有一个瞭望塔均配有一挺轻机枪互为犄角，实施交叉火力。孙仲文老巢周围有多处碉堡，其中，大碉堡有三处，暗堡有两处。唉，你看看这草图上的坐标。"符竹庭指着桌上的草图对刘参谋说："你看，距孙仲文司令部50米处有一个大碉堡，正面有一个暗堡，左边还有一个碉堡，敌人实施纵横交叉的火力网。"符竹庭端起茶缸喝了一口水，随手将茶缸放下，继续说道："这家伙还有暗道，要抓住他可不容易。因此，我决定拟制三套作战方案。"符竹庭手臂猛地一挥，郑重其事地说："刘参谋，请记住！这三套作战方案是：第一，取胜方案；第二，我们取不了胜，如何撤退的方案；第三，彻底消灭孙仲文的方案。"符竹庭稍思片刻，说道："现在我说第一套方案……"

刘参谋把符竹庭的三套作战思路认真详细地记录下来，然后与作战科其他参谋人员一道按照参谋作业要求，很快拟制出三套歼灭孙仲文的作战计划。

10月14日下午，阳光斑驳地洒在"挺纵"六支队司令部那简陋的屋舍上，为这紧张而庄严的瞬间披上了一层温暖的光辉。

此刻，刘参谋步伐坚定地走向前，将拟制好的三套作战计划交给符竹庭主任。符竹庭接过作战计划后对刘参谋说："刘参谋，请周政委来一下。"

"是，符主任。"刘参谋闻言转身离去。

不久，符竹庭听见周贯五那由远及近、沉稳而有力的脚步声，他急忙迎上前去，脸上洋溢着难以掩饰的喜悦之色，热情地说道："老哥，快快，看看这作战计划怎么样？"

周贯五走上前，"唰"地敬了个礼，微笑着说："符主任，是不是可以出击了？"

符竹庭说："这里有三套作战计划，你看看，然后逐条谈谈你的看法。"

周贯五接过三套作战计划，认真地看了起来。

周贯五看完作战计划后，眼中闪烁着赞许的光芒："符主任，整个作战计划非常缜密，环环相扣，只是我心中尚有一丝隐忧，担心孙仲文会从暗道里逃跑。"

符竹庭挥了挥手，分析道："老周不必担心。你想啊，孙仲文从老巢挖一条地道通往别处，工程量一定很大，但要施工又要保密，怎么办？施工人员肯定很少。一处小规模的施工，地道也不会太长，但考虑出口太近没有隐蔽物，容易暴露，所以只有选择隐蔽的地方。一来安全保密，二来便于逃脱。因此，我判断：地道出口一定在村外那片密林中。如果大赵村被我军攻破，孙仲文肯定会侥幸躲入地道，妄图从中'逃走'。"符竹庭微笑着，双手比画着轻轻一按："我们来他一个守株待兔，张网以待。"

周贯五惊喜地说道："符主任，孙仲文做梦也想不到你会来这么一招。"

符竹庭手挥了一下说："这叫'道高一尺，魔高一丈'嘛。"接着问周贯五："老周，上回缴获小鬼子那两门迫击炮呢？"

周贯五回答："在二营三连。"

符竹庭紧握拳头猛地挥了一下，激昂地说道："把炮和炮弹带上，今晚可以派上用场了。"

周贯五激动得几乎要跳起来，满脸喜悦地高声喊道："好！一定带上！"

周贯五作为符竹庭的老部下，对符竹庭的军事指挥才能充满敬仰，他激动地赞叹道："符主任，您的智谋简直堪比再世的诸葛孔明哟！"

符竹庭淡然一笑，"我什么时候成了诸葛孔明啦？你这不折煞我嘛。"又说："你通知部队今晚早点吃饭，早点休息。"

"是，符主任。"周贯五"唰"地敬了个礼，匆匆地离开了司令部。

雷霆出击破顽敌

10月14日，深夜，皎洁的月光洒进了六支队七团营房里。战士们借着月亮的余晖悄悄地起床了。他们动作娴熟地整装待发——穿衣系鞋检查武器装备，全程未闻丝毫声响，宛如暗夜中的幽灵，悄无声息地向盐山方向行进。

历经四个多小时的艰苦跋涉，部队终于踏入盐山县境内。随后部队在离大赵村不远的地方悄然驻足，蓄势待发。

符竹庭将指挥所设在一栋破庙内，几位作战参谋迅速将作战地图挂在墙壁上；通信兵迅速架设好电台和电话。一盏小马灯挂在柱子上。昏黄的灯光照亮了周围，六支队七团营以上干部在此齐聚一堂。他们凝神聆听符竹庭主任条理清晰的作战部署。此刻，符竹庭手里拿着一根小竹棒指着作战地图，声音洪亮地下达作战命令："三营前往苏基附近埋伏，待敌人进入伏击圈，狠狠地给我打！""是！"三营长杜步舟"唰"地敬了个军礼转身离去。

"特务连，前往丁村附近设伏，当敌人进入伏击区，将他们消灭掉！""是！"特务连王连长"唰"地敬礼，迅速转身，步伐坚定地离去。

符竹庭深情地望向六支队政委周贯五，嘴角勾起一抹笑意，坚定地说道："老周，主攻大赵村的重任就交给你了。你们兵分三路，由崔主任、李团长、陈政委分别带领直奔大赵村。你们要带上侦察员绘制的碉堡坐标，想办法把孙仲文老巢周围的明碉暗堡统统摧毁掉！"

"是，坚决完成任务！"周贯五、崔岳南、李子英、陈德等人齐刷刷地敬上庄严的军礼，随后毅然转身，大步流星地迈出指挥所，踏上了作战的征途。

部队出发后，符竹庭倒背着双手，目光深邃地眺望着远处朦胧的群山，忽然，他眉头一皱，想起了一件重要的事情，于是连忙把警卫连长找来，"李连长，需要抽调一个排去执行一项特殊任务。"

李连长闻言担忧地说："首长，那您身边的安全怎么保障？"

符竹庭充满自信地回答："你放心，只要前方仗打得好，我这里自然就安全。"

不久，警卫一排的排长便带领全排战士们来到符竹庭面前，准备接受任务。符竹庭手臂猛地一挥，叮咛道："同志们，你们肩负着重要的使命，那就是擒拿恶魔——孙仲文！你们的目标是大赵村后龙山——寻找洞口。必须采取梳篦式方法隐蔽搜索，不管遇到什么人，一律给我拿下。同志们，擒拿孙仲文有没有信心？！"

"有！保证完成任务！"全排警卫战士异口同声的誓言，响彻云霄。紧接着大家"唰"地敬上一个标准的军礼，转身踏上了征程。

此时，周贯五等人率领六支队指战员们，迎着刺骨的寒风，兵分三路，他们的身影在黑暗中划出一道道决绝的轨迹，犹如三把锋利的尖刀，直指大赵村心脏。

未几，部队迅速抵达大赵村前沿阵地，只见村寨大门紧闭，四周一片死寂，仿佛连风都屏住了呼吸。周贯五望了望夜色中黑魆魆的寨墙和紧闭的寨门，旋即悄然下达作战命令："崔主任，你和一营长做好正面主攻准备，派人隐蔽迂回到寨门口，干掉哨兵，放下吊桥，然后组织突击队用炸药炸开寨门。"

"是！"崔岳南和一营长接受任务后转身离去。

"三连长，只要寨墙上和瞭望塔上的机枪一开火，你们立即用迫击炮把敌人的火力点给我摧毁掉。"

"是！"三连长接受任务后跑步离开。周贯五继续命令道："李团长，当听到枪响后，你们左翼部队立即攻击；陈政委，你们右翼部队也一样听到枪声立即开火；三面合击，火力要猛。”

“是，政委。”李子英与陈德接受任务后，迅速带领部队直奔指定位置。

周贯五选择了一处土坎下作为自己的临时指挥所。部队行动半个多小时，仍不见动静，周贯五焦急地拿起望远镜反复观察。就在这时，吊桥“吱呀——哐！”的一声搭在壕沟上，紧接着寨门“轰”的一声巨响。寨门轰然倒塌，伴随着爆炸声，寨墙内的敌人开始骚动起来，不一会儿寨墙上、瞭望塔上的机枪火力吼叫起来，夜色里敌人的机枪火力点十分显眼。

周贯五大声喊道：“三连长，快开炮！”

“轰！……”迫击炮弹呼啸而出，瞬间炸毁了敌人寨墙上与瞭望塔上的机枪火力。

“同志们，为杨司令报仇！冲啊——！”六支队政治部主任崔岳南挥动驳壳枪大声喊道，随即，他带领众战士奋不顾身地向寨门冲去。

“杀啊——！”“为杨司令报仇！”“嘀嗒嗒嘀嘀嘀……”在急促嘹亮的冲锋号声中，六支队七团的指战员们像一支支离弦的利箭，迅猛地突破鹿砦，跨过吊桥，势不可挡地冲进了寨门。他们如潮水般地向孙仲文老巢冲去。军号声、呐喊声、枪声、爆炸声此起彼伏。许多碉堡在炮弹的猛烈轰击下，纷纷坍塌，碎石四溅，浓烟滚滚。

孙仲文睡梦中突然被枪炮声惊醒，脸色瞬间变得煞白，他慌忙从床上滚下来，匆匆地跑进指挥所，随后渐渐地恢复了冷静。此刻，他心中暗忖：“老子的工事固若金汤，火力网密布如织，且周围重兵互为掎角之势，任凭谁来，都无异于以卵击石。”想到这里，他傲慢地拿起电话，神气十足地命令苏基、丁村的喽啰兵里外夹击八路军。

没过多久，苏基的喽啰兵倾巢出动了。他们很快钻进了我军的伏击圈。三营长杜步舟目睹着气势汹汹的敌人，眼里顿时闪着愤怒的火光，猛然拔出驳壳枪，瞄准一名张牙舞爪的敌头目，扣动了扳机，“啪”一声枪响，那名敌头目应声倒地。

随着杜步舟清脆的枪声，两边山坡上的手榴弹呼啸而起，空中像飞过一群麻雀。霎时密密麻麻的手榴弹在敌群中凌空爆炸，火光闪闪，硝烟弥漫。爆炸声震耳欲聋，横飞的弹片呼啸而下，大片敌人浑身冒血地栽倒在地。

接着三营阵地上的轻重机枪怒吼起来了，"哒哒，哒哒哒……"暴雨般的子弹向敌人倾泻，敌人仿佛被狂风卷倒的积木，一片片接连不断地倒下。

众喽啰兵死伤惨重，没死的也是惊慌失措，抱头鼠窜。有的喽啰兵恨不得往地缝里钻；有的喽啰兵干脆扔掉枪支，跪地举手求饶。

三营指战员们越战越猛，如排山倒海之势，向苏基席卷而去，乘胜解放了苏基。

丁村的敌人接到孙仲文的命令后，迅速向大赵村赶来，当他们踏进沟底路段时，突然两边高地上飞下来密密麻麻的手榴弹，连续不断地在敌群中炸开了花，硝烟如怒龙腾空，轰鸣之声震耳欲聋，令敌人措手不及，最终只能迎来毁灭的命运。

孙仲文正得意地期待着内外夹击八路军，然而，他的如意算盘打错了，他的里应外合图谋被彻底粉碎。周贯五政委率领的六支队七团正向他的老巢快速推进。

六支队七团二营三连的迫击炮弹犹如精准制导般，划破空气，带着尖厉的啸音精准地击中敌人的碉堡。随着爆炸声震耳欲聋，一座座碉堡轰然坍塌，一股股浓烟喷薄而出，尘土、碎石，乃至敌人的肢体四处飞溅。

"冲啊——！""杀啊——！"战士们瞪着血红的眼睛，犹如决了堤的洪水般，咆哮着向孙仲文的老巢冲去。敌喽啰兵们目睹着八路军战士们拔山举鼎之气势，纷纷举手投降。但少数死硬分子仍然负隅顽抗。孙仲文老巢正面那个暗堡，成了死硬分子救命的稻草，他们凭借这个暗堡死劲扫射，战士们的冲锋一时受阻。团长李子英发现敌人火力猛烈，立刻命令部队暂停进攻。随后，他与几名团首长紧急磋商，最后决定：一营二连正面佯攻吸引敌人火力；二营四连组织爆破组对敌人暗堡实施爆破。战斗打响后，二连指战员们采取狼群战术，对敌人暗堡实施火力围攻，步枪、机枪瞄准敌人暗堡雨点般地射击，手榴弹在敌人暗堡周围爆炸，敌人的火力受到压制。四连一排三班班长包国胜趁机带领全班战士抱着炸药包交替隐蔽向暗堡迂回前进。当他们行进距暗堡二十米左右时，一名战士抱着炸药包，猛然跃起往前直冲，当快要接近暗堡时，突然"哒哒……"敌人一串机枪子弹，把这名战士击倒在地。班长包国胜迅速向暗堡甩出两颗手榴弹，紧接着夺过负伤战士的炸药包，就地打了几个滚，顺手将炸药包上的导火索猛地一拉，"呼"地塞入暗堡内，随着"轰"的一声巨响，刹那间腾起一股冲天巨浪，浓烟如蘑菇云般滚滚翻腾，碎石乃至敌人肢体如同雨点般四溅飞散。"冲啊——！"战士们如潮水般地向孙仲文的老巢涌去。

此时，孙仲文见苏基、丁村的部队毫无动静，又听到八路军喊杀声越来越近，不免心里一阵惊慌，脸上的冷汗一滴滴往下淌，声音发抖地命令副官再给苏基打电话。当电话打通后，孙仲文迫不及待地接过话筒，恶狠狠地骂了一句："你他妈的！怎么还不出兵？"谁知对方回敬地骂了他一句："操你老祖宗，你死到临头还这么猖狂！"孙仲文心里一惊，"你是谁？"

"我们是八路军！"

"完了！"孙仲文慌忙挂掉话筒，不太情愿地脱下鹿钟麟送给他的那套呢子军装，换上一件破旧的便衣，迅速钻进了地道。

再说，警卫一排的战士们在茂密的丛林中谨慎地搜寻隐蔽的洞口，当不远的大赵村传来震耳欲聋的枪炮声时，部分战士心中不禁涌起一股跃跃欲试的冲动。一名战士忍不住抱怨道："咱们在这丛林里漫无目的地找洞口，还不如直接冲上战场，来个痛快淋漓的战斗！"另一名战士闻言，沉稳回答："你想图痛快，却忘了我们的使命是寻找那重要的洞口。"

一排长对部分战士们的抱怨进行了回应，强调："这是'挺纵'首长交给咱们的光荣任务，咱不能辜负首长对我们的期望。"接着一排长沉声说道："现在我们排将分为八个搜索小组，每组五人，采用梳篦战术进行分散搜索。"

大赵村的枪声慢慢地稀落下来，天色也慢慢地放亮。八个搜索小组分散并互为犄角向各个不同角落摸索前进。战士们双目圆睁，全神贯注地在山峦上、山沟里、山坡上、小溪旁、沟渠边、茅草里、灌木丛中悄无声息地隐蔽搜索。就在这时，一名战士眼睛锐利地发现正前方不远处，一丛灌木枝丫突然晃动了一下，他立即用手语告诉排长："前方灌木丛中有情况"，排长接着用手语告诉周围的战士们："注意隐蔽。"过了一会儿，那灌木丛中突然探出一个人头，小心翼翼地环顾四周，接着贼头贼脑地从灌木丛中站起身来。只见那家伙肥头大耳，虎背熊腰，一件破烂的衣服掩饰不了他的罪恶。他神色慌张地向密林深处走去。突然，他脚下被什么东西绊了一下，整个身子失去平衡，"扑通"一声，摔了个狗啃屎。他还没来得及反应，瞬间就被几名战士把他按住，并迅速用绳索将他捆绑起来。那家伙哭丧着脸说道："我是上山砍柴的本地村民，放了我吧，求求你们。"一名战士从他身上搜出一支漂亮的小手枪，在他面前晃了一下，厉声喝道："孙仲文，你还想抵赖?!"那家伙脑门嗡的一下，瞬间瘫倒在地。原来他正是恶贯满盈的孙仲文，他试图蒙混过关，却逃不过战士们的锐利眼睛。

一排长吩咐几名战士检查那丛灌木林，一名战士匆匆地走上前一看，发现灌木丛中有一个黑洞，急忙跳下去，竟然是一条很长的地道。一排长高兴地对大家说："符主任神机妙算啊，知道孙仲文这家伙会从这里钻出来。"接着他虎着脸对孙仲文吼道："孙仲文! 你没有想到吧，也有今天!"

孙仲文的确没有想到有今天。他哭丧着脸低着头暗暗思忖："自己修筑了坚固的工事，部署了周密的兵力，配置了纵横交错的火力网，明碉暗堡，还有撤退的暗道，怎么顷刻之间被八路军破了，难道八路军里真有能人? 有高手?!"想到这里，这位昔日盐山县臭名昭著的地头蛇、土霸王——孙仲文不由自主地仰天长叹："天诛俺也!"

符竹庭目睹着战士们押着孙仲文匆匆而来，欣喜地说道："警卫一排的同志们，你们辛苦了，成功抓捕孙仲文，立下大功! 我代表'挺纵'党委，一定为你们请功表彰!"

这时候，周贯五带领六支队七团的指战员们押解着一队队俘虏，满载着一车车缴获的战利品，浩浩荡荡地向指挥所走来。符竹庭满心欢喜地说道："我的老大哥，这一仗打得真漂亮啊! 我要为你们大家请功表彰!"

周贯五笑容满面地回答："全赖你运筹帷幄，指挥有方啊。"

符竹庭则谦逊地摆手笑道："我不过一介微末，真正的英勇与荣耀，属于你们冲锋陷阵的勇士们。"这时，他突然想起了什么事，略一思忖，说："老周，那碉堡工事可还在?"周贯五回答："是的，尚未拆除。"符竹庭眉头一皱，坚决地说："老大哥，还得麻烦你跑一趟。请你联系地方党组织，发动群众的力量，将孙仲文所建的碉堡、壕沟、鹿砦，还有寨门寨墙、地道，统统夷为平地！"

"好，我这就去办！"言罢，周贯五转身离开了指挥所。周贯五走后，符竹庭立刻把攻克大赵村、活捉孙仲文的胜利捷报，电告了"挺纵"司令员肖华。

15日早上，阳光淡雅如织，给寒冷的早晨添上一抹柔和的暖意。八路军指战员在周贯五、崔岳南等人的带领下，与数千名群众一同奋力铲除孙仲文的碉堡工事。崔岳南与陈德，一面激励战士们加油干，一面挥动铁锹奋力铲土。就在这时，支队通讯员急匆匆地跑来，"报告崔主任，'挺纵'首长请您过去一趟。"

崔岳南闻言，连忙放下手中的铁锹，跟随通讯员前往指挥所。

"符主任，您找我？"

符竹庭微笑着点点头，对崔岳南说："老崔，你负责联系并安排会场，我们准备立即召开公审孙仲文大会。"崔岳南听后，高兴地回应道："好嘞！"接着，他敬了个军礼，便转身去找相关人员安排会场了。不久，会场就布置妥当了。

这天上午阳光明媚，盐山县人山人海，万人欢腾。恶霸地主孙仲文在八路军战士的押解下走上了审判台。这位昔日气焰嚣张、骄横跋扈、作恶多端的家伙，像一条被痛打的落水狗，龟缩得像一只虾米，一动不动地站在审判台上，听候人民群众对他的公审判决。

盐山县广大民众悲愤地控诉孙仲文的滔天罪行；控诉他犯下的累累血债。会场上，口号声此起彼伏，"打倒大恶霸地主民族败类孙仲文！""坚决拥护八路军抗日！"每一声呼喊都如同惊雷，凝聚人们对正义的渴望与对抗日英雄的无限崇敬，展现了民众坚定的抗战决心与不屈的民族精神。

在激昂的口号声中，随着两声清脆的枪响，这个双手沾满人民鲜血的大恶霸地主民族败类孙仲文终于结束了他罪恶的一生。

枪毙孙仲文后，旋即在大赵村成立盐山第四区抗日民主政府；在苏基成立盐山第五区抗日民主政府。同时，建立了新海县（今黄骅市）抗日政权。

符竹庭巧出奇兵定乾坤，斩断了鹿钟麟伸向边区的魔爪，从而使我八路军东进抗日挺进纵队在冀鲁边区站稳了脚跟。

十八、智斗沈鸿烈

沈孽居心叵测驱八路

1938 年，金秋十月，阳光明媚。一天上午，乐陵县城八路军东进抗日挺进纵队司令部门前，一片人声鼎沸，当地老乡敲锣打鼓，兴高采烈地抬着猪羊，挑着小米、白面前来慰问部队。

肖华与符竹庭等人望着长长的慰问人群，心中不禁泛起阵阵温暖与涟漪，感动之情溢于言表。肖华挥了挥手，满怀感激地说："老乡们，你们的心意我们领了，我们八路军有纪律，东西不能收，请你们拿回吧，多谢了。"

人群中，一位身穿长袍马褂，头戴礼帽，看似年逾古稀却精神矍铄的开明士绅，走出人群双手抱拳说道："肖司令、符主任，老朽不才，历经清廷民国两朝，真正能够保家护土，让咱们老百姓免受鬼子欺凌屠戮的还是八路军啊！请你们笑纳我们乐陵百姓的一点心意吧！"

人群中顿时呼声四起，群情激昂："坚决拥护八路军！"

"抗日救国，人人有责！"

符竹庭大步迎上前，向老人"唰"地敬了个庄严的军礼，随后迈着坚定的步伐踏上青石台阶，挥了挥手，激昂地说道："老乡们，谢谢你们的美意！我们一定多打胜仗，保卫父老乡亲，早日把日本鬼子赶出中国！"

"哗啦啦……"人群中再次响起热烈的掌声。

此时，国民党山东省政府主席兼苏鲁战区游击总司令沈鸿烈，闻讯八路军肖华与符竹庭所部和当地群众的鱼水之情，他那干瘦的脸拉得更长了。他捋着山羊胡子，在客厅里来回踱步，几经思索，决定面授国民党乐陵县县长牟宜之，想方设法赶走八路军东进抗日挺进纵队。

沈鸿烈，字成章，湖北天门人，清末秀才，后来考入日本海军学校，毕业后赴欧洲考察过军事，曾任张作霖的东北海防舰队中将司令，当过国民党青岛市市长，此人老奸巨猾，诡计多端，尤其擅长辞令。韩复榘被蒋介石处决后，沈鸿烈接替韩复榘出任山东省政府主席、苏鲁战区游击总司令。沈鸿烈到山东后，济南失守，他只好把省政府扎在鲁西聊城。后来，日寇进犯聊城，沈鸿烈率省府一班文武官员，又撤退到鲁北惠民。

这天，沈鸿烈把国民党乐陵县县长牟宜之叫到惠民。牟宜之是山东日照人，国民党中央委员丁惟汾的外甥，热心抗战。

"宜之，八路军'挺纵'在鲁北招兵买马，委官建政，你这个当县长的可知此事？"沈鸿烈绷着脸说道。

牟宜之回答："沈主席，肖华、符竹庭率'挺纵'到山东后，是出于抗日目的，他们招兵买马，也是为了打击日寇。至于委官建政的事，都是我们扔下的那些地方，与我们地方政权无关紧要，难道我们连人家内部的事也要干涉吗？"

沈鸿烈一脸不满，唠唠叨叨地说道："我说宜之啊，你真是书生气十足，你忘了蒋委员长怎么说？这军令、政令必须统一国民政府，党政军的一切事务决不容八路军插手，你是一县之长，要在你的管辖范围内，尽最大可能束缚他们，限制他们发展，处处予以掣肘。尤其在军饷、粮食、服装上，不予供给。总而言之，要尽千方百计，不让他们在鲁北存身，把他们赶出鲁北。"

牟宜之说："肖华、符竹庭是国军军委会的在册人员，他们打的是抗日旗帜，自从他们在乐陵后，对百姓秋毫无犯，这让我怎么好去掣肘人家呢？"

沈鸿烈不满地说："宜之啊，你真是妇人之见！你要记住，对共产党八路军，心肠要狠，手段要辣，做事要绝。"

牟宜之沉默无语。

牟宜之是个进步、开明的爱国人士，眼看日寇铁蹄践踏中华，国民党步入后撤，地方上土匪横行，大好河山被弄得民不聊生、妻离子散，牟宜之终日忧心忡忡。如今共产党八路军来到山东，组织民众抗日，牟宜之看到了希望。

自从肖华、符竹庭部队到达乐陵后，牟宜之与肖华、符竹庭就有了往来。也就是从那时起，符竹庭和牟宜之结下了深厚的友谊。

11月，八路军总部给肖华、符竹庭来电，指示"挺纵"要以抗日大局为重，做好统战工作，尽量争取沈鸿烈共同抗日。为了粉碎沈鸿烈破坏抗战的阴谋，根据总部的指示，肖华、符竹庭、邓克明等人进行了商议。肖华说："我想亲自去一趟惠民，见见沈鸿烈，与他讲道理，他不积极抗击日寇，但不能不让我们抗击日寇。我只希望他以后不要在我们背后骚扰。"

符竹庭说："冀鲁边情况十分复杂，我、日、伪、顽各方混处，肖司令路上一定要注意安全。"他特地嘱咐警卫员王定烈，多塞几把盒子枪和手榴弹。

这天，肖华带着宣传部长王辉球、侦察科长刘友芝、警卫员王定烈和一个骑兵班离开乐陵，来到惠民见沈鸿烈。一路上，王定烈紧按手枪，枪膛的子弹早已上膛，汗水把马缰都浸透了。

肖华来到惠民县，沈鸿烈避而不见，打算气走肖华。肖华胸有成竹，不见"长官"见群众，进城后立即散发《给惠民各界慰问信》，进医院慰问伤兵，到学校演讲，迫使沈鸿烈安排会面、谈判。

肖华一行从惠民返回到乐陵。肖华把与沈鸿烈会谈的详细情况告知了符竹庭和邓克明。

符竹庭听后气愤地说道："沈鸿烈太狠毒，他把我们划在马颊河以北这么狭窄的地域内，这明摆着是在掣肘我们嘛！"

肖华说："符主任说得很对！今后我们从日寇手中夺地盘，如果沈鸿烈再说我们什么，我们就和他理论个道理。"

随后，肖华、符竹庭把与沈鸿烈会谈之事电告了八路军总部和一二九师刘伯承、邓小平、徐向前等首长。刘、邓、徐见到肖、符电报后，立即回电指示肖华、符竹庭，要与沈鸿烈进行有理、有利、有节的斗争；要针锋相对，寸土不让，要注意统一战线。

有理有节舌战顽凶

半个月后，沈鸿烈致函肖华，说要来乐陵洽谈政事。肖华和符竹庭等人经过分析研究，认为沈鸿烈此次来主要是想撤走牟宜之，另派他的亲信当县长，同八路军搞摩擦，逼八路军东进抗日挺进纵队撤出乐陵。为此，冀鲁边区军政委员会决定，由符竹庭出面接待沈鸿烈，随机应变对其争取教育。

为了确保万无一失，彻底挫败沈鸿烈的阴谋。这天，符竹庭找来军政学校总支书记李全生。

李全生一进门，符竹庭便热情地招呼道："来来来，坐坐……"边说边倒了一杯开水送给李全生，随后说道："全生，有个重要任务要你来完成。"

李全生一听，顾不上喝水，急切地问道："首长，什么任务？"

符竹庭缓缓地说道："过几天，国民党山东省主席沈鸿烈要来乐陵，他这次来乐陵的目的，就是要把支持我们的县长牟宜之撤换，换上他的亲信当县长。如果这样一来，对我们很不利。因此，我们要做好充分的准备，制定对策，不让他们撤换牟宜之。"

李全生急切地说道："那我的任务？"

符竹庭稍思片刻，嘱咐道："当沈鸿烈到达乐陵后，你们的任务是：组织全校师生和动员群众上街游行'欢迎'沈主席。如果沈鸿烈要带走牟宜之，你们要组织学生骨干和群众把他们的汽车拦住，坚决不让他们走。"符竹庭轻轻拍了拍李全生的肩膀，说道："任务艰巨哦！"

李全生坚定地回答："请首长放心，保证完成任务！"

李全生接受任务后，立刻召开了校党总支会议，他还特意让学员文体骨干活跃分子燕明与辛国治等人列席会议。会上，李全生传达了校长符竹庭的指示，他说："这次任务艰巨，我们全校师生参加游行，同时还要动员乐陵中学学生和地方群众参加。我们的任务是绝对保证牟宜之县长不离开乐陵。"

这天，沈鸿烈带着国民党鲁北行辕副专员薛儒华及一个排的兵力，前呼后拥，耀武扬威，坐汽车来到乐陵。五十岁左右的沈鸿烈一身笔挺的将校戎装，打着"哈哈……"抱拳走进客厅。

身穿粗布军装、打着绑腿的符竹庭，不卑不亢迎了上去，略作寒暄，说明肖华司令员另有公务，难以分身，便请沈鸿烈入席就座。沈鸿烈干咳了几声，也只好作罢。

粗瓷大碗，黑盆竹筷。战争时期，谈不上山珍海味，但鸡、鸭、鱼、肉和专门派人从敌占区买来的衡水老白干，也尽显八路军的团结抗日拳拳之情。

沈鸿烈假惺惺地装着俭朴，自称惯于吃素，尤其在抗战时期更应节俭，但他却边说边入席。

符竹庭举起酒杯彬彬有礼地说道："我们早闻沈主席大名，今日见面，共商抗日大计，我提议为国共两党团结抗日干杯！"

在座的都应声起立，沈鸿烈却假惺惺地举起酒杯慢条斯理地说："兄弟早在符主任任红军军政治部副主任时，鄙人就闻过大名，今日晤面，实为荣幸。至于共商大计不敢当，不过沈某倒想看看贵军的抗日战绩，听听符主任有何良策？"

沈鸿烈这番阴阳怪气的腔调，符竹庭听后微微一笑，冷静地喝完杯中酒，缓缓落座，清了清嗓子说道："沈主席客气，我们应该先领教你的高见，至于战绩我可以马上让人造表通报。目前，我们在津浦一线开展破袭战，配合正面主力作战，还广泛发动群众建立根据地，为打持久战准备条件。"

沈鸿烈话锋一转："贵军防区在山西、河北一线，如今进入山东，恐不多便，山东近年多灾，百姓负担重，贵军军饷很难筹措，还请往——"

符竹庭截住沈鸿烈的话头："沈主席，蒋委员长曾在庐山号令全国'如果战端一开，那就地无分南北，人无分老幼，无论何人皆有守土抗战之责任'，事隔一年，沈主席不见得就健忘了吧？"

沈鸿烈一时语塞，赶紧用毛巾擦拭额头上的虚汗。

符竹庭淡淡一笑，又说："在民族危亡之际，炎黄子孙应该携起手来，共同对敌。我党建立民族统一战线的主张，已经得到越来越多的民众拥护。"

沈鸿烈听后脸拉得长长的，冷笑一声："统一？该不把各路人马都统一到你们八路军麾下吧。"

符竹庭正颜厉色地回应道："沈主席这话什么意思？"

沈鸿烈朝他的秘书使了一个眼色，秘书狡黠地笑笑说："听说，贵军吃掉了一些地方部队。"

"哦，"符竹庭爽朗一笑，"对于破坏抗日的汉奸武装，对助纣为虐的害群之马，我们理应除之！"

牟宜之忍不住插嘴道："就是啊，那些汉奸土匪不打日本鬼子，光知道鱼肉乡里，各地老百姓谁不恨得咬牙切齿？"

"放肆！"沈鸿烈恶狠狠地呵斥牟宜之。

符竹庭昂然回应："沈主席大可放心，我党我军光明磊落，诚心遵守国共合作方针，一切从抗日出发。我们收复失地，都是'国军'遗弃、日寇占领的地方。收复这些失地，是每一个中国人的神圣职责，我们决无他图，天日可鉴！"

沈鸿烈理屈词穷，拿出最后一张"王牌"企图以省主席的威势压倒对方，"不管怎么说，乐陵是鄙人治理下，还望符主任不要染指乐陵政务，使地方为难啊。"

符竹庭坦然一笑，"我军为抗日进驻乐陵，同全县父老风雨同舟，患难与共，得到各界民众的赞扬和拥护。牟县长，我们该没有什么使你感到不便的地方吧？"

牟宜之连连摆手："符主任，哪里话，哪里话呀。"

沈鸿烈狠狠瞪了牟宜之一眼，又摇头晃脑地奸笑道："贵军武器陈旧，装备简陋，如果同日军交战，岂不是以卵击石？"

李启华等人气得火冒三丈，愤愤欲起。符竹庭用眼光暗示他们沉着冷静，然后笑着回答："正义之师必胜，不义之师必败，这早已为历史所证明，为了捍卫国土完整，驱逐日寇，我们即使撞个粉身碎骨也在所不惜！"

沈鸿烈哼了一声，沉着脸说："贵军精神可嘉，但日本人强悍，几个月占领了大半个中国……"说到这儿，装出一副忧伤的神态："唉，日本人的强悍，一方面也怪我国力量太弱……"

符竹庭郑重地说道："沈主席，日寇固然强悍，我们也不讳言自己国弱民穷，但落后总不能任人欺负，落后总不能看着别人把自己的国家灭亡吧。我们虽然不强大，但日寇也有很多弱点。他们国小人少，而又野蛮暴虐到极点，国外树敌既多，国内矛盾又大。他们战线无限拉长，兵力分散，厌战、反战情绪逐渐增长。这一切都不利于日寇长期战争，而我们有四万万同胞，只要大家攒足劲，坚持抗战，将日寇赶出国土，我想一定能成功的。平型关大捷、广阳大捷、汾离公路三战三捷和阳明堡的胜利，不是已经说明问题了？"

符竹庭说得慷慨激昂，有理有据，引来一片赞许声。

沈鸿烈哼了一声，冷冷地说："符主任，胆量并非表现在嘴上，有能耐，别待在后方啊。"

"对啊，躲在鬼子屁股后面鼓噪呐喊，净占些敌人扔了的地方，这算抗日？"薛儒华帮腔道。

"怎么不算抗日？"符竹庭控制情绪，压低声调一字一句地说，"我们在这里发动群众，建立抗日根据地，就是控制了敌人的后方，同前方形成前后夹攻之势，至少加重敌人的后顾之忧，分散了敌人的兵力，拖住了敌人的后腿，限制了敌人向正面推进的兵力、速度。今后日寇势必还将回师华北，企图巩固占领区，因而这里就是前方。到那时，我们众志成城，日寇就不能横行无忌。谁能说我们现在的所作所为不是抗日？"

符竹庭这番话，使席桌上一时鸦雀无声。沈鸿烈脸色由灰变青，急忙拿随从出气。忽然，他挺起脖颈，气势汹汹地嘶喊起来："即便是抗日，也轮不到你们！"

沈鸿烈赤裸裸的霸道、刁蛮，使空气骤然紧张起来。

符竹庭气宇轩昂地站起来，向四周环视了一下严正驳斥道："沈先生，如此说来，未必妥当吧？常言道：'天下兴亡，匹夫有责。'你反对抗日岂不是拂逆了蒋委员长庐山讲话的意旨？"

沈鸿烈一时无言以对，渐渐撑持不住，便匆匆吃完饭，告辞去，以避符竹庭对他的继续批评。临行时，他声色俱厉地对牟宜之喝道："立即跟我回省府！"气势汹汹地走出了客厅，跟在后面的两个马弁，不由分说，挟持着牟宜之推上了汽车。

此刻，符竹庭悄然派人打电话指示军政学校党总支书记李全生和县战委会主任王国华"欢迎沈主席"。霎时，乐陵街头上万名群众和学生举行了声势浩大的"夹道欢迎"。

当沈鸿烈的汽车到达乐陵南关时，"欢迎"的人群把汽车团团围住。沈鸿烈见汽车被围，命令士兵在车上架起机关枪，但群众和学生毫无惧色。军政学校学员燕明见此情景，灵机一动，振臂高呼口号："沈主席的机枪是打鬼子的，不是打老百姓的！拥护牟先生主持乐陵！牟县长抗日无罪！反对破坏抗日！"沈鸿烈知道众怒难犯，只好让牟宜之下车，自己带着一班文武官员灰溜溜地走了。

当地群众知道沈鸿烈被符竹庭驳得灰溜溜的，高兴地说："八路军里能人真多，一个堂堂省主席，连一个小青年也讲不过，真丢人。"

十九、西统曹宋共驱敌

"……东展宏图海丰城，西统曹宋共驱敌。"这是 1983 年纪念符竹庭牺牲四十周年，时任解放军外语学院训练部副部长杨鸿耀写的诗句。本章用这句诗讲述一个故事。

联合抗日武装

八路军东进抗日挺进纵队彻底粉碎了鹿钟麟、沈鸿烈的阴谋，威名大振，各路地方武装纷纷前来祝贺。

1938 年 10 月下旬的一天上午，阳光明媚，秋风送爽。乐陵县八路军"挺纵"司令部门前人声鼎沸，彩旗飘扬，众多地方豪杰携带祝贺之意纷至沓来。就在这欢庆之时德平县民团头领曹振东带着卫队拉着几车粮食，揣着两千块钱来到乐陵。当他走进乐陵城，目睹八路军战士们身穿灰布军装，歌声嘹亮，迈着矫健的步伐，匆匆而过。那充满朝气的景象给他留下了深刻的印象。

八路军东进抗日挺进纵队司令部门前已经停了好几支身穿杂色服装的卫队。当曹振东来到大院门口时，八路军东进抗日挺进纵队政治部主任符竹庭和民运部副部长杨忠满脸笑容地迎上来。

院子里摆了几张八仙桌，早来的一些各路地方武装头领已经坐着喝茶，同几个八路军干部漫天聊着。曹振东四周望了望不见肖司令的身影，显得有些着急，"曹团总，你先坐，肖司令员马上就来！"符竹庭微笑着说道。

"好的，谢谢符主任。"曹振东急忙与在座熟悉的和不熟悉的头领们打招呼。

他发现这些头领们都是津南、鲁北八路军控制区外各占一方水土，跟他一样没被国民党收编的地方武装。他刚坐下，就听见符竹庭主任喊道："肖司令员出来啰。"肖华在屋里回应："我马上来了。"大家的目光不约而同地投向屋门口，只见肖华、邓克明从屋里走出来，满脸笑容地向众人挥手。肖华解释说："我刚才有件紧急军务要处理，让各位久等了！抱歉！抱歉！我们认识一下吧。"说着伸手同各位头领握手。头领们弯着腰自报家门。当肖华见到曹振东时，挥着手走过去："曹团总！老朋友了！"曹振东急忙迎上前，激动地说："曹某来向肖司令致意！"

符竹庭说："曹团总带了几车粮食和两千块钱。"

肖华说："曹团总还带来这么多好东西！真是走亲戚哟。"

曹振东急忙摆手："不成敬意，不成敬意！"

众头领们正襟危坐，院子里一阵沉静。

肖华爽朗地笑道："诸位太严肃了吧。我可是中午为诸位准备了酒宴噢。俗话说，'酒酣言多'，要不，这就把酒菜端上来？"

众头领们哄堂大笑。

曹振东站起身，彬彬有礼地朝肖华、符竹庭抱拳作揖，"曹某不才，就放头炮吧？"

肖华、符竹庭热情地鼓掌欢迎，瞬间带动了全场的气氛。曹振东急忙向在座的各位头领、八路军干部抱拳拱了一圈，说道："俺们德平县民团跟八路军今年春天就有交往了，还口头达成过联合抗日协议。肖司令、符主任路过德平县城，曹某幸受肖司令、符主任教诲，得益匪浅。曹某以为，肖司令、符主任领导的八路军抗日坚决，惩恶扬善，真乃冀鲁边区民众的救世主、大救星！曹某愿意继续跟八路军联合抗日。"

曹振东，学生出身，早年留学日本。日寇进攻德平县城，县府官员闻风而逃。于是，他便拉起了队伍，走上抗日的道路。

顽军围攻曹振东

曹振东在乐陵的举动，引起了国民党鲁北督察专员兼鲁北保安司令刘景良的不满。国民党鲁北党部书记长、中统特务马皋如趁机挑拨："像曹振东这样的人，实力、地盘是他的命根子，打疼了他，他才会降服！打不掉一个曹振东，那些归顺的，怕是也要起异心啊！"

刘景良一咬牙："打吧！"

10月30日早上，晨雾朦胧，德平县东部，大批国民党保安部队突然向镇子里发起冲锋。镇子里的民团拼命抵抗，力渐不支。保安部队攻势凶猛，民团拖枪逃命。保安部队士兵乘胜攻到德平城下，开始向德平县城发起猛攻。城墙上民团火力也很猛烈，保安部队士兵被击退。战场上暂时沉寂下来。

民团头目宋达民、张光第揣枪奔进民团指挥部。曹振东急忙问道："损失咋样？"宋达民神色慌张："大哥！咱已丢失四百多名弟兄。子弹也不多了，照这样顶下去，还不打光？"

曹振东一挥手，打断宋达民的话："小点声，别动摇军心。"

张光第压低声音："子弹不多了，就怕等不到八路军援兵到啊！"

曹振东迟疑地摇摇头："肖司令不会不来援兵。"

宋达民一脸气愤："他们不增援，咱们还跟他联合个毬！"

曹振东说："八路军名分上跟刘景良是友军哩。"

张光第满脸失望："那，咱就冤咧？"

曹振东一摆手："肖司令不出兵，但肯定会出面调停的。"

宋达民说："万一顶不住呢？干脆，咱们就依了刘景良。"

曹振东一怔，厉声对宋达民说道："晚咧。刘景良不会再给咱们那些条件咧！城下之盟，跟投降差不多。"

张光第想说什么，又停住了。

曹振东手臂猛力一挥，坚决地说："只有坚决顶住，肖司令的调停才有希望。狠狠地打，谁要熊包砍了他！"

这时，刘景良的保安部队又开始冲锋。

宋达民、张光第奔了出去。

这天，肖华与符竹庭等人正在吃午饭。突然，杨忠满身汗水，气喘喘地奔进来。肖华、符竹庭等人急忙搁下饭碗，迎上前，"发生了什么事？"杨忠气喘吁吁地说："刘景良的保安部队正在攻打德平城，情况非常危急！"

肖华、符竹庭等人闻言，立刻紧急磋商。

肖华说："曹振东不是八路军，也不是日伪进攻，我军与刘景良名义上是友军，我们不能出兵增援。"

邓克明说："刘景良这次出动六千多兵力，曹振东才两千多人，一千多支枪，弹药也不足，怕是坚持不到天黑。"

符竹庭说："我们出面调停，刘景良是否接受？调停失败了，又怎么办？德平县就要落入刘景良之手。"

马国瑞说："万一调停失败，曹振东顶不住，会不会投降？"

符竹庭看了看地图，说："曹振东不会主动缴械投降，也不会耗光实力坐等刘景良破城当俘虏。他既不投降刘景良，他能撤到哪里去？只有撤入我军控制区。"

邓克明说："他会不会担心我们趁机吃掉他？"

马国瑞说："他舍得放弃德平县？"

肖华说："对啊。曹振东既想保存实力，又想保住地盘。我想，曹振东很有可能提出加入我军，好让我们出面对付刘景良。"

符竹庭挥了挥手，说道："我与司令员有同感。那我们就得做好充分的准备！"

马国瑞说："司令员下决心吧！"

肖华想了想，望着杨忠说道："杨忠同志，你马上回去，靠近德平城，一旦曹振东突围出城，你就建议他撤入我军控制区！"

杨忠急忙起身，"是，司令员。"

肖华望着邓克明说："老邓，你带六支队迅速靠近德平县境，一旦曹振东提出加入我军，六支队立刻开进德平城。另外命令五支队迅速向乐陵县东部集结。刘景良要同我军打，就坚决奉陪！这是符合毛主席思想的。"

邓克明站起来，说："好的。"

肖华望着符竹庭，微笑着说："符主任，去和刘景良调停，就劳你大驾了。"

符竹庭一摸头，自嘲地笑了，"我这个子，实在大驾不起来。好，我这就去。”

随即，符竹庭与邓克明、杨忠快步走出屋子。

单骑调停舌战众顽

刘景良和他的参谋长正喝着酒，啃着猪蹄、烧鸡。突然，一个参谋急匆匆地跑进来，"报告！八路军调停代表请求接见。"刘景良一听，觉得奇怪，问道："哪来的？调停啥？"参谋指着外面说道："乐陵八路军肖司令派来的代表。"刘景良看了看参谋长。参谋长冷笑一声说："八路军怕曹振东完蛋，想来叫咱罢手退兵。"刘景良把筷子一扔，"狗拿耗子，多管闲事！他八路军有何资格管地方行政事务？"去回话，就说政府剿除土匪，纯系地方政务，无须八路军干预。那参谋欲走，参谋长一摆手，说："先别，刘司令，我看还是见一下为好。"刘景良眼一瞪："接受八路军的调停？撤兵？"参谋长深沉一笑："咱们不能随便得罪八路军吧，叫八路军劝曹振东投降嘛。"刘景良一听这话，脸上露出了奸笑，冲着参谋挥挥手，"去，请八路军代表进来吧。"

不一会儿，那参谋领着八路军调停代表符竹庭主任急匆匆地走进刘景良的指挥所。符竹庭倒背着手，正视着刘景良说道："我是八路军东进抗日挺进纵队政治部主任符竹庭，受肖华司令员委派前来调停你们和曹振东团总之间的军事冲突。"

刘景良看见符竹庭不高的身材（南方人相对比北方人矮些），轻视地躺在椅子上冷冷地说："我是鲁北专员、鲁北保安司令，清剿行政区域内的土匪，理所当然，不是什么冲突。你们八路军是政府正规军，屁股理应坐在政府一方。协助我剿除德平土匪，而不是以中立的面孔来调停什么冲突。"

符竹庭看透了刘景良轻视自己个子不高的心理，立刻沉着脸，正颜厉色地说道："刘司令！照你的意思，即使主张抗日救国的民众武装也都是土匪？八路军非但不去团结联合他们，反而要帮你去消灭他们？你的意思代表国民党中央政府吗？代表蒋委员长吗？我实在搞不明白，我想借用一下你的电台，给蒋委员长发个电报问问？"

刘景良没有想到这小个子话语这般尖锐,不禁尴尬地摆了摆手,语塞了,用尴尬的眼神望着参谋长。

参谋长当过八路军的俘虏,知道这些"南蛮子"的厉害,他望着符竹庭那双睿智的眼睛,心里不寒而栗,于是笑笑说:"符先生请坐下,一块喝杯酒吧。"

符竹庭脸色严肃,毫不客气地坐在参谋长那把椅子上,朝参谋长一摆手:"请搞杯水来。"

参谋长看了看刘景良,刘景良不耐烦地说:"去办吧!"

符竹庭挺胸端坐,严肃地说:"我代表肖司令员,建议刘司令停止战斗,与曹振东坐下来谈判解决问题。"

参谋长站在一旁,愤怒地说:"曹振东拥兵自重,阻挠沈主席的政令统一,好劝好说不行,只好用兵剿除!"

刘景良奸笑道:"只要曹振东缴枪投降,我就停止攻击。符先生,你们八路军同曹振东不是挺友好吗?那么,就请你去劝说曹振东吧。"

符竹庭深沉一笑:"叫人家束手就擒?也显得你刘司令不大气啰。"

"大气?我给他枪弹,给他军饷,给他一个旅的番号,又苦苦等了半年,还不大气?"刘景良气呼呼地站了起来。

参谋长拍着腰间的手枪大声喊道:"曹振东反复无常,忘恩负义,脚踩两只船,是小人。他想割据德平,称王称霸,政府不容许。"

符竹庭端起茶杯猛喝了一口水,手臂猛力一挥,大声说道:"德平的局面,同整个华北一样,纯因去年政府及军队南撤造成的嘛。民众不甘心忍受鬼子的蹂躏,当然寻求抗日自保的路子。德平县民团和自保会,就是德平县民众的自我选择。鬼子来时,政府及军队都跑了,现在又让人家归顺,人家能一下子相信吗?你们出兵攻打,不更激起民怨吗?我们不愿看到抗日武装之间相互火拼,同室操戈。有什么矛盾,坐下来开诚布公地谈谈嘛。我们反对使用武力解决抗日友军和朋友之间的争端。请你们想想我们是怎样对待友军的。"

刘景良听出符竹庭的话里提及自己曾与八路军的冲突,脸色不自然地喝了一杯酒，又拿起筷子夹菜。

参谋长想起自己被八路军俘虏又放回，就像长了头癣被突然揭了帽子，尴尬地扭头看着外面。

刘景良拉着脸，说道："照符先生这么说，像曹振东这样的人就可不受政府制约了，政府政令不统一，岂能齐心抗日？"

符竹庭像在自己家里一样提起水壶给自己倒满一杯水，从容地喝了一口，不紧不慢地回答："德平民团不在政府军序列，但他们不是汉奸、土匪，是响应蒋委员长号令起来的民众抗日武装，只是一时不愿意被政府收编自己，这样的武装团伙，全国不在少数，整顿他们当然应当，但不能采取武力手段，硬逼强扭，这样适得其反，于抗日大局毫无益处。"

刘景良看了看手表，站了起来，冷冷地说："我这次行动，是执行沈主席的命令。还是刚才那句话，贵军是政府军，理应支持政府行动。"

符竹庭仍然端坐，脸色平静地说："正因我们是政府正规军，一切从抗日大局出发，对一切抗日武装坚决支持和联合，对一切不利于抗日之事坚决反对和抵制。你们武力进攻德平县民众武装，我们不能坐视不管，我希望刘司令能够注意我军的态度！"

参谋长一听这话，立即扭过头来，"符先生这话是调停还是威胁？"

符竹庭猛地起身，一挥手厉声说道："这是我军对全国民众的承诺！"

刘景良掏出手帕擦了擦嘴，朝参谋长使眼色，参谋长立刻会意，高声喊道："来人。"一位参谋急匆匆地走进来，敬了个礼，说道："参座，有何吩咐？"参谋长一挥手："传令各团准备发起攻击。"

参谋应声而动："是。"随即走出指挥所。

符竹庭严肃地说："既然刘司令不接受我的调停，那我告辞。"说完朝门外走去。当他走到门边时，甩下一句话："话我先说下，如果曹振东民团突围，我们同意他们的队伍进入我军防区。如果曹振东自己愿意加入我军，我们会答应的。并且我们会派主力部队进入德平县。"说完招呼警卫员跨上战马顺着河堤朝北奔驰而去。

巧退顽军收编振东

曹振东望着城下血肉横飞的战场，眼里掠过一丝惊悸，随即又坚定地说："我去见肖司令，你们坚守！"随后挑选了五十名会骑马，身强力壮，枪法准、刀法熟的团丁。曹振东一挥手，带领挑选好的团丁奔下城头，骑马来到北门。

这时，南门传来激烈的枪声，顿时北门的枪声也响起来。透过射击孔，发现刘景良的部队冲到河堤前。曹振东大声命令："开门，猛冲！"

几名团丁打开厚厚的城门，众团丁骑马夹着曹振东的马狂奔出城，同时机枪、匣子枪一齐开火，很快冲了过去。刘景良的士兵慌忙躲闪到两边，眼睁睁地看着几十个民团团丁骑马旋风般地越过阵地朝北而去。

再说，符竹庭非常气愤地离开了刘景良的指挥所，一路上马不停蹄，一阵狂奔，半小时后到达德平与乐陵交界处，邓克明的临时指挥所。一跳下马，符竹庭就气愤地骂了一句广昌土话："介（那）个婊子个崽！"邓克明看见符竹庭满脸怒容，知道调停无果，便说："符主任，既然刘景良不买账，就算了。正好你在这里指挥部队行动吧。"

符竹庭喝了一口水，问："杨忠呢？去德平城了？"

邓克明摇头说："杨忠与曹振东的卫队长去德平县北边等待，一旦曹振东突围出来，就去接应！"

符竹庭又问："德平城的情况怎么样？"

邓克明说："侦察报告，刘景良正分梯队连续发起攻击。曹振东还没有突围的迹象，但火力明显弱了。"

符竹庭喘匀了气，急切地说："曹振东不突围想全军覆没吗？"

邓克明说："我还是怀疑曹振东会不会提出加入我军？"

符竹庭沉思了一下，说："曹振东若是聪明，应当提出来，一旦加入我军，我军就有理由出兵，我军一出兵，刘景良必然撤兵。"说着，他从牛皮包里掏出一张下面署了肖华、符竹庭、邓克明三人职务名字的空白委任状，举着朝邓克明晃了晃，又装进牛皮包，看得出，符竹庭早有了准备。

邓克明望着符竹庭严肃的脸庞，说道："曹振东提出改编当然最好！但眼下我们怎么办？在这里干瞪眼？"

符竹庭低头沉思了一下，猛然抬头，说："命令部队进入德平县北部。一来准备接应曹振东，二来开拓德平县北部局面。"符竹庭在八路军东进抗日挺进纵队和冀鲁边军政委员会的地位仅次于司令员兼政委肖华。当时人们把"挺纵"亲切地称为"肖符纵队"。

符竹庭派人将部队的行动情况向肖司令员报告。然后与邓克明带领六支队迅速向德平县境内出动。当进入德平县十几里地时，迎面遇上奔驰而来的杨忠、曹振东等人。

符竹庭与邓克明急忙下令部队停止前进，原地待命。然后抓着曹振东的手走进路旁的一片树林，符竹庭满脸焦急地问道："曹团总，情况怎么样？"

曹振东脸色苍白，嘴唇颤抖，"符主任，邓参谋长，我……我们民团，现在就改编成八路军。你们快出兵增援吧。"

符竹庭与邓克明微微惊讶。符竹庭表情严肃地盯着曹振东说："曹团总，你决定。"

曹振东一拍腰间的手枪套，瞪着小眼睛喊道："我决定了。立马就改编。你们咋编就咋编。"

符竹庭沉思了一下，冷静地盯着曹振东说："曹团总，请你现在写一份书面请求报告吧。"

曹振东心急如焚，见符竹庭不紧不慢地跟他来这套程序，脸上有些不悦，口气也重了，说："以后再补也不晚嘛。眼下救援我的队伍要紧。"

符竹庭与邓克明相视了一眼，一挥手，坚决地说："那好吧。我代表八路军东进抗日挺进纵队，同意你的请求。你的队伍可以编成一个支队，番号以后再说。我代表肖司令员委任你为八路军东进抗日挺进纵队直属支队支队长。"

曹振东指着德平方向急不可待地说："符主任，赶快发兵吧。"

符竹庭望着德平城方向思忖片刻，随后示意邓克明走到一旁。邓克明会意地走过来，两人低声嘀咕了几句，然后符竹庭走到曹振东跟前说："我们搞个双管齐下，邓参谋长带部队靠近德平城；我和你现在就去见刘景良。"

曹振东一听去见刘景良，脸色惊疑。

符竹庭矜持地一笑："刘景良还没有胆量扣留我们。要让刘景良当面知道你们现在已经是八路军。"

邓克明一挥手："刘景良还不撤兵，我军就直接介入战斗。"

曹振东摆摆手："好，好！就按符主任说的办吧。"

邓克明与曹振东握了握手，语气肯定地说："我们德平城见！"说完，马上带着部队向德平城方向跑步前进。而符竹庭却单腿跪在地上，膝盖上平放着牛皮纸，正在一张灰色纸上写什么。

曹振东打量着从身边跑过去的八路军队伍，发现有三门小钢炮和几箱炮弹驮在马背上，心里感到踏实了许多，呼出一口气，一屁股蹲在地上。卫队长急忙走过来，递给他一只水壶。曹振东仰起脖子狠狠地灌了几口。这时，几个战士拿来十几套八路军灰色军装请他和卫兵穿戴上。曹振东先是愣了愣，随后明白了，急忙起身脱下黑衣服，穿上灰色军装，戴上了有青天白日帽徽的灰色军帽。军装是八路军战士们临时脱下来的，有些肥大，汗臭味呛鼻。

曹振东扎好皮带和枪套，挺了挺单薄的胸脯，感觉神气许多。

符竹庭把那张灰色纸递给曹振东，说："曹振东同志，这是给你的临时委任状。"

曹振东双手接过委任状，只见灰色纸上印有"国民革命军第十八集团军东进抗日挺进纵队司令部、政治部委任状"的红头，下面几行粗字是钢笔正楷字："诚接受德平民团曹振东团总之请求，着将德平民团改编为挺进纵队直属支队，兹委任曹振东同志为支队长。司令员兼政委肖华、政治部主任符竹庭、参谋长邓克明，民国二十七年十月三十日。"

曹振东发现委任状上三个签署人职务名字都是他们早就写好了的，红印也是早就盖上去的，觉得很真实，心里挺满意，连连说："很好，很好啊！"就要折叠起来。

符竹庭递过笔说道："请你在上面签上你的名字。"

曹振东一脸疑惑地望着符竹庭。

符竹庭神色严肃地说："一是叫刘景良看了相信，二是回到乐陵城'挺纵'司令部照相留档案。"

曹振东急忙接过钢笔，在委任状底部写上"曹振东"三个字。

符竹庭一挥手："你装好。我们现在就去见刘景良。"接着向杨忠下达命令："你马上回乐陵城，向肖司令员报告情况。"

杨忠挺胸敬礼，随即与警卫员上马朝北奔去。

曹振东上马，跟在符竹庭后面跑起来，他盯着符竹庭精干的身材，心里涌起了一种敬畏感。这种敬畏感，在初见肖司令的时候就有过，他心里感叹到共产党能人就是多啊。

刘景良得知八路军六支队带着重机枪、小钢炮朝德平城附近开来，八路军五支队也集结到乐陵县与惠民县交界处时，他心里顿时紧张起来，感到一种前所未有的危机。当身穿八路军军装的符竹庭与曹振东带领穿着一身八路军军装的卫队奔进刘景良的指挥所时，刘景良大吃一惊！双眼直呆呆地望着符竹庭、曹振东头上的帽徽半晌说不出话来，他没有想到曹振东会给他来这一手。当看见曹振东递来的灰色委任状时，脑子里一下子出现了空白，又听见符竹庭正颜厉色地说道："德平民团改编为八路军支队，希望刘司令即刻撤兵。否则，引起友军之间的误会和不应有的冲突，责任全部由刘司令承担。"刘景良感到胸闷头晕。参谋长附耳劝他冷静、克制、从长计议，他懊丧着脸有气无力地说道："那好吧，停止攻击。"

不一会儿，德平城的枪声消失了。

双方开始了沉闷的谈判。

刘景良又气又恼又失望的情绪稳定了些，对符竹庭、曹振东提出的要求不予理会，一口咬定要恢复德平县政令于省府。

双方沉默了好一会儿，符竹庭压抑着激愤的情绪说道："德平可以套乐陵的模式，鲁北专署委任德平县长，八路军驻守德平县，保安部队撤离德平县。"

又沉默了好一会儿，刘景良才抬起阴沉的脸说道："乐陵县模式可以套，但曹振东要承担这场战斗的全部损失。"

符竹庭目光轻轻掠过沉默不语的曹振东，说："曹振东现在是八路军了，要八路军承担你们的损失不合理，要弥补，待德平县政府成立以后再算账吧。为了表示对德平民团和保安部队死伤士兵的抚恤，我建议德平自保会给双方捐助一点钱。"

再沉默。

符竹庭站起身，语调严厉地说道："我军的态度已经说得很明确了。我军已经充分照顾到了刘司令的面子。与处理今年春天刘司令攻乐陵县救国军的情况完全一样，望刘司令明鉴。"

刘景良耷拉着眼皮摆了摆手说："等县长到任，政令实施，治安队成立后才撤离。"

符竹庭手臂猛地一挥，声色俱厉地说："你这是借口拖延。我军与贵军发生冲突谁来承担责任？既然套用乐陵县模式，就干脆彻底嘛。双方诚心实意地签订协议书嘛。"

刘景良不吭声了。

参谋长皮笑肉不笑地说："今天一切都来不及，一切都等到明天吧，我军总不能夜里行军吧？"

符竹庭猛地一挥胳膊，毅然决然地说道："那好吧。你们先撤到十里外的村子里驻扎一宿，我军马上在德平县城周围布防。"

参谋长看了看刘景良，见刘景良手腕微微摆了摆，便说："就这样吧。"

符竹庭与曹振东脸上挂着胜利的喜悦，带着卫队跃马踏出刘景良的指挥所，直奔德平城。八路军六支队三千多人呈战斗队形开到护城河堤上。宋达民、张光第在城楼上认出曹振东和他的卫队，也看清了半月前路过德平城的符竹庭与邓克明，便急忙奔下城头，打开城门出来迎接。曹振东冲着张光第一挥手："集合队伍！"又朝宋达民一挥手："把鲁会长他们请来。"

2400名团丁很快在城门前的河床里列好队。鲁会长等自保会骨干人员也匆匆地赶来了。

曹振东站在城门前河沿上，看了一眼衣服凌乱、满脸烟尘、神色疲惫的团丁，心底油然升起一股感激、自豪、悲壮交融的感情，黑瘦的脸庞显出庄重，他挺起胸膛，右手抬到帽檐上，向团丁们敬了一个不太正规的军礼。

民团团丁们顿时挥动着长枪大刀，高呼："共产党万岁！八路军万岁！"

曹振东手臂猛地挥了一下，河床里顿时沉静下来，他把军帽举过头顶，一字一句地说道："从今天起，咱们德平民团改编为八路军支队了。接受八路军肖司令的命令了。肖司令明天就来咱们德平城，为咱们举行改编仪式。"

接着，符竹庭当众宣读了曹振东的委任状。

曹振东抬头看了看城门楼上的那面布满弹孔、被硝烟熏得发黑的民团杂色旗帜，沉吟了一下，冲着宋达民一摆手示意他把旗帜降下来！

宋达民却迟疑着，没有立即行动。

曹振东见状，猛一挥手大声说道："去降下德平民团旗帜，收好。"

宋达民闻言，立刻快步奔上城门楼，解开绳子，慢慢地拉下了民团旗帜。

城门下，曹振东和团丁们一齐举枪朝天，打了一阵震天响的排子枪。

符竹庭注意到，曹振东深陷的眼眶里噙满了泪水。

下午5点左右，刘景良的部队撤到距德平城五里外的一个村庄里。此刻，八路军六支队迅速占领德平城周围的村庄、道路，对德平形成了拱卫圈。

第二天上午，符竹庭与曹振东走进十里外刘景良的指挥所，又是红脸白脸地浪费一番口舌，才签署了一份《关于德平县问题的协议书》。

当符竹庭与曹振东骑马返回德平城时，远远地望见晴朗的天空下，温暖的阳光里，德平城南门楼子上飘扬着一面鲜红的八路军军旗。

二十、艰苦奋战冀鲁边

反"扫荡"捷报频传

1938 年 12 月，国民党高树勋暂编第一军奉命开入冀鲁边区。国民党顽固派用意十分明显，企图制造大规模武装摩擦，把八路军东进抗日挺进纵队挤出边区。

肖华与符竹庭认真分析高树勋的情况：认为高树勋从来没有得到过国民党的信任，长期受排挤，是我们团结、统战的对象，应当争取他，团结一致，共同抗日。为此，肖华与符竹庭多次前往高树勋的住处，与他交换抗战形势和看法，推心置腹地宣传我党我军的抗日主张。

高树勋在肖华、符竹庭多次耐心宣传教育下，对我八路军抗战的态度有了明显的变化，表示要和八路军团结抗日。肖华、符竹庭抓住时机，经常深入高部师、团作报告、讲形势。符竹庭精彩的演讲受到官兵们的极高赞誉，他们说："讲得真在理，八路军里能人真多呀！"从此，我党我军的威信在高树勋部队中树立起来了。

1939 年 1 月初，日伪军开始集中"扫荡"冀鲁边区。日本陆军部曾经在给日本天皇的奏折中写道："山东在政治和战略上具有极大的价值。"所以，冀鲁边区是敌人回师"扫荡"的重要目标之一。日寇第五师团、第二十七师团、第一一四师团各一部共计两万多兵力，分别由沧州、德州、济南等地出发，向盐山、庆云、乐陵一带抗日中心区进行合击。敌人一面"扫荡"，一面占领县城，一面修公路，筑碉堡，步步进逼，企图与"挺纵"主力决战。

在日寇重兵压境的情况下，冀鲁边区军政委员会决定，趁敌人立足未稳，打他一个下马威。但为了避敌锋芒，军政委员会决定"挺纵"机关及直属队撤出乐陵，"挺纵"跳出宁（津）乐（陵）边中心区。同时对反"扫荡"作了具体部署：肖华、邓克明率"挺纵"司令部机关和四支队一部活动在东光、南皮一带津浦沿线；符竹庭率"挺纵"政治部、警卫连和五支队五团二营活动在商河、济阳、宁津、惠民等地开展游击战；曾国华率五支队主力活动在陵县、临邑一带；周贯五率六支队活动在乐陵、盐山一带。

"挺纵"部队化整为零与敌人迂回周旋，捷报频频传来：1939 年 1 月 21 日，周贯五率六支队七团在韩集村附近公路设伏，在当地民兵的协助下，击毙日军一百余人，缴获大批战利品，这次战斗给"扫荡"的日军迎头痛击。这就是有名的韩集战斗。

1 月下旬，肖华、邓克明、曾国华率五支队主力分别从宁津县大曹村、南皮县董村出发，雪夜行军四十多里，于夜间 11 点钟赶到灯明寺，突袭日伪军，击毙日伪军一百多人，缴获许多武器弹药，夜袭灯明寺首战告捷。数天后，日军三百余人、伪军二百余人再次侵占灯明寺。肖华、邓克明率五支队一部乘夜色从四周摸进村，乘敌不备突然出击，击毙敌人一百余人。天亮，我军撤退，敌指挥官滕井命令日军纵火烧村，企图趁我军救火之机发动突然袭击。我军将计就计，派一路救火，另一路设伏，又歼灭日伪军三百余人，迫使日军再也不敢到此安据点。这就是著名的"三打灯明寺"。

2 月 8 日，符竹庭率"挺纵"政治部、警卫连和五支队五团二营，在宁津县李家桥歼灭伪河北省保安总队一千余人，俘虏伪军一百余人，缴获大量武器弹药和其他战利品，将袭击我宁津县抗日民主政府主犯梁连成、高华胜，叛徒高福明抓获归案，并将罪犯交宁津县抗日民主政府公审并处决。这就是著名的李家桥战斗。2015 年 1 月，全国热播的电视剧《大刀记》，艺术再现了当年宁津县抗日军民打击日伪军的英雄事迹。当然，这是后话。

3 月中旬，国民党鲁北保安第九旅旅长于志良，勾结日军进攻陵县地方武装"十八团"（开始 18 个村联合武装，后发展到四十多个村），在这一带烧杀抢掠。"挺纵"五支队司令员曾国华率五支队主力从乐陵出发，夜袭于志良部，毙伤俘敌一千三百余人，缴获机枪十余挺，长枪七百余支，电台一部，并处决了于志良，"十八团"接受我军改编为两个连。

日军合击"扫荡"冀鲁边区的阴谋，被"挺纵"彻底粉碎。

4月下旬，"挺纵"五支队主力，来到陵县大宗家一带休整。休整期间为了活跃文化生活，请来了戏班唱戏。第三天，被日军探知，随后日军纠集步、骑、炮兵两千余人，汽车六十余辆连夜杀奔大宗家，企图全歼我军主力。日军来势汹汹，被我五支队五团十二连指战员们及时发现，十二连指战员们利用自然地形，以密集的火力向敌人扫射，手榴弹像爆炒豆般在敌群中炸开了花。五团二营趁日军准备不足，迅猛发起冲锋，不仅缴获了三挺机枪，更一举击毙了日寇板垣师团指挥官安田大佐。这次战斗是敌强我弱，在被动的情况下进行的，但我军还是在战斗中打死打伤日军七百多人，打死战马一百多匹。这次战斗沉重地打击了日寇的嚣张气焰。我军也蒙受了很大的损失，五团政委曾庆洪，政治处主任朱挺先，特派员谢家树等四百多名指战员英勇牺牲，团长龙金书负重伤。突围归来后，支队司令员曾国华向符竹庭主任汇报大宗家战斗经过，深感内疚，并作了深刻的检查，请求组织给予应得的处分。符竹庭严肃地说："给你一个处分能解决什么问题？应当很好地接受这次血的教训。"接着，符竹庭语重心长地说："多找找这次犯错误的原因，不要灰心丧气，革命道路是曲折的，不可能一帆风顺。一个真正的革命者，不仅要经得起胜利的考验，更要经得起失败和挫折。吃一堑，长一智，我相信你经过这次事件，今后的工作会更好。"曾国华发誓一定不辜负组织的培养和信任。此后不久，他就打了几个大胜仗。

开辟津南鲁北抗日根据地

1939年初，符竹庭率"挺纵"政治部、警卫连和五支队五团二营，一边开展游击战，一边发动群众，建立各级党政组织。符竹庭率部到达商河县，派遣津南支队政治部主任李逸民（又名李一民）回原籍商河县工作，并决定在商河县大队的基础上建立商河支队。2月1日，在张北台村（现属乐陵）举行商河支队成立大会。符竹庭到会并讲话，他宣布了"挺纵"司令部的命令，任命王权五为商河支队支队长，李逸民为政委，赵义为副支队长，王工一为政治部主任，李星符为参谋长，李杰臣为特派员。支队下辖三个大队一个特务队，共两百五十余人。支队组建后，"挺纵"先后派遣总务处处长王省身、锄奸部部长匡根山、民运部部长李清和副部长史甄、组织部副部长范阳春帮助支队进行整顿和扩军工作，从此整个支队的军政素质有了很大的提高。

1939 年春，符竹庭与地方党组织联系后，派遣津南第三游击支队政委常中方参加开辟鲁北工作。当时"挺纵"司令部设在乐陵的杨安镇一带。在"挺纵"司令部的一次会议上，肖华司令员讲了全国的抗日形势，符竹庭主任安排部署了今后的工作和任务。他指出："冀鲁边区的河北部分党、政、军方面的工作已打下了相当的基础，抗日根据地已经形成，但乐陵以南的鲁北地区如商河、惠民、济阳、昌化、利津等地党和群众基础还很薄弱。经过与地方党组织联系，决定派常中方同志和先期到达的李逸民同志组成领导班子，在鲁北开展工作。总的方针是：建立发展党组织，广泛组织武装群众，动员一切力量开辟鲁北抗日根据地。"符竹庭特别指出："刚开始人数少，可团结一些当地知识分子和民主人士一道工作，'挺纵'和地方党委在适当的时候继续选拔优秀干部派往该地区。"

1939 年 2 月，常中方由乐陵杨安镇出发，到达商河边境附近的康家（当时隶属乐陵五区），在康登俊家和李逸民见了面，传达了符竹庭主任的指示。他们一起迅速着手开展工作，很快成立了八路军鲁北工作委员会。李逸民任工委主任，常中方任副主任兼商河县委书记。从此，康登俊家就成了工委和县委机关所在地。工作人员包括李逸民、常中方和两个警卫员仅四人，配备四支短枪。

面对严峻的形势，他们的工作原则是："从无到有，由少到多，由北向南，逐步发展。"最初，他们白天到涝洼韩家、刘成基、张北台、小买虎、黄家等村一带活动，晚上回到康登俊家落脚。3 月，常中方到九区开展抗日救亡活动，宣传党的《抗日救国十大纲领》，并在参加抗日救亡会议中的知识分子中发展了第一批党员，其中有左家的左栋周、涝洼韩家的韩秀清。他们入党后，利用各种社会关系，对当地知识分子和社会知名人士开展统战工作，对他们进行帮助、教育，物色、介绍、推荐发展新党员。先后有涝洼韩家韩遵三、黄家王玉亭、赵寨子赵杰、孙胡洞孙玉同和杨登轩等人入党。这些新党员又利用各种社会关系到各阶层、各行业发展新党员：涝洼韩家李如深（后改李献之）、王希圣（后改王荣华）；赵寨子赵立富、韩永福、韩永举，阳信县崔楼村张宗信、张洪海、邢立荣、邢书敏；姚家姚德常(后用齐振声)；戚家村戚成芳等。在商河、惠民交界处，如康家园、归化街、石皮家、禹王庙等村发展建立了党组织。

新党员的加入，党的基层组织增添了新生力量，为抗日活动创造了有利条件，李逸民等人可随时离开康登俊家进入商、惠、阳三边地区活动，使党组织有了相对安全的落脚点。

同年4月，商河县建立了涝洼韩家、赵寨子、李集、黄家、孙湖洞五个党支部。阳信县建立了崔楼、姚家、戚家、大毕家四个党支部。还建立了党的联系点：商河县红庙、买虎站；惠民县归化街、齐家、石皮家、禹王庙、藏家等村；阳信县东营、赵家庙、毕家、林家、孙家；现属乐陵的张北台、刘成基、信家、高安店、樊敬李家等村。

为了解决党员空白村问题，李逸民、常中方等人决定，采用跳跃式和梅花式方式：就是利用已有的支部、党员，可以跳过另一个村或数个村发展党员，也可以一个支部向四面八方挨村发展党员。这样一来，党员空白村很快得到了解决，有党员的村迅速增加。从此党的活动能力、领导力量得到进一步加强。

这期间，王宗仁由"挺纵"政治部主任符竹庭介绍来到商河工作，分配到商惠公路以南地区。不久，王宗仁与城东常庄乡王太开村的王兰亭取得联系，并发展他入了党。此后，两人就在商惠公路以南的二、三、四区活动。至4月份，先后发展建立了十多个党支部和党的联系点。

1939年5月，冀鲁边区建立了津南、鲁北两个地委。津南地委书记李启华，鲁北地委书记周东光。

6月，商河、惠民、阳信三县共建立了五个区委，三边区委书记黄玉章、八区区委书记李健民、二区区委书记谢建邦、三区区委书记王学儒（化名李全柱）、四区区委书记段鲁田。不久，在涝洼韩家村由鲁北地委宣传部长周玉峰

（后改名关锋）提议召开了第二次县委会议，会议主要议题是正式建立阳信区委的问题，会议决定，阳信所属村在党的关系上仍归商惠中心县委领导。

8月，商惠中心县委召开了县委第三次会议。参会的有：常中方、李逸民、韩秀清、王宗仁、左栋周、王兰亭。会议讨论和明确了县委与政府，战委会和商河支队相互之间的关系以及县委分工问题。会议动员一部分同志脱产参加政府、战委会和商河支队工作，正式批准任命了五个区长、三个战委会主任，提拔了三个区委书记和四个区委委员。这样，在这个地区出现了大发展局面。至12月底，商惠阳等县建立党支部七十多个，其中，商河县37个、惠民县10个、阳信县13个、乐陵县12个。从1938年10月至1939年10月，经过一年的艰苦奋斗，冀鲁边区抗日根据地建立了津南、鲁北两个专员公署，15个县抗日民主政府，党员发展到两万余人。

建立秘密交通线

1939年春，"挺纵"政治部主任符竹庭指派民运部干事吕本支去清河区给第三支队司令员杨国夫送信，力图打通与清河的联系。

临行前，符竹庭指示吕本支："交给你一个重要任务。冀鲁边区和山东地区的八路军相距较远，一直未能联系上，为了今后两个战区相互配合作战，扩大与敌人周旋和活动区域，进一步壮大根据地，现派你去清河第三支队同杨国夫司令员取得联系，民运部马东昌与你一同前往。"

吕本支、马东昌接受任务后，由"挺纵"驻地乐陵出发，穿过敌伪控制区的八个县境，跋涉二百多公里，终于在临淄县王庄找到杨国夫司令员。杨国夫接待了他们，并复信给冀鲁边区的领导。两天后，吕本支和马东昌带回信返回边区。时隔不久，符竹庭又指示吕本支："你们俩再到清河去一趟，文件（电报密码）非常重要，一定要安全送到杨国夫手中，做到万无一失！"吕本支和马东昌深知这次任务重大，一路上乔装打扮，几经周折，巧妙地躲过敌人的盘查，终于在临淄县的高阳一带见到杨国夫司令员，又一次圆满地完成了任务。

1939年10月，商河县委遵照"挺纵"和鲁北地委打通清河区联系的指示精神,在吕本支两次去清河的基础上,建立了一条秘密交通线——由商河、乐陵边境的康家起,经涝洼韩家、小买虎、黄家、红庙、李家集、赵寨子、徐范二庄、犁行,穿越商惠公路至左家、牛家、冯家,再往南进入济阳县境。对交通线上各秘密联络点的党员均实行单线领导,不和支部一般人发生任何联系,以防意外情况的发生。交通线建立不久,就有很多情报传递给党组织。

这种秘密交通线的建立像一座桥梁,为党政军的过往人员执行任务、侦察敌情以及宣传发动群众、建立党的队伍和组织工作发挥了不可估量的作用。

壮大队伍、亲临一线、激发斗志

肖华、符竹庭根据冀鲁边区严峻的斗争形势,决定分兵各地,发动群众,扩大武装。"挺纵"五支队政委王叙坤主动向"挺纵"提出由他带部分干部到鲁北开展工作的请求,得到"挺纵"领导的批准,并决定抽调一部分干部战士组建鲁北支队,由王叙坤兼鲁北支队司令员兼政委。王叙坤临行时,符竹庭主任嘱咐他要积极开展工作,把党的方针、政策在鲁北扎下根来。根据"挺纵"首长的嘱托,王叙坤对当地六个民团进行了整编,组成了鲁北支队的五个游击大队和一个齐临游击队。因此,"挺纵"除三个主力支队外,新组建了津南支队、运河支队、鲁北支队、泰山支队、乐陵支队、商河支队、"小延安"支队,收编了曹振东地方武装为济阳支队,各县建立了县大队。1938年10月至1939年底,八路军东进抗日挺进纵队兵力发展到三万余人。

在发展抗日武装的同时,符竹庭主任很重视少数民族抗日运动。1939年春,符竹庭主持召开了冀鲁边区回教抗日救国总会成立大会。为了搞好宣传发动工作,"挺纵"宣传干事姜思毅随同前往参加了大会。大会推选了冯景恩任总会长,刘子芳、王连芳、杨振广、李玉池等十人为委员。会后,发表了回教抗日宣言——《告全体回教书》。在"回教抗日总会"的基础上,通过一系列宣传发动,建立了冀鲁边区回族武装——冀鲁边区回民抗日大队。

部队发展很快,但缺乏战斗经验。符竹庭决定带领他们打仗,锻炼、提高新部队的战斗力。1939年8月,泰山支队接到命令,要到乐陵县以南的高家庄打日寇。从情报得知，日军有一个分队三十多人，还有一个中队的伪军一百余人，正从商河桓台向高家庄开来。刚组建不久的泰山支队有四个连约四百八十人。虽然在人数上远远超过了敌军，但头一回与日本兵作战，武器装备又差，要打赢他们不是一件轻而易举的事。肖华司令员对这支新部队初次与日军作战有些顾虑。符竹庭兴致勃勃地对肖华说："我来指挥他们打好这一仗。"肖华听后高兴地说："你来指挥，我放心！"为了打好这一仗，符竹庭把"挺纵"政治部警卫连调来配合泰山支队。到达高家庄后，符竹庭把警卫连埋伏在土盖的平顶房上和街道巷口，监视敌人。将泰山支队指战员们部署隐蔽在青纱帐里，伺机攻击。下午 3 时左右，一百五十多名日伪军背着"三八大盖"步枪，扛着机关枪和掷弹筒大摇大摆地来到高家庄，当他们进入伏击圈后，符竹庭果断地下达了攻击命令，顿时，"哒哒哒……轰！轰……"机枪子弹暴雨般地向敌人倾泻，密密麻麻的手榴弹在敌人中凌空爆炸，弹片横飞血花四溅。激战四十分钟，干净利落地结束了战斗。这次战斗，我军以仅伤亡几人的微小代价，取得击毙日伪军一百多人，俘虏伪军四十多人和一名受伤的日本兵，缴获了一批武器弹药和一部电台的战果。

战斗一结束，符竹庭主任立即命令部队马上转移。这时，天上下起了大雨，部队迅速北撤，蹚过一条齐腰深的小河。就在这时，远处传来一阵阵急促的枪声，战士们回头一看，日寇的增援部队来了，黑压压的一大片。可是敌人来晚啦！我军早已远远地摆脱了他们。雨淅淅沥沥下个不停，河水猛涨。首战告捷，极大地鼓舞了泰山支队全体指战员必胜的信心。他们不断壮大，由原来的四个连，扩充到六个连，用缴获日军的机枪、"三八大盖"步枪、掷弹筒等武装了自己。

1939 年秋，符竹庭率"挺纵"政治部、警卫连和五支队五团二营到达陵县陶家、王举家村附近。这时，从德平县传来消息，有一辆汽车载着日军从德平县朝陵县公路上开来，符竹庭认为这是伏击敌人的好机会。

符竹庭带领几名干部走到公路边实地勘察地形，发现陶家村是陵县糜镇西八里远的一个小村子，位于糜镇据点和孙路环炮楼的中间，一条东西方向的公路从村子南边通过，是日军汽车必经之路。这一带有陶家、王举家等五个自然村紧挨着，有利埋伏和撤退。

陶家村南、王举家村东是一片苇塘，北岸是土公路。王举家村村民王记胜家前院围墙离公路只有二十米远，位置最佳，符竹庭命令警卫连的指战员们埋伏在这里。战士们从墙上挖开枪眼，把手榴弹保险盖打开，把枪压满子弹、推弹上膛，做好一切战斗准备。

上午 10 时许，远处一辆日军汽车扬起一阵尘土，"呜，呜……"地向前驶来，当汽车驶到东边解孟村边时，狡猾的日军怕有埋伏，一个个跳下车来，打了一阵枪试探，没见动静，这才上车继续向前行驶。

终于，日军汽车驶入了伏击圈。此刻，符竹庭一声令下："打！"霎时，机枪、步枪、驳壳枪一齐开火。日军猝不及防，慌忙下车，有的向苇塘退却，有的躲在汽车后面负隅顽抗。日军火力很强，但战士们的手榴弹也不是吃素的，一颗颗手榴弹飞出，在声声巨响中炸开了花，日军被炸得血肉横飞。不一会儿，日军汽车就冒起了滚滚黑烟。

在我八路军指战员们勇猛的打击下，大部分日军很快被消灭了，剩下的想借路边水沟逃命。越战越勇的战士们迅速出击，把他们击毙在水中，我军速战速决，打了一个漂亮的伏击战。这次战斗消灭了二十多个日军，缴获了二十支"三八大盖"步枪和两挺机关枪以及大批弹药，抓获了一个日军俘虏，炸毁了一辆日军汽车。但不幸的是，"挺纵"政治部敌工部部长董秋浓英勇牺牲了。

董秋浓在这次战斗中，为了争取日军投降，用流利的日语向敌人高喊："缴枪不杀，优待俘虏。"我军发起冲锋，他迅速跳出掩体，一边向残敌喊话，一边奔向燃烧的汽车。在抓获一名日军俘虏后，不料，藏在汽车底下的一个日本兵向他开了枪。

符竹庭怀着沉痛的心情带领指战员们将董秋浓的遗体掩埋，并将其牺牲的噩耗电告了八路军总部。

1939 年 8 月底，符竹庭率"挺纵"政治部、警卫连和五支队五团二营到达乐陵与肖华会合。这天，"挺纵"推荐的党的七大代表——六支队七团三营教导员关星甫同志也来到了"挺纵"司令部。

关星甫后来回忆这段往事："1939 年 8 月下旬，在晚上行军的路上，我得到去延安参加党的七大通知，别提有多高兴了。

"我去见肖华司令员。他见了我就说'好差事啊！'并把他驮毯子的公用黑马给了我，还给了我二十元法币。之后又见到'挺纵'政治部符竹庭主任，他买了一只鸡招待我们，并发给我一套新军装（因为这时我军已完全换成便衣），还送了一张照片给我。"

为肖华、王新兰主持婚礼

开国上将，原总政治部主任肖华，在艰苦的环境里有着怎样的战地浪漫曲？又有着怎样的婚礼？故事还得从云阳说起：1937 年 8 月底，红军改编为国民革命军第八路军，总部设在陕西三原云阳镇。王新兰等人被派到延安抗大学习，手续已经办好准备动身，但不巧的是途中发大水，去延安的道路被冲毁了，王新兰他们只好等待修好路再走。这天，王新兰等几个宣传队员在村头唱歌跳舞，突然碰见了陈赓（开国大将）。陈赓告诉她，自己是来总部开会的，说话间，他把自己身边的人逐一介绍："我们都是一方面军的（因为王新兰当时所在部队属红四方面军），这位是李天佑，这位是杨勇，这位是符竹庭。"接着他又补充道："符竹庭和我一样，也曾在四方面军工作过。"符竹庭见陈赓这么一介绍，脸都红了。陈赓打趣道："瞧你，见到女同志就脸红。"符竹庭不好意思地回敬道："哪像你，陈大将军，总是这么爱开玩笑。"接着陈赓介绍肖华，"这位是我们最年轻的指挥员，叫肖华。"

第二天，肖华、符竹庭、杨勇等人又碰见王新兰等几个女宣传队员，分手时，肖华主动约王新兰一起走走，他们很快躲开了人群。第三天，符竹庭和李天佑、杨勇发现肖华和王新兰两人正在谈恋爱。

去延安的路终于修好了。在王新兰做好出发准备的时候，时任一一五师政训处主任的罗荣桓派警卫员找到王新兰，谈话单刀直入："你认识肖华吗？你喜欢他吗？"得到肯定答复后，他又问王新兰："你爱他吗？"这句话让王新兰羞红了脸，只有 13 岁的她对感情实在还有些懵懵懂懂。"肖华说他爱你。"这句话更让王新兰感到不好意思，罗荣桓又说："如果你爱他，你们之间的关系就算确定了，你到延安就不要再找男朋友了，毕业后就到我们一一五师工作。如果你不爱他，就直接告诉我，我让肖华死了这条心。"王新兰一听，有些慌张地说："我毕业愿意到一一五师工作。"

1938年7月。这天，王新兰和几个女同事到延河边散步，碰到毛泽东和秘书叶子龙，叶子龙认识王新兰，就对毛泽东说："那个小朋友叫王新兰，是肖华的女朋友。"毛泽东听后问道："肖华有女朋友了？"随即向王新兰招了招手让她过来，毛泽东亲切地对王新兰说："你叫王新兰对不对？你叔叔叫王维舟，他是我的老朋友。"看到王新兰惊奇的目光，毛泽东开玩笑说："我会掐算啊。"接着又说："我还晓得，你是肖华的女朋友，你知道肖华现在在哪里吗？"王新兰回答："不知道。"毛泽东说："他现在还在山西，过些日子就要到渤海那边去了。"王新兰一听很吃惊，毛泽东继续说："渤海离日本近得很呢，向东过去就是日本了，你呀，再不去找肖华，他就要到日本被日本姑娘抢走了。"听到这里，王新兰知道毛泽东在开玩笑，于是她说："我才不怕呢，抢就抢走吧。"毛泽东故意板起面孔说："那还行啊，那么好的一个人，细妹子，你要想办法追上他。"毛泽东又说："我给你出个主意，今晚我给他拍个电报，让他们在总部等你几天，我想办法把你送到太行山，成人之美嘛。"

原本以为毛泽东只不过这样说说，谁知第二天上午，王新兰正在发报，有人送来一份电报，说是毛主席让她看的，她接过电报，只见上面内容是："主席：来电收悉，国难时期，一切以民族和党的利益为重，个人问题，无须顾虑。肖华。"王新兰心里无比激动，毛泽东真是一诺千金，果真给肖华发了电报。

1939年9月初，肖华根据八路军总部指示，遂带"挺纵"机关和主力部队去鲁西。在肖华动身前夕，王新兰来到了"挺纵"机关，机关里的同志得知肖司令员的未婚妻王新兰来了，战友们争先恐后地来看望她。符竹庭见到王新兰就开玩笑说："小王，云阳一别三年了，你都长得这么高了，我都快认不出来了。"肖华见符竹庭来看王新兰，便趁机笑着问符竹庭，"符主任，我们结婚要不要写份报告？"符竹庭风趣地说："毛主席都同意了，还写什么报告？这样吧，我来向组织部报告一下，今天正好打个牙祭，把婚事办了。"当时由于日军封锁，物资紧张，然而，在符竹庭的精心安排下，后勤部门买了些鸡鸭肉，摆了几桌，大家欢欢喜喜地庆贺肖华司令员的结婚之喜。这天符竹庭主任为肖华夫妇主持了婚礼，婚礼简朴而又隆重。事后，肖华动情地对符竹庭说："有一天你结婚，我一定要为你主持婚礼哟。"

施巧计全歼伪五旅

1939年9月中旬，肖华奉命调离冀鲁边区。中共中央北方局任命符竹庭为冀鲁边区军政委员会书记。

符竹庭带领部队继续坚持战斗。针对平原，他广泛发动群众，大挖"抗日沟"，让军民转入地平线下，神出鬼没地打击日军。当时环境险恶，上级首长非常担心他的安全，他回电："不管环境多么险恶，我决心和日军周旋到底！"

9月18日，八路军"挺纵"第二游击大队建立。"挺纵"政治部任命武连鹏任大队长、王哲任指导员。同时，建立了中共济（阳）商（河）边区工作委员会，任命吕本支为主任。

济商边区工委建立后，吕本支利用仁风镇赵秀芳伪保安团内部矛盾，争取了伪团副赵学信率部分人员反正，组建了济阳县大队。"挺纵"政治部任命赵学信为大队长，由老红军廖保兴协助工作。县大队辖一个中队和仁风镇区队。

吕本支的活动引起了敌人的注意。11月21日清早，仁风镇汉奸保安团团长赵秀芳带领一百多名伪军赶到大吕家村抓捕吕本支，以图破坏工委，消灭县大队。恰巧，冀鲁边区军政委员会书记、"挺纵"政治部主任符竹庭率"挺纵"政治部、警卫连和五支队五团二营于前一天夜里驻扎在该村。发现敌情后，符竹庭迅速将二营和警卫连、县大队埋伏起来。当伪军悄悄地摸进村后，突然被四面八方的枪口逼近，我军一枪未放，将赵秀芳等一百多名保安团伪军全部俘虏。这一仗，被当地百姓传说得如同神话，八路军声名大振。

1939年，商河县虽然成立了抗日民主政府和党组织，但形势依然非常严峻，斗争异常艰苦，环境十分险恶。当时，商河县东南有一大土匪头子叫孙唐臣，因排行老五，当地群众都叫他孙老五。他祸国殃民，作恶多端，是商河县一霸，后来他投靠国民党反动派，处处与八路军为敌，严重阻碍了党组织在这一区域的抗日活动。

为了进一步打开商河县的局面，符竹庭决定彻底消灭孙唐臣，拔除这颗钉子。孙唐臣旅有两千多人，全部驻扎在周围几个自然村，为了减少我军伤亡，符竹庭找来济商边区工委主任吕本支，指示他完成策反孙唐臣旅上层人物的工作。济商边区工委利用该旅主力团团长李光明与旅长孙唐臣之间的矛盾，晓以民族大义，经耐心细致的劝说，终于使李光明同意配合我军里应外合。李光明团一千余人和另外一个团，驻扎在后坊村周围的前堤子、后堤子、大蒲洼、陈家、李家等自然村。这天，李光明全团戴上了白袖标。

孙唐臣旅旅部设在孙集村孙唐臣家宅院里，其工事坚固，院内、村外建有高高的围墙，四周建有岗楼，把守严密，易守难攻，并驻有孙唐臣嫡系部队五百余人。

1939 年冬天，一天晚上，下起了大雪，柳絮般的雪花，纷纷扬扬地飘落下来。符竹庭书记率领部队迎着刺骨的风雪朝着商河县进军。部队穿过一片片光秃秃的庄稼，悄无声息地逼近孙集。为了防备意外，符竹庭命令营长齐丁根、教导员王猛负责主攻孙唐臣旅旅部。命令锄奸部部长匡根山带领警卫连和商河县大队配合李光明团反正，分割包围孙旅另一个团。

齐丁根与王猛率领二营在商河县大队副大队长兼抗日政府警卫班班长陈怀治的带领下，乘着夜色掩护，悄悄地包围了孙唐臣的老巢——孙集村。陈怀治率领警卫班战士踏着人梯，翻过围墙，摸进岗楼干掉哨兵，打开寨门，二营指战员们迅速冲进了村里。

这时，孙唐臣正躺在炕上与姘妇抽大烟。听到八路军攻村的报告，麻脸上只是微微颤动了一下，仍躺在炕上吸烟未动，全然不把八路军放在眼里，那姘妇劝他赶快想办法，他却冷笑着咧咧嘴："娘儿们懂个啥，几个土八路还用我出马？放心吧，八路军长不了翅膀，飞不进来的。再说，老子的队伍在临近村里，正好里应外合，嘿嘿……"

孙唐臣没有想到驻扎在后坊村前堤子、后堤子、大蒲洼等自然村的李光明团已经戴好白袖标，准备反正，当他们听到狗汪汪叫的声音，知道八路军已摸进村了，他们趁机向孙唐臣另一个团开火，枪声猛烈。这时，匡根山带领警卫连和商河县大队呐喊："冲啊——！""杀啊——！"同时分兵穿插于前堤子、后堤子、大蒲洼等地。"哒哒，哒哒哒……"机枪扫射声和手榴弹的爆炸声，震撼着后坊村每个角落。在李光明团的配合下，敌人纷纷扔枪逃命，其中大部分当了俘虏。

孙唐臣还未过足烟瘾，他的警卫连连长衣衫不整、慌慌张张地跑进来，结结巴巴地报告："旅座，八……八路军，打……打进村了，火力很……很猛，弟兄们，快……快顶不住了！"孙唐臣这时才紧张起来，双眼露出凶光，从炕上一跃而起，吆喝马弁："给我拿枪来。"随即全副武装，爬上屋顶抬头一看，发现八路军攻势很猛，而且隐藏在夜幕之中，只见火光不见人影，一时不知虚实。再看远处的前堤子、后堤子、大蒲洼、陈家等地传来的枪声渐渐稀疏下来，他做梦也没有想到李光明团已经反正，那里的队伍没法指望了。

孙唐臣一身虚汗，两腿不由得哆嗦起来，心里扑扑地跳个不停，已感到末日来临。但他恃院墙高厚，仍负隅顽抗，命令机枪手向院外扫射。二营一时受阻，暂时停了下来。

符竹庭认为强攻会使部队造成大的伤亡，随即召开会议，研究对策。最后，符竹庭决定正面佯攻，放开一面让其突围，在野外设伏，将其歼灭。

孙唐臣后院外是一片开阔地，两旁有片水塘。时值冬天，塘里已干涸，雪白的芦花加上天上飘落下来的雪花融为一体，使野外变成白茫茫一片。二营大部分战士忍着刺骨的寒风，埋伏在芦苇丛中。

孙唐臣听到院外枪声稀落，正在纳闷，突然院外又响起了激烈的枪声。这时，商河县大队副大队长陈怀治在战友们的掩护下，摸到院墙根下，向院内连续甩出几颗手榴弹，手榴弹的爆炸声，以及八路军震天动地的喊杀声，使孙唐臣明白，死守宅院只是权宜之计，八路军很快就会突破院墙，与其坐以待毙，束手就擒，不如想办法突围，方有一线生路。他贼眼环视四周，发现后院门外枪声稀疏，便悄悄地带领三十多个骑兵轻轻地挪开顶门桩，向外窥视，发现外面一片寂静，急忙命两个骑兵骑马往外跑，随着马蹄声渐渐消失，外面仍无动静。这时，孙唐臣心里暗自庆幸，急忙跃马溜出后门，匪兵们也蜂拥而出。刚跑到开阔地，突然芦苇丛里响起了激烈的枪声，顿时，七八个匪兵栽下马来。孙唐臣见遭到伏击，猛抽马屁股，想突破八路军的火力网，但没跑多远，战马中弹倒地，他腿上也中了一弹，身子被死马压住，动弹不得。战士们一拥而上，把他捆绑起来。

整个战斗仅用了大约三个小时，全歼孙唐臣部，缴获了大批枪支弹药。同时争取了李光明团一千余人反正，并将其改编充实到商河支队，从而为商河县东南部发展铺平了道路。

二十一、歼灭日军阅兵团

　　《亮剑》是一部大家非常熟悉的电视剧，其主人公李云龙歼灭日军阅兵团的故事家喻户晓。其实，李云龙及其精彩的抗日故事是艺术家们塑造的艺术形象，而符竹庭将军率部歼灭日军阅兵团的故事却鲜为人知。

　　1940 年 2 月 7 日（农历 1939 年腊月三十日）傍晚时分，北风如同猛兽般呼啸而过，带着刺骨的寒意，卷起漫天雪花，让整个世界都笼罩在一片苍茫与凛冽之中。冀鲁边区军政委员会书记、八路军东进抗日挺进纵队政治部主任符竹庭率领"挺纵"政治部机关、警卫连，五支队五团二营与商河支队的指战员们，迎着纷纷扬扬的雪花转战来到济阳县陈、罗、史三庄宿营。正值除夕之夜，陈庄、罗庄、史庄充满了节日的欢乐气氛。大人、小孩换上了干净的衣服，有的还穿上新衣服，家家户户热热闹闹地吃年夜饭、放鞭炮，喜迎新春佳节。

　　部队进庄后，很快驻扎下来了。符竹庭与政治部机关以及警卫连驻罗庄；商河支队驻陈庄；五支队五团二营驻史庄。当地老乡热情地送来了大批年货，慰劳八路军子弟兵，军民一起欢度除夕之夜。

　　正当战士们吃年夜饭的时候，村里一位老乡匆匆地来到"挺纵"报告敌情，他说："早上有几辆日军汽车东去，明天可能会返回。"符竹庭听完这位老乡提供的情报，立即派人把商河支队支队长王权五，五支队五团二营营长齐丁根，以及惠民、济阳等地方武装负责人找来，幽默风趣地对他们说："明天是大年初一，鬼子就送货上门，我们真是生意兴隆啊！就把他们全部收下来吧，你们看怎么样？"大家一听这话，全都乐了。

　　接着，符竹庭吩咐一位作战参谋把一张军用地图摊放在一张八仙桌上，随后，他手指着地图说道："你们看，陈庄、罗庄、史庄四周都是敌人的据点：往东五里是符里庄伪军据点；往南15里是仁风鬼子据点；往西15里是岳桥鬼子据点；往北八里是龙泉寺（五高）鬼子据点。同志们，这简直是虎口拔牙啊！这就要求我军在战斗打响后速战速决，绝不能拖泥带水，以防四周的敌人闻讯来援。"符竹庭右手猛地一挥，立即部署战斗："二营三、四连明天一早，分别部署在要道上打援；济商边区工委主任吕本支带领济阳县大队负责监视、阻击符里庄据点的伪军；二营五连与商河支队埋伏在陈庄西头，将公路控制起来，准备伏击鬼子。"

　　正月初一，原野上白雪皑皑，刺骨的寒风仿佛要冻僵人的思维。路边几棵孤零零的槐树在严寒中时而发出折裂声。八路军指战员们趴在公路两侧的土沟里，忍着严寒一动不动，身上盖着枯草和树枝。上午9时许，前面小山上的瞭望哨突然打出暗号，日军终于来了。日军数辆大卡车卷起尘土，像拖着一条长长的尾巴，朝陈庄方向驶来。

　　一辆辆日军卡车驾驶棚顶上架着歪把子机关枪，骄横地冲过来。只见前面那辆卡车车厢敞开，里面站着15名身穿黄呢军大衣，荷枪实弹的日军士官，他们双眼虎视眈眈地注视着前方；中间那辆卡车车厢用雨篷盖住，里面坐着18名身穿黄呢军大衣，脚蹬黑色长筒皮靴，腰挎指挥刀的日军军官，他们正在叽里呱啦地又说又笑。为首的是位中佐军官；紧跟其后的那辆卡车车厢也是敞开的，里面也站着15名日军士官，他们个个紧握"三八大盖"步枪，步枪上的刺刀闪着寒光。他们摇头晃脑，眉飞色舞地唱着日本军歌。后来才知道，这是一支由日军军官、士官组成的阅兵团，团长就是这位渡边中佐。他们从惠民县参加阅兵后返回。这时，卡车轰隆隆……渐渐地驶入陈庄村西头一座古寺庙边。

　　齐丁根和王权五带着部队埋伏在公路东侧的古寺庙里和公路两边的道沟里，战士们双眼紧紧地盯着敌人。日寇阅兵团的汽车一辆接一辆地开到了跟前，突然，枯草、树枝在一瞬间被掀开，露出了一排排雪亮的刺刀。齐丁根高喊道："打！"顿时，机枪、步枪吼叫起来，手榴弹雨点般地飞了过去。一颗手榴弹正好砸进了前面那辆卡车的驾驶室，"轰！"的一声巨响，车头被炸烂了，喷出大股火焰和浓烟，把整个卡车都遮没了。中间那辆卡车和后面那辆卡车也同时炸着了火，等到车上的日军缓过神来时，早已报销了三十来个。剩下的这些日军军官、士官个个嗷嗷地嚎叫着，纷纷跳下车，躲在沟里和汽车底下开枪顽抗。

日军向我军隐蔽的寺庙里投进来两颗燃烧弹。燃烧剂借着风势呼呼地烧起来，整个院落都被炽烈的火焰和烟雾笼罩着。四五个战士身上溅上了燃烧剂，浑身上下烧得像个火人，其他战士赶紧帮他们扑火。等到全身的火扑灭时，他们早已被烧得脱眉去发；衣服、绑腿都烧成黑乎乎的，抓一把全是灰。

日寇的顽抗更加激起了战士们的仇恨，大家恨不得立刻冲出去，把敌人一个个消灭干净。但是，日寇阅兵团都是一群恶狼，他们的战斗力不容小觑。日军军官、士官一面用电台呼叫，一面在一挺歪把子机枪的掩护下，疯狂地进行抵抗。

齐丁根急得直冒火。忽然，他看到商河支队第七小队队长王志勇也来了，连忙喝道："给我回炕上躺着休息，今天不许你动一下枪把子！"说罢，他夺过王志勇手里的枪，强行推他回去休息。

这王志勇有一身好功夫，一纵身就能蹿上房顶，而且胆大心细，枪法很准。这天他患病，躺在炕上休息。齐丁根不许旁人把战斗消息告诉他，让他好好地休息。但枪声一响，王志勇就知道与日军交上了火，一个翻身下了炕，抄起枪就往这边跑来。

这会儿，王志勇见枪被齐丁根营长收去，只得垂着头，怏怏地走了。

此刻，担负阻击任务的济阳县大队，在济商边区工委主任吕本支的率领下，密切注视着符里庄据点的伪军，他见没有动静，便决定到据点里看看。

吕本支是位出色的八路军敌工干部，因为他是本地人，而符里庄据点的伪军基本上也是本地人，他们互相都认识。吕本支利用乡里乡亲的身份，逐个找他们做工作，教育他们不能中国人打中国人，如果做了对不起自己同胞的坏事：一对不起祖宗；二对不起父母；三对不起乡亲；四对不起老婆孩子。总有一天会受到严惩的。

符里庄据点的伪军经过吕本支的耐心说服、教育，他们表示不为日寇卖命。

为了摸清情况，吕本支带了几名战士大摇大摆地走进据点。当他走进据点里面，忽然听见济阳县城里的伪军正在给据点打电话，命令他们去增援。据点里的伪军哪肯为日寇卖命，故意搪塞扯皮，有意拖着不动。吕本支将这一情况及时报告了符竹庭书记。

这时，龙泉寺据点的日军，接到增援阅兵团的命令，紧急出动赶来增援，却被我打援部队打了个伏击，日本兵被打得丢盔卸甲，丢下十来具尸体逃回了据点。

符竹庭依然放心不下，派通信员通知齐丁根与王权五，要他们尽快结束战斗，早点撤离这个地方。他强调：如果济阳县大股敌人赶来增援，我军与他们黏上，那就不妙了。

齐丁根接到符竹庭书记的指示，心急如焚。他迅速捋起袖管，一推帽子，正准备带部队强攻，忽然，听到通信员惊呼起来："你们看，那是谁？啊！是王小队长。"

齐丁根一看，吃了一惊，只见王志勇如同从地下冒出来一般，突然出现在阵地前沿。他利用小沟、土坎、树木做掩护，时而伏下，时而跃起，机动灵活隐蔽地朝敌人那挺歪把子机枪摸去。当他摸到机枪跟前，只见他闪电般地跃起，飞起一脚将日军的机枪踢出老远，机枪顿时哑了。

齐丁根惊喜地大喊一声："冲啊——！"呼地从院墙上翻了出去。部队从四面八方向敌人冲杀而上。

王志勇踢开日军的机枪后，正要弯腰抓枪，猛然听见身后一阵风响，他迅速打了一个翻滚，回身一看，一个日本兵的枪刺正扎在土里。他使了个垫步直蹬，将其蹬了个仰面朝天，迅速抓起地上的枪。就在这时，又有一个日本兵恶狠狠地端枪刺来。王志勇见躲避不及，一咬牙勇猛地挺枪迎了上去。当部队围上来的时候，那个恶魔般的日本兵已经翻了白眼，我们的英雄王志勇同志，也因流血过多倒下了。

战士们迅速挥动刺刀，展开了硬碰硬的肉搏战。双方杀红了眼，刺刀碰撞声、喊杀声、枪声、爆炸声响成一片，顽抗的日军很快被消灭了。有个戴眼镜的日军中佐双手紧握指挥刀，犹做困兽之斗。这家伙中等个头，很壮实，骁勇异常，刀法神出鬼没，几个八路军战士把他团团围住，他竟面无惧色，呀呀叫着，左突右劈，频频出击。在这关键时刻，一个机灵的战士向他迎面撒去一把沙土，顿时，这家伙双目紧闭，不知所措。霎时，其他几个战士一拥而上，几把刺刀同时捅进了这个军官的前胸后背，把他送上了西天。这家伙原来是日军阅兵团团长渡边中佐。

战后检查战果，共打死日军48人，其中，军官18人、士官30人，击毁汽车三辆，缴获"三八大盖"步枪30支，歪把子机枪一挺，"鸡腿撸子"手枪18支，指挥刀18把，电台一部，以及其他许多军需物资，还从渡边中佐皮包里搜出一份军用地图。

符竹庭书记幽默诙谐地对王权五、齐丁根等人说："我们可是初一进宝，开门大吉啊。"王权五、齐丁根等人听到这话，忍不住笑了。

这次战斗，王志勇同志英勇壮烈牺牲。符竹庭非常沉痛地对王权五、齐丁根等人说："你们派人好好地安葬王志勇同志的遗体。他是抗日民族英雄，将来有条件的话要给他立纪念碑。"

齐丁根、王权五按照符书记的指示，怀着沉痛的心情带领战士们安葬了王志勇同志的遗体。

硝烟刚刚散尽。陈庄、罗庄、史庄的广大群众闻听八路军打了一场大胜仗，欢天喜地拎着馒头、煎饼、鸡蛋等来慰问子弟兵。群众帮助部队打扫战场。军民们捡着枪支、弹药，打心窝里飞出阵阵笑声。有些青年小伙子，还敲着日军的钢盔、水壶，轻轻地哼起了《冀鲁边区进行曲》：

> 东临渤海、西胁津浦，
> 南凭黄河、北迫平津。
> 这里是敌人深远的后方，
> 曾经混乱沦亡；
> 这里是抗日的坚强阵地，
> 山东、河北的屏障。
> ……

在军民欢庆时刻，负责监视阻击符里庄据点的齐商边区工委主任吕本支，为了掌握日军新动向，他再次来到伪军据点。当他发现济阳县伪军大队长电话命令据点里的伪军拖住八路军，等待日军调集部队赶来围歼的消息时，立刻派交通员送来情报。

交通员骑着一辆老旧自行车，迅速地向指挥所飞驰而去。一到指挥所，他便满头大汗地从车上跳下，气喘吁吁地说："符……符书记，有紧急情况！"说罢，从怀里掏出一份汗水浸湿的情报来。

符书记看完情报，眉头紧锁，转身对王权五与齐丁根果断下令："立即通知部队转移。"

王权五与齐丁根齐声回答："是！"随即迅速集合部队。

原来，济阳县的鬼子得知日寇阅兵团被八路军全歼，犹如五雷轰顶，慌忙向惠民县日军联队长水野清夫报告，结果挨了一顿臭骂。水野清夫命令他们全部出动，拖住我军，便于各地日军前来围歼。济阳的鬼子不敢怠慢，急忙命令各据点伪军赶赴陈、罗、史三庄。

太阳偏西，我军告别了陈、罗、史三庄的乡亲们，匆匆地踏上了新的征程。

歼灭日寇阅兵团，轰动了济、商、惠三县乃至整个山东，沉重地打击了日军的嚣张气焰，八路军威名大振。当时，龙泉寺高等小学进步师生为这场战斗编写了一首歌谣，在当地广泛传唱：

渡边鬼子愣头青，坐着汽车下武定。

腰里挂着东洋刀，手里抓着望远镜。

眼看来到陈罗庄，碰上"挺纵"子弟兵。

大清早上接上火，一直打到掌上灯。

三车鬼子完了蛋，除了一帮害人精。

二十二、平原突围创奇迹

使妙计金蝉脱壳

符竹庭书记指挥部队歼灭日军阅兵团后，于当天（1940年2月8日，农历正月初一）下午5时许，率领部队顶着凛冽的寒风，经过六个多小时的急行军，于深夜11时抵达惠民县西南部沙窝、翟家、王家寨一带驻扎下来。在当地党组织和老乡的帮助下，八路军指战员们带着一路征战的疲惫很快进入了梦乡。

然而，狡猾的日寇像疯狗一样，到处闻嗅我军的行踪。部队的去向很快被日军发现了，我军陷入了十分危险的境地。日军联队长水野清夫一面请求济南日军司令部派兵，一面调集惠民、济阳、商河等地的日军，分乘一百多辆大卡车，并配有一辆坦克。金戈铁马，车声隆隆，煞是浩大。黑压压的日本兵迅速赶到沙窝等地，于凌晨3时将我军团团地包围起来。

符书记没想到敌人来得这么快。等到发现敌情时，日寇已将我军驻地围得水泄不通。符书记和王权五、齐丁根等人爬上屋顶朝远处眺望，发现四周车灯雪亮，敌人正在布置第二线、第三线部队。在一支支灯柱的照射下，敌人你来我往，人影幢幢；战刀、刺刀闪着耀眼的寒光；口令声、吆喝声、跑步声交织在一起，更加剧了激战前的紧张气氛。

装备精良的日军三千余众，将装备简陋的我军一千余人紧紧地包围在狭小的村庄里，全军处境十分危急。

怎么办？大家不约而同地用期待的目光投向了符竹庭书记。

面对突然降临的危机，符竹庭镇定自若，冷静地思考片刻，沉着地说道："必须马上组织突围！但是敌人有汽车，我们是跑不过汽车的，要留下一支部队设法拖住敌人。"

一听这话，旁边的七连连长兼指导员王皓民立刻走上前，说道："符书记，把任务交给我们吧。我们这个连的前身是惠民县大队；我们对这一带的情况很熟悉，一定能完成任务。"

符书记沉思了一下，说："那好吧。你们在主力撤走后，坚持到天黑就赶紧突围，然后朝宁津、乐陵方向转移，我们在那里等你们会合。"

王皓民坚定地回答："是。"随即转身就走。"请等一下。"符书记急忙叫住他，接着嘱咐道："皓民同志，这样吧，随军行动的惠民县委书记李毓芬同志留下来协助你们，他是地方党委书记，我们打仗离不开当地群众的支持！"接着，符书记进一步嘱咐道："你们将面临一场残酷的战斗，我们留下一批弹药给你们，但要注意省着，一定要近距离射击消灭鬼子。还有，阻击坦克必须深挖斩断壕；打坦克用手榴弹乱炸是没用的。必须揭开坦克顶上的盖子，把手榴弹塞进去，炸死坦克乘员来达到摧毁坦克的目的。"

王皓民敬佩地问道："符书记，您以前打过坦克？"

符书记笑笑说："我倒没有。这是当年我在红大一科学习时，老师教的呀。"转而又说："你现在抓紧时间布置作战任务，请李毓芬书记参加。"

"是，符书记。"王皓民敬礼后转身跑回连队，立即部署掩护主力部队突围任务。

七连的作战动员会迅速召开了。王皓民在会上说："同志们，上级首长交给我们连一项光荣而又艰巨的任务——掩护主力部队突出重围。为了打好这一仗，上级给我们连留下了一批弹药，但要求我们近距离瞄准射击敌人，不许放空枪。尽量节省弹药。"王皓民接着坚定地说道："同志们，我们要发扬敢打夜战的传统，集中火力向敌人展开猛烈的攻击。"王皓民喝了一口水，清了清嗓子，继续说道："同志们，对于敌人的坦克不用担心，符书记说过，挖深壕可以挡住坦克前进；打坦克，要揭开坦克顶上的盖子，把手榴弹塞进去，炸死坦克乘员。"王皓民还向大家介绍了惠民县委书记李毓芬。

李书记作了简短的发言，他说："打仗的事刚才王连长说了；修工事、挖壕沟的事由我们地方党组织来承担。"

李书记说完，便急匆匆地离去。

王连长简短的战斗动员，极大地增强了战士们必胜的信心。不一会儿，沙窝村东头响起了激烈的枪声和手榴弹爆炸声，同时，还夹杂着大喊大叫的声音："鬼子来了，狠狠地打呀，快打呀！"喊叫声和枪炮声响成一片，日军以为我军主力突围，集中兵力和各种火器向沙窝东头开火。

趁此机会，符书记带领"挺纵"政治部机关、警卫连，五支队五团二营，商河支队秘密转移到沙窝村西头翟家村，然后悄无声息地向村外摸去。当接近敌人时，我军突然勇猛地向敌人冲去，各种枪支一齐开火。敌人猝不及防，乱作一团。我军猛打猛冲，很快突出村外，一阵猛跑，甩掉了敌人，脱离了险境，朝宁津、乐陵一带转移而去。

临危不惧奋勇杀敌

日寇发现我军一部分部队突围，当然不知道主力部队已经突围了；他们发誓要把这股被包围的"八路"剁成肉酱。然而，敌人并不知道我军实力，加之他们不善夜战、近战，一时还不敢轻举妄动，企图天亮后伺机报复。

这时，随军行动的惠民县委书记李毓芬和沙窝村党员群众正在连夜奋力抢挖坦克斩断壕、抢修工事。一阵激战后，连长兼指导员王皓民和副连长孟广选也带领战士们与沙窝村民一道抢修工事、设陷阱、打枪眼，准备和敌人打巷战。军民同心同德，紧张有序地施工，劳累了整整一个通宵，一条三米深五米宽的壕沟和村外工事，以及墙上的枪眼已备战完毕。

2月9日（农历正月初二）早晨，鲜红的太阳在沙窝上空冉冉升起，给冰霜覆盖的鲁北平原带来了一丝温暖。然而，这种短暂的沉静、清新、温和的环境，掩饰不了一场即将来临的生死搏杀。王皓民、孟广选、李毓芬带领四个排216名战士，占据村外土围子战壕，分头扼守一面。

"砰！"突然沙窝村东面升起了一颗拖烟尾的火球，这是敌人发动进攻的信号弹。接着敌人四十多门迫击炮猛轰，炮弹雨点般地倾泻在村里。炸坏的房屋纷纷倒塌；被炸伤的猪、牛、羊嚎叫着四处乱跑。村里一时鸡飞狗跳，火光冲天，浓烟滚滚。

接着，敌人发起冲锋。他们呈散兵队形，端着刺刀向村子里扑来，六十米，五十米，四十米，三十米，二十米……七连指战员们在浓浓的硝烟笼罩下，坚守在围墙后面，大家睁大眼睛，沉着地等待敌人靠近，再靠近。当敌人离围墙只有二十来米，甚至更近时，突然，我军机枪、步枪一齐开火，子弹、手榴弹怒吼着飞向了敌人，敌人丢下四十多具尸体溃退了。

紧接着敌人又发起了第二次、第三次……冲锋，都被我英勇的战士们打退了。敌人又把一百多辆卡车全部开到村边。在车顶上架起机枪四面扫射，用优势的火力掩护步兵冲锋，但仍然没有成功。村边四周，横七竖八地躺着二百多具日军的尸体。

中午时分，战场上变得寂静起来。干冷的东北风呼呼地刮着，刮过空旷的田野，刮过沙窝村高高的围墙。

"这风好怪啊，像是什么味道？"坚守在北面围墙后的三排战士中有人说道。

"唔！像辣椒炒牛肉的味道。"三排长王先锋用鼻孔吸了几下。

大家一致肯定："对！对！是这个味道。"

大家七嘴八舌地议论着，忽然大家觉得浑身酸软，呼吸急促。一个个头昏眼花，纷纷跌倒在地。原来，凶残的日寇见沙窝村久攻不下，便灭绝人性地施放了毒气弹。当时，我军部队还不懂防毒知识，不少同志中毒倒下。日寇用机枪、步枪火力试探了一阵，见毫无动静，就大批地涌了进来。

三排长王先锋在昏迷中恍惚听见日军冲过来，他想站起来，可是眼前天旋地转，浑身无力。不一会儿，他身边响起了大皮靴响声和叽里呱啦的说话声。"决不能让鬼子过去！"他一咬牙，挣扎着摸出两颗手榴弹，一拉弦，"轰隆"一声巨响，把十多个日本兵送上了西天，我们的英雄排长王先锋同志壮烈地与敌人同归于尽了。

敌人惊魂未定，突然四周"轰隆隆……"连声巨响，又有成批的日军倒下去。这是三排的几名战士拉响了手榴弹。他们用自己的生命，写下了抗战史上光辉壮丽的篇章。他们永远活在中国人民心中。

　　敌人战战兢兢地跨过同伙的尸体，开始全面突破，情况越来越严重。七连的战士们逐步撤向村中，依仗房屋、院墙、胡同，节节阻击敌人。敌人每前进一步，都要付出血的代价。经过一阵逐巷逐屋的争夺战，我军退到村中心两条南北向的小巷里。敌人步步进逼，压缩，把我军层层包围起来。

同仇敌忾巧妙突围

　　沙窝村的群众在当地党组织的鼓舞下，始终协助部队抗击日寇。战斗打响后，他们帮助部队抬伤员，端水送饭，把过年的年糕、包子、饺子都拿出来送上阵地。妇女们帮助照料伤员，擦洗伤口，喂水喂饭。在战斗最紧张的时候，伤员不断增多，绷带用光了，卫生员刘传均把自己的衣服、绑腿全部用上还不够。房东大娘是个织布能手，她一声不响地抱来一大卷新布，那断的地方，完全是新剪的痕迹。原来她把织布机上没有织完的布剪下来了。刘传均看见大娘抱来自己家里的一捆新布，顿时，他眼眶里闪着泪花，哽咽着叫了一声："大娘！"随后便再也说不出话来。大娘说："还愣着干吗？抢救伤员要紧哪。"就这样，这位大娘把日夜操劳织成的新布，包扎在一个个伤员的伤口上。伤员们听说这布的来历，都感动得哭了起来。大娘见大家哭了，就一字一句地说："同志们别哭了，还等着你们再去打鬼子哪。"说完，又和其他妇女一起忙着照料其他伤员去了。

　　沙窝村的青壮年们主动帮助部队抬伤员，送弹药。当他们看见部队退进小巷，就把家里的小车、农具、板凳全搬出来，把巷子两头严严实实地堵死。

　　敌人发现小巷被堵塞，冲不进去，就用坦克开路。坦克"轰隆隆"地怪叫着，从东边一条巷子的南头冲进来，后面跟着一溜五辆卡车，车上架着机枪。堵在巷口的大车、农具全被坦克碾烂了。坦克一边开炮射击，一边向两旁的院墙猛撞，像一头拱食的野猪，在尘土飞扬中肆意横冲直撞。

　　眼看东巷要被敌人占领，在这万分危急的时刻，共产党员班长刘瑞林捆起十多颗手榴弹，对身旁的战士谭士杰、弭文贵喊道："跟我来！"三个人冒着弹雨,爬上院墙朝巷子里望去,发现一辆坦克正从眼皮底下开过去,后面跟着五辆卡车。刘瑞林喊道:"你俩打后面的卡车,我去炸坦克!"说完,顺着院墙上猛跑了几步,追上了坦克,一个飞身跳了下去,正跳在炮管上。他飞快地掏出两颗手榴弹,揭开坦克顶盖,猛拉手榴弹弦闪电般地塞了进去,又猛地把坦克顶盖盖上,只听见车内沉闷地响了一声,坦克就再也不动了。他跳下坦克,又朝卡车冲去。

谭士杰、弭文贵两人趁第一辆卡车开过来时,一齐朝车上丢了两颗手榴弹,当即把卡车炸毁,车上的敌人被炸得血肉横飞。这时,刘瑞林追上来,三人并作一处,接着又炸毁了第二辆、第三辆、第四辆卡车。当他们英勇地扑向第五辆卡车时,不幸遭到车后伪军的枪击,三个人一起扑倒在血泊里,为民族解放事业流尽了最后一滴血。

三百多名伪军在日寇机枪的督促下,战战兢兢地越过炸毁的卡车,冲进巷子里。我军指战员们为了节省弹药,用乱砖碎瓦雨点般地砸在伪军头上。一个伪军头目发现我军停止射击,得意地扯起公鸭嗓子喊道:"弟兄们,不要怕,八路军没子弹啦。"接着,他便指挥伪军们一窝蜂似的涌进小巷。不料巷子两侧的房顶上突然响起了震耳欲聋的枪声,弹雨呼啸而下,伪军们争先恐后地往回逃,自相践踏,死伤无数。当伪军们正逃得起劲时,督战的日军机枪又朝着他们无情地扫射,直打得他们鬼哭狼嚎。这样两头挨打,伪军先后倒下了二百多人。余下的一百来人,吓得钻进炸坏的车底下,一时不敢出来。

太阳隐隐地退进了西边的树林,天色渐渐地暗淡下来,房屋、院墙、树林在暮色中模糊了。冷彻肤骨的北风在寒夜中呼啸着。

东巷的大半截已被敌人占领。王皓民带着四十多个战士,被压缩在巷子北头的两所院落里。西巷也被敌人拦腰截断。李毓芬带着五十多个战士、孟广选带着三十多个战士,分别被包围在巷子两头。还有些战士,三三两两,各自坚守在巷子两侧的院落里。我军的阵地已经很小,部队又被分割开来,不能互相救应,处境十分危险。

天黑了,敌人暂时停止了进攻。不过又换了新的花招。日寇让伪军四处向我军喊话:"弟兄们,投降吧,皇军有赏啊,每人二百块大洋。投降吧,为一块津贴卖命值得吗？……"

　　战士们肺都气炸了，七嘴八舌地回答："别当狗汉奸啦。你们还是中国人吗？良心别叫日本狗给吃了。你们等着吧，全国的老百姓总有一天要砸扁你们这狗头。趁早投降吧。"

　　王皓民身边有一个小战士激动地说："指导员，咱们死也不投降，死也要死得光彩。"

　　王皓民说："对，我们要战斗到底。"见战士们情绪激昂，临危不惧，他心里很高兴，高喊道："同志们，我们要为祖国战斗到最后一刻。我们举手宣誓。"

　　四十多只手高高地举起，齐声宣誓："我们是中华民族的子孙，我们要为祖国战斗到底！宁可粉身碎骨，决不投降敌人！"

　　高亢入云、气吞山河的战斗誓言，在天边的夜色中久久回荡。

　　敌人的劝降阴谋不但没有得逞，反而更加激起了我军战士们与他们血战到底的决心，他们又一次失败了。

　　敌人无可奈何，便用毁坏的汽车将巷口堵上，又在四周房顶上布置岗哨。他们认为这样一来，八路军就是插上翅膀也难飞走。随后日伪军心安理得地在院子里点燃一堆堆篝火，就像一条长长的火蛇。日军围着篝火烤火煮饭，一面休息，一面做着第二天全歼我军的美梦。

　　夜色越来越浓了，天黑得像倒扣的铁锅，几步以外就看不清人影。王皓民觉得正是突围的好机会，但要想从密不透风的敌群中突围而去，真是件不容易的事。他左思右想，总想不出个好办法。旁边有位战士猜出了他的心思，凑到他耳边说："指导员，我有个主意，你看行不？"

　　王皓民急切地问道："什么主意？快说！"

　　那个战士踢了踢脚下的一具日本兵尸体，"我们穿上这衣服混出去。"

　　王皓民眼前一亮，连忙说："好主意！好主意！"当即悄悄地吩咐大家把日军尸体上的衣服剥下来，赶快穿戴起来。

　　不一会儿，四十多个全副武装的"日本兵"在一名"军官"的带领下，跨过一条东西向的横巷，向烤火的敌人迎面走去。敌人做梦也没有想到日军也有冒牌的，头也不抬，让他们过去了。王皓民带着战士们在敌人火堆间穿来插去，向西村摸去。

警戒西面的伪军，在夜色中看不清行人面目，只见一队"日军"走过来了，赶忙"叭"地立正敬礼。扮成日军军官的王皓民回了个礼，带着队伍朝野外走去。走了一程，见四周没有敌人，这才命令大家向商河张店一带快步前进。

王皓民等人脱险不久，被困在西巷南头一所大院里的三十多名战士，在孟广选同志的带领下，悄悄地打开角门，摸到了巷子里，巷子尽头被一辆汽车横塞住了。孟广选命令大家隐蔽在巷子两侧，自己带领两个战士从车底爬出去，干掉了敌人的哨兵，然后战士们一个个从车底爬出去，来到野外。他们毫无阻挡地突出了敌人重围。

夜，已经很深了。西巷北头的几座庭院里，李毓芬和五十多名战士还在坚持着，一时无法突围。李毓芬腿上负了伤，流血不止。但他依然鼓励大家坚定沉着，想法突围。

邻院房东王成从墙上悄悄地翻了过来，对李毓芬悄声说道："李书记，老待在这里咋行？"

李毓芬说："敌人包围这么严，出不去呀。"

"我带你们出去。"王成胸有成竹地说，"我知道从哪里好走过去。"

李毓芬连忙把五十多名战士和分散在其他地方的几个同志全部集中起来。他们在王成的带领下，向村外摸去。因为天黑得伸手不见五指，王成为防止队伍走散，叫战士们解下绑腿带连接起来，用手牵着，一个拉着一个走。李毓芬由通信员尹玉良和另一名战士轮流背着走。

这支奇特的队伍，悄无声息地穿过几座院落，在一条窄得仅可容身的夹弄里挤了过去，摸到村外墙边。几名战士在两棵桑树的遮掩下，用刺刀在墙上挖了个洞，五十多名战士一个接一个地钻出墙洞，消失在无边无际的夜色中。

第二天一大早，日军联队长水野清夫下令总攻，不料我军不翼而飞。敌人搜房查炕，掘地三尺，还是一无所获，只好垂头丧气地撤兵。水野清夫感到莫名其妙，就问伪军大队长："你说，八路军哪里去了？"

伪军大队长怕加罪于他，唯唯诺诺地说道："太君围得这么严，八路军咋能出得去？莫不是他们会土遁？"

伪军大队长把中国古代有地下遁行的传说，神乎其神地解释了一番。水野清夫听得目瞪口呆，半晌说不出话来。

再说，符竹庭书记率领"挺纵"政治部机关、警卫连，五支队五团二营和商河支队突围后，转移到宁津县一个小村里。这时周贯五同志奉命带着一个骑兵班和警卫员离开鲁西，一路马不停蹄，跨过津浦铁路，回到了冀鲁边区。在宁津县这个小村子里见到了符竹庭书记。符竹庭一见周贯五就说："老周，一路上顺利吧？"

周贯五回答："敌人封锁很严，但沿途都有你设立的交通站，他们的封锁是聋子的耳朵——摆设。"接着周贯五问："首长，最近斗争形势怎么样？"

符竹庭将部队突出重围，转向宁乐边一带，向周贯五等人概述了战斗经过，心情沉重地对周贯五说："七连的情况不知怎样了，面对几十倍的敌人，他们的处境很困难啊。"周贯五听后，也为七连战士们捏着一把汗。

第二天下午，七连连长兼指导员王皓民带着四十多人赶到宁津与符竹庭率领的主力部队会合；第三天上午，副连长孟广选也带回了三十多名战士；第三天下午，李毓芬书记又带回了五十多名战士。

沙窝突围战，我军在当地群众的支持下，以伤亡六十多人（其中，阵亡二十八人，负伤三十多人）的代价，击毙日伪军六百多人（据目击的沙窝群众说，鬼子拉走了十八卡车尸体），炸毁坦克一辆、汽车四辆，并且奇迹般地突出重围。据传，水野清夫为此曾受到上司痛斥。

新中国成立后，时任南京军区副政委的开国中将周贯五将军在回忆录里对符竹庭指挥的这场战斗推崇备至。符竹庭当时的代号是"403"，一遇到紧急情况或重大问题，大家会习惯地问一声："403在不在？"在指战员们的心里，符竹庭成为大家的主心骨和夺取胜利的保证。

奏响了胜利的凯歌

在反"扫荡"战斗中，冀鲁边区军民，在边区军政委员会书记、"挺纵"政治部主任符竹庭同志的指挥下，连战连捷，捷报频频传来：

在我"挺纵"部队歼灭日寇阅兵团，沙窝突围毙敌六百余人之后。正月16日，"挺纵"部队在宁津县打死日寇三十多人；18日，捣毁李家集据点，歼灭敌人一个中队；2月7日，德平县民兵焚毁敌人兵工厂和武器库；3月中旬，乐陵县大队在城南埋伏，消灭日寇骑兵四十余人，缴获一批东洋马；3月15日，"挺纵"部队在南皮县王家八（今东光县丰果村）歼灭日军大佐联队长以下三百余人；3月18日，在济阳、临邑交界处"挺纵"部队歼灭伪军三百多人，击毁汽车两辆。一系列光辉的战斗，在当地县志中均有记载，被当地群众传为佳话。

3月下旬，中共中央军委任命符竹庭为一一五师党委委员（班子成员）、鲁西军区政治部主任兼一一五师三四三旅政治部主任。据说，在这之前，鉴于符竹庭出色的工作能力，八路军总部有意将他调往冀东开展工作。肖华得知这个消息后，一天内连发四封电报，阐述符竹庭留在鲁西的重要性，并亲自给中共中央秘书长任弼时打电话，坚决要求留下符竹庭。

符竹庭就要离开冀鲁边区了，他对"挺纵"六支队政委周贯五说："老周，主力奉命转移了，组织上决定你回来坚持斗争，整个冀鲁边区的工作主要由你来领导。"

"啊，这怎么行呢？"周贯五急忙摇着两只手推辞。

"怎么不行？怕担子重，把身子压坏？"符竹庭笑着说道。

"不，不是这个意思，我怕自己没这个能力。"

符竹庭笑着拍了拍周贯五的肩膀："别再推了，这件事组织上已经定了。再说，这也是党对你的信任，对你的考验。"

不久，符竹庭率领"挺纵"司令部、直属队、商河支队去鲁西。当到达津浦路东时，津南地委书记马振华追上符竹庭主任，向符竹庭主任提出要进一步明确边区的领导人员。符主任便向他补充交代说："由周贯五同志担任冀鲁边区军政委员会书记，你们要好好协助他的工作。"马振华同志听后又说："杨靖远同志牺牲后，冀南行政公署第六督察专员公署专员还没有人选。"符主任又说："由周贯五同志兼任第六督察专员公署专员。"

符竹庭主任进一步交代安排完冀鲁边区的工作后，率领"挺纵"司令部、直属队、商河支队，在沂蒙山区漫山遍野长满金银花的季节里，重新回到了——五师温暖的怀抱。

罗荣桓、肖华热烈地与符竹庭亲切拥抱，罗荣桓笑着对符竹庭说："竹庭啊，你瘦了，也更精神了。'挺纵'圆满地完成了冀鲁边区的任务。今晚到我家吃饭，犒劳你一次。"

当晚，罗荣桓夫人林月琴炒了一盘辣椒鸡蛋和一盆炖豆腐，煮了一锅小米稀饭，几个人边吃边谈到半夜时分。

符竹庭到达鲁西后，与罗荣桓、肖华、杨勇共同创建了鲁西抗日根据地。

当时鲁西军区辖四个军分区和两个支队。其中，运河支队（由"挺纵"五、六支队编成）司令员曾国华、政委曾思玉；黄河支队（由独立旅和鲁西游击队编成）司令员彭雄、副司令员邓克明、政委张国华。

二十三、在鲁南的岁月里

铁道游击队、《沂蒙山小调》背后的故事

1940 年 7 月，国民党顽固派石友三第十军团不断对我鲁西抗日根据地制造摩擦，破坏抗日。肖华、符竹庭、杨勇正筹划着反击国民党顽固派的挑衅，部署打击顽敌的军事方案。就在这时候，陈士榘率领的——一五师独立支队来到了鲁西，给鲁西抗日根据地增添了新的力量。

7 月，骄阳似火，正是高粱欲熟之际，黄河两岸的红高粱，昂首挺立在灼热的阳光下。它那粗壮的秸秆和碧绿的浓叶，满布着鲜丽的勃勃生机。

一望无际的红高粱，对我军隐蔽接敌十分有利。符竹庭与肖华、陈士榘、杨勇抓住战机，共同指挥了反击顽军石友三的战斗。鲁西军区运河支队、黄河支队，——一五师独立支队，三路大军士气高涨，勇气十足，一路猛冲猛打，将顽军石友三第十军团打得狼狈逃窜。敌人由节节溃败转入望风溃逃，而且逃跑的速度惊人，后面的八路军拼命追也追不上，沿途扔的枪支弹药、水壶、干粮、斗笠服装，满目皆是。独立支队一团，也就是当年的补充团一路猛冲，拼命死追，大有追不上敌人不罢休的决心，他们一直追到道口，将顽军石友三部两千余人团团包围，经激战：歼敌一千五百余人，俘敌五百余人，缴获重机枪两挺，轻机枪十余挺，步枪一千余支，子弹两万余发，干净利索地全歼该敌。

打败了顽军石友三第十军团后，鲁西抗日根据地得到了巩固和发展。这年秋天，符竹庭与肖华、杨勇率领黄河支队、运河支队到达鲁南费县与——一五师师部会合。这时，三四三旅改称教导三旅，符竹庭仍兼任旅政治部

主任。不久，符竹庭参加了一一五师在桃峪召开的为期三周的一一五师高级干部会议。罗荣桓和陈光主持了会议。中共中央山东分局书记朱瑞参加了会议。

桃峪会议后，建设模范党军的活动，在一一五师入鲁部队中普遍深入地开展起来。会议根据八路军总部的要求，将一一五师部队包括鲁西、鲁南、冀鲁边、苏鲁豫的部分地方武装统一编成六个教导旅，每旅一万余人。符竹庭被任命为一一五师主力旅教导二旅政委、旅军政委员会书记。教导二旅前身是三四三旅—教导三旅，是一一五师的精锐部队。罗荣桓决定按照山东分局的意见，将一一五师师部转移到沂蒙山区。但他又考虑，鲁南地区既是通向华中的枢纽，又是沂蒙山区的屏障，这个地区不能放弃，于是便把教导二旅摆在鲁南地区坚持斗争。

一一五师政委罗荣桓十分器重符竹庭的才华，中共中央山东分局书记朱瑞也很欣赏符竹庭。1940年冬，中共中央山东分局任命符竹庭为鲁南区（省级行政区级别）党委书记兼军区政委。他既是主力部队的旅政委又是鲁南抗日根据地的最高党政军首长。

在鲁南抗日根据地，符竹庭与肖华、杨勇三人朝夕相处，亲如兄弟。他们的抗战英才受到了鲁南抗日根据地广大军民的极高赞誉——大家称他们三人为："鲁南三才子"。

符竹庭担任鲁南区党委书记兼军区政委后，根据冀鲁边区的实践经验，十分重视加强政权建设，先后建立了峄县抗日民主政府和郯东北办事处等政权机构。成立了鲁南专员公署并建立了鲁南专员第一、二、三行署。建立了邹县、郯城、费县、东海、滕县、费南、邳县、临沂、泰宁等县级政权。在地方武装方面：建立了三个军分区；军分区政委均由地委书记兼任。这里值得一提的是，闻名全国的铁道游击队，当时叫枣庄铁道队，是苏鲁支队支队长张光中和政委彭嘉庆于1938年11月派遣排长洪振海在枣庄建立起来的队伍。1940年，苏鲁支队整编为一一五师教导二旅五团。这天，符竹庭对五团政委彭嘉庆说："嘉庆啊，铁道队是我们党的一支特殊武装，过去你们花了很大的心血，不容易啊，一定要加强这支队伍的思想政治工作。"接着，他语重心长地说道："一定要派政委到那里去，没有过硬的思想政治工作，就不能保证部队打胜仗啊！"

五团政委彭嘉庆遵照符竹庭政委的指示，很快选派了五团一营副教导员杜季伟到鲁南枣庄铁道队担任政委，同时，将枣庄铁道队改为八路军鲁南铁道大队，洪振海任大队长。确切地说，铁道游击队隶属于教导二旅五团。再补充一句，因为当时特殊复杂的历史背景，五团有两种称谓：对外叫鲁南军区边联支队，对内是教导二旅五团；团长贾耀祥既是团长，又是鲁南军区参谋长；政委彭嘉庆既是五团政委，又是鲁南军区政治部主任。著名长篇小说《铁道游击队》就是以鲁南铁道大队的英雄事迹为素材创作的，小说中的政委李正，就是以杜季伟为原型塑造的。

鲁南地势复杂，东部和北部多为丘陵山地，西部和南部多为黄河、淮河冲积平原。这里不仅地势复杂，阶级斗争也十分激烈。尤其是反动会道门组织——黄沙会，不仅扰乱社会治安，破坏抗日，而且还有一定的欺骗性。符竹庭政委决心铲除这个"恶瘤"。这天，符竹庭找来旅政治部主任王麓水，对他说："麓水啊，黄沙会破坏抗日，扰乱社会治安，老百姓受苦，同时还受到他们一时的蒙蔽。我们要铲除他们还不是一件容易的事哟。所以呀，我们必须开展群众性的宣传工作，让全鲁南的老百姓都知道他们的反动本质。我想啊，运用唱歌的宣传方式来揭露黄沙会扰乱社会治安，破坏抗日，坑害百姓的真面目；用歌声在群众中传唱，这样黄沙会的反动本质就会大白于天下，成为'过街老鼠'。"

"政委，你说到点子上了，对于黄沙会我们要以牙还牙，首先从政治上打败他们。"王麓水坚定地说道。

符竹庭说："你说得对，我们要用军政并举的手段打败他们。"

"政委，我现在就去安排布置任务。"

"好，去吧。"

王麓水敬礼后，转身找宣传科长安征夫商量具体事宜去了。

教二旅政治部宣传科长安征夫同时兼任抗大一分校政治部主任（抗大一分校校长由教导二旅副旅长张仁初兼任），安征夫接到旅首长指示后，找来了抗大一分校文工团员、作曲家李林（新中国成立后，曾任上海歌剧院顾问）和文工团员、编剧阮若珊（新中国成立后，曾任中央戏剧学院副院长），给他俩下达了创作揭露黄沙会罪行的歌曲。他俩接受任务后，阮若珊作词；李林根据山东难民逃荒到东北卖唱所唱的曲子，加工整理成美妙动听的曲调。黄沙会被彻底消灭后，这首歌的歌词更改为赞美沂蒙山风光和歌颂领袖内容的歌曲，也就是今天大家熟悉的山东民歌《沂蒙山小调》。

当年，为消灭黄沙会，符竹庭倡导运用歌声来揭露黄沙会的反动本质。谁也没有想到，如今该歌曲调竟成为家喻户晓的山东民歌。

巩固鲁南抗日根据地

为了巩固鲁南抗日根据地，符竹庭决定打击鲁南地区的土匪武装。当时鲁南有一股千余人的土匪武装，匪首叫刘桂堂，又名刘黑七。他不仅扰乱社会治安，还投靠了日本鬼子，当了可耻汉奸。鲁南的老百姓对刘黑七深恶痛绝。在费县武安镇又有鬼子一个大队。符竹庭决定打击鲁南地区的鬼子和汉奸，拔掉这两颗钉子。他把作战任务交给了四团，同时叮咛团长蔡正国："正国，这次作战面对的是一个鬼子大队和一个伪军大队。你们要做好充分的战术准备，既要慎重又要发扬我军勇猛顽强的战斗作风，一定要打出四团的威风来。"

蔡正国说："请政委放心，保证完成作战任务！"蔡正国接受任务后，与政委曾桃明、政治处主任吴岱、参谋长贺健研究制订了一套切实可行的作战计划，并得到了旅政委符竹庭的批准。1940年11月20日晚，武安镇突然响起了激烈的枪声、爆炸声，只见参谋长贺健带领三营突破城围，一、二营随后突入镇内。战斗打响后，机枪声、手榴弹爆炸声，顿时响遍全镇。贺健带领部队猛打，义无反顾地向镇内冲去。战斗打得非常惨烈，部队逐房逐屋与敌人争夺，拼刺刀、拼手榴弹，近战肉搏，勇往直前。日军从未碰到过如此强悍的中国军队，加之伤亡惨重，天亮时，便放弃抵抗，丢下一百多具尸体，逃出武安镇。此战震惊了一一五师代师长陈光、政委罗荣桓及费县地区的老百姓。八路军一个团与日军一个大队外加刘黑七伪军拼刺刀，拼手榴弹，并将敌人打垮，这在山东抗日战场上很少有过。日军在武安惨败后，发誓报复八路军。

11月22日，日军调集两个大队，外加刘黑七伪军，兵分三路，向教导二旅四团驻地岳家、小卞桥、王庄气势汹汹地扑来。敌强我弱，旅部又抽不出兵力来增援。严峻时刻，符竹庭政委只身带着警卫员来到四团，接着召开了全团连以上干部动员会。会上，符竹庭告诫大家："同志们，我们面对的是两个日军大队和一个伪军大队。旅里又抽不出兵力来增援你们，怎么办？"符竹庭紧握拳头，激昂地说道："同志们，我们要充分发挥自己的优势，机动灵活地打击日寇，不能让敌人在卞桥、武安建成据点，不能让鬼子对我师的行动构成威胁。这次战斗是四团入鲁的第一仗，只能胜，不能败。希望你们发扬敢打硬仗的光荣传统，打出四团的军威来！共产党员、共青团员要发扬先锋模范作用，带领全体战士勇猛顽强地把日本鬼子赶出武安、赶出鲁南、赶出山东、赶出中国！"接着，符政委声音洪亮地说道："同志们，打好这一仗有没有信心？"

"有！"战士们的声音犹如一声春雷，在阵地上空回荡。

符竹庭政委的一席话点燃了四团指战员们胸中的火焰，为四团夺取胜利奠定了牢固的思想基础。随后，符竹庭与四团团长蔡正国、政委曾桃明一道研究，制定了一套打退日军进攻、给予敌人重大杀伤之后再撤离的作战方案。日军先后以九二步兵炮、迫击炮轰击四团阵地，然后在轻重机枪的掩护下，步兵端着刺刀向四团阵地发起集团冲锋。蔡正国一面派参谋长贺健到三营组织部队坚决阻击敌人进攻，一面派政治处主任吴岱组织一营、二营从侧翼发起反击。贺健到三营小卞桥阵地，重新组织防御作战，把全营重机枪集中在阵地两翼，利用交叉火力猛烈打击敌人，战士们准备手榴弹待敌人冲到阵地二十米处，全体投弹消灭敌人。此时四团士气大振，阻击顽强。一营、二营在吴岱率领下，从敌人两翼发起反击。刹那间，冲锋号响起，战士们杀声震天，奋不顾身地冲入敌阵，抡起大刀、刺刀，一对一地与敌人展开血战。日军被四团突然反击打蒙了，队形大乱，加之敌我混战在一起，敌炮兵也无法开炮支援。贺健抓住战机，高喊："三营全体上刺刀，冲击前进！"一个箭步冲出战壕，双手握着二十响驳壳枪，边跑边打，杀向敌人。三营战士们见参谋长率先冲入敌阵，立即高喊："冲啊——！杀啊——！"舍生忘死地冲向敌人。四团小卞桥、王庄反击战打得顽强，打得果敢，打得漂亮。日军丢下六百多具尸体，溃败而逃。四团简单地打扫了一下战场，全团悄然有序地撤出武安。日军炮火开始轰击，无数炮弹落在空无一人的阵地上，随即日军又发起冲击，一直冲到武安镇内，却没发现一个八路军战士，便垂头丧气地结束了战斗。八路军教导二旅四团在小卞桥、王庄、武安与日伪军血战三天，这是四团东进以来，与日军激战最猛烈的一次。一个团打败日军两个大队外加一个伪军大队，毙敌六百余人，这在全国抗日战场上实属罕见。这是符竹庭率部在抗战中创造的又一个奇迹。

战后，费县县长韩文义同志代表费县老百姓，送给四团一面锦旗，称教导二旅四团为"英雄老四团"。韩县长解释说："称教导二旅四团为'英雄老四团'是为了区别山东纵队四团；你们是从山西过来的老红军、老八路，是能打大仗、胜仗的英雄部队，人民群众称你们是'英雄老四团'，表示老百姓对你们的敬重和爱戴。"

当地老百姓说，很怪，老四团的部队路过伪军碉堡，伪军在碉堡里叫喊："干什么的，站住！"部队回答："咋呼什么，我们是老四团的。"伪军不敢吭声了。更有甚者，一个保长给沂河边一个碉堡送来一张条子，"老四团有十几人要过桥，你们要好好伺候。"碉堡里的伪军烙了饼，熬了稀饭放在桥头。当地很多年轻人只愿当老四团的兵。从此，"英雄老四团"的大名，在山东鲁南、滨海地区迅速传开，并代代相传至今。

加强鲁南地方武装

鲁南地区的日军和伪军刘黑七部。经八路军教导二旅的严厉打击，不敢再贸然行动。鲁南抗日根据地得到了巩固和发展。这天，师政委罗荣桓对符竹庭说："竹庭啊，你是鲁南区党委书记、军区政委，目前鲁南地方武装还很薄弱，师里准备抽调你旅一些军事骨干加强鲁南地方武装。"

符竹庭说："我完全赞同师里的意见，鲁南地方武装确实缺乏战斗经验，需要主力部队派军事骨干搞好传帮带，加强战斗力。"

罗荣桓说："张仁初、王麓水、何以祥他们介绍，四团参谋长贺健同志会打仗，能训练部队。师里准备把他调到鲁南军区担任第三军分区司令员，你先找他谈谈。"

　　符竹庭说："好的。贺健同志在四团工作时间不长，但军事素质好，仗打得好。他在晋西曾担任过晋西大队大队长，对训练地方武装很有一套。"

　　罗荣桓说："好吧，这件事就这么定了。"

　　1940 年 12 月，符竹庭到四团检查工作，同时宣布了参谋长贺健调任鲁南军区第三军分区司令员。符竹庭对贺健说："贺健同志，师里决定主力部队军事骨干要充实地方武装，加强地方武装战斗力，所以派你去鲁南军区第三军分区任司令员，政委是地委书记杨涤生同志，专员是张策平同志，副司令员是临郯独立团团长薛浩同志。"接着符竹庭又说："贺健同志，师首长对你寄予很大希望！临、郯、邳地区抗日工作不力，急需一位军事经验丰富，处置问题果断，能快速打开工作局面的军事主官。在研究第三军分区司令员人选时，师参谋长陈士榘、副旅长张仁初、政治部主任王麓水、参谋长何以祥同志极力推荐你。同时我和罗政委也考虑你是主力部队出来的干部，便于协调主力部队与地方武装的关系。因此，决定你去当司令员。你去后，要抓好三项工作，一是迅速整顿武装力量，现临、郯、邳三县各有一个县大队共 2300 人，你要把这支队伍整顿起来，加强训练，改善装备，尽快形成战斗力，并逐步升级为正规化的独立团。二是要加强与四团的联系，相互配合，相互支持。对四团这支主力部队，军分区要在兵员、物资上给予帮助；四团要在干部、训练、武器上给予你们支持。第三也是你要特别注意的事，张策平同志（于 1942 年 9 月病逝）身体非常不好，工作、生活、治疗要尽力照顾。我的意见，张策平同志专致三县政权建设；薛浩同志分管军分区敌工工作。军分区的主要工作只能由你和杨涤生同志挑起来。"因为张策平是符竹庭当年冀鲁边区（张策平时任"挺纵"五支队六团团长）时的老部下，所以符竹庭非常了解他。

　　由于任务紧急，贺健恋恋不舍地告别了四团，从费县驻地赶到军分区所在地——郯城县源泉区源泉头镇，就任鲁南军区第三军分区司令员。贺健与地委书记兼军分区政委杨涤生、行署专员张策平和副司令员薛浩见面，传达了罗荣桓和符竹庭的指示。贺健提议：春节前要召开三个会议。一是召开各县县委书记会议，由地委书记杨涤生做加强党委领导武装斗争的工作布置；二是召开各县县长、区长会议，由专员张策平做加强武委会和民兵建设的工作布置；三是召开各县大队领导会议，并邀请教导二旅四团首长参加，由贺健做加强县大队编制、兵员及装备建设的工作布置。

贺健司令员的提议得到大家的认可，并按工作分工各自准备，同时报鲁南区党委和鲁南军区批准。

贺健赶到教导二旅四团见到团长蔡正国、政委吴岱、副团长严似海、政治处主任王树君同志。虽然分别没几天，但老战友见面仍然非常高兴，他们热情地招待了贺健。席间，贺司令对四团首长说："我现在是光杆司令，要兵没兵，要枪没枪，只好求诸位了，我想要些枪支弹药和战斗骨干尽快把三个县大队整训好，配合老大哥部队打仗。"

蔡正国团长笑着说："老贺从来是送人家枪炮的主儿，开口向别人要枪，恐怕还是头一回，我们再困难也得帮一把。"蔡团长一席话，逗得大家哈哈大笑，贺健不好意思地说："老哥，人穷志短也是没办法的事。"

吴岱政委说："贺司令有困难，我们四团不帮谁帮？四团送出去的干部不能让别人看笑话。老严，你是管兵员装备的，看看我们能给贺司令多少人和枪，都是老战友，不许打埋伏。"

严似海副团长忙说："有贺司令和团长、政委在，我哪敢打埋伏，我刚才算了一下，目前我们只能送给贺司令十挺轻机枪，二百支中正步枪。另外，可以给贺司令副排长十人，正副班长二十人，老战士三十人。前天接到旅里通知，我们四团四、五、十一连，连人带枪全部调到山东纵队组建山纵特务营，给我们补充山东纵队莱芜特务营和蒙山县大队共640人，但枪支很少，质量也差。"

蔡团长和吴政委低头商量了一下，蔡团长说："老严，从调走的三个连中，再抽出两挺轻机枪，八十支步枪给贺司令。"

贺健带着12挺轻机枪，280支步枪，一万发子弹和六十名战斗骨干回到军分区。几位军分区领导见了大吃一惊，问贺司令从哪里弄来这么多武器和人，贺健叹了口气，说："是老四团发扬风格，主动支持我们的。他们是主力部队，是要打大仗恶仗的，兵员武器战损很大。各位老哥，今年上半年，我们无论如何也要帮帮他们，给老四团解决五百名新兵。"

1941 年 1 月下旬，会议如期召开，一一五师作战科科长李作鹏、鲁南军区司令员张光中、教导二旅副旅长张仁初、四团政委吴岱参加了会议，并分别作了重要讲话。春节后，第三军分区集中三个县大队在郯城县马陵山集训，将郯城县大队改编为郯城独立营，全营三个连，共四百人，把从四团派来的骨干和武器，全部配给郯城独立营。在马陵山区训练场上，不时响起贺司令的讲话声，他一丝不苟，亲自示范，严格督促战士们苦练步兵五大技术。两个月后，两个县大队和郯城独立营的战士们基本上掌握了要领，动作规范，有模有样。射击及格率 80%，单兵各种战术动作、班排冲击队形和防御阵地设置，基本到位。

此时，皖南事变发生，山东境内日军、国民党、八路军的三角斗争更加尖锐复杂。驻临城（薛城）、枣庄、滕县、临沂、费县之日军五千余人，分兵三路对天宝山及抱头崮山区进行"扫荡"。符竹庭派四团掩护师直属部队转移到蒙山周围地区，寻机打击敌人；命令五团分散活动，于临、枣、滕以西，破袭敌人交通线，积极打击、钳制敌人，相机攻占几处日军据点；命令六团在根据地中心坚持斗争，抗击进犯之敌。当时鲁南根据地是一块"东西一条线，南北一枪穿"的狭窄地区，机动范围小，但教导二旅内外部队密切配合，经过一个星期的英勇作战，毙俘日军三百余人，拔除日军据点数处，迫使烧杀抢掠的敌军仓皇撤退。

战后，符竹庭、曾国华率领八路军一一五师教导二旅在抱头崮以东，梁山一带稍作休整，即东进常兴桥、车辋、宝山地区。符竹庭命令六团攻击伪军王洪九部。因伪军另外两个师霍守义部和荣子桓部前来增援，教导二旅被迫撤出战斗。1 月中旬，教导二旅随师部转移到刘家河滩休整。这时，符竹庭对我军平原游击战的思想政治工作进行了系统总结。当时条件十分艰苦，他把老乡家用来储藏蔬菜的菜窖子作为自己的办公场所。在这个窖子里，他夜以继日地撰写了题为《平原游击战争中的思想政治工作》的长篇理论文章，为我军平原游击战的思想政治工作，总结出了一套行之有效的方式、方法。

此时，正值春荒时节，部队二十多天食不果腹，连队战士患夜盲症者多达30%以上，机关的小战士们饿得面黄肌瘦，几乎走不动路。3 月上旬，部队挺进到郯城、马头一带平原地区就粮，才渡过了难关。

1941年3月，一一五师陈光代师长、罗荣桓政委认为在严峻的局势下，山东分局、一一五师师部和山东纵队三大机关挤在一起，不但给养不好解决，而且目标大。从长远打算，需要设在一个比较稳定、物资条件较好的根据地，以便更好地指挥全局。为此，师部决定教导二旅（缺五团）挺进滨海地区，创建新的抗日根据地。临行前，符竹庭找来五团政委彭嘉庆，对他说："嘉庆啊，鲁南战略地位十分重要，师里决定五团继续留在鲁南坚持斗争，你们将面临的斗争形势更加复杂，你又是鲁南军区政治部主任（团长贾耀祥兼任鲁南军区参谋长），你肩上的担子不轻啊。我们走后，你们团要积极和地方武装相互配合，如有重大问题，及时来电报告旅部，我们随时增援你们。"

彭嘉庆说："请首长放心，我们一定完成上级交给的各项任务。"其实，彭嘉庆是符竹庭的老战友、老部下，他是江西吉安人，1929年加入江西红军独立二团。1932年，符竹庭是红九师政治部主任，他是红九师二十五团三营六连连长兼指导员。

1941年3月，符竹庭、曾国华率一一五师教导二旅四团、六团向山东滨海地区挺进。一路上，曾国华向符竹庭介绍情况时说："滨海地区各县还在日伪以及国民党的控制下，而且土匪猖獗，局势极为混乱，抗日人民常遭屠杀，抗日活动屡被破坏，总之问题比较多。"符竹庭非常自信地说道："那我们就知难而进吧。"

符竹庭、曾国华率领八路军一一五师教导二旅这支雄师劲旅，朝着滨海大地大踏步前进！

二十四、奇袭青口创根基

运筹帷幄决胜千里

滨海区，北起胶济铁路，南至陇海铁路，东临黄海，西界沂河，位于苏鲁两省交界地带，有高密、郯城、临沂、临沭、胶南、胶州、赣榆、新浦、日照、东海、海州、诸城、五莲、莒南、莒县等16个县，七万余平方华里面积。

为开辟滨海抗日根据地，符竹庭决定奇袭青口，发动青口战役。怎么保证奇袭取胜？"知己知彼，方能百战不殆。"于是，他决定走访临沭县开明绅士郑亦桥，向他了解青口情况。

初春，冰霜依然覆盖着山东大地，太阳从黄海海面上冉冉升起。这天上午，在滨海起伏不平的山道上，忽然传来嘚嘚的马蹄声。

这是一队驾驭战马的八路军干部队伍，为首的一位干部腰挂短枪，手握马缰，一双乌黑明亮的眼睛，放射出刚毅睿智的光芒。他不是别人，正是八路军一一五师教导二旅政委符竹庭。在他左边有位英武的八路军干部，腰里别着一支二十响快慢机驳壳枪，随时可以拔枪射击，这便是旅政治部敌工科科长符浩。在符竹庭右边则是统战科科长李奎元和干事樊复哉，旁边跟着他的秘书和警卫员，他们正在前往地方名士郑亦桥家的路上。

为开辟滨海抗日根据地，符竹庭政委多次找过郑亦桥了解情况。

临沭县(今江苏东海县)南辰乡郑庄村，一栋青砖大宅院便是郑亦桥的家。

他家院子里几株枣树，浓密的枝丫萌发着嫩嫩的绿芽。符竹庭一行骑马来到他家院门前，随即收住了马缰，下了马。接着，李奎元和樊复哉轻轻地敲了敲院门。不一会儿，门开了，郑亦桥笑盈盈地迎出来，"首长，你们来了，屋里坐，屋里坐。"符竹庭等人牵着马匹进了院子；警卫员、秘书连忙把马匹拴在枣树底下。

郑亦桥领着符竹庭一行上了台阶，迎入客厅，吩咐家人沏茶款待客人。

符竹庭在郑亦桥旁边坐下，随手接过茶杯轻轻地呷了一口茶，随后把茶杯轻轻地放在茶几上，面带微笑地望着郑亦桥说道："郑先生，我们多次打扰你，实在抱歉。"

郑亦桥忙说："首长，哪里，哪里。"

"郑先生，上匪高振东的情况你了解吗？"符竹庭问道。

"我知道一些，高振东原在赣榆县抗日县长朱爱周的常备旅三团二营做营长，朱爱周牺牲后，由华子甫继任旅长，高振东觉察到华子甫对他不信任，加上顽劣习气不改，就把队伍拉到陇海铁路沿线当了土匪，队伍扩充到八百人，战马二百匹。这支流寇虽然'兔子不吃窝边草'，但在外地却是打家劫舍，无恶不作，搞得苏北鲁南一带老百姓炊不能冒烟，眠不能贴席。"

符竹庭沉思了一会儿，说："郑先生，高振东势力一强，倒成了敌伪勾结的对象啊。首先是我军的叛徒、驻新浦的杨步仁，他为了招兵买马，扩大自己当汉奸的资本，多次拉拢高振东；国民党郯城县县长梁钟亭也和高振东勾勾搭搭。高振东如果倒向他们，对我军新开辟的临沭苍马根据地都有威胁。郑先生不知有没有办法争取一下高振东，只要他易帜参加抗日，我军是欢迎的。"

郑亦桥显得有些犹豫，他知道这事有难度。

"当然啦，统战工作有一个过程，郑先生可以慢慢去做嘛。"符竹庭说。

"好吧，让我再考虑一下。"郑亦桥回答。

符竹庭拿起茶杯呷了口茶继续说道："郑先生，我们这次来，是为攻取青口镇而来的，我们想听听郑先生的意见？"

"哦，你们要攻打青口，好啊，不过那不是一件易事。青口镇城墙高厚，又有护城河，镇里碉堡众多，街道巷尾四通八达，难啊。"

"郑先生，我们要建立巩固的滨海抗日根据地，攻取青口成为关键所在，我们想请郑先生帮助我们搞到青口镇的军事布防图。"符竹庭的目光里蕴藏着几分期待。

郑亦桥脸上显出几分难色。

"郑先生,当然这项工作很危险,风险很大。如果没有把握的话,就算了,我们不能勉为其难嘛。"符竹庭说。

"如果摸不清青口镇鬼子的军事布防,我们攻城部队将会遭受很大的伤亡。"符浩在一旁插话。

郑亦桥被符竹庭豁达大度的胸怀所感动。忽然,他紧握拳头往桌子上猛地一锤,激昂地说:"请首长放心,我就是拼了老命也要把布防图搞到手。"

符竹庭听后高兴地说:"郑先生,拜托了。"

很快,郑亦桥通过各种渠道和关系安排了八路军教导二旅侦察员潜入青口镇,绘制了城内街道详细的军事布防图。

这天下午,赣榆县委书记邱也民从驻地厉庄镇杨岭村匆匆地赶到临沭县蛟龙湾教导二旅驻地,已经是夜晚时分。

"来,喝杯茶暖暖身子。邱书记,今天请你来,是想请你谈谈赣榆的党建情况和民众发动的情况,你刚才说的朱爱周县长啊,我从临沭本地士绅郑亦桥那边听说过。"

"好啊,1940年冬天,原来赣榆工委成员张树仁、陶君彦、李克济转到四县边区游击支队搞武装斗争,滨海军政委员会为加强赣榆和临沭的力量,决定成立临赣工委。当时山纵二旅政委江华向我交代任务,要我担任临赣工委书记,负责开辟新区工作。我随山纵二旅东进,与组织部长孙杰进驻五区的黑林镇杨家岭村,与山纵二旅工作团于允光、时文玉、孙化彬一起发展党组织。后来临赣工委撤销了,成立了赣榆县委,组织上就让我担任县委书记。"

邱也民呷了一口茶继续说道:"当时在杨家岭,县委对外公开名义叫赣榆政治处,主要工作是发展党组织,建立区乡政权,组织抗日武装,在根据地的中心地区,建立工、农、青、妇组织。一一五师民运部和山东省抗救会联合向赣榆派出了工作团。"

"赣榆县委做了很多工作啊。邱书记,县境内东南部的敌情怎么样呢?"符竹庭问道。

邱也民回答："日军以一个中队兵力直接控制青口、沙河、下口三个据点，积极收编伪军，修筑了十几个外围据点，并逐步向内地发展，十分猖狂啊。赣榆人民早就盼望你们来哟。"

"嗯，邱书记，我们这次就是为打青口而来的。师首长对赣榆县非常重视，以后啊，我们要经常联系。"符竹庭说。

邱也民激动地望着符竹庭，眼中似乎噙着泪光，两双手紧紧地握在了一起。久旱的滨南大地，迎来了春雨。

第二天，符竹庭又和警卫员骑马来到赣榆县委驻地葛墩埠。在听取了汇报之后，向县委主要领导作了如下指示：军事上我们要严厉打击敌人的嚣张气焰，扫清赣榆城及青口外围的据点，县委要加强地方武装建设，部队可以派干部支持；要依靠群众改造乡村政权，同时注意团结各阶层抗日民主人士共同抗战；要加强敌占区的工作，政策混乱现象必须立即制止，停止扩军组、起枪组，这也是罗政委的指示，县政府要出布告禁止乱发纸币。

送别时，符竹庭一再叮咛邱也民："老邱啊，遇到困难随时向我反映，我尽力帮忙解决。"

1941年3月16日，符竹庭、曾国华率教导二旅四团、六团从郯城马头一带出发，东渡沂河、沭河，在山纵二旅的配合下，向赣榆进发。

临沭县徐班庄（后划归赣榆），教导二旅旅部临时驻地。午后，虎帐升堂，将星云集。由符竹庭任总指挥，曾国华、孙继先、江华任副总指挥的前线指挥部，实施战役指挥。

郑亦桥帮助搞来的青口镇日军军事布防图挂在墙上。

山纵二旅作战股长石一宸正在汇报作战态势：目前日寇正在推行第一次"治安强化运动"，将赣榆伪军两千余人编成"剿共军"三个团，一团团长李凤和，驻小荒碱滩一带；二团团长张星三，驻石桥、柘汪一带；三团团长孙兼昭，驻张城子、李城子至朱堵、寺后一线；日伪军安设的据点有青口、城里、海头、兴庄、下口、寺后、大沟南、大沙河、墩尚、李城等。

符竹庭说："赣榆连同新浦、海州的日伪军共有四千余人，但伪军较多，战斗力不强。在这以前我军没有大兵团在这一带活动，敌人思想较麻痹，战斗打响后短时间不会有大兵力增援；海边多系浅滩，兵舰活动受限，敌人海军亦不可能登陆增援。加之县内公路多为泥土路面，木桥甚多，易于破阻，迟滞敌援。作战地区虽系平原，但河川纵横，坟墓群甚多，村落繁密，林木丛生，便于我军运动作战。"

曾国华说："前指作出决定，以三倍于敌人的优势兵力，以突袭的战术，乘敌不备，发起青口战斗。第一步是消灭青口外围据点之敌，相机袭入青口；第二步进逼东海，控制陇海路北地区。参战部队分为三个纵队：一纵队主攻青口；二纵队解决青口以南各据点；三纵队在青口、县城之间活动，打击敌人增援部队。"

所向披靡大获全胜

3月19日晚，一纵队进攻海头，揭开了青口战斗序幕。

晚10时，一纵队一营悄悄把海头之敌包围起来。营主力在海头西南面，一个班在西北佯攻，营长派一个连绕过南门到东南部，准备阻击逃出之敌。东面就是海，估计潮水快上来了，留着这条路让敌人去洗海水澡。

月亮还没有上来，另一个班从西南部爬进离敌据点三十米处停了下来，在一个土坎下架起了机关枪。

"口令？"一个伪军听见架机枪的声音，急忙拉开枪栓问口令。

没有回答。

"外面有哨兵没有？"一个查哨的伪军问道。

"没有。"

"不要打枪，捉活的、捉活的！"查哨的伪军跑进据点，不一会儿带了三十多个人来，向一班埋伏处行进，眼看只有二十米了。

"轰！"一班一个手榴弹炸翻了五六个伪军，接着又是"轰！轰！轰！"，没死的八九个伪军飞快地跑进据点。

"哒哒哒，哒哒，哒……"战士们向据点冲去，固守在西南角的四十多个伪军缴了枪。

"哒哒嘀哒哒……"西南面的一个号兵吹响了开饭号，这是我军胜利的信号。不到十分钟，一营从四面打了进去，四面的号声都响了起来。

伪团长张星三从被窝里爬起来，鞋都没有来得及穿，光着脚和溃散的伪军争先赛跑。跑到海边，他连忙跳上一条帆船，摇着橹开跑了。其余的伪军上了另外两只船，力气大的爬上去了，力气小的大都在机枪追击下被海水淹死。最后一条船因载人太多，船身一翻，三十多个伪军掉进海里。

一营迅速在南门空场上集结，营长命令乘胜攻下南面的兴庄。

快午夜了，半边月亮洒下清冷的光，战士们沿公路迅速南下赵沙子，三颗手榴弹把伪军一个排打跑了。

"哒哒哒……"兴庄北面李巷子伪军边用机枪射击边跑向兴庄北面的土堡。

月亮突然隐去了，随后浓雾上来了，十米之外看不见人，黑暗的夜幕吞噬了战士们的身影，城镇像座磨盘蹲在暗处。队伍乘浓雾前进，把兴庄围了起来。

兴庄驻着日伪军一千余人，五挺重机枪、十几挺轻机枪组成了交叉火力。

五次冲锋受阻，青口方向，日军的五辆汽车满载援兵到了，天也快亮了。

一营暂时撤回。

至23日，一营连克兴庄、寺后、大沟南等据点。

25日晚10时，各线同时展开总攻，一纵队猛攻青口；二纵队围歼张城、李城之敌。

老四团一部由郯城苍马奔袭大沙河据点，同时破坏敌人交通，以钳制敌人的援军。

初春的晚上，天空蒙上了灰色的幕布，隐隐约约地露出几颗小星星。一纵队老六团八路军健儿越过广阔的盐田，迎着清冽的海风，向青口进军。

主力一营攻击青口东南角，三营向东北突破。

周长十余里的护城河，耸立着一丈多高的城墙，加上密布的炮楼，以为平安无事的日伪军，连日来由于兴庄、海头等据点失守，心中充满了恐慌，一边放枪为自己壮胆，一边用探照灯扫过可疑的目标。

炮楼上的探照灯，像一只只猫头鹰的眼睛，放射着又绿又蓝的光。

一营进入青口东门的大王庙，清晰地听见城内嘈杂的声音。

"乒乒！"日军在城门口上发现了一营部队。

一营把重机枪架在屋顶上，对准东门就是一阵猛烈扫射，日伪军赶紧缩进了乌龟壳。

突击队和炸弹组冒着敌人的炮火，渡过护城河，以密集的炸弹和火力掩护部队登城。

战士张秀阁首先登城，他连续扔出来几颗手榴弹，突击队登城成功！

摧毁了小东门之后，大队主力顺利地进入青口城，一路向东门大街挺进，一路向敌人中心碉堡进攻。

三营从东北城门实行爆破，攻了进来，号兵吹响了冲锋号。

时间快到午夜。

青口城内开始了巷战，一营一连顺着南墙根，攻到敌人的大队指挥部。这是一处高大坚固的院落，指挥部门上悬着两盏红色的"气死风灯"，日军早已钻进东南的炮楼。一排进了大门，直冲到西北角。北房是火药库，西房里面放着日伪军服装、枪支和一门炮，战士们迅速夺取枪支，即时武装了自己，此时，敌人居高临下疯狂扫射，一排依据房屋门窗猛烈反击。日军退向院外西南角的炮楼，我军一个班紧紧追去。

日军在炮楼上猛烈地向院中射击，密集的炮弹在院中爆炸，子弹打得屋顶瓦片乱飞，巷口我军一挺机枪"嗒嗒嗒"地向敌人炮楼射击，分散了敌人的火力。二班则机动地跳上西南角的高房，向炮楼内强攻。

西屋里的灯还燃得通亮，那门黄绿色油漆的迫击炮还安稳地坐在那里，战士们眼馋得很哪。五六个战士用力把它推了起来，后续部队把它和步枪、弹药、雨衣、军服等军用物资紧急抢运出去。

青口大部分街巷很快为我军控制。

在新浦日军到达之前，部队在掩护下边打边退。

主力部队退出青口的时候太阳尚未从海中升起，潮水已退缩。淡白微青的天空，嵌着几颗白色的星星。这时，青口城内还不断地传来时稀时密的枪声，枪声震荡着银红色的晓雾。

在一纵队猛攻青口的同时，二纵队对张城、李城发起进攻。在强大的火力攻势掩护下，向守敌进行政治喊话，瓦解了守敌的防御力量，张城伪军三百多人缴械投降；李城二百余伪军一部分投降，一部分企图突围，亦被我军俘获。与此同时，打援部队顽强阻击。当时，我军组建的对伪军工作团对外不公开，简称"岳州部"。

"岳州部"十一连翻过了两丈多高的围墙，沿着墙根，向东北方向进发，一个排在墙上走着打掩护。

忽然前面倏地出现一团黑影，立刻钻进东北的房子去。十一连战士跃进到房门前，随着两颗手榴弹，冲进房内，几个伪军撒腿就要逃，被战士们活捉。

连长命令："向东北进攻。"

穿过几个墙洞，就到了有日军的房子。

院子里有两个日本兵拿着电筒，挤成一团，小声地说："八路小小的，担心没有的。"向各处乱照。

副班长荣世昌靠近洞口就是一枪，两个日本兵倒在地上，电筒滚在一边，一句话都不说了。

房子里的日军一个个窜上东北的炮楼，惊慌失措地找不着目标，机枪向四面乱射。

战士们把手榴弹一个接一个扔进了炮楼，爆炸声中夹着日军的惨叫声，十一连完成了控制东北角的任务。

黎明时十一连安全退出战斗。全连没有一个伤亡，七八十个手榴弹，埋葬了29个日本兵，带回五个俘虏，五支"三八大盖"步枪。

担负东南方向钳制敌人援军任务的"岳州部"九连，攻入了下口村。

下口是青口东南部一个出海口，滨海公路由南向北把它和新浦、青口连成一个三角形。主力部队奔袭青口，"岳州部"九连的任务是破坏敌人交通，阻击新浦增援之敌。

九连在暗夜摸索着赶到下口村的时候，老百姓悄悄地配合部队行动，向战士们介绍敌人的分布和配置情况。

二更天，连指导员带着三排去破坏下口南边的大桥，这一带每个村落里都盘踞有敌人的"税卡""盐警",战士们沉着机智,迅速抄近道赶到桥下。

青口传来猛烈的枪声——主力进攻得手了,这边立即行动。

下口河闪着暗淡的光,三排战士点燃汽油和硫黄,风一吹,一条一条木板燃起大火。周围的伪军骚动起来,战战兢兢地骑着自行车跑来营救,被三排一阵密集的排枪,摞倒了几个,打得伪军车子都骑不上。

燃烧的火光中,下口桥慢慢塌下去。

一个哨兵注视着南边公路上的情况,自言自语地说:"敌人怕是不敢来了。"

"不会,明天一定增援。"另一个哨兵说。

看看天,大概是4点钟。

果然,远处传来"呜呜"的声音,新浦的敌人过来了。车灯照得如同白昼,敌人乘四辆装甲车、16辆汽车向我九连冲来。

"兔崽子,给我滚下车来。"九连的机枪叫了起来,紧跟着一个冲锋,打得敌人七零八落,仓皇下车应战。

敌人收拢队形,利用坟墓实施攻击。"咯咯咯……""咣……咣……"敌人的小炮、机枪、掷弹筒火力密集,九连二排就地抵抗,沉着英勇地掩护主力转移。

三排绕至敌人侧翼射击,分散敌人主攻力量,以掩护一、二排后撤。

炮弹不断地爆炸在三排伏击圈的周围,八挺机枪交织成凶残的火网。

一发炮弹落下,五班长慧庆友和另外两个战士受伤,但他们无论如何不肯下火线。

"同志们,冲上去!"九连开始反突击,四百个敌人退到一所庙里去了,九连一个班一个排地有秩序撤回,完成了阻击敌人的任务。

一个目睹战斗场面的下口村村民悄声说:"伪军侮辱俺妻女,强占盐田,逼俺做苦工,到今天才出了口气。"

下口村村民自动帮助我军拆圩子、破桥梁。敌人正在装运出口的数万斤粮食,为我军缴获。

青口战斗是一场一处主攻、多点开花的组合战斗。为了配合青口战斗,牵制东海横沟据点的敌人，3 月 24 日下午，教导二旅四团一部在一块广场上进行简单战前动员之后，向横沟据点前进。

天色慢慢地变黑了。

四面八方村庄里的狗汪汪地叫着，黑沉沉的大地笼罩着一切。向导指着远处的黑影说："这就是横沟据点。"

八路军队伍迅速地渡过了离敌人半里路的一条小河，静悄悄地接近敌人的据点，突然围墙上的敌人发觉了，他们用手电照着，哨兵喝问口令。

回答他们的是枪声，战士们端着明晃晃上了刺刀的枪，拿起揭了盖的手榴弹，奋勇冲上去。

"轰！轰！"手榴弹爆炸声震耳欲聋，乌龟壳里的敌人慌了，机关枪胡乱射击。四团一阵响亮的机枪齐射后，围子内的敌人一声不响了。在强大的火力掩护下，八路军战士迅速地爬上了围墙。枪声、手榴弹怒吼声，把敌人打得溃不成军。少数顽抗的敌人固守着村子里的一个围子，把手榴弹扔出来，16 岁的小战士黄慈泉抓起来又扔了进去。

敌人在围墙里乱打枪，子弹都飞向空中。四团一部占了半个围子，进行强攻，杀伤了大量敌人，完成了夜袭任务后，安全回撤。

再说青口之敌惨遭失败后，于 3 月 30 日，集结敌伪千余人向我进犯，妄图报复。4 月 1 日，敌军进犯至城头一带，遭老六团伏击，旋即退至门楼河。是夜，老六团又猛攻门楼河之敌，敌狼狈退回。

青口战斗，计攻克日伪军海头、兴庄、李城子、张城子、寺后、大沟南等据点十余个，毙日伪军七百余人，俘虏伪军八百余人，缴获大炮两门，步枪八百四十余支，驳壳枪四十余支，摧毁汽车两辆，缴获子弹和军用品无数。

青口战斗给日寇以沉重打击，消灭伪"剿共军"第三团，重创了一、二团。扩大了滨海抗日根据地，控制住柘汪出海口，打通了滨海区与胶东、华中等抗日根据地的海上联系。敌军在我军的威慑下，龟缩到青口、县城、大沙河三据点。教导二旅乘胜向赣南及东海进军，陇海路以北地区大部为我军控制。青口战斗全部计划圆满完成。青口战斗载入了《第二次世界大战大事纪要》《中国人民解放军战史》《中国军事百科全书》。

青口十八勇士

他们没有听到撤退的集结号？也许听到了，也许没听到；但是，掩护部队晚撤退一分钟，就能减少我军的伤亡，这一点，他们心里明白，为此，他们战到最后时刻。

让我们再把镜头闪回到青口巷战。

我军搬运缴获的大炮和服装，抢运粮食需要一定的时间。

攻城难，撤围更要慎重。

天快亮了，把敌人的弹药库、军需库里的大炮、子弹和服装、粮食都运光后，新浦日军的几十辆汽车和坦克赶到了青口附近。为了争取机动作战，主力部队在黎明前撤出了战斗。

机枪班七班为掩护战利品搬运，被敌人包围在炮楼里。

日军向七班发动一次次冲锋，一次次被打下去，死伤一大片。东方已经发红了，机枪七班的机枪还不断吼叫着，日军无法靠近。

"同志们，突围出去！"大个子机枪班长原非友说。大家同意了。乘敌机枪手换弹夹的时候全班战士像翻山的巨浪猛冲出去。日军见来势凶猛退了下来。当他们冲到另一条街时，又碰上日军，他们立即退进一个大院里固守。这时听见东面院子也正打得厉害，他们知道也是没有撤出去的同志，于是他们便把墙壁挖通和一排二班会合了。两个班十八个人，在排长赵本源的指挥下，重新和敌人战斗。

敌人越来越多了，总共有几百人。我十八个同志冲了几次都未突围出来，但敌人也始终无法接近院子。为节约子弹，赵本源命令不到二十米内不开枪，每一枪必须消灭一个日本兵。太阳西斜了，日军死伤二十多个，伪军死伤三十多个。日军冒火了，手榴弹、掷弹筒密集地往里打。这时，十八个勇士牺牲了八个，剩下的每个人身上都带着血迹，然而大家仍沉着地射击。

子弹快打光了。

"同志们，我们一定要拼到最后一口气，现在子弹就要打光了，我们决不能叫敌人活捉去！"说完，赵排长高呼："中华民族解放万岁！中国共产党万岁!"用最后一颗子弹自尽了。右边院里二班副因被打断了腿,也拔枪自戕,以身殉国。

原非友擦干了眼泪,把机枪的零件卸下扔掉后说:"同志们,我们不能让敌人得到一支好枪呀!"战士们一个个把步枪上的机头毁掉了。

黄昏,八个人跑到老百姓家藏起来,有五个同志换了便衣。

一位老大爷把他们藏起来用草盖好。

过了相当长时间,日军才胆怯地进院子,但八路军一个也未见到。

夜已在血战一天一夜的青口城上展开了它黑的翅膀。

一个汉奸地主发现了战士藏身之地,他向伪军告了密。

八位勇士被捕了。

阴森森的屋子里充满恐怖气氛,冷风一阵阵从窗门外吹进来,八位勇士被铁索捆在柱子上,淡淡的灯光照着他们愤怒的脸。一个日本兵牵来一群恶狗,绳子一放,这些恶狗有经验地扑向三个穿军装的勇士,然后又听日军的指挥奔向那五个换了便衣的勇士而去。

恶狗牵走后,几个日本兵恶狠狠地用带钉子的皮鞋乱踢过来,嘴里还叽里咕噜地骂着:"八路军坏了坏了的,我们的朋友给你们打得死了死了的!"

"小鬼子,你们杀害了我们多少同胞?……"原非友愤怒地骂道。

几个汉奸用铁棍、竹杠不住地向勇士们头上身上打来,有的同志的肋骨被打断,但仍愤怒地骂着。

在青口的六天六夜,八位勇士没吃过一口饭、喝过一口水,晚上被敌人反绑着手,用一根木棍穿在一起,谁也动不了,一个动大家都会痛。

第七天,机枪班长原非友和战士孟兆阁、孙玉琨、李会元、马培真、孙洪太、何北生、张秀阁八名勇士被敌人用一辆汽车运到新浦。

第八天,审问开始了。

日军军官在翻译官耳朵边咕噜了一会儿,翻译官问道:"你们是东进支队,还是南进支队?你的营长叫什么?连长叫什么?部队番号是什么?"

"要杀就杀!"战士马培真愤怒地骂道。

一个日本兵跑到马培真跟前用皮鞋踢他的脸,把他的鼻子踢得鲜血直流。

日军又问了几句，回答依然是破口大骂。

日军毫无所获，决定第二天把他们活活烧死。

天黑得伸手不见五指。院子里有两根埋在地里的大木桩，每个木桩上绑着四个战士。孟兆阁被反绑的两手使劲挣脱捆着的铁索，虽然肉破了，结果手腕挣脱了。接着，又解掉全身的绳子。他又费了很大力气，解开了和他绑在一起的一个同志。夜已过半。

一阵皮鞋响，日军哨兵进来了。"糟了，糟了。"但敌人哨兵只在门口望了一会儿就走了。哨兵一走，两人一齐动手，又解开了两个同志的绳索。这时鸡已叫了两遍，天快亮了，还有四个同志怎么办？时间来不及了，趁哨兵叫哨的时候，四个人向正南方向跑去。

"砰！砰！"大概哨兵发现跑了几个人才打的枪。

他们跑过了铁路，又跑了一里多路，前面横着一条沟，谁知水很深，人一下去就没了顶，挣扎了好久，孙玉琨、李会元先爬上来，后来原非友和孟兆阁也爬上岸，又跑了一里多路，原非友实在跑不动了。孟兆阁扶着他走了一会儿，也扶不动了。

"我走不动了，孟兆阁同志，你一个人回去吧。"

"不，咱们一块走！我扶你……"

"不行，这里离鬼子很近，会被敌人追上，咱不能都落在敌人手里！"

孟兆阁含着泪，恋恋不舍地向南跑去。为了避免碰上敌人，他不敢进村，饿了找口凉水喝喝。

有一天他走到海州附近，听老百姓说，西边村子有二三百名八路军。他心里惊喜，赶快跑到西村，果然找到了自己的队伍。

原非友离开孟兆阁之后，顽强爬行了几十里，在离青口二十多里的地方，被地方同志发现，把他抬回后方。因伤势太重，到医院的第二天，原非友同志就牺牲了。

几天后，李会元和孙玉琨也历尽艰辛找到了部队……

没有跑掉的马培真、孙洪太、何北生、张秀阁四位战士，不久就被敌人杀害了。

　　1941 年 8 月，一一五师政治部在蛟龙湾召开全师政工会议，肖华主任在报告中，号召部队以"十八勇士"做教材，学习他们英勇顽强、宁死不屈的战斗精神。

　　1942 年，作家丁玲为写好工农兵文艺作品，来到八路军总部，朱总司令拿出前线许多电报说："这里不知有多少好材料，都是千真万确的事，请你们看吧，看了好写。"她在八路军总部看了两天，前方的英雄事迹感动了她，她连续写了《十八个》《万队长》等作品。作家白刃写了长诗《敬礼！亲爱的勇士》。2015 年 9 月 3 日，纪念中国人民抗日战争胜利 70 周年，青口战斗"十八勇士"方队迈着雄壮的步伐昂首挺胸地通过天安门，向全国人民展示了威武之师、胜利之师，让亿万观众肃然起敬。

为勇士立碑

　　青口战斗后，为了安葬牺牲的战友，特别是十八勇士，符竹庭向罗荣桓政委汇报了为十八勇士立碑的想法。罗荣桓也在思考如何安葬那些烈士，符竹庭的想法跟他不谋而合。罗荣桓很快批准了立碑方案，并让符竹庭踏勘选址。符竹庭骑着战马踏遍赣榆、莒南、临沭三县边界的芦山、子贡山、小塔山、朱雀山、金牛山、葫芦山等十几个山头，最终选择了赣榆县谷阳区三清乡的马鞍山巅。这里地处苏鲁交界，沂蒙山南麓，群山环抱，东临大海。

　　一天，符竹庭带着师参谋长陈士榘、师政治部主任肖华来到马鞍山，三人登山至山顶，凭栏远眺，峰峦峭翠，烟云横飞，苍松屹立，溪水涓涓，望着美景，符竹庭深情地对陈、肖说："这是块好地方，等我死了，也埋在这里。"

　　根据原符竹庭的勤务员成延胜回忆：烈士纪念塔建设过程中，成延胜天天跟着符竹庭在工地上奔走，有时候吃住在工地上。到了工程后期，天气炎热，符竹庭关照后勤保证饮水供应，防止有人中暑。有一次休息时，符竹庭和大家聊天时说："修烈士墓也是打鬼子！假如我有一天牺牲了，也把我葬在这儿！"大家忙打断他的话："首长，快别这样说！不吉利！"符竹庭一笑说："打仗哪有不死人的。"大家都笑了，谁都没把这句话当真。因为死亡根本就和身经百战的符竹庭连不到一起。

纪念塔自 1941 年 7 月 7 日起，教导二旅广大指战员与滨海区抗日军民，一手拿枪，一手拿镐，一边坚持战斗，一边为死难烈士建碑立碣。

1942 年 7 月 7 日，马鞍山烈士纪念塔落成。8 月 2 日，落成典礼隆重举行，罗荣桓、陈光、黎玉、肖华等党政领导和山东各界群众五千余人出席。符竹庭将军作为主祭人，率先敬献花圈。典礼庄重肃穆，战地记者欣潮以饱含深情的笔触，采写了著名的通讯《伟大的民众祭——记抗日烈士纪念塔落成典礼》，真实记录了这一历史时刻。该文发表在《大众日报》1942 年 8 月 13 日第 4 版上。

二十五、抗日根据地的克难与巩固

巩固滨海心系鲁南

青口战斗的巨大胜利，老八路教导二旅威震四方，为继续开辟滨海地区奠定了胜利的基础。随后教导二旅政治部敌工科派李光明等人进入东海，成立东海敌工组，了解搜集东海一带日伪活动情况，为武装开辟路北东海做准备。1941年4月，符竹庭派教导二旅四团一部抵达羽山。羽山，是地方恶绅臧兆江的老巢，地处东海最北部，与铁路沿线的牛山、阿湖敌伪据点相距较远，周围虽有数股土匪，但各据一方，互不往来。因此，符竹庭决定先拿臧兆江开刀，杀鸡儆猴。教导二旅四团集中兵力，一举击垮臧兆江匪众。周围土匪震惊，东丰墩、前店子据点的伪军也闻风仓皇逃跑。东海北部数十个村庄得到了解放，初步开辟了羽山、磨山一带地区。山西头战斗后不久，教导二旅四团乘胜再攻尹湾子，赶跑土匪尹玉琢。尹玉琢枪多人众，亲日反共，是这一带顽固势力的支柱。尹玉琢一垮，附近土匪及其他反动势力如树倒猢狲散，牛山以北的讲习地亦成了共产党的根据地。与此同时，教导二旅另一部则由西向东，一路横扫日、伪、匪，解放了从桃林到东安的广大地区。

为巩固滨海抗日根据地，教导二旅政治部派统战科干事樊复哉、临沭县大队大队长张云榭、山东抗协临沭办事处主任马培卿再次找到郑亦桥，要他做高振东部的工作。经过党组织的观察，认为郑亦桥确实是统战人才；又了解到郑亦桥早年参加过"三番子"，在该组织中地位很高。1940年，高振东在王宅子村医生王正甫家治伤，曾拜郑亦桥为师。

郑亦桥有顾虑是正常的，高振东当时是蒋、汪、我各方争取的对象，他正觉得身价日高，岂愿一朝受制于人？

郑亦桥多次找高振东陈明利害，晓以大义，用共产党的统战政策对高振东开展攻心战。而一一五师抗日力量日益壮大，也对高振东形成了压力。直到5月高振东终于答应靠拢共产党，组建抗敌救国自卫军独立团。

高部接受整编后，马培卿任该团政治处主任，郑亦桥任团长，高振东任副团长。

高部收编，当时轰动沭河两岸。老百姓除了一块心病，一些统战对象也觉得共产党有办法。

五个月后，教导二旅决定改编自卫军独立团，郑亦桥和高振东奉命率领部队赶到赣榆县城头镇刘夫村接受进一步改编。独立团五百多名战士，四百多支枪，二百匹战马分别编入教导二旅四团、六团，扩充了这两个主力团的实力。

八路军教导二旅主力离开鲁南不久，伪军刘黑七又开始卷土重来。1941年7月中旬，符竹庭政委率教导二旅四团从滨海再次返回鲁南，指挥教导二旅四、五团；山纵一旅一、三团；鲁南军区独立团共五个团的兵力，发起讨伐刘黑七战役。战斗打响后，四团三营七连连续实施爆破，破除障碍，一、三营随即迅速冲入村内。刘黑七第三大队抵挡不住逃往村外，被独立团一营迎头痛击，扔下十几具尸体，剩下二百多人逃往华家庄，又遭到四团四连伏击，全部被歼。四团与独立团一营乘胜追击，连续作战五天，一鼓作气连克刘黑七九个据点，予敌沉重打击，一直把刘黑七打回老巢北锅泉、托沟，战役宣告结束。

鲁南讨伐刘黑七战役后，符竹庭率教导二旅四团返回滨海。8月下旬，一一五师决定讨伐伪军李永平部。李永平部盘踞于日照城东泊儿贡口一带，为日寇驱使，反共坚决。为开辟滨海沿海地区，必须给该敌有力打击。一一五师首长决定，此役由符竹庭任总指挥。符竹庭率教导二旅及地方武装一部盛暑远征，跨越日（照）、莒（县）、诸（城）公路敌人封锁线，由滨南向滨北挺进三百公里，以远程奔袭挖心战术，展开对李伪的攻击。我六团首战泊儿以西据点攒牛场，毙俘敌一百八十余人。四团攻占凤凰山亦有斩获。经过四天激战，攻占攒牛场、胜水、旺山、凤凰山等据点，毙、俘敌四百余人。后因驻青岛日军第五混成旅团在海、空军配合下前来增援，我军主动撤出战斗，返回日莒公路以南。

10月27日，盘踞在山东的国民党顽固派东北军第五十一军第六八三团团长张本枝和东北军第五十七军第一一二师三三四旅旅长荣子恒相互勾结，按照蒋介石消极抗战、积极反共的政策，袭击了我驻银厂村的鲁南区党委机关，残酷杀害了鲁南区党委书记赵博等四十余人，制造了骇人听闻的"银厂惨案"。斗争错综复杂，条件十分艰苦，形势异常严峻。为教育干部战士认清形势，坚定斗争信心，符竹庭与曾国华率教导二旅四团奔赴鲁南，与留在鲁南的五团及地方武装四千余人会合。10月29日向东北军第五十七军第一一二师第三三四旅荣子恒部和东北军第五十一军第六八三团张本枝部发起猛烈的攻击。经过三天激战，歼俘顽军六百余人，收复了被顽军占领的根据地车辋等村庄。顽军被迫退守崮口、驼阴山区一带。战后曾国华率教导二旅四团返回滨海，符竹庭带了一个骑兵排骑马来到驻鲁南的教导二旅五团。

"符政委来了。"这边五团团长贾耀祥和团政委彭嘉庆连忙迎了上去。

"同志们辛苦了，五团我来得少，你们压力之大可想而知啊！"符竹庭握着两人的手说。

贾耀祥和彭嘉庆汇报完工作后，符竹庭和两人来到团政治处。

政治处主任杨永松正召开处务会议，符竹庭来到会议室。

他身材不高，穿着朴素，政治处的同志大多不认识符竹庭，他的到来开始并未引起大家的特别注意。

符竹庭详细听取汇报后，开始讲话了。他首先赞扬了五团军民关系搞得好，对敌斗争有成绩，接着就如何加强部队形势教育作了指示。他说，每个干部战士要明白现在的困难是黎明前的黑暗，决不要被敌伪顽的反动气焰所吓倒。坚持斗争就是胜利。要储蓄力量，长期坚持敌后游击战争，准备将来的反攻。他指出同国民党顽固派的斗争，要坚决按照毛主席"人不犯我，我不犯人"和"有理有利有节"的斗争原则，贯彻执行抗日民族统一战线政策。对于东北军中少数坚持反共搞摩擦的要准备给予坚决还击，同时要积极争取和团结东北军中的大多数。越在困难的情况下，越要重视开展瓦解敌军的工作。

　　符竹庭的一席话，传达了党中央、毛主席的重要指示精神，使战士们受到很大的启发和鼓舞，就像突然拨亮了大家心中的一盏灯。当在座的人得知他就是符政委时，无不肃然起敬。

　　五团政治处根据符政委的指示，组织部队开展形势教育，很快掀起了抗日练兵热潮。在党的一元化领导下，采取各种形式，广泛开展政治攻势，加强了对日伪军和伪组织人员的争取瓦解工作，有力地配合军事斗争。

　　鉴于教导二旅一年来往返于滨海、鲁南，六渡沂河、沭河，两面作战，劳师困顿，兵力分散，不利作战。11月，罗荣桓、陈光指示教导二旅主力四团、六团由郯城、马头地区东移至临沭县之陈巡会、蛟龙湾、朱樊、大兴镇、徐班庄、欢墩埠一带；教导二旅五团继续留在鲁南坚持斗争。

　　教导二旅四、六团此后基本上在临沭县的徐班庄、陈巡会、蛟龙湾和朱樊四个较大的村庄轮换驻防。教导二旅的干部战士用苏联四个英雄城市命名这四个中心村，亲切地把徐班庄称为"列宁格勒"，把陈巡会称为"莫斯科"，把蛟龙湾称为"斯大林格勒"，把朱樊称为"基辅"。

　　1941年冬，日伪军约五万人，对一一五师师部、山东纵队和山东党政机关所在地沂蒙山区进行"铁壁合围"。在罗荣桓、陈光等首长的指挥下，与敌周旋，终于跳出合围。

　　一一五师直属队和特务营，也转移到滨海区。罗政委没有走，他留下和山东纵队的首长们开会，研究反"扫荡"后的工作。

　　一一五师参谋长陈士榘率师直机关一部，先到鲁南，后又转移至滨南教导二旅驻地临沭县陈巡会。陈士榘对符竹庭说："让部队睡一天好觉，改善一下生活，再给每人补充二斤干粮。""够意思啊！参谋长，部队正缺粮呢。"符竹庭很高兴。旅政治部主任王麓水组织文工队对师直机关进行了慰问。随后，陈士榘率师直机关一部继续向滨海区腹地前进。

罗政委回滨海的路上

　　符竹庭没有想到罗荣桓在回滨海的路上，遇到那么多麻烦，当然这类遭遇战对罗政委来说，只是小菜一碟。

头天晚上罗政委在山东军区开完会，早上天不亮离开驻地，顶着启明星向南飞驰，准备东渡沂河和沭河，回滨海区。

昨晚山东纵队司令部，电令所属部队派一个营，由一位团政委率领，拂晓前赶到绿云山，护送罗荣桓过台潍公路和沂沭河平原。罗荣桓算定时间，骑手们马不停蹄，赶赴预定地点。

早上7点钟前，赶到绿云山前一个小山村。这是预定和护送部队会合的地点，可寨墙外不见哨兵，寨墙内听不到动静。罗荣桓知道护送营没有到达，命令骑兵卜马休息，准备吃早饭。

战士们从干粮袋里倒出五花八门的干粮，有干煎饼，有花生饼（榨过油的花生渣压成饼子），有窝窝头，有晒干的煮红薯……香喷喷地吃着早餐。

啪！啪！啪！……一阵步枪声传来。

叭叭叭……轰隆！叭叭叭……清脆的机枪声中，夹着掷弹筒的爆炸声。

从枪声判断，战斗发生在四五里外的地方，罗荣桓估计是护送营跟敌人打上了，他命令骑兵排派一个班占领东面小山包，其余的牵着马到北面小松林里隐蔽。

两个便衣侦察员向罗荣桓报告：护送营拂晓前到了东崮山，在村里休息，天亮后向这边来。和北面来的五百多日伪军接上火。通往东崮山的道路已被敌人切断。

罗荣桓听完皱了皱眉头，护送营那个团政委真该打屁股！为什么不坚决执行命令，按时到这里来休息。他命令骑兵排马上出发，往十里外的北沟崖进发。

罗荣桓走到松林北面，秘书和侦察员、警卫员，牵着马匹过来，六个人刚要上马，突然从北岭扫来一排子弹，一个警卫员的坐骑受惊，尥着蹄子想挣脱缰绳。那个警卫员跨不上马鞍，被拖着走了十几步。

北岭上出现了一面太阳旗，二十多个日本兵，端着刺刀，嗷嗷叫着向小松林冲过来，距不到三百米，当中隔着小土沟。

"首长，快上马！"另一个警卫员焦急地喊着。

"快上马，罗政委！"秘书也催促着。

"莫慌！"罗荣桓边说边注视着冲下小沟的日本兵，又朝随行人员喊道："准备好驳壳枪！"

日军爬上了沟崖。

"打！"罗荣桓大声喊道。

一排子弹呼啸而出，日本兵应声栽回沟底。罗荣桓一行人骑马疾驰而去。

下午2点钟，东南方的枪炮声沉寂了。

估计护送营北撤退了。

大黑了。幸亏两个侦察员都是本地人，对这一带的地形摸熟了，不用另找向导。

过了公路，罗荣桓骑上花斑马，战士们骑上马匹，在大道上奔驰，一口气跑到沂河边，才下马牵着牲口，在冰冻的沂河面上，一步一步地走过去。

天蒙蒙亮，马队过了沭河，在河边一个小庄子宿营。村长热心地筹办给养，大家吃着新摊的高粱煎饼，喝着小米汤，咬着蘸酱的大葱，就着小豆腐，香喷喷地吃着早餐。从反"扫荡"以来，快两个月没有吃到这样的好饭菜了。

10点钟继续出发，马队驰过平原，爬上起伏的丘陵地，一个劲向东南飞奔，慢慢跑近滨海根据地的中心区。前面骑兵班跑上一个高岭，突然勒住缰绳。罗荣桓赶上去，用望远镜观察南面的情况。

南面几里外，是一条横贯滨海区的东面大道，大道上空尘土飞扬，走着一队队的日本兵和伪军，夹杂着驮迫击炮和重机枪的骡马，由西向东行进，前队隐没东岭下，后队的尾巴拖得好长，看来有一千多敌人。

罗荣桓命令骑兵排向后转，直奔沭河边。

跨过沭河，慢慢走进敌占区。罗荣桓叫那个穿黄呢子大衣的骑兵排，走在前面，传下准备战斗的命令。

三十多个骑兵拉开距离，在碉堡林立的敌据点中间，大摇大摆地策马前进。果然不出所料，日伪据点里面，只留下少数看家的日本兵和汉奸队。他们望着这支古怪的人马，大白天在跟前溜达。昏暗的天空飘着雪花，像隔着一层纱幕，模模糊糊分辨不出什么队伍。前面走的像"皇军"，后面跟的又不像，又不敢打开围门出来看个究竟，只在炮楼上虚张声势，在围墙上摇动"膏药旗"。

骑兵在几个日伪军据点外面经过，都是这般景象。有时摆摆手作为回答，有时毫不理睬，不快不慢，若即若离地在敌人眼皮下兜风，兜了好大的圈子，转到沭河下游一个渡口，天已经快黑了。

河东岸来了一支队伍，稀稀拉拉地从冰河上走来。罗荣桓估计又遇上了敌人，命令骑兵们散开，埋伏在渡口两旁的柳丛里，他用望远镜望着冰河上的人。

打头的穿着黄呢大衣，戴着大盖帽，显然是个伪军官。跟着是十几个伪军，中间几匹驮东西的牲口和十几担挑子，末尾又是十几个汉奸。看情形这股伪军是在河东根据地抢劫后回来的，东岸没有后续部队。

罗荣桓决定吃掉这股敌人。

伪军们慢慢走近了，走到离渡口二十米的时候，两个侦察员从树丛后闪出来，驳壳枪对着那伪军官。一个侦察员大声喝道："站住！哪一部分的?"

伪军官吓了一跳，一瞧是两个便衣，以为是哪个据点里的谍报员，便骂骂咧咧地嚷着：

"天王老子是吃饽饽，咬锅盔，喝香油的！你管得着吗?"

看到伪军官耍刁放肆不买账，另一个侦察员火了，严厉地朝他骂道："狗日的！你嘟囔什么！睁开你的狗眼看看！"

他一摆手，那班穿着日军大衣的骑兵，吽吽吽地走到渡口，威风凛凛地一字摆开，骑兵排长学着日本腔调喊道：

"八嘎压路，死啦死啦的！"

那伪军官被镇住了，赶快挺胸立正，哆哆嗦嗦地说："太君！太君！属下该死，该死！"

"你的快快地过来的！你的后面的不动！"

伪军官用日语喊了个"嗨"，回头叫后面队伍停止前进，自己大步走到渡口上面。两个侦察员把他领到树丛后面，突然扑上去，像老鹰抓小鸡，扭住他的胳膊，下了他的手枪。

"别误会！别误会！"伪军官喊着。

"没有误会！"骑兵排长用中国话说，"我们是八路军！"

伪军官吓呆了，浑身像筛糠，双腿软软往下跪。

"你们有多少人？"

"一个排，三十五口子。"

"挑的什么东西？"

"粮食，抢来的粮食。"

"叫你的兵到这里集合！牲口挑夫不要动！"

"弟兄们，弟兄们！"伪军官朝冰河上喊着，"都到这里集合！皇军要训话！牲口和挑夫原地不要动！"

战士们上去缴了伪军们的枪。

排长让俘虏兵代替民工，轮流挑着担子，又叫民工们好好看着他们。

罗荣桓命令队伍继续出发，骑兵们高高兴兴地骑上战马，押着三十多个俘虏兵，走过了冰冻的沭河，连夜赶往滨海。

"报告罗政委，前面又发现部队。"一个侦察员赶来报告。

罗荣桓皱了皱眉头。

紧接着又一个侦察员报告："是教导二旅的部队来了。"

原来是符竹庭和曾国华率老六团的部队接应来了。

"哈哈，竹庭、国华啊，这一路走得不冤枉啊，给你们带来了一个排的俘虏，还有粮食。"罗荣桓望着帽子上结满白霜的符竹庭和曾国华说。

夜晚，罗荣桓和符竹庭住在同一间房子里，二人既是上下级，又是红大一科的同学，聊得很兴奋。罗荣桓讲了"插、争、挤、打、统、反"的六字方针，其中，插，就是插入日伪军和国民党军队之间的空隙地带，隐蔽地由边缘伸入到腹地；争，就是广泛发动群众，争取团结一切抗日力量；挤，就是挤掉消极抗战、积极反共反人民的顽固势力；打，就是打击日军和汉奸武装；统，就是同国民党军队，特别是驻鲁南的东北军疏通关系，加强团结，保持统一战线；反，就是反"扫荡"，反摩擦。

二人还就建立和巩固滨海抗日根据地的计划，谈了好久好久。

二十六、政工干部的楷模

用红军精神教育战上

1941年，大地回春，滨海地区高大的枣树，吐露出嫩嫩的绿芽，起伏不平的山丘披上了浓浓的绿装。

符竹庭和曾国华按照罗荣桓政委关于"建设铁的模范党军"的要求，在教导二旅广泛深入地开展新的整军运动。

动员会上，符竹庭手臂轻轻地挥了一下，说道："同志们，我们八路军是共产党领导的人民军队，与人民群众血肉相连，患难与共。我们每个干部战士必须树立群众观念，自觉爱护群众利益，拥政爱民，要成为爱护根据地与民主政权的模范。"符竹庭清了清嗓子，继续说道："同志们，我们要时刻牢记党的宗旨，不折不扣地完成党赋予的任务，自觉遵守铁的纪律，绝对听从党的指挥。我们的干部要关心爱护战士，为战士们排忧解难，真正建立起无产阶级友谊！我们要发扬红军精神，用红军精神改造我们的连队。"符竹庭的精彩动员，让在场的干部战士感到格外亲切。

在整军过程中，战士反映个别团干部存在军阀作风，不关心战士学习生活，有时还打人骂人，战士提意见，也不愿接受。符竹庭得知后，住到该团了解情况，找战士们谈心，发现问题症结后，召开全团排以上干部会议。会上符竹庭政委严肃地指出了存在的问题，要求大家注意工作方式方法，切实改变不良习惯和简单粗暴的作风。此后，全团官兵关系明显改善。

符竹庭常对身边的同志说："要战士们在战时能够发挥主动、勇敢和牺牲精神，很重要的一条就在于当领导的对战士要有感情，要把心放在他们身上，及时解决他们的问题。即便是很细小的问题，也要认真对待，加以解决。对于领导干部来说，战士们的事没有小事。"

一年夏天，符竹庭从机关院子里走出来，猛然看见站岗的卫兵赤着脚在烈日下走来走去，滚烫的地烙得他双脚通红。他不由得站住了，关切地询问："你没有发鞋子?"

"发了。"小战士回答。

"那为什么打赤脚?"

"鞋子穿破了。"

"没有补吗?"

"……"小战士的脸通红了。

符竹庭立刻派人把警卫连的指导员叫来，问道："关于搜集鞋子的通知，你看到了吗?"

"看到了。"指导员诚恳地回答。

"最近你们连里搜集到多少旧鞋子?"

"我……说不太清楚。"

"补鞋工作做得怎么样了?"

"有个别补的，但还不普遍。"

符竹庭心里虽然有点恼火，但依然温和地说道："作为指导员，应该处处关心战士。现在我们的条件比较艰苦，鞋子坏了，没法换新的，我们就要想办法补，没有布，用破鞋面子也好嘛。补鞋事虽小，却关系到我们的生活和行军打仗。在这方面干部要有大局意识。"他停顿了一下，接着又说："今后，你一定要把这件事抓好，每星期向我汇报一次。"

符政委关心爱护战士，在战士们的心灵深处留下了深深的烙印。原解放军工程兵学院保卫部部长霍重建，曾经亲身受过符政委的关爱和教诲。新中国成立后，他深切地怀念那段往事，写下了《忆竹庭同志到我连检查工作》一诗：

难忘四二年，政委到我连。

先把战士看，再找干部谈。

生活问寒暖，工作细指点。

官兵受鼓舞，遍把佳话传。

有一年，滨海军区司令部调来一位文化水平较高的同志，军区让他担任秘书工作。起初他不乐意，经过符竹庭谈话做工作，才勉强干了。可是，刚接任工作不到几天就遇到军区开团以上干部会，那位同志伏在桌子上，整整记录了三天，32 开的本子，写满了一百五十多页。

会议结束后，那位同志就天天坐在屋里整理会议材料，每天到 12 点钟以后才睡觉。

第四天晚上，照例是 12 点以后了，那位同志依然没有睡觉，他像往日一样地趴在桌子上写着。可是他并没有整理材料，而是翻来覆去地在另一张纸上写着："前途?! 前途?!"

符竹庭悄声进来了，他轻轻地站在那位同志背后，耐心地看着他在纸上写着自己的"前途"。

"你还不睡觉吗?"符竹庭觉得应该和他谈一谈了，于是低声招呼一句。那位同志吓了一跳，符竹庭说："你如果不想睡，咱们俩就聊聊吧。"符竹庭向他讲述了自己的经历。然后和蔼地对他说："我是尝到了缺少文化的苦头，部队上像你这样受过正规教育的同志太少了，你不愿意做这项工作，我们硬要你做，是不够妥当，但是，目前除了你也确实没有人更适合来做这项工作。作为一名党员，党安排干什么就应该干什么。在前线冲锋陷阵，真刀真枪地拼杀是干革命，在司令部做秘书也是干革命，只不过是工作分工不同罢了。"那位同志的心结慢慢打开了，他不住地点着头，为自己的幼稚感到羞愧。

符竹庭看到桌上放着一本精致的笔记本，便顺手拿起来。

"这是从延安出发时，同学们送的，上面记了一些赠言。"那位同志说。

符竹庭翻了翻，饶有兴趣地说："我也给你题几个字吧。"说着，他提笔写道："为革命事业奋斗到底!"

看着符竹庭的题字，那位同志激动不已，说道："符政委，请你放心，我今后一定会服从组织安排，把工作做好！"

符竹庭的勤务员成延胜是赣榆县墩尚镇墩尚村人，1940年参加八路军成为教导二旅六团二营一名战士。因他人小体弱，两个月后，连长将他送到六团团部，留在锄奸股当了一名勤务员。不久，成延胜光荣地加入了中国共产党。

1940年11月，锄奸股迟股长调旅供给处当处长，便把成延胜带了去，成延胜见到了名扬苏鲁、威震敌胆的符竹庭政委。当兵前，成延胜就听说过八路军的符政委，像诸葛亮那样神机妙算，像关公那样忠勇果敢，又像程咬金那样身经百战毫发无损。可眼中的符政委个头不高，说话随和，身披油光光的旧军大衣，跟炊事员差不多。成延胜没想到，在1941年5月他成了符竹庭的勤务员。

符竹庭要求勤务员和普通战士一样，每天早上起来出操，一天上三堂课：政治、军事、文化。成延胜开始也不识字，在符政委的督促下，一有空就跟文化高的战士学识字，到后来，也能写简单的日记了。符政委原来有个勤务员叫贾国珍，一字不识，在符政委的帮助下，他不仅能读书看报，还能代战士们写信，还会写总结报告，在学习竞赛中，被评为全旅学习标兵。

老六团政委刘西元时刻牢记着符竹庭政委的话："要用红军精神改造我们的连队，党是我们的母亲，革命是我们的家庭，我们的亲人就是无产阶级战士，就是阶级兄弟。"

六团三营二连有位战士叫李庆厚，是莒县前横山人，长得高大威猛。参军前，他是个石匠，寒冬腊月里整天汗水不干。但还是吃糠咽菜。冬天连棉袄都穿不上。春天，青黄不接向地主家跪门求借，却挨了一顿臭骂被赶了出来。实在饥饿难忍，只好拿着宅子地契作押，地主才把喂猪的一斗毛糁子借给了他家。掺着花生皮吃不了几天，过了年没能如期还上，三间房子两亩地就被地主弄去了，一家五口只能东奔西逃。

李庆厚无奈，抱着当兵吃粮的想法，参加了莒县县大队，后来整编到教导二旅六团。

穿上军装，李庆厚觉得很骄傲。一次他去老乡家借绳子，一边叫着大娘，一边往屋里闯，老大娘不高兴地说："你这个人怎么不打招呼就闯进来？"

李庆厚对地方干部不尊重，见到地方干部，他就讽刺说："背小包袱的来了。"连队组织学文化，他不高兴，还对识字班说俏皮话讽刺。

不仅如此，他还有小偷小摸的习惯。大家给他起了个名号"大贼"。一年就坐过 18 次禁闭室。大家一提起李庆厚不是摇头就是惋惜："李庆厚打仗是好样的，就是思想不好，破坏纪律，真可惜!"但，连队干部还是决心慢慢说服教育他。

有一次打日伪军据点，战斗一打响，突击队就竖起梯子，李庆厚在炸弹组里，呼喊着爬上去，来回六趟，甩了 58 个手榴弹，落在炮楼里爆炸 38 个，把炮楼拿下了。

老百姓欢天喜地来慰问，战士们也纷纷议论："这回把日伪军消灭了，这里的老百姓得到了解放多痛快。""咱们是革命的队伍，是为老百姓求解放的!"……说来说去又说到李庆厚打仗真有种，好样的，就是平时不拥政爱民。

战后，连指导员叫他一同到地方上，协同地方工作人员迎接新战士。

晚上，他们到达徐班庄，妇救会会长端来热气腾腾的饭菜："同志，到这里就是到家了，没啥好的，趁热吃吧。"把筷子送到李庆厚的手里。

晚间，指导员睡下了，李庆厚也躺在被窝里，盖着大娘儿媳妇结婚时的新被子，翻来覆去没睡着。一会儿门开了，走进一个人来，走近他身旁，轻声说："哎，孩子别冻着。"然后用手把李庆厚被子两边掖了掖，"冷我就给你点把火。"李庆厚听出是妇救会会长的声音，把眼睛闭住，轻轻呼吸。心里好不是个滋味。

白天，老百姓参军拥军更加热情。看到政府和妇救会的干部一天到晚忙得连饭都顾不上吃，李庆厚走出房子，长吁了一口粗气。

几天来所闻所见的一切，使李庆厚的心里难过。他跟指导员说："我这几天晚上睡不着。"

"思想上转弯了吧?"

"对呀。"李庆厚眼泪几乎流出来了。

"实不瞒指导员，我先前对老百姓不好，实在是太错误了。"

"只要真想开了，就下决心改，改了错就会进步了。"指导员安慰他。

回到部队不久，李庆厚接到莒县县委给他的一封信。李庆厚不识字，指导员念给他听:"……前横山群众都翻身了,和圈子里地主恶霸开了讲理会,减了租分了田,李庆厚家被强霸去的房子和田地也找回来了。"

李庆厚心里像夏天吃了凉西瓜一样开心,可他心里还是嘀咕:"原先宅子虽被霸去,可是官家判定了,文书拿在人家手里了。"

第二天,李庆厚想请假回家看看。请假时连长不能做主,因为战时请假制度很严,就私下告诉了营长,营长因为李庆厚偷东西出了名,也很慎重,最后告诉了团政委刘西元,刘西元略一思忖:"准假!老六团是红军的底子,我不信老红军的精神留不住人。"

李庆厚到了村里,一见老少兄弟爷们,眉开眼笑谈论短长,可不是几年前了。走到他四年没见的三间光秃秃的屋院里,心中热辣辣一阵酸。

"幸亏民主政府给咱做主,叫咱翻了身。"娘拍着手说得句句清脆。

父亲坐在一旁也说了:"小二仔干了八路军算没走错门。你在外边可得拼命干呀,别叫上级说出个不字来,俺也当个好军属。"

回到部队,他先找指导员说:"我非坦白反省不行了,我的错误太重啦!"

在军人大会上,李庆厚坦白反省了自己的坏思想和违反拥政爱民的许多行为,"我原来对群众纪律不在乎,觉得拿老百姓点东西算不了什么,偷了老百姓的裤子和筷子,虽然以后又还了人家,可是给咱老六团抹了黑。有一次,我去古城借东西,晚上住宿的房东真好,生怕俺冻着,一夜起来给盖了四五次衣裳,真是比自己的亲娘还好。你想咱不改,真对不住天地鬼神,我今后坚决执行十项公约。"

从这以后,李庆厚积极参加政治、军事、文化学习,从不识字到能写简单的书信,军政素质提高很快,还当上了班长。

符竹庭政委联系实际抓政治、军事、文化教育,有力地推动了教导二旅军政素质的提高。1942年3月15日,一一五师召开全师连队工作会议,罗荣桓政委把教导二旅抓连队政治、军事、文化学习的经验向全师作了通报介绍。《罗荣桓传》有这样一段文字描述:"……罗荣桓认为,连队是战斗编成的基本单位,政治工作的基础在连队。同日,师部召开连队工作会议总结介绍教二旅的经验时,罗荣桓专门谈了连队政治工作问题。"

简直是罗荣桓再版

夕阳烧透了西边的满天云彩，映红了天地之间。

1941 年 7 月，黄昏，赣榆县黑林镇教导二旅临时驻地。

教导二旅二十几个干部战士围拢着一个土台子，正观看旅宣传科火光剧社的文艺排演。再过一个月，离这里不远的——五师师部要举行纪念八一建军节大会。

"国华，建军节快到了，这也是一次很好的党员教育机会啊。党员是先锋队，我这样想啊，我们教导二旅正好趁'八一'节开一次党代会，表扬先进，鼓舞斗志。你看怎么样啊？"符竹庭对曾国华说。

"好啊，这个主意很好。"曾国华兴奋地凝望着悬挂在旅部的党旗。

"这可是我们教导二旅在滨海召开的第一次党代会啊，我琢磨着为代表们发一枚纪念章。"

"我完全赞成，可是纪念章是个细活，需要一些特殊工艺，根据地做不了，得到敌占区去做，让谁去呢？"

"找刘伟来，我们一起想办法！"

十分钟后，教导二旅锄奸科科长刘伟来到了旅部。

听了旅长、政委的指示，刘伟略一思忖，"让后勤部的王儒秀去，他对新浦很熟悉，而且机智勇敢，他一定能完成任务。"

"王儒秀？哦，我想起来了，就是上次到赣榆城西关捉'舌头'的那个？"符竹庭问。

"就是他！"

王儒秀，赣榆县城头镇人，原来家里很穷，靠出卖劳力维持全家生活。他为人耿直，聪明伶俐，做事胆大心细，干净利落，是一条有骨气的汉子。

1940 年冬天，王儒秀的家乡赣榆县城头镇解放了，那年春节过后，八路军——五师教导二旅的侦察部队来到城头。王儒秀结识了侦察股长刘厚培、连长张瑞林。经刘、张二人介绍，王儒秀参加了教导二旅侦察连。连长给他的主要任务是以小商人为掩护，专门搜集日军情报。

这年春天，他和刘厚培以及侦察连的朱排长化装成卖花生的，自己把枪藏在花生篮子底下在前头开道进了县城西关。

驻守西关的有两个班的伪军，这天多数伪军赶马厂集去了，家里只有五个伪军留守。摸清情况后，三人冲进去把五个伪军活捉了，然后把"舌头"交给了锄奸科长刘伟。

这以后，常去旅部的王儒秀又被后勤部的康奎卿"挖"去了，让他经常化装成便衣做采购工作。

当时一一五师后勤部筹资在城头开设一处商店，以经营民用商品做掩护，暗中购买军用物资。有一次商店经理陆自奋领着山东抗大一分校的王力找到王儒秀，动员他到敌占区购买枪弹。王儒秀带着商店会计出发了，利用东海高堰村人高明远在敌占区的关系，在三个秘密采购点共购买"汉阳造"、"套筒子"、三八式三百五十多支枪，子弹二十箱。教导二旅派老四团一个营保护起运，将这批货安全运达师部。

这一次，王儒秀又有新任务了。

"王儒秀同志，这可是个光荣而又艰巨的任务噢！"符竹庭拉起他的手说，"既要完成任务，又要保护好自己，我等着你安全返回！"

王儒秀一霎间眼睛湿润了，望着曾国华、符竹庭殷切的目光，王儒秀"唰"地一个立正："只要死不了，坚决完成任务！"

揣着符政委交给他的银元，第二天，王儒秀化装后骑着一辆自行车就出发了。

新浦民主路街头，人来人往。

"哎，卖仁丹啦，才到的日本仁丹。过路的客官看一看啦，夹谷山的夏茶，八五折出售。"小贩们卖力地吆喝着。

新浦三泰客栈。

一直暗中与教导二旅侦察连有联系的老板李复生把王儒秀拉到内室，"王大胆，今天又带来什么'生意'啊？"

"当然有'生意'，快去给我找一个地下银匠来。"

"生意"谈妥了：每个银元做一枚纪念章，样式为：中间是红五星，周围字是："八路军一一五师教导二旅第一次党代会纪念章"，限十天交货。他把政治部给他的底稿交给了李复生。

纪念章做好，如何带出，是个难事。当时日军查得很严，出西舣口非常困难，为了安全，最后决定：花五块银元找到一个挑大粪的，将纪念章包好放在粪桶底下，上面装满大粪挑了出来，送到安全地点。当日下午赶到旅部，完成了任务。

这边符竹庭紧紧地握着王儒秀的手，连声称赞，那边刘伟一看纪念章，漏掉一个"代"字，忙问："老王，这是怎么回事？"

王儒秀一看也愣了，经查对底稿才明白，原来是缮写的同志不细心抄漏了一个"代"字。

只有回去翻工复制，这次每八枚纪念章付给加工费一块银元。此刻离"八一"只有五六天了。王儒秀二话没说，将货装入袋子里带在身上，穿好外衣又上路了。到了新浦第二次找到李复生只用了四天时间完成翻工任务。

这次他改变了出哨卡的办法，拿出三十块银元给李复生贿赂伪军给办了一个"良民证"，证上写着：西舣口，二保三甲四户，户主王儒秀，职业行商。

王儒秀身上带着货，手持"良民证"，头顶洋草帽，戴上墨鱼眼镜，右手扶着文明棍，化装成一个阔气大商人来到日军哨卡前，神气十足地一伸手将"良民证"送到他眼前。哨兵上下打量一下，说："开路开路的！"

王儒秀顺利地通过了哨卡，来到渡口，两个伪军站岗，未等哨兵发问，他先开腔："弟兄辛苦了。"两条大鸡牌香烟递到哨兵手上了，连声说：一点小意思！

到了墩尚，伪军哨兵刚要盘问，他掏出一沓伪钞票说："弟兄们买双鞋子穿！"哨兵忙接过去，说："多谢先生美意！"

回到旅部，交上纪念章，符竹庭和曾国华热情地招待了他，并让他参加了党员代表大会，会上奖给他金鼠牌手枪一支。

1942年8月1日，驻扎在徐班庄教导二旅的干部战士，脸上挂满了笑容，因为很快就要举行烈士纪念塔落成典礼大会。大会筹备处找了一家老乡的新房作会议室用。起初老乡是不愿意的。由于看房子的通信员态度生硬，房东想不通，不愿把房借出来。为此，该通信员竟向老乡要态度，说老乡"老顽固"。符竹庭得知后，对该通信员进行了严肃的批评，并亲自向那位老乡检讨、道歉，那位老乡感动得流下了热泪，结果，高高兴兴地把房子腾给了部队使用。

事后，符竹庭同志在干部战士会议上多次以此为例教育大家。他说："八路军和老百姓是鱼和水的关系，鱼儿离开水游不动，八路军离开老百姓，我们的游击战就'游'不动。那我们怎么能建设滨海抗日根据地呢？"

根据健在的老同志回忆，当时的山东滨海军区领导符竹庭等同志非常重视军民关系，重视政治工作，每年都要在我们的各根据地搞庆功表彰英雄模范大会，鼓励军民积极抗战，奋勇杀敌。当时的奖励和表彰以精神鼓励为主，主要是向英雄和模范颁发奖状和奖章，而那些奖章多是出自我们八路军自己的手工作坊。有群众传说，符竹庭这个人个头不高，但很聪明，在我们鲁南根据地工作的时候，经常亲手设计这样的奖章图样，然后和地方的几个银匠一起研究制作方法。今天看来，这样的奖章虽然工艺落后，可它却带着那个时期独有的特征和历史痕迹。

符竹庭政委，除个头不高，活泼敏锐，时露笑容，与罗荣桓不同外，他的平易近人，胸怀宽阔，关心爱护干部战士，艰苦朴素，领导思想和工作作风，用他的老战友的话说，简直是罗荣桓的再版。

呕心沥血铸军魂

"符政委啊，山东军区的政治工作大会，你们滨海军区准备上报哪个模范啊？"肖华在电话里问符竹庭。

"报告肖主任，吴岱同志政治工作细致扎实，成绩突出，我和陈司令一致同意上报吴岱。"

"嗯，你对吴岱有点偏爱啊。吴岱是不错，我也喜欢他，响鼓要用重槌，你和陈司令要好好敲打他噢！"

"请肖主任放心！"

若说偏爱，还不如关爱，符竹庭从平型关大捷的时候就开始关爱他了，当时吴岱是政训处的干事。如果说平型关大捷符竹庭作为六八六团政训处主任奖励吴岱金笔是侧重政治激励的话，那么吴岱结婚时，符竹庭送给吴岱夫妇一人一支金笔：一为"金星"，一为"新民"，则完全可以看出符竹庭对吴岱的殷殷期待了，他期待吴岱加强学习，取得更大进步。从生活小事上，就可以看出符竹庭对吴岱的关爱。

要知道，在严酷的抗战时期，好多指战员连一支笔都没有，即使符竹庭一张纸都要用三次，难怪吴岱夫妇一直到晚年，也没有忘记符政委赠送他们的三支笔。

吴岱没有辜负符竹庭的希望，他做思想政治工作很细致，老四团营连的干部们说，吴政委没有解不开的疙瘩。

吴岱记忆力惊人，吴岱任一一五师独立支队一团（老四团前身）营教导员时，一次营组织军事训练比赛，规定每个连五班参加。比赛结果十二连五班获第一。此时有人怀疑十二连五班换人，而十二连段指导员则矢口否认，各执一词，互不相让。吴岱闻讯说："这好办，拿十二连花名册来。"然后命令集合五班全体人员，并一一目视后，对段指导员说："你换了一个人。"段指导员仍辩解，吴岱不看花名册，一一点名，并指出换了何人，原在何班。段指导员十分恐慌，哭了，忙作检讨。

吴岱给段指导员台阶下，说这几天你不在连队，不了解情况，以后吸取教训就是。全营都十分佩服吴岱超人的记忆力，谁也不敢在吴岱面前说假话。

为了培养吴岱，树立一一五师的政治工作典型，对于军区的一些采访活动，符竹庭也尽量安排记者采访吴岱。

一次，滨海军区《民兵报》的记者叫吴岱谈谈做思想政治工作的体会。吴岱说，12个字：实事求是、入情入理、耐心细致。

事后，符政委专门打电话夸他讲得好，总结得好。吴岱说，还不是跟你符政委学的，我只学到了皮毛。

那年，符竹庭和肖华率八路军部队到达乐陵。商河青年吕本支听朋友宋法和说，乐陵县一带来了老八路。他喜出望外，一个晴朗的早上，他骑上自行车前往一百二十里外的乐陵找老八路。在离县城不远的一个村庄前，他忽然看见对面走来两个人，走在前面这位个子不高、身材瘦削，穿着灰色军装，裤腿绑带打得挺直，后面这位背着匣子枪。吕本支判断前面这位可能是个八路干部，于是他快捷地跳下自行车迎上去，对面的"八路干部"也朝他迎面走来，走至近前"八路干部"开口甩出一句话："你从孩（哪）王带（里）来，来黑（要到）何带（哪里去）？"吕本支一听，遭了，"八路干部"说的是南方话，口音重听不懂，一下子愣在了那里。背匣子枪的人跨前一步解释说："首长问你从哪里来，要到哪里去。"吕本支赶忙回答："我从商河县大吕家村来，到乐陵来找老八路。""八路干部"爽朗地笑了，说："跟我来。"

"八路干部"把吕本支领到自己的住处，警卫员给吕本支打来井水洗脸，秘书给他当翻译。"翻译"对他说，眼前这位"八路干部"叫符竹庭，是八路军东进抗日挺进纵队政治部主任。

吕本支一头撞上了八路军的大干部，真激动啊！他一股脑地跟符竹庭说起来。从他去年参加了"中国人民抗日义勇军先遣第二梯队"在鲁南八路军军政干部学校学习过，说到当前商河县的自然、社会状况和日伪顽匪的情况。符竹庭很高兴，边听边查看地图，吩咐秘书作记录。吕本支要求参加八路军。符竹庭对他说："这样吧，咱们先交个朋友，你回去多宣传抗战，发动民众，最好能动员一批青年学生来，咱们一道抗日救亡。"符竹庭送给吕本支一些《论持久战》和宣传抗日救国的书籍、小册子，吕本支如获至宝："我这就回去发动。"春节后，吕本支联络了杨好廉、傅怀伦等十多名意志坚定的青年进入冀鲁边区抗日军政学校学习。

符竹庭安排吕本支去"挺纵"民运部工作，让他换上军装正式参加了八路军。秘书深感敬佩地说："符主任，您真厉害，一顿饭工夫就把他给点化成一颗抗日的火种了。"符竹庭语重心长地说："这就是思想政治工作呀。做思想政治工作不只是战前动员、战中鼓动和战后总结，而要随时随地去做。人有灵魂，军有军魂。军魂决定着这支队伍能否攻无不克，战无不胜；政治工作者，就是铸造军魂的人啊！"

二十七、刘少奇高度赞誉的杰出干部

破晓前的暗夜

1942 年，山东日军三个师团、三个独立旅团，共 3.4 万人，伪军 17 万人。日伪军加紧疯狂地"扫荡"封锁山东抗日根据地，抗日战争进入了最艰苦的阶段。

这天中午，临沭县蛟龙湾村，八路军——五师师部驻地。罗荣桓坐在屋前空地的一个碌碡上，警卫员给他理发。40 岁的罗荣桓外表沉静安详，穿一身褪了色的军衣，黄褐色的长方脸上戴着黑边深度近视眼镜，一双眸子似乎总是闪耀着光芒。

长期的战争生活，使他外表看上去老于他的年龄。宽阔的额头，似乎随时都在思考什么。

师部的几个警卫员小声议论着：瞧，又理了光头。

罗荣桓："嘀咕啥子哟？我这是带个头，你们啊都要理成光头的，朱总司令早就号召指战员们剃光头，留长发负了伤可不容易包扎噢。"

陈光代师长走了过来，笑着对警卫员说："瞧瞧，我的光头有没有政委的亮啊？"他接着低声对罗荣桓说："竹庭来了，看样子是来要账的。"

"我估计也是，前线的同志不容易啊！"

来——五师师部的路上，符竹庭心情很沉重。他想起一位老大娘对教导二旅战士们说的话："孩子，你们饿了，我这里有个小磨，我还带上一些地瓜根地瓜叶来，你们上山的时候，有没有带点豆子来？要是带来，用大娘的小磨，磨点豆沫子吃。"

由于长年吃的是糠菜窝窝、地瓜、穄子煎饼，有的战士说："光吃草根拉不出屎。"有的说："吃了黑豆光放屁！"因为长期缺油，有的战士头发掉得很厉害。

没有烟抽，战士们只得把芝麻叶、花生叶晒干搓碎当黄烟。

由于没有机会洗澡、洗衣服，战士们身上都长满虱子。每到休息的时候，战士们便抓紧时间到沭河边洗衣服洗被褥。顺便脱下衣服进行捉虱子比赛。因为是在抗日斗争中，虱子就被战士们戏称为"抗日虫"，谁身上的虱子最多、最大、挤起来最响，就"表明"谁抗日最坚决。教导二旅的指战员们就是在这种革命乐观主义精神的鼓舞下生活和战斗着。

路上，符竹庭偶尔看见山坡上几株枣树，风吹得枣树上几个黑枣"吧嗒吧嗒"地往下落。山崖里一些梓萝条子，颤颤抖抖地在山风中摇曳。他看到路边有些树被村民剥光了皮吃了，只剩下白森森的树干。

符竹庭一进院门，还没开口，罗荣桓政委说话了："竹庭啊，大老远来要账了吧。先说好了，中午饭我和陈师长招待。"

赫红泛灰的高粱煎饼、盐煮黄豆，炊事员端来一盘辣椒炒豆腐，还拿来一碟在石臼子里捣过掺了盐的蒜泥放在桌上。湖南人和江西人好吃辣是出了名的，但罗荣桓和符竹庭胃都不好，所以辣椒放得并不多。

"竹庭啊，这盘炒豆腐是我和师长特别招待你的噢！"

符竹庭听师部机要秘书武清禄说过，在这之前，党中央发来了一份不寻常的电报：为了保证陈（光）、罗（荣桓）身体健康，特决定，每月各发给两只鸡的实物补助。罗荣桓和陈光把管理科的同志找去交代说："这是中央对我们部队的关怀，现在大家都困难，要从实际出发，不要多照顾我们。"今天这顿饭，算是比较丰盛了。

罗荣桓、陈光、符竹庭哧啦、哧啦地吃起了煎饼，"红大高干科"这三位昔日的同学吃得有点冒汗。

"供给部还存着二百元法币，你可以全部拿去——现在除了自力更生再没有别的办法喽。"罗荣桓眼镜后面的目光里闪烁着一份期待。

"二百元够什么用呢?"符竹庭心里想着。

"竹庭同志,"陈光发话了,"现在是根据地最困难的时候了,鲁北、鲁南、鲁西根据地都很困难。比较这些地方,滨海区有渔盐之利,罗政委和我对你可是期望很大哟!"

罗荣桓说:"竹庭,你是长征老干部了,雪山、草地我们都过来了,眼下的困难算啥子哟?自力更生,才能丰衣足食啊,这一点,滨海区应该走在全军的前头。"

吃过午饭后,罗荣桓、陈光、符竹庭来到屋里。

这是一处三间瓦房组成的办公室。墙上钉着一张五万分之一的作战地图。面对地图,罗荣桓拿着一根细竹竿指着地图,说:"竹庭啊,我滨海抗日根据地东部是浩瀚的黄海,通过黄海,我们可以保持与华北、华中抗日根据地的联系,可以发展对外贸易。""你瞧,"罗荣桓指着地图柘汪口位置,"这是柘汪口,可别小看这个出海口噢,在敌我争夺海岸线的斗争中,柘汪口对我山东抗日根据地具有极其重要的意义,在青岛仍被敌人占据的情况下,它就是我们山东的门户。"

陈光插话了:"柘汪口位于赣榆县东北,不但商业发达,而且有丰富的渔盐业。日本鬼子1939年2月先后占领青岛、海州后,柘汪口以南、以北各港口均陷敌手,柘汪口就成为我滨海区保持对外联系的重要海口。因此,争夺和控制柘汪口,对我滨海抗日根据地的建设、巩固与发展有着极其重要意义。"

罗荣桓说:"是啊,鬼子先后在下口、兴庄、海头等地安设据点,你们发起青口战斗后,我九支队独立团调日照守卫海防,展开与日伪海岸线争夺战。敌人千方百计妄想控制沿海地区,掐断我海上交通,但我们多次粉碎了敌人的计划,牢牢控制着柘汪口。我们要利用港口,发展贸易,增加收入!"

陈光哈哈大笑起来,"竹庭啊,我说白了吧,罗政委刚才还有一层言外之意啊,你今天借了这二百元,将来可要加倍返还的噢。"

罗荣桓说:"柘汪口将成为我山东八路军重要的财政来源,竹庭,你们担子不轻啊!记住一切靠自力更生。"

"是。"符竹庭站了起来,听到"自力更生"四个字,心情立刻雀跃了,刚来时的焦虑也烟消云散了。

辞别了罗、陈两位首长，符竹庭与警卫员回到徐班庄旅部驻地。

"我们处在深远的敌后，由于敌人的封锁和交通的阻隔，我们得不到后方的供给，何况国民党政府什么也不发给我们。"符竹庭把《解放日报》社论中有关生产节约的几篇文章看了又看。

"国华，敌人的封锁，我们得不到后方的供给，我们只有靠自力更生。师首长明确指示我们要开展大生产运动，解决吃饭、穿衣问题。我准备在全旅召开一个动员大会，对干部战士进行一次认清当前形势，搞好生产运动，坚定抗战信心的思想教育，你看呢？"

"我同意，现在我们有少数指战员思想中存在当兵吃公粮的错误观点，甚至有的干部还有哪里丰收到哪里的流寇思想。我看这个会下午就可以开。"曾国华说完后，符竹庭接着说："行，那就安排下去，下午就开动员会。"

在会上，政委、旅长都讲了话，正确分析了当前形势，号召大家要响应党中央的号召，搞好生产，咬紧牙关共渡难关。符竹庭说："毛主席号召'要群众生产'就是说要大家动手，把大生产变成热火朝天的群众运动。我们要一支兵两支用：一面打仗，一面生产！"

"靠山吃山，靠海吃海，向荒山要粮，向纺织要衣，向大海要盐！"遵照党中央"自己动手，丰衣足食"的伟大号召，学习发扬南泥湾精神，符竹庭提出这样的大生产口号，教导二旅掀起了热火朝天的大生产运动。

临沭县徐班庄（后划归赣榆），教导二旅旅部。上午，符竹庭与旅供给部副部长李辉高正在商量工作，"辉高啊，上次四团攻打桃林镇缴获的那套制革机器呢？"

"哦！那套制革机器呀，现在还存放在仓库里。"

"那好办。我们滨海地区猪多，猪皮是制革的好原料。给你一个任务，用那套制革机器，由你负责筹办一个制革厂。"符竹庭用期待的目光望着李辉高。

"政委，我可从来没有这方面的经验，就怕干不好。"李辉高有些顾虑。

"辉高啊，筹建补充团时，我把你要来当粮秣股股长，当时你也说干不了，后来你不是干得好好的吗。万事开头难嘛。有什么困难你找我，咱们一起解决。"符竹庭自信地说。

李辉高望着符竹庭信任的目光，诚恳地说道："政委，好！我一定尽力！"

不久，制革厂开张了。

咱们的"南泥湾"

春雨刚过，临沭县陈巡会。

教导二旅四团团长钟本才调往刚组建的教导一旅四团任团长。鲁南军区第三军分区司令员贺健，奉命调回教导二旅，不久接任教导二旅四团团长。这天团长贺健和政委吴岱领着几个干部扛着镢头、铁锨正四处寻找荒地。

这里大都是山岭薄地，七沟八壑，开荒种地可真不是那么容易。

"有了！"警卫员从远处跑来。

"什么有了？快说说。"吴岱端起了水壶，咕咚咕咚地喝了两口，把嘴一抹。

警卫员说："我看过了沭河北岸有片乱葬岗子。"

贺健说："好嘞，可以开荒！"

乱葬岗荆棘丛生，野草没入膝盖，枯草、树枝被风吹动，发出呜呜的声响。这片荒地虽离村不远，但因河相隔人迹罕至，显得格外阴森凄凉。

吴岱围着这块荒地转了一圈，对东西南北用步量了量，足足有八九亩，他挖起一锨土，一面观察一面说："土厚地肥，真是一片好地啊！"

一个春天四团就开出一百二十多亩荒地。

俗话说："种地没有粪，等于白费劲。"为了积肥，不打仗的时候，战士们买了粪筐，每天天不亮，就背起粪筐到庄外拾粪，战士们还编了个拾粪歌谣："冬天找向阳，夏天找背阴，大路两旁别忘记，会场、集头更要勤。"有的连队战士们跑到几里外的集市上，安上了简易厕所，然后把积攒的粪尿，源源不断地挑回驻地。

新垦的田地高粱风姿诱人，高飒飒的身条，在风中晃晃当当的。

不远处，吴岱对几个战士说："你们试试，看能不能拔起一棵高粱？"

两个战士一人一棵使劲拔了起来，"拔不动啊！"

来四团检查工作的符竹庭走过来,"怎么着,练拔河呀!这就是高粱,莫说你们,再有力气的庄稼人他也很难拔起它啊!"

他接着说:"这苏北鲁南啊,只有高岗和山坡才种高粱。因高粱耐旱耐涝,适应性强,旱点都没关系,不需要太多的营养就能长得郁郁葱葱。如果种在地里,高粱秸秆就会长得像小树一样粗壮,秋天收割都费劲呢。"

战士们围拢过来,符竹庭提高了嗓门说:"我们八路军就是这高粱,老百姓就是我们生存的土地啊!我们来自人民属于人民;战斗、生产、群众工作是我们的三大任务!目前的困难都是暂时的,我们只有牢牢地深入这片土地,才能根深叶茂,屹立不倒啊。你们说,是不是啊?"

战士们齐声说:"是!"

秋天姗姗来了,高粱渐渐红了。晚霞烧天的时候,夕阳把一株株一行行红高粱辉映得纤毫毕现,闪闪发光。微风吹来,高粱像满脸绯红的姑娘婆娑起舞,多姿多彩,似乎在低吟一首婉约的乐曲。

四团种的高粱、地瓜和各种蔬菜,长得又肥又壮,获得了大丰收。

部队种粮甚至带动了乡村,各村庄也都把房前、屋后、荒山野岭开成了粮田。

经过一年的辛勤劳动,四团收获粮食一万多公斤,花生米五千多公斤。

第二年四团平均每人开荒二亩,还专门组织150人的生产队,分成五组:一是种菜组,种菜五十多亩,春秋两季收菜二万多公斤,冬白菜够全团吃四个月。二是大田组,种250亩小麦、玉米、黄豆、花生还有黄烟。还种了200亩高粱,高粱每亩250公斤,在当地是最高产量,还收了五万多公斤高粱秆,组织人编了几千张席。用自己种的黄豆、花生榨油,最忙时70人一起干,除了支援地方政府外,四团每天每人能吃上六钱油。油坊还有养猪任务,四团最老的红军战士黄木生饲养的两头母猪生下五十多头小猪,黄木生当了猪"司令"。

四团大生产硕果累累,六团的生产也是锦上添花。

六团政委刘西元带领团直机关干部赶制纺车,忙着纺线织布。

一个战士说:"刘政委,你还让俺干点重活吧,纺线这玩意……"

刘西元身旁的通信员插嘴:"从古到今,就是男耕女织。我们男同志是牛郎，专管放牛耕地；女同志是织女，专管纺线织布。硬叫牛郎纺线，就等于赶着鸭子上架。"

刘西元说："大家知道吗？周副主席工作那么忙，还抽出时间纺线呢！"

"周副主席也会纺线？"

刘西元含笑点点头，向大家讲述周副主席纺线的故事，战士们很激动："一定要向周副主席学习。"

刘西元听说董青墩村妇救会会长董力生纺得一手好线，就上门请教。起先董力生以为刘西元在同她开玩笑。刘西元赶紧解释："力生同志，我不是开玩笑，我是真的来向你学纺线的！"

听了刘西元这番话，董力生点了点头，随即从屋里搬出纺车，当场表演起来。她动作自如，技术纯熟，纺出的线细而匀，果真名不虚传。纺了一阵，她起来说："看中了就拜师，看不中另选高明。"

刘西元连声称赞："力生同志，从今天起，你就是我纺线的师父。"

"好！我就收下你这个徒弟。"

自那以后，刘西元抽空就找董力生学纺线，时间不长，就掌握了要领，纺得又快又好。一天，刘西元通知团直机关的男同志来村东大柳树下，刘西元言传身教，一边纺一边讲，树下响起了热烈的掌声。

刘西元刚停下手中的活，战士们就围上来，七嘴八舌问他："政委，你是怎么学会的？"

刘西元笑着回答："怎么学，拜师学艺呗！"他讲了拜师学艺的经过，大家听了，都拍手叫好，纷纷拜女同志为师。

不久，绝大部分战士都学会了纺线。那天早晨，太阳刚刚从东方升起，参加比赛的男女选手，把纺车摆在广场上。当宣布比赛开始时，广场上一片欢腾，只见巧手飞舞，纺车疾转，条条银线，在阳光照射下如同流水电光，阵阵歌声穿山越岭飞向四面八方：

沂蒙山区好风光，军民同志纺线忙；纺线织布送亲人，支援子弟兵打东洋。沂蒙山区好风光，军民鱼水情谊长，自力更生样样有，解放区兵马强又壮。

赣榆县黑林镇大树村教导二旅六团驻地。

从大生产运动一开始，符竹庭更多地把目光投向赣榆沿海柘汪口。

1942年初春，符竹庭来到六团与团长贺东生、政委刘西元走到海边。茫茫大海，海鸥飞翔，千万亩平坦的海滩，盐民们在盐田里劳作。

"从现在起，我们要学会晒盐，没有经验，老百姓就是我们的师父。"符竹庭对贺东生和刘西元说。

建盐场，要挖围沟，用围沟的泥堆成一道墙，可以阻挡潮水冲洗，没有集体的力量，是无法在潮水涨落间隙里，修好外堤，建成盐田。

一天中午，离部队不远的响石村来了一位姓王的老人。他见了符竹庭亲热地喊道："首长，我来看看你们开的盐田。"他围着盐田转了一圈，回来对符竹庭攀谈起来。他伸手指掐算了一下，着急地说："到二月二还有六天，可得赶在大潮前头啊！"

"为什么一定要赶在大潮前头啊？"

老人装上一袋旱烟，吧嗒着烟说："一年中除了农历七月十五，要数二月二的来潮最大。在这之前，要是外堤修不好，潮水一来，就会白搭工。"说到这里，他眼睛猛然一亮："我找几个老晒盐的来，指点你们干。"当天下午，几位老盐工就匆匆忙忙地赶来了，分散到各排一边检查修堤的质量，一边指挥大家干活。

初春，对于北方来说天气依然寒冷。这天，符竹庭到盐田去检查工作，见战士们都在盐田里干活，他也脱下鞋袜，卷起裤腿跳进盐田里和干部战士们一起干了起来。大家看他动作熟练，便说："政委，你打仗内行，生产也不外行嘛。"符竹庭风趣地说："你们可别忘了我也是贫苦农民的儿子呀。这田间地头的活，你们还不一定是我的对手呢。不过我对你们六团要提出表扬。六团不仅打仗是主力军，生产也是主力军。"

外堤修好了，既蓄进了海水，还挡住了大潮，然后就是修水沟，筑泥基，松土打格子。

大片的盐田修起来，阳光下闪烁着鱼鳞般的波光。

老百姓说："八路军真有排山倒海的能力啊，老百姓两年也修不成。"

更重要的是技术问题，比如，到底是灌滩好还是转滩好呢，哪种方法产量高呢。但是，不久他们就完全掌握了晒盐技术。

村外一个农民问陈士榘和符竹庭："两位首长你们是晒盐的内行，在家一定干过盐工吧。"

他们哪里知道，为了掌握晒盐技术，陈士榘和符竹庭每天都要到几个滩头请教七八个柘汪口老盐民，硬是把"外行"逼成"内行"。

3月的海水，冰凉刺骨，可是滨海部队的盐滩上却充满了欢声笑语。

战士易尔山高声朗诵他刚刚创作的《种白银》诗：

> 谁也不顾惜泥沙冻僵腿
> 谁也不顾惜冷风刮痛脸
> 谁也不顾惜锹镢磨破手
> 谁也不顾惜热汗湿衣裳
> ——是谁在干得那么起劲
> 司令员、政治委员
> 听歌声笑语多欢乐
> 让海风捎个信吧
> ——到延安、告诉毛主席
> 党的号召
> 我们坚决响应！

滨海各部队开展了劳动竞赛，涌现出许多像老四团李传有式的劳动模范。直属部队有的战士因为突击竞赛而累伤了腰，这下轮到符竹庭做工作了："同志们，竞赛是可以的，但不能超过体能限度啊！"

符竹庭了解到盐地被淤泥报废后重新修复一亩，比开几亩新盐地还要费劲，但他在实际考察中发现，很多滩户非常贫穷，为了不与民争利，他决定舍近求远，把部队调到赣榆林子一带修旧盐池，部队投资投工修复和扩建的盐田一千多亩。

阳光明媚，滨海区到处洋溢着一种昂扬向上的精神。

"符政委，我给你照张相好吗？天天找不到你，今天你可跑不掉啦。"——五师的摄影员兼《山东画报》社的摄影记者郝世保向符竹庭举起相机。

从 1941 年开始，郝世保几次到符竹庭的部队采访拍照，但几次符竹庭都说他，"你还是多拍拍战士们吧。"这一天符竹庭心情特别好，"照相，哈哈，好啊！照吧！"咔嚓一声，郝世保抓拍到了他哈哈大笑的一个镜头。

照片洗出来以后，郝世保觉得为政委拍照，照得庄重严肃些好，想重拍一张，可符竹庭看到照片直夸："照得好，照得很像。"反复说对这张照片很满意。只可惜当时没有放大条件，郝世保只给了他一张二寸半的小照片。

自力更生丰衣足食

晒盐、运盐，成为部队财政收入的重要来源。

这天，符竹庭把曾国华找来商量工作，"国华，我还想让部队增加一些生财之道。"

"你有什么好点子，快说来听听。"曾国华问。

"我想能不能把我们滨海生产的特产，比如猪肉、黄豆、油类、花生、棉花、盐、鱼等运到上海、青岛、连云港去换钢铁、布匹、药品、电信器材等物资回来。"符竹庭津津乐道。

曾国华听后高兴地说："政委，你就好比我们旅的孙悟空，只要你在，我们就什么都不用愁啊。我举双手赞成，你就吩咐大家干吧。"

"好啊，我什么时候变成孙悟空了，不过，国华我告诉你，我还有更大的想法，我还准备支持滨海成立工商局，实行重要物资进出口贸易管理办法，让敌人对我们的封锁见鬼去吧。"符竹庭自信地说道。

符竹庭是——五师教导二旅的政委，又是滨海区的党委书记。这天，他把滨海行政公署主任谢辉、副主任周纯全找来商量成立滨海工商管理局和滨海贸易公司等有关事宜。最后，决定蔡长凤任滨海工商管理局局长，周纯全兼任滨海贸易公司经理。周纯全，1955年被授予上将军衔，曾任解放军总后勤部第一副部长。他的后勤生涯应该说从滨海开始，这当然是后话。

滨海部队和滨海贸易公司与青岛、上海等地进行海上贸易，用当地的土特产换回部队急需的钢材、西药等物资。

滨海的经济和海上贸易得到蓬勃发展。

鲁南沂蒙山区漫山遍野的金银花占全国的四分之三，黄梨、柿饼也很多，符竹庭指示驻鲁南的五团大力收购金银花、黄梨、柿饼等土特产运至滨海出口。

因为战争的影响，敌人刚被击退，柘汪口根据地刚收复不久，一切旧的秩序都紊乱了，新的税收制度需要及早建立起来，可大家都是外行，虽然部队有几个善于经商的山西同志，但对于这盐税，也是一筹莫展。符竹庭召集士绅开座谈会、盐滩协会座谈会，吸取他们的经验，自己再加以整理研究。

一天晚上，符竹庭和三位入伍前经过商的同志围坐在一盏黄色油灯下，研究增加盐税问题，四个人一直讨论到深夜，还没有得到圆满结果，那三位同志实在疲倦得支持不住了，就伏在桌子上睡着了，而符竹庭却毫无倦意，他眉头紧锁，聚精会神地寻思。因为他知道，早一天想出办法来，就能早一天解决部队物资问题。他经过反复细致的琢磨，还不时把大家摇醒共同讨论，终于想出了一套完整的措施，其中最根本的一条，是向卖主增加"盐头税"。

秋天，人们第一次看到符竹庭在柘汪镇南边的九里七赶集。

警卫员跟在不远的后面，好奇地盯着符政委，想看看他到底买些什么东西。

符竹庭拿起一个大海螺端详着，问："老乡，什么价钱啊？"

警卫员在老远咪咪地笑。

符竹庭又问："用法币买多少钱？北海票多少钱？"

甚至还问卖三鲜饺子的伙计："法币多少钱一碗？北海票多少钱一碗？"

在集市上绕了一圈，见什么问什么，却什么都没买，而问的都是有关法币和本币（北海票）的问题。

当时正是停用法币的时候,为了实地了解群众对北海票的看法,符竹庭才到集市上来。从各种生意人的口中,他了解到北海票的威信和人们对法币的真正厌恶。

通过大生产运动,滨海区办起了油坊、被服厂、皮革厂、鞋厂、兵工厂。教导二旅开始有了巩固的后勤基地。在上级停发菜金的困难情况下,全旅从1941年下半年起逐步实现军需品自给,做到每人每天一斤菜、六钱油,一年发两套军装、六双鞋、两双袜子和两条毛巾。肥皂、牙膏、牙粉、黄烟等日用品得到解决。战士们一星期能吃上一顿猪肉白面水饺和猪肉包子。

1942年,滨海区共征收爱国公盐67100担。开垦荒地12000亩,打井400眼,植树60万株,筑堤开渠15里,使两万多亩耕地免受水患,教导二旅十个月增产节约一百多万元。

滨海的经济还支援了鲁南和鲁中部队。

1942年,刘少奇刚来临沭县朱樊村,脚上穿的是临行时陈毅硬逼着他换上的一双布鞋,长途跋涉已经分辨不出原来的颜色。鞋面上不知何时被刮破几道小口子,另一只鞋后跟开了线,鞋跟和鞋帮露出一小段缝隙。

符竹庭发现后,便拿出了三双鞋子送给刘少奇,让他好替换着穿,其中有皮底布鞋和翻毛皮鞋,还有双打皮包头和皮后跟的布鞋。符竹庭告诉他:"滨海地区农村中养猪户不少,过去猪皮没有利用上,大都吃掉了。部队来了以后,聘请了本地会硝皮子的老乡,在朱樊村北边建起了皮革厂、鞋厂,这些鞋子是部队鞋厂生产的,很受欢迎。"

刘少奇听了高兴地连连点头,对符竹庭说:"你们立足滨海,自力更生,因地制宜,就地取材,设身处地为部队服务,为战士们服务,走出了战时军工生产的一条好路子。你们打破了敌人的围困,这么一发动,一动手,一创造,战士就有鞋穿了,行军打仗就有了保障。"

刘少奇翻看了鞋子,夸鞋子美观大方,鞋底厚实,结实耐磨,适宜长途跋涉,运动作战。最后刘少奇只要了一双皮包头青布鞋。"这样就很好了,在这儿,我要经常到各地了解情况,还真的需要它。"

后来刘少奇从临沭到赣榆各地调查发动群众,组织群众减租减息,深入实地调查研究，穿的都是这双布鞋。

刘少奇深情地说："这滨海的布鞋就是好，合脚，脚板打不了泡，走起路来感觉不到累。"一次，他对一位朱樊村送水的老人说："这鞋优点多着哪，前面有了皮包头，后面有了皮后跟，登山、过草地，无碍无忧，放心得很哟！"老人后来说："那位个子高高瘦瘦的首长，对滨海布鞋感情深着哩！"

刘少奇在临沭朱樊村的日子里，先后作了《关于山东工作》《群众运动问题》《关于财政粮食问题》等报告，对干部进行了一次系统的马克思主义理论教育。

肖华形象地称："实际上是办了一次很好的党校。"

"少奇同志，换换脑子吧。"肖华邀请刘少奇到本村王家花园散步。

花园在晚清时期素有"江北第一花园"之称，离刘少奇住处不远，当时已人去园空。

花园内，花团锦簇，远观洁白无瑕，瑰丽妖娆。刘少奇对同行的罗荣桓、朱瑞、肖华、陈士榘等人说："这白玉兰可是名贵哟。"旁边有位小战士说："这是已故大官僚家的花园，咱们以后得推倒重建。"

刘少奇笑着说："这么大的一片花园，虽然现在已经荒芜了，但可以想象当年的盛况。你看这水井的题字龙飞凤舞，园林布置匠心独具，给人以美的享受。要教育战士们自觉爱护这园子。"

陈士榘说："首长说得好，从前线回来的干部战士，都挺喜欢这个花园，开会的间隙，饭前饭后都来转转，欣赏欣赏。"

夜晚，繁星闪烁，开会的干部们正在举行一个小小的晚会。

有人提议，肖主任唱山歌最拿手，欢迎肖主任唱一个。

肖华被推上台了。

"哎呀来——

各位同志欢迎我唱山歌，我的肚子货不多，哆来咪发嗦啦西哆。"

就这么几句，逗得大家哄堂大笑。

又有人说，请教导二旅符竹庭政委唱一个，他也是江西人。

符竹庭笑着说："肖主任不唱，我也不唱，我给大家念首诗吧。"接着就朗诵起来："硝烟阵里拔剑起，枪林弹雨救苍生。抗日擂台显英豪，垂天鹏翼逐残云。"

周围一片欢声笑语。罗荣桓悄声对符竹庭说："竹庭啊，文化提高得很快哟，成诗人喽。"

6月中旬。这天，刘少奇在符竹庭的陪同下，参观了教导二旅的油坊、被服厂、皮革厂、鞋厂、兵工厂等后勤生产企业。刘少奇还专门听取了教导二旅开展军地工作和修建抗日烈士纪念塔的情况汇报。刘少奇对教导二旅的工作给予充分肯定，并多次谈道："教导二旅在对敌斗争、军队建设、生产自救、组织发动群众方面的经验值得总结，特别是在最艰难困苦的环境中修建抗日烈士纪念塔，这是鼓舞人民、凝聚人心、增强抗战必胜信念的一个创举。"多次夸奖符竹庭"是一位军政兼优的好干部"。

7月下旬，刘少奇离开滨海，经过九个月的长途跋涉后回到了延安，向毛泽东详细汇报了自己的工作。他说："在华中局和新四军工作时，发现了两个人才：一个是新四军政治部主任兼四师政委邓子恢，他是农村工作的专家；另一个是新四军一师师长粟裕，是新四军七个师中，打仗打得最多最好的一个师。在山东分局、一一五师（含山东军区）调研工作期间发现了一个人才：他就是教导二旅政委符竹庭，他不仅政治工作做得好，而且仗打得好，又善于抓经济工作，根据地经济建设一片欣欣向荣，是一位军政兼优的好干部。"

毛泽东听后，轻轻一笑，说："哦，你说的是接宗仔吧。他在中央苏区时就是一员虎将啊！长征路上，他与陈光等人率领先锋师一路斩关夺隘，屡建奇功！想当年，派他到四方面军第四军纠正张国焘错误路线，他不负重托，圆满地完成了党中央交给的重任。他真不愧为军政兼优的好干部啊！"

增产节约要从小处着手

滨海区党委遵照山东分局《关于减租减息　改善雇工待遇　开展群众运动的决定》的精神，确定莒南、临沭为滨海区的两个"双减"中心县，抽调干部组成工作队，开展"双减"运动。5月10日，符竹庭参加了滨海区农救会召开的动员大会，并作了减租减息的报告。从此滨海区"双减"运动开展得如火如荼。据史料记载：在山东，滨海区首先放手发动群众，实行减租减息。据 1942 年 7 月下旬统计，在两个月时间里，滨海区有 93 个村，3155 户佃农，28250 亩土地实行"二五"减租，7860 多名雇工增加了工资，一万多名农民加入了农救会。继之，全区大部分地方进行了减租减息，广大群众的抗日、生产积极性空前高涨。

徐班庄教导二旅旅部临时驻地。人流熙攘。

符竹庭与赣榆县委书记邱也民边走边谈，"赣榆县斗争'夹山王'很成功啊，带动了滨海各县的'双减'工作和大生产运动。来吧，我们到附近的织布厂、军械所看看。"

几个人来到军械所。

几台简易的铣床，工人师傅正在忙着切削零部件。

"哎，这是刚缴获的数百支枪，集中在一间房子里，准备翻翻新。"符竹庭指着前面对邱也民说。

这都是汉奸队的枪，有些破旧的"土压五"经过反复搬运，许多零件都脱落下来。但是，没有谁注意这个，因为战斗还在进行，大批的战利品不断地运来，修理好之后又运走。这里只登记数目就够一个人忙碌了。

符竹庭皱了一下眉头："这里谁负责？"

"我。"一个战士立刻站起来。

符竹庭指着地下散落的几个螺丝钉说："把它拾起来吧！这东西虽小，却很有用呢，有时缺一个螺丝钉，那枪就不能使用了。"

"是，政委。"战士急忙捡起螺丝钉。

符竹庭和邱也民又来到织布厂，哼嚓哼嚓……几十台纺车正在不停地运转着。

符竹庭快步到厂长那里询问生产等情况。

警卫员朱润生悄声对邱也民说，为了发展根据地工业生产，去年符政委号召大家一律穿土布，他自己带头穿土布。当符政委发现有的单位从生产节约的钱中抽出一部分来买细布做衬衣时，很不高兴地给有关单位写信批评："我们要发展根据地土布生产，以求经济自主，如果大家都不愿穿土布，我们的纺织工业怎么发展?"一次供给处给他送来一套做得很好的洋布军装和一双精致长筒黑皮靴,他看到后立刻退了回去,还写了一封严厉的批评信给供给处。

朱润生又说:"1941年抗战进入最艰苦的时期,到五六月份部队机关人员还穿棉衣,因为单衣还没着落。当时我的帽子烂得没法戴了。张仁初副旅长特批了一顶新帽子给我戴,符政委看到我戴新帽子就批评说:'你们总喜欢穿新的戴新的,还不知道现在困难吗?'后来我把新帽子给了勤务员戴;勤务员戴着新帽子也受到符政委的批评:'你们都戴新的,让我怎么说话啊!'勤务员不敢戴,便把新帽子给了秘书陈凤来戴。陈凤来戴着新帽子到符政委那里,同样受到批评,陈凤来挨了批评就解释说,其实新帽子就一顶,是张副旅长给朱润生的,符政委一听更生气:'你是干部,他们俩是战士,你的帽子哪里去了?'后来张副旅长找到符政委说:'你的警卫员帽子烂得戴不了了,给他顶新帽子是应该的。'符政委觉得张副旅长说得在理,就把新帽子给了我。"

张仁初是员猛将,绰号"张疯子"。1941年2月7日他带领六团向郯马地区出击时,在重坊附近与数百名日伪军相遇。他跨上战马,举枪高喊:"共产党员跟我来!"战士们跟他勇猛地拼刺刀,给敌人以沉重打击。但我军也受到了伤亡。战后,张仁初一脸兴奋的神情,见了罗荣桓老远就喊:"政委。"可罗荣桓既未给他让座,也未给他倒茶,而是狠狠盯住他问道:

"张仁初,你是来请功的吧?你是来领赏的吧?"

张仁初蒙了,愣愣地站在那里。

罗荣桓厉声说:"告诉你,我这里没有功给你,没有赏给你,你真是个疯子,你还我干部,你还我战士!"

张仁初一声不吭,低着头站着。

罗荣桓情绪慢慢地平静下来,语重心长地说:"干革命不能单凭一股劲,动不动就硬拼,革命的本钱被拼光,我们怎么向党和人民交代啊!"

张仁初十分沉痛地说:"政委,我错了,处分我吧。"

"处分你有什么用?好好记住这血的教训吧。"

张仁初十分尊重领导,特别是对罗荣桓政委和符竹庭政委;就是在新中国成立后被授予开国中将军衔、担任济南军区副司令员时,每当他和战友们谈起罗帅和符政委的时候，总是热泪盈眶地伸出大拇指。

1943 年，滨海军区司令部。

"我说我的政委啊，你那件老掉牙的皮大衣也该换换了。没有皮大衣，有棉袄啊。我们滨海被服厂新棉花做的棉袄，不比你这皮大衣差多少。起码它暖和轻快吧。"陈士榘对符竹庭说。

符竹庭那件最不惹人注意的皮大衣，是几年前从冀鲁边区带来的。毛都脱落了大半，有些地方露出光光的皮子来。

"老陈，还说我呢。给你做洋布衬衫，你怎么也返回后勤部了呢。只许你司令员简朴，不许我政委节约呀，这党章，也没这规定呀！"

"哈哈，政委，我俩就别斗嘴皮子啦！给我开小灶的事，你可没和我商议噢。"

"那不是你年纪大一点嘛，"符竹庭笑了，"老陈，这身体是革命的本钱哪。给你开小灶是我政委的郑重决定。"

冬夜，司令部几位参谋围着火炉闲扯，慢慢集中到符政委身上来，似乎都感觉到符政委小气，你一句我一句地乱谈着，谈得津津有味，像说笑话似的。

"这生产节约的号召提出来以后，符政委亲自拟定计划，规定各科股的办公纸要用三次：先用铅笔，再用钢笔，最后用毛笔，一个信封至少要用两次。"一位参谋说。

"有时候关心他，却招来批评。他到六团检查工作，管理员特意准备了一些可口的好饭菜，他看到后，非常生气地说：'这样的饭菜我咽不下，今后谁单独为我炒菜做饭，我就批评谁！'说着拿起碗筷奔向连队饭堂。"

"有一次符政委带病到外地出差，警卫员担心那里生活艰苦，就背着他领了点钱，准备在需要时买点好吃的为他补补身体，符政委知道后，严肃地对警卫员说：'我自己的保健费都用不了，还能用公家的钱吗？赶快交回去。'我看啊，这样的政委才值得我们敬重呢！"

"哎，你这什么话？谁不敬重他啦？可敬重归敬重，小气归小气。"

"要说他抠门，可他为什么在滨海经济最困难的时候，拿出大笔钱来修建抗日烈士纪念塔？"

就在大家谈得最热烈的时候,符竹庭进来了,他一声不响地挨到火炉旁,一面伸手取暖,一面听参谋们说笑,当大家发现蹲在炉边的就是他们谈论的符政委时,不由得愣住了。

这时,符竹庭笑了笑,耐心地说:"你们说我小气,实际上我也真小气,不过要搞好增产节约,就要从小处,从一点一滴着手啊!"

1943 年 9 月,滨海区党委召开全区地委书记、行署专员,县委书记、县长会议,传达中共中央山东分局五年工作总结会议。会上,符竹庭作了《关于发展经济促进生产建设的工作报告》。该报告精辟地提出了发展根据地经济建设的新观点、新思路,大家深受鼓舞。许多地委书记、行署专员,县委书记、县长听了报告赞佩不已,他们惊奇地询问:"符政委你是军队出身,怎么这么熟悉地方工作?""说句实话,"符竹庭谦虚地说道,"我以前确实很少接触地方事务,但现在斗争严酷,各方面的工作都需要我们去了解、去研究、去做好,才能适应革命需要,才能干好我们的事业啊。"

二十八、战甲山横扫海陵

保卫抗日根据地

甲子山，位于日照县岚山区黄墩镇东南部，海拔480米，山势险峻，怪石林立，山顶两峰，耸立如角，故名角子山，因方言"角"与"甲"近音，后演化甲子山。

1942年8月，随着国民党反共高潮，东北军中的顽固派不断制造摩擦，中共地下党员万毅被逮捕关禁，谷牧、王振乾同志率领一批地下党员撤离东北军。东北军一一一师师长、中共特别党员常恩多，在病危中闻知蒋介石密令于学忠杀害万毅，为不愿部队落入反动派手中，于是率部起义。该师三三一旅旅长孙焕彩，纠集部队反动军官，挟持部队抢占甲子山区。起义部队被迫撤到滨海根据地，常恩多在转移途中病逝。孙焕彩依托甲子山区，步步进逼，枪杀抗日干部，严重威胁我滨海抗日根据地。

山东分局和一一五师决定打击孙顽的反动嚣张气焰，拔掉这颗钉子，铲除这一毒瘤。

一打甲子山战斗开始了。战前中共中央山东分局书记朱瑞来到教导二旅进行战斗动员，并决定符竹庭担任战役总指挥。符竹庭率领教导二旅、山东纵队二旅、独立旅及地方武装实施讨伐孙焕彩战役。

8月14日夜，符竹庭统一指挥八路军各部冒雨赶赴指定位置，实施攻击。战斗一打响，山纵二旅六团和独立团攻占了黄墩南面的蒲汪、滩井，打开了进攻甲子山的门户。教导二旅六团攻克上涧、草岭（属莒南县）两个村庄，歼灭朱信斋伪军一个连。次日拂晓教导二旅六团又在漫天大雾掩护下，突破三望山和陡山河等高地。17 日夜，教导二旅六团开始向甲子山腹地发起攻击，激战一夜，从正面攻占 360、450、560 诸高地，毙伤孙焕彩部三百余人。独立旅一团从正北突破甲子山中腰地段的李家官周围高地，歼顽军一部，尔后与教导二旅六团会合扩大战果，与敌反复冲杀，最后攻占甲子山主峰南垛和北垛。18 日，顽军分散向北逃窜，我军展开拦阻和追击。山纵二旅六团在蒲汪截击逃跑顽军一个营，歼其大部。19 日，教导二旅六团及独立旅一团追击到莒日公路边沿的高山头附近，与顽军孙焕彩两个营交战两小时，歼孙焕彩两个营大部，残部逃窜公路以北，我军胜利收复甲子山区。此役毙俘顽军 1150 人，缴轻机枪五挺，平射炮一门。

战后，符竹庭率部返回郯城、马头一带。

1942 年 9 月，日伪军加紧向滨海抗日根据地进行"扫荡"。此时，符竹庭将教导二旅三个主力团分别部署在滨海临沭沭河西岸；滨海日照、赣榆和鲁南区等地。由于教导二旅兵力分散，符竹庭指示各团"不要等待下令，枪声就是命令，你们狠狠地打击来犯之敌"。

四团政委吴岱在全团动员会上说："我们要牢记符政委的号召，枪声就是命令，主动打击敌人，保卫根据地。不惜一切代价保卫人民的利益。"

9 月 28 日，日军第三十二师团第二二一联队联队长小林大佐指挥日伪军七百余人分两路向沭河西岸进犯，教导二旅四团在团长贺健、政委吴岱的指挥下，同地方武装紧密配合，战斗中，干部战士不怕牺牲，英勇拼杀，打了不到一天，就将"扫荡"之敌全部击溃，打死日军大佐小林联队长以下三十多人，打死伪军七十多人，俘房伪军四十多人，缴获了一大批武器弹药。对此，山东《大众日报》和延安《解放日报》分别作了报道。

在赣榆、日照的教导二旅六团。在团长贺东生、政委刘西元的指挥下，向"蚕食"赣榆兴海的伪军发动了猛攻，经过半个月的激战，歼灭伪军七千余人，缴获了大批武器弹药。

在鲁南的教导二旅五团。在副团长王根培的指挥下，五团二营和微山湖游击队、铁道游击队从彭口闸出发，向盘踞在沛县与滕县之间的杏园村伪军郝玉淑部发动猛烈地进攻，在机枪的掩护下，二营首先从村东发起冲锋，经激战，突破敌伪前沿阵地，直捣伪军团部。拂晓，战斗结束。此役，毙俘伪副团长以下三百余人，缴获大批武器弹药。杏园战斗的胜利，扭转了沛滕边区的局面，恢复了微山湖上的交通线。

大浪淘沙

1942 年 11 月，顽军孙焕彩趁我滨海八路军集中兵力反"扫荡"之际，再次强占甲子山区。反"扫荡"一结束，在罗荣桓的建议下，山东分局决定，由一一五师代师长陈光统一指挥山东八路军各部，再次发起甲子山战役，符竹庭率教导二旅一部参加了战斗。

甲子山战役一结束，符竹庭就开始部署海陵县反"蚕食"战斗。

海陵县位于滨海根据地的东南端。南临陇海铁路，东接赣榆，因那里有座山叫马陵山，故取名"海陵"。

1941 年 8 月，海陵县抗日民主政府在县境北部成立。赣榆县大沙河以南的苘庄湖、黄圈、临洪、浦南等地划归海陵。

日军在滨海推行"治安强化"运动过程中，采取今天占一地明天夺一城，像蚕吃桑叶一样的"蚕食"战术。日伪军在海陵"蚕食"的目的，在军事上企图东西以韩湖为中心，向北至欢墩埠安设据点，然后向西推进包围磨山；中部以横沟为中心，向北至莲子湾安设据点，以切断我军磨山、羽山之间的联系，便于向北发展。在政治上，破坏根据地基层工作，挑拨军民关系，对占领区人民进行欺骗宣传，以实现"以华制华"的阴谋。

1942 年 8 月，时为新浦日本宪兵司令部别动队司令的杨步仁充当了"蚕食"的急先锋。他趁我军发起甲子山战役之机，率部进占海陵董马庄，随后攻占上林、半墩、苘庄湖，转而向西，侵占亭子埠、横沟、罗庄。敌人采取步步为营的办法，每占一地，即修筑工事，建立据点，住上日伪军。两三个月间，从西向东安了 16 个据点。

日伪军"扫荡"来势凶猛，海陵形势骤然恶化。曾任海陵县参议长的赵霞轩、独立旅副团长李振东叛变投敌,更助长了日伪的嚣张气焰。海陵根据地六个区只剩下一个半区,即羽西和半个磨山区,部队只能在方圆三四十里的小圈里跳来跳去。有一个连在一个月内转移三四十次,吃的是"穄子煎饼就胡盐",穿的是"粗布军衣露着肩"。

那么杨步仁是谁?他原名叫王宏鸣,江西人,1932年参加红军,参加过长征和平型关战役,曾任苏鲁豫支队政治部主任兼四大队政委,后任教导二旅六团团长。1941年8月叛变投靠了日本人,改名杨步仁。

王宏鸣为什么叛变革命,成为认贼作父的汉奸呢?事情要从湖西"肃托"说起。

平型关战役后,一一五师一分为三,各自开辟抗日根据地,主力随罗荣桓来到山东。

1938年12月,一一五师六八五团被改编为苏鲁豫支队,开进山东微山湖西部地区,创立了湖西抗日民主根据地。全支队共七个大队,支队长彭明治、政委吴文玉,王宏鸣任政治部主任兼四大队政委,梁兴初任副支队长兼四大队大队长。来到湖西以后,王宏鸣经常以老红军参加过长征为资本,与地方干部闹矛盾。

不久,苏鲁豫支队在支队长彭明治的率领下,奉命开到陇海铁路南面,创建新区,意在打通新四军的联系。王宏鸣、梁兴初的四大队被留在湖西坚持斗争,王宏鸣还兼任湖西军政委员会书记。

1938年1月,康生和王明从苏联回国,他们照搬苏联的洋教条,不顾中国国情大肆鼓吹"肃托"。康生抛出《铲除日本帝国主义的走狗——托洛茨基匪帮》的长文,并"创造性"地把"肃清托洛茨基匪帮"(简称"肃托")和抗日反奸相提并论。于是,各解放区都不同程度地开展了"肃托"运动。

一般人搞不懂什么托派,只知道托派就是汉奸,汉奸就是坏人。在这种简单的逻辑指导下,"肃托"运动轰轰烈烈地开展起来了。当时,有一批来自沛县的学员不愿留在湖边地区工作,地委书记李毅患病,就交给组织部部长王须仁处理。王须仁感到这是自己大显身手的机会,想乘机搞掉一批与自己不和的人,建立自己的圈子。他知道王宏鸣和湖边地委有矛盾。原来,王宏鸣爱上了地委机关一个叫于静的女干部，岂知那女干部另有所爱，因而拒绝了王宏鸣的求爱。王须仁乘机从中挑拨离间，并说地委内有许多重要"托派分子"，那个女干部的男友也是"托派分子"。于是，两人一拍即合，湖西"肃托"开始了。他们以残酷的肉刑和"逼供信"的方式，不断扩大"战果"，把"肃托"蔓延到整个湖西区、县两级党委机关，地方优秀干部郭影秋、李乾贞等相继被捕。

王宏鸣觉得还不过瘾，又把运动推向部队，他巧立罪名，企图加害四大队大队长梁兴初，借口有人供出梁兴初与徐州的敌人有勾结，把梁抓起来投进监狱。王宏鸣、王须仁磨刀霍霍，每天夜里都要杀死十几个干部，搞得湖西地区一片血雨腥风，人人自危。

一时间，微山湖浊浪滚滚。

消息传到罗荣桓那里，他立即打电报让王宏鸣停止杀人，并火速带着骑兵部队，冒着极大的危险越过津浦铁路，星夜赶到湖西地区。他坚决制止了这场滥杀无辜的罪行，从屠刀下解放了苏鲁豫支队副支队长兼四大队大队长梁兴初等一大批干部。

王宏鸣一再求见罗荣桓，痛哭流涕，发誓痛改前非，在战场上戴罪立功。罗荣桓当时认为他是受人利用，在政治上犯了错误，在对他进行了严肃批评后，将他调离湖西。部队到达郯马之后，先后委任其为一一五师教导大队大队长和教导二旅六团团长。

对于王须仁，罗荣桓决定解除王须仁职务交保卫部进一步审查，后将其处决。

1940 年 10 月，罗荣桓和陈光在给八路军总部和中央的一份干部配备报告里指出："王宏鸣由于'肃托'错误严重，拟撤销其工作，调回政治部，在部队开展深入斗争。"

1941 年 2 月 20 日，党中央向全党发出《关于湖西边区锄奸错误的决定》。中央在该《决定》中指出："王宏鸣受暗害分子王须仁利用，假冒中央名义，乱杀乱为，既不报告山东分局，又不接受山东分局及一一五师的制止，应即撤销工作，开除党籍，送交军事法庭判处徒刑。"

中央的这个《决定》转到一一五师时，已是夏天。罗荣桓以他和陈光的名义(据当时在一一五师师部任秘书的武清禄回忆，此时陈光去养病，不在师部)打电报给中央，表示拥护中央的决定，同时把王宏鸣叫回师部，分配到师教导大队工作。此时他任老六团团长才几个月，接替他的是老红军、猛将贺东生。

罗荣桓之所以没有立即宣布王宏鸣的徒刑，主要意图是先稳住他，打算随后把他送到延安，再宣布对他执行徒刑。因为王宏鸣是老红军出身，罗荣桓从爱护干部出发，面对当时的战争环境，在共产党只掌握局部政权的条件下，如何处理一个被判处了徒刑，犯了罪的老红军，还是个新问题。

虽然湖西"肃托"已经过去了近两年，但在师部工作的王宏鸣始终很警觉，在机关中用小恩小惠拉拢不少"小兄弟"当自己的耳目，打探有关自己的情况。

8月1日，八路军一一五师师直属机关及教导二旅，在蛟龙湾举行八一建军节大会，同时教导二旅召开了第一次党员代表大会，王宏鸣是六团的党员代表之一。会议期间，他从一一五师内部探听到了中央判处他徒刑的具体决定，本能地感到：这一下彻底完了！不仅自己升官发财的美梦破灭了，还要受牢狱之灾！怎么办？只有一个字"逃"！

半夜里他偷偷起来，穿着裤衩喊来了他的心腹警卫员吕善成，"善成，跟我出去单独执行任务。"

两人骑着马跑出去了。

半路上他对吕善成说："善成，跟我干吧！我不会亏待你的，将来一定给你弄个官当当。"

革命意志不坚定的吕善成心领神会。

就这样，王宏鸣和吕善成逃出了蛟龙湾，一口气跑到了沙河镇敌据点，后转到新浦，投靠了日本宪兵司令部，"太君，我是八路军高级指挥员，对付八路军我内行，我愿为太君效劳。"日军委任他为宪兵司令部别动队司令，从此王宏鸣改名杨步仁。

王宏鸣的叛逃，出乎大家的意料，震惊了一一五师。罗荣桓立即以陈光和自己的名义报告中央："我们对王宏鸣有迁就姑息。这个错误我（荣桓）负责任，请求中央给予批评和处分。"王宏鸣叛逃的第二天，罗荣桓在师的政工会议上讲话，就此作了公开的自我批评。罗荣桓的自我批评符合实际，他一贯是与人为善的，总是把干部往好的方面估计，尊重干部的自觉性。对于王宏鸣这样集战功和罪孽于一身的人，处理起来非常困难。

应该说，王宏鸣的政治表现带有伪装成分，他的真实心理一般人摸不透，平时冷漠的脸上很少能见到一丝笑容。据时任老六团政委刘西元回忆，此人生性多疑，作战指挥能力一般，心胸较狭隘，性格暴躁，不容易团结。

王宏鸣叛变后，改名杨步仁，获得了日军给予的优裕物质生活。用他自己的话讲："我现在是吃香的，喝辣的，金钱如流水，漂亮的女人围着转。"他用这些"优厚的条件"，拉拢一一五师中原来的"小兄弟"。除物质引诱外，还封官许愿以瓦解我军。山东八路军每天吃的是高粱煎饼，吃到嘴里，嚼碎了也难以下咽。平常吃的菜，基本上都是咸菜疙瘩，能吃上点辣椒算是好的了。这对一些生长在南方，吃惯了大米的战士来说，是一个不小的考验。

一一五师政治部协理员（团级干部）罗保成，就是一名意志薄弱者。他原是个俘虏兵，在红军中受过教育，但旧军队的习气不改，打仗时"发洋财"。平时吃吃喝喝，问他钱从哪儿来，总说是红军时分的伙食尾子，剩下的五块大洋。五块钱老是用不完，因此有"老五块"的浑名。此人年过三十，身体瘦长，佝偻腰，驴马面，老鼠眼。

罗保成投敌时想："单枪匹马前去，人家不一定重视，至少也得带两个。"于是，他跑到后勤处对黄管理员和李事务员说："有汉奸队在东面活动，赶快去捉。"老黄将信将疑没有动，老李却被他骗走了。

一出驻地，罗保成的驳壳枪就上了膛。对老李说："追，向东面追汉奸。"追了十几里翻过了一座山，李事务员怀疑起来了。"回去吧，追到哪里？"

"回哪里去呀，追到赣榆城里！"

"赣榆城？那是敌占区啊。"老李回头一看，罗保成的食指扣着扳机，枪口正对着他。

"老实说，你也别想回去，跟我去干吧！"

"投敌！"老李心里一阵慌乱，心里不答应，但只得跟着他向东走。

走来走去走迷路了，罗保成叫老李到村里找向导，给了他一支没有子弹的手枪。

没想到老李趁机拐弯抹角地跑回自己部队了，罗保成只能自己逃跑了，成了新浦日本宪兵队里的一条狗。

每逢我军与杨步仁交战时，杨步仁和罗保成就到阵前喊话："六团的弟兄们，稗子、地瓜煎饼还没有吃够吗？别跟共产党受苦了。我们这里有的是金钱、美女、官职，还有大米、白面，快过来吧！"

在他们的喊话下，连续有三营长许林甫、军医肖达仁、排长施长浩、贸易股干事孙连加、敌工干事王青山、教导员蒲大道、旅部侦察股长徐定符叛变投敌。

几次得手后，敌人更加器重杨步仁，杨步仁也洋洋得意，号称"不战而屈八路之兵！"。杨步仁不仅策反我军的队伍，还积极为日本人出谋划策，对鲁南、滨海根据地进行蚕食。他的别动队隶属伪军一团，驻守赣榆、东海县以及郯城县一带。杨步仁为了显示自己队伍的特殊，向日伪申请了特别番号"皇协军别动队"，自任别动队司令，共五个大队一千二百多人，罗保成被封为别动队大队长。

海 陵 大 捷

由于杨步仁熟谙滨海部队的兵力部署和作战特点，加上滨海部队主力北上参加甲子山战斗，所以其"蚕食"一时得逞。在日军的配合下，别动队一度推进到大兴镇和欢墩埠一带，离一一五师师部驻地蛟龙湾、朱樊村只有十几里地，对我军威胁很大。

一一五师对王宏鸣早已恨之入骨，特别是罗荣桓，一直对自己未能严肃处理王宏鸣而感到深深自责和内疚。

罗荣桓把教导二旅政委符竹庭、旅长曾国华找来，向他们下达了海陵反"蚕食"战斗指示。特意安排了"打狗"计划，要求狠狠打击王宏鸣、罗保成这类"癞皮狗"。

符竹庭恨透了王宏鸣、罗保成，早就着手准备铲除这两条恶狗。甲子山战斗一结束，他立即率教导二旅四团及六团三营赶赴海陵。

当时独立旅一团团长江潮回海陵县莲子湾休整，夜间遇敌袭击，二连连长刘崇山牺牲，部队撤至羽阴村整顿。符竹庭派通信员叫江潮去旅部驻地观音堂，对他说："杨步仁'蚕食'海陵县根据地，安设16个据点，我带部队了解情况，听到枪声，知道部队在战斗，你团受到袭击，我们乘机一起消灭叛徒杨步仁，拔掉据点。"

听到符竹庭政委宣布反"蚕食"，打杨步仁，江潮非常激动，他马上找到丰墩村的周建章，把周建章带到旅部，周建章把杨步仁拉拢他的情况以及罗庄汉奸据点四周沟渠形状进行了详细的汇报，并将草图画给符竹庭看。符竹庭说："周建章你了解敌人的活动情况，汇报也很及时，罗庄据点非打不可，否则海陵县有被汉奸全部占据之势。请你以后参加我们的军事会议，我们坚决打垮杨步仁的汉奸队。"这天，符竹庭专门留下江潮和周建章吃午餐。

这年秋天，周建章争取牛山车站的汉奸队中立，以白袖章为标记，里应外合，与葛德孚三人去车站日军办公室偷袭。把缴获的一台机器送呈罗荣桓，事后才知道这是日军先进的望远仪器，罗荣桓特别奖给他500元奖金。

10月的一个下午，滨海区党委书记、教导二旅政委符竹庭亲率一个连队，在涝枝（现属临沭县）召开海陵县党政领导会议，符竹庭说："同志们，我们要狠狠打击杨步仁、罗保成这类'癞皮狗'。但对付他们我们不能轻敌：第一，他们熟知我军的战略战术；第二，他们了解抗日根据地物资困难，生活艰苦的情况，会利用这一点瓦解我们的队伍；第三，杨步仁对六团的营连指战员比较了解，我们不能低估这头恶狼的反扑能力！"

符竹庭详细了解了杨逆"蚕食"的情况后，派出几股小分队接近敌人各主要据点，进行火力侦察。在掌握敌我双方情况后，符竹庭返回旅部，召开军事作战会议。四团团长贺健、政委吴岱，四团三营营长于恩富、教导员杨柏；六团三营营长和教导员；独立旅代旅长管松涛，独立旅一团团长江潮和独立旅二团的团领导参加了作战会议。符竹庭在会议上作了详细的军事部署："我军要严守秘密，毫不暴露，使日伪军无法了解我军之兵力、火力、作战企图和战斗部署。"接着符竹庭下达了作战命令："命令独立旅一团，配属'抗大'工兵班攻克罗庄据点；四团三营攻占横沟据点；独立旅二团攻占关圈沟据点；六团三营为打援部队。"

1942 年 11 月，符竹庭统一指挥教导二旅四团和六团一部，独立旅及滨海地方武装各部，拉开了反"蚕食"战斗的序幕。

11 月 3 日，也就是日伪军在鲁中"扫荡"之时，教导二旅四团三营、独立旅一团二营和海陵地方武装，利用夜色掩护，悄无声息地包围罗庄据点。罗庄是李太常的老巢，其子李振东、李春生从独立旅叛逃后，助纣为虐危害四乡。我军先对据点喊话："李振东，缴枪不杀。"但李振东死到临头仍十分嚣张。四团爆破组用土炮和炸药强爆罗庄围壕、碉堡和炮楼，突击队冲过鹿砦，翻过圩墙，烧死恶绅李太常，活捉叛匪李振东、李春生及伪大队长尹玉琢，毙伤俘虏日伪军七十余人。

4 日，教导二旅四团三营继续东进，直插横沟。由于准备不足，未能奏效。第二天再次攻击，顺利突破防线，全歼横沟据点罗保成手下二百余名伪军。狡猾的叛徒罗保成，见大势已去，慌忙钻入狗洞，爬出墙外，落荒而逃。第二天上午，罗保成逃到亭子埠时，被当地群众抓获，并把他扭送到正准备围攻亭子埠据点的独立旅一团，这条疯狗终于落入了法网。

亭子埠、东安据点的伪军见势不妙，放弃据点仓皇逃窜。据教导二旅四团三营营长于恩富说："杨步仁听说攻打罗庄，拟到横沟指挥，钳制我军进攻，三营早已摆好口袋等他进来。狡猾的杨步仁发觉后半途逃回赣榆县城，成为漏网之鱼。"

几次战斗，我军胜得不显山不露水。攻克罗庄、横沟以后，我军则大张旗鼓地大造舆论，以虚虚实实迷惑敌人：

"教导二旅全来了，还有骑兵大队，炮兵大队……"

"新一一一师全开过来了。"

"独立旅全部参加战斗了。"

日伪军非常恐慌，新浦敌军一部出援董马庄、大小齐庄时，出城二十余里就被骑兵追回，不敢前进。牛山车站日伪军五百余人也迟迟不敢出动，给我军逐个拔除据点提供了便利。

5 日晚，独立旅一团、二团相互配合攻克了关圈沟据点，全歼伪军八十余人。

6日，教导二旅四团攻打韩家湖，这是反"蚕食"战斗中的攻坚战。上午，团长贺健和政委吴岱正要把任务交给三营的时候，三营营长于恩富和教导员杨柏一声"报告"，就推门进来了，两人走得气喘喘的，把一份请战书递了过来。

"正说曹操呢，"贺健笑了，"你们就到了，准备得怎么样啦？""团长，就等你下命令了！"于恩富显得信心十足，杨柏接上话："大家都等急了，准备工作没问题，只是没有炸药。""把团里唯一的那门八二迫击炮配给你们，今天晚上就动手，准备去吧。"

"是！"两人敬了个礼转身跑出去了。

几个团干部看着他们的背影笑了起来。

贺健和吴岱跟三营一起，来到了韩家湖据点外围，同营干部重新看地形。

据点设在韩家湖东头一块平地上，围墙四角有四个大碉堡，四周有明堡和暗堡，外面是鹿砦、铁丝网、围壕，里面是一个伪军中队。围墙上站岗的伪军缩头缩脑地游动放哨。

贺健决定用两个排东南面佯攻敌人，主力八连担任主攻，天黑前用仅有的30发炮弹将碉堡打垮，部队用铡刀砍断铁丝网，拔掉鹿砦，再突进去。

没想到滨海兵工厂生产的这批炮弹引信与底火不好使，炮弹打进去只响了13发，炸开一个小口子，另外16发炮弹落在围子外面没有响。部队趁着烟幕发起冲击，围壕、铁丝网、鹿砦都过去了，但敌人火力很强，梯子靠不到围墙上去。如果强攻，部队一定伤亡很大。贺健和营干部研究以后，当晚停止了攻击，让各班排研究对策。

吴岱来到了炮班，看见炮兵班长小赵正拿着仅剩下的一发炮弹琢磨着："炮弹不响是因为引信不紧，现在炮弹都打出去了，怎么办？"班里沉默了半天没有人讲话，都低着头想点子。还是小赵脑瓜好使："把没响的炮弹捡回来，再用铁皮把引信挤结实换上底火重打！"班里顿时热闹起来，"政委，让我们把炮弹捡回来吧！"吴岱考虑这是办法，就说："好吧！八连掩护你们，今晚把炮弹捡回来，明天再打！"

第二天拂晓，小齐庄方向枪声密集，敌人的增援部队和我们的打援部队打响了。

上午，教导二旅四团的炮弹还算争气，两发炮弹连续打中了西南面的一个炮楼，听到里面的伪军大哭大叫，"哎呀，中队长死了！这可怎么办哪?"

一股黑烟从打穿的炮楼里冒出来。

"这是瓦解敌人的好机会，"吴岱通知八连展开政治攻势，趁敌人内部混乱进行喊话，迫其投降。

这时小齐庄方面报告：敌援军被我军击退。

八连敌工组宣传员喊起话来，喊话声压过了枪声。

"八路军优待俘虏，投降吧！"

"你们援军被消灭了，不投降就像你们中队长一样的下场！"

战士们不怕敌人还在炮楼上打枪，一个个靠近围壕两手张开当喇叭筒喊。

忽然，从围子东南角跑出来一个老百姓。吴岱迎上前去，老乡气喘吁吁地说："我是被抓去修炮楼的。他们叫我下来告诉你们，千万别打炮了，今天晚上投降!"

"不行，现在就得缴枪!"吴岱立即给伪军写了一封信：当汉奸可耻，据点被包围，小齐庄援军被歼，限你们一小时缴枪，不然立即开炮。写完又动员老乡送回去了。

半小时后，三个炮楼上都出现了白旗，一百六十多个伪军乖乖地举着双手走出了据点。

7日，各路部队攻克了关犬沟、兴庄岭等据点。

8日，我军更以优势兵力，乘胜向南猛进，击溃大小齐庄、茍庄湖、丁旺、小屯、丰墩、东西小店、朱家埠等据点。上林伪军四十余人在我军威震慑之下，全部投诚。

不到十天时间，符竹庭指挥教导二旅、独立旅及地方武装各部以秋风扫落叶之势，猛攻猛打，速战速胜，拔除据点16个，收复了罗庄以东的羽东、东安、河南、白河四个区的土地。生俘伪大队长尹玉琢、罗保成以下六百余人，毙伤二百余人，击散伪军百余名，我军伤亡不及敌十分之一。杨步仁的伪别动队第二、三、五大队及伪独立团被消灭殆尽，仅剩下残兵败将二百人，龟缩董马庄，死守待援。数月来兴师动众惨淡经营的"业绩"，几日之内便土崩瓦解。

海陵反"蚕食"告捷，万民捷奋，各地群众杀猪宰羊，慰劳子弟兵，敌占区同胞也欢欣鼓舞。《大众日报》11 月 15 日专门发表题为《庆祝滨海区我军反蚕食大捷》的短评，海陵战役被载入《中国人民解放军战史》《中国军事百科全书》《第二次世界大战大事纪要》。

战斗结束后，八路军召开公审大会，宣布判处罗保成死刑。

枪毙罗保成之前，罗荣桓、陈光和一一五师的一些干部，都与罗保成见了面。在罗荣桓、陈光面前，罗保成痛哭流涕，乞求一一五师给他留一条命，但这只是妄想。

罗保成被押上台，双腿打战，小眼低垂，佝偻着腰弯成虾米。罗荣桓讲话时，愤怒地指着罗保成，喊出第一句话："狗！一条疯狗！"公审完后，罗保成便就地枪决。前线记者白刃以《狗》为题写了一篇报告文学，登在《战士报》上，编辑那狄专门刻了个狗头作为题图。

1942 年底，夜深人静，月色朦胧，窗外寒风凛冽。

勤务员成延胜把豆油灯的捻子挑亮后，便轻轻地退了出去。

符竹庭在昏暗的油灯下，伏案疾书。他胸有成竹，动起笔来，自然流畅。

符竹庭在《海陵反"蚕食"战役总结》中写道：

四、战斗优点：

1.用武力侦察搜索，可暴露敌人一切弱点，根据临时情况，迅速下达决心。

2.政治动员深入，攻击精神旺盛，士气饱满。

3.攻坚事先有充分之准备，梯子、炸药、大刀在火线上能很好使用。干部对于攻坚战，能事先充分研究。

4.有坚决攻下碉堡的决心，不因几个伤亡而犹豫。攻坚有步骤：先破鹿砦、外壕，再破铁丝网，再消灭死角，继之集中火力攻碉堡，尤其是工兵爆破，起了很大的作用。部队采取小队形分路迫近敌人，故能大大减少我军伤亡，这是战术上一大进步。

5.各友军配合作战，同心协力达到作战统一目的。相互勉励，相互配合，士气因之更为高涨。

6.转移、运动异常秘密迅速，作战灵活机动。首先由北向南攻横沟、罗庄，攻克后，主力秘密转向东北，攻克亭子埠、韩湖、关犬（圈）沟、兴庄岭，将其外围据点拔光后，主力迅速向南攻叛徒之老本营大小齐庄，使其军心动摇，而趋崩溃，我再由西向东南攻董马庄俘虏其基干部队四十人，击伤其第一大队长肖大瀛。

7.通信联络工作比较完满。没有误会及延迟命令之情事，临时情况了解快，上级下达命令亦迅速。

8.火线喊话收效颇大。如韩家湖在我军震慑下，被我喊话争取全部缴械，生俘百余，缴枪百余支，又如上林伪军在我争取下，全部自动反正，投诚我军。

9.对俘虏处理得当，因此俘虏多系叛徒悍匪，故较难处理，但经党政军民统一意见后，适当分别处理，既未违背优待俘虏之政策，亦未违背民众之意旨及要求。

符竹庭继续写道：

六、我军缺点：

1.对反"扫荡"战备与坚持边缘区反"蚕食"斗争，各自孤立认识。因此敌人乘此机会向我"蚕食"。然此次经师首长指出后，已有转变。

2.部队中少数人有轻敌观念。个别警戒疏忽，致遭受不应有之四十余人伤亡。

3.攻坚布置尚缺乏周密之计划及划分任务。打扫战场时，个别较紊乱，掌握情况，更进一步机动尚不够。

4.攻击部队于搜索前进中，不能将临时情况变化，迅速报告上级。各部队交换情报尚不够。

5.个别干部不够机动，等待命令，不能依有利情况，自动下达任务。

……

写完，已是凌晨两点。回到卧室，勤务员成延胜睡梦中一只脚伸了出来。"这小鬼，睡觉也不老实。"符竹庭轻轻地把他的被子掖好。

二十九、破郯城震撼苏鲁

厉兵秣马

日军大佐小林在临沭毙命，"蚕食"海陵的日伪军被八路军粉碎，使日伪军吃够了八路军"翻边战术"的苦头。然而，日军旅团长石田仍不死心，纠集郯城、沭河等地的日伪军两千余人，趁八路军教导二旅主力四、六团由滨北回撤朱樊一带整训之际，在醋大庄、陈村、鱼窝等地修建据点、炮楼，控制临沂至吉口公路，并构筑重沟至郯城的"堡垒封锁线"，企图切断滨海、鲁中与华中抗日根据地的联系。

眼看农历春节就要来临了。大过年，日寇从来没个安逸时刻，老百姓纷纷骂娘。一一五师代师长陈光火气十足，发誓："非破了鬼子这过年就'扫荡'的规矩不可！"

1943 年 1 月 15 日，天寒地冻，北风凛冽，天空飘着雪花，四野苍茫。

这天下午，陈光带了一个骑兵排一路穿插来到教导二旅驻地赣榆县欢墩埠。

雪越下越大，旅部很快变成一片白色。

"曾旅长、符政委，这一路啊几乎都是从敌人碉堡中间穿过的，敌人步步为营，气焰很嚣张啊。"

"陈师长，敌人夺走我们的醋大庄，我们就拿下他们的郯城！"符竹庭盯着陈光说道。

"英雄所见略同啊，看来你们是有准备的，"陈光望着这位老战友，激动地说道："眼下敌人兵力前移，忙于'扫荡'去了，郯城的兵力相对空虚，我们正好利用这个机会，敌进我进，深入敌后，运用'翻边战术'，远距离奔袭郯城，以硬打硬，一举破城。"

符竹庭、曾国华相视一笑。

陈光说："来之前，我专门去了沭河沿岸，看见醋大庄一带的火光，映红了半个天空啊，黑烟笼罩了半个临沭县。我们打郯城，敌人必然回撤。因此我们必须速战速决。郯城墙高壕深，并筑有炮楼，是一座完全堡垒化的城镇。有日军一个分队，伪军四个中队据险而守。打郯城是我们一一五师进入山东后第一次进攻城镇，过去还没有这方面的经验。我军在尚无重武器的情况下，要想拿下郯城，困难是很大的。"

从"抗大"学习结束回来的六团团长贺东生也在旅部，他说话快言快语，"陈师长，开始我以为是打醋大庄呢，打郯城，我没敢想。"

符竹庭说："这个大胆的计划，你没敢想，敌人更没有想到。"

贺东生习惯地把帽檐向下一拉："陈师长这个办法一定能治住鬼子！让民兵们缠住'蚕食'根据地的敌人，我们主力部队却直捣敌人老窝，叫鬼子首尾挨打。"他把军帽一掀，像是自问自答："翻边？我们和敌人翻个边，敌人从哪里打过来，我们就打到哪里去！"说得大家大笑起来。

教导二旅决定连夜召开干部会议。

几个通信员骑着战马哗啦啦地踏雪飞奔而去。

简单吃过晚饭后，团营干部以上的会议开始了。天气很冷，一一五师教导二旅作战室里的气氛却一点也不冷清。

符竹庭首先传达山东军区司令员罗荣桓的《战局分析和战斗任务》："敌人在山东采取了军事、政治、经济和多样进攻方式，以扩大其占领地。在山东及周围，集结了两个丙种师团，四个独立混成旅团。其分布情况是：第三十二师团驻山东境内两侧；第三十一师团驻徐州及陇海路东段；独立第五混成旅团驻胶济路沿线及胶东地区；独立第六混成旅团驻日照、莒县、沂水一带；还有其他旅团驻徐州以北地区。日军总兵力三万至四万左右，加上山东伪军、治安军、警备队，总兵力达到八万左右。在山东铁路公路6045公里沿线，还建立据点 1156 个，对我抗日根据地疯狂实行分割封锁。"

符竹庭接着说："我军这次反'扫荡'采取'翻边战术'，打乱敌人'蚕食''扫荡'的战略部署，逼迫敌人自动撤出解放区。这样不仅能取得反'扫荡'胜利，而且为我军在山东第一次攻占城市，夺取城市攻坚战积累经验，以鼓舞全国和山东军民的抗战情绪。所以，这次战役意义非常重大。"

符竹庭最后说："郯城驻有日军一个分队，伪军一个大队的兵力。我们远程奔袭，出敌不意，六团是老红军部队担任主攻。有根据地群众的支持，希望你们发扬英勇顽强、不怕牺牲的精神，一定胜利完成任务。"

接着六团政委刘西元发言："我们六团从大战平型关、广阳、午城、石楼战斗，进入山东的陆坊战斗；到开辟鲁南根据地天宝山战斗，以及每次反'扫荡'都是攻无不克，战无不胜。这次打郯城我们一定要做好战斗动员，发扬敢打敢拼的战斗作风！"

六团团长贺东生把军帽向上一掀，"攻城堡，可绝不能疏忽大意，姚营长、袁教导员你们马上回去向部队做好战斗动员。"

姚世峰和袁洪辉齐声回答："坚决完成任务。"

散会的路上，符竹庭对陈光说："请陈师长放心，保证四天之内拿下郯城！"

显然符竹庭已对敌情了然于胸：郯城北边临沂有一个中队的日军，西边马头镇驻有日军一个小队，战斗打响他们不可能倾巢而动；何况临郯公路已被我军破坏了，这更迟缓了敌人的行动。四天内打下郯城，待敌人主力调回来增援，我军却胜利而归了。

16 日上午下达作战方案：六团团长贺东生指挥六团三营攻打郯城南大门；四团参谋长贾正远、主任王树君指挥四团三营攻打郯城北大门；六团政委刘西元带六团一营及海陵独立旅负责监视阻击赣榆、新浦方向援敌；四团政委吴岱率四团一营（欠二连）、教导二旅特务二连阻击马头镇援敌；四团团长贺健率四团二连、临沭独立营和民兵，继续包围醋大庄日军，牵制其不能增援郯城。

16 日下午，教导二旅召开战前动员大会。

符竹庭慷慨激昂地说："郯城的民众在敌人铁蹄的蹂躏下已经两年了，在敌人的搜刮下穷得叮当响，可是日伪军还想从石头蛋里榨出油来。两年来，他们流干了眼泪，日夜盼望着八路军的到来——同志们，我们怎么办?!"

"拿下郯城，解救同胞!"战士们斗志高昂地回答。

"对，敌人夺去醋大庄，我们就拿下郯城!"

回到旅部，陈光笑着说:"竹庭啊，你又把大战平型关的劲头拿出来了。"

动员会一结束，部队指战员，人人争当爆破手，个个要求参加突击队，磨刀擦枪，准备炸药，制作桥梯。

17日下午，教导二旅各部开始出发了。

这是一个难忘的场面:战马嘶叫，战士们喜上眉梢。欢送子弟兵上前线的人流，从四面八方聚拢而来。乡亲们捧着鸡蛋，拿着煎饼，端着炒豆，塞到这个战士口袋，装到那个战士挎包。推呀让呀，塞呀躲呀，一派军民鱼水情，使整个打谷场沸腾起来了。

然而，此时临沭教导二旅四团团长贺健率领一个主力连的兵力再加地方武装临沭独立营和民兵包围了醋大庄的日军，牵制其不能增援郯城。四团二连连长张善祥、指导员武世鸿接受任务时，心里非常不安，醋大庄有九百多名日军，有炮、重机枪，如果集中火力突围增援郯城，只靠二连一百二十多人，是无论如何也挡不住的。贺健团长沉着冷静地对二连连长张善祥说:"老张，你是个老红军，打了十来年仗，现在害怕了?"张善祥连忙解释道:"团长，我张善祥打了这么多年仗，还不知道'害怕'两个字怎么写，我是怕万一堵不住日军，会给郯城战役带来麻烦。"贺健说:"你们不用怕，兵多有兵多的打法，兵少有兵少的打法，咱们就在醋大庄唱一出'空城计'。白天，二连和临沭独立营依旧向醋大庄佯攻，拼命打枪扔手榴弹，虚张声势。村外让民兵到处插红旗，吹冲锋号，擂鼓助威，让小鬼子误以为八路军主力部队还在攻击醋大庄。晚上，二连和临沭独立营大部撤出村内阵地，由小部队带民兵继续佯攻骚扰敌人，要不停地打枪扔手榴弹，让敌人昼夜不得安宁。我们佯攻假打，迷惑敌人。"指导员武世鸿忙问:"团长，要是敌人不上当，硬冲出来怎么办?"贺健平静地说:"只要我们戏演得真，我料敌人不敢轻举妄动，这种仗我在四川打多了。你们抽些战斗骨干到临沭独立营和民兵中队，帮助组织战斗，大家一定要沉住气，佯攻假打，打得越热闹越火爆越好，开始行动吧。"

贺健带领二连一百二十余人，加地方部队及民兵共四千五百余人，天天大摆迷魂阵，醋大庄四周红旗飘扬，枪声、爆炸声、呐喊声响彻天空。民兵们还在醋大庄周围埋设地雷。一会儿村东发起佯攻，一会儿村西发起冲击，弄得九百多日军心惊肉跳，不敢露头，一心死守待援，直至郯城战役结束，也未敢踏出醋大庄半步。

符竹庭和曾国华率领教导二旅四、六团及地方武装，像猛虎下山以迅雷不及掩耳之势，直扑郯城。

部队辟开村庄、大道，穿过敌人的封锁线，18 日拂晓前直达离郯城八里的龙门。像一把尖刀，神不知鬼不觉地插进敌人的心脏地带，来到沭河西南渡口。

沭河河宽 400 米，水深至肚脐。1 月正是最寒冷的季节，河中还结着冰。

六团三营营长姚世峰和教导员袁洪辉决定：全营蹚水过河。同时告诫部队："行军要绝对肃静，过了河就是敌占区。"

指战员们蹚着冰冷刺骨的河水前进，一位小战士说："为了消灭日本鬼子，刀山火海也敢闯，冷点算什么。"

在群众的配合下，部队穿插行进到郯城东边的山沟里隐蔽。

由于白天我军封锁了进攻的消息，敌工科长邵子真（现名杜继贤）带人化装入城侦察。符竹庭和曾国华带着干部身着便衣，来到一处高地凭借浓密的树枝，通过望远镜对地形作了观察，城南地势较高，北边低洼，对原攻城计划略加微调，除六团三营在南边主攻，四团在北边佯攻，另外抽几个连在西南角、城东等地牵制敌人，以多面攻击分散敌人兵力。

城里的日伪军，做梦也没有想到城外已经重兵压境。

架 桥 强 攻

19 日深夜，战斗打响，攻击部队很快占领了郯城南关。顺着一条弓形大街，借着房屋的掩护，六团直扑南门。一阵激烈的枪声以后，连续爆破，炸开了第一层城门，谁知里面还有一层城门挡住了部队的去路。

敌人在城墙上仍然猛烈地射击，人声嘈杂，无数黑影从左右城墙上向南关涌来。敌人不只是在南关设立了两道城门，而且里面还堵满了沙包，无法实施爆破。

贺东生气得把帽子一掀："奶奶的，乌龟壳还真坚固！"

曾国华说："用梯子攀城强攻！"

敌人在城墙上增加了兵力，手榴弹暴雨般往下扔，密集的火力疯狂地扫射，凶残的敌人竟然还施放了毒气，部队伤亡加重。架梯组难以接近城墙。

部队只得暂时停止攻击。在城外的一间小屋里，旅部召开了紧急会议，讨论下一步的作战方案，有的同志主张把部队撤下来，免得遭受敌人内外夹击。曾国华静静地坐着，面色焦虑凝重。符竹庭沉思片刻，随后霍然起身，目光如炬，坚定地扫过在场的每一个人，充满自信地说道："撤，当然保险，但攻城计划就会落空，我们已付出的相当代价，将前功尽弃，不但助长了敌人的嚣张气焰，对我们以后作战也将产生不利影响。现在，城内守敌相对薄弱，只要我们顽强奋战，集中全部轻重武器，背水一战，就一定能够突进城去，夺取胜利！"他手臂猛地一挥，激昂地说："我的意见，坚决打！"关键时刻，符竹庭的意见被大家采纳了。

会上决定，由符竹庭负责指挥攻城，曾国华负责指挥打援。符竹庭立刻召集各团指挥员到指挥所接受任务。

符竹庭说："如果从东南角攻，那里敌人认为有个大炮楼可以依托，所以戒备很差，是个理想的突破点。我建议今天晚上从南关和大炮楼之间用火力掩护，架桥强攻！"

架桥强攻的作战方案，也是符竹庭在攻城现场观察的结果。

四团参谋长贾正远说："六团失利，我们四团能不能从北门由佯攻变成主攻？"

贺东生哪肯示弱："老六团从来没打过败仗，今天登不上城，你们就……你们就砍了我！"

符竹庭笑着说："你这个贺猴子，好吧，你回去做好作战准备，晚上架桥强攻！"

黑夜降临了，晚上 10 时许，城东南角枪声大作，又是一阵阵爆炸声。从远处望去，城墙上火光闪耀，敌人在城墙上举起火把来回跑动，火花飞舞，随风传来他们疯狂地叫喊。

今天主攻的部队是六团三营八连。

这是一支传奇的连队，连长鄢思甲，副连长陈朝山。

这鄢思甲是红军老战士，胆大心细。长征时他还是通信员，一天夜里，他奉团部命令给一营送信。这本来是件很平常的事，可他哪里知道，他从团部还没有出发，一营驻扎在一个村子里的营部就被数倍于我的敌人占领了，部队突围而去。

鄢思甲按照既定目标接近那个村子。

夜色里，有哨兵喊了一声："干什么的？"

"送信的。"

进了村，满街躺着横三竖四的大兵。

"战士们实在太累了。"鄢思甲寻思着，他看到岗哨来来回回地走动着。

"警惕性还挺高啊。"他自言自语。

"干什么的？"

"送信的。营部在哪里？"

"东头。"

东头又碰到哨兵，鄢思甲又问："营部在哪里？"

"几营？"

"一营。"

"在南头。"

鄢思甲一愣："这里不是只驻扎一个营吗？"他转向南头走去，顺便摸了摸躺在他脚下的大兵，哎哟，这帽子不一样啊，不是八角帽，是敌人！这时候鄢思甲要是跑可就糟了，肯定被哨兵干掉了。

鄢思甲没有跑，只是加快了步子。

"干什么的？"

"送信的。"

"干什么的?"

"送信的。"

心里总有一点胆怯，但很快走出了村子，摸了摸头，乖乖，一头冷汗。不能便宜了这帮狗娘养的!

他悄悄回头，拔出了仅有的一颗手榴弹，甩向了睡意蒙眬的敌群。"轰!"这下可热闹了，你听吧：机枪、步枪、手榴弹，整个村子好像滚了锅的开水一样喽。

"咯咯咯"，"哒哒哒"，惊醒的敌人互相对射起来，火光中他们才发现是自己人打自己人。

敌人一夜没睡成觉，反而死伤了几十人。

平时战士们很少听到鄢思甲讲自己的老故事，他们只是说："跟鄢连长打仗，过瘾!"今天八连担任主攻，那可是鄢思甲争取来的。

在接近外壕的地方，是几间低矮的房屋，按照符竹庭的命令，战士们就埋伏在这里。做了一天准备，现在是时候了。

鄢思甲讲话了："同志们，所有参战部队就等着咱们八连在这里杀开一条血路。我命令，一排架桥、三排架梯、二排突击!"

副连长陈朝山对突击排说："这次攻击，只能进，不能退；只能胜，不能败；上去就生，下去就死!"

在南门城楼与东南大碉堡之间，有一个两面受到侧击的小炮楼——这就是我军的主攻方向。可是不管怎么样，要爬上敌人的城墙，就必须先跨过一丈五尺宽的壕沟。

"哒哒，哒哒哒……"八连的四挺重机枪对准炮楼开火了。

"架桥!"一排战士们冲了出去。

战士侯殿经在"八一"射击比赛中，被荣获"朱德射击手"称号。此刻他和孙继国跑在最前头，冒着敌人的炮火，抬着又长又重的便桥。一次、二次、三次——反复向城壕冲去!

敌人拼命地扔出手雷在壕沟上下爆炸，其中夹杂着不少瓦斯弹。毒气钻进口鼻，战士们边咳嗽流泪边架桥。

从残墙破壁望去，火光中可以看到攻击部队的全部动作。正是紧张时刻，战士们在敌人火力下奋勇前进，爆炸声、枪声、喊叫声像山洪暴发一样吼成一片。

战士们呐喊着，把一座又大又笨的木桥拉起来，直直地对着城壕搭去，但由于用力过重，木质太脆，猛听"咔嚓"一声，木桥从中间折断了。搭桥组的战士们拉着木桥，刚踏上便桥随着惊人的声响，一下子掉进深深的城壕里。

贺东生洪亮的声音在人群中不断响着：

"八连长！叫第二副桥准备！"

他的火暴急性子来得真快，"三营长，叫九连准备好，八连不行他们就上！"

尽管是贺东生在做战斗部署，但八连长鄢思甲却吃不住了，只听他在城壕边喊："拿不下来，杀我的头！""八连的同志们，拿不下这个鬼地方我们不回去！"

鄢思甲把拳头猛地往下一捶，命令道："再来一副！"

又是十几个战士簇拥着一副便桥，一伙人推着桥的下端，另一伙人用长长的绳子扯着桥的上端，在火力掩护下一齐往前涌。机枪、手炮打得城墙直冒火星，火光中人影闪动，便桥扬起长长的脖子，像一门大炮一般在人群中摆来摆去。敌人的机枪打在地上吱吱乱响，抬着沉重的便桥前进，还不能弯腰。尽管手榴弹在人前人后爆炸，但战士们仍然直着腰，迎着弹雨前进。前面的倒下，后边的循着烈士的血迹，又跟上去！

阵阵硝烟扑来，辛辣刺鼻，人们口渴舌干，神经紧张到极点。

时间在弹雨中飞逝，已经是午夜 11 点多钟了。

好几次贺东生想和架桥组一起往前冲。符政委来了，"老贺，要注意隐蔽，不要总是跑来跑去。"

符政委的意思是，指挥员需要冷静下来为战斗胜利全盘考虑。贺东生看了符政委一眼，说："对！对！我只想跟战士们一起冲多痛快！"

随着一阵沉重的响声，木桥"咚"的一声，搭落在宽宽的河对沿。一些战士生怕不牢，又跳下壕沟，有的垫土，有的给木桥顶上支架，有的干脆在桥下用头顶着便桥。

贺东生抓下帽子喜滋滋地喊道："搭拢了，这个鬼东西！"

一队队扛梯子的战士们从上走过。桥在战士们的脚下抖动着，吱吱作响。

从炮楼的射击孔里，从城墙的垛口上，敌人的枪弹如雨点般飞来，弹片在身边呼啸，浓烟中不少战士产生耳鸣。

符竹庭说："过了壕沟就决定了一半胜利！"

城墙上一片混乱，敌人想不到我军竟顺利冲过外壕。由于恐怖、惊骇，变得更加猖狂。城墙上叫喊声、咒骂声、哨子声，乱哄哄像群猪在刀下嚎叫。南关上的敌人向这里涌，机枪朝这里打，手榴弹在城下炸起一道火墙。

弹片飞舞，硝烟遮挡了人们的视线，令人难辨四周景象。

一架架梯子被抬过对岸。

转眼间，在一阵振奋人心的怒喊声中，三四架梯子，高高地，犹如无数把利剑，一下子从火光闪照的夜空中钻了出来。

战士们蜂拥着向上爬。敌人绝望地喊叫："上来了！八路上来了！"滚木、手雷呼隆隆地投下来，瓦斯弹的烟气，辛辣扑鼻，呛得人头昏眼花。爬上梯子的人支持不住，又滚落下来，卫生员忙着抢救，一副副担架快速跑过。

已经是下半夜3点钟，离天亮只剩一两个小时了！

突然，城墙下有人高喊："拿出平型关打鬼子的劲头来，是英雄好汉跟我来！"带头向前冲去。

这位勇猛的战士就是八连六班班长吴兴中同志。他带领全班战士勇猛地朝城墙下冲，战士张贵林紧跟其后。一架架梯子紧贴着城墙竖起来了。敌人用长杆子来推梯子，另一群战士连忙涌向梯脚，竭尽全力把梯子按住。

吴兴中第一个攀上梯子往上爬，当他爬到城墙垛口，马上就要上城墙了，当他头往上一伸，就被什么击中了，沉重的身体在半空中打着跟斗，从后边人的头上滚下来。

这时，紧跟其后的张贵林顺着梯子也爬近垛口。他没有立刻攀登，蓦然把身子向下一缩，飞速地朝着城上甩出几颗手榴弹，一连串的爆炸声中，浓烟飞腾起来,就在这时他飞身上了城墙,在战火的映照下,只见他灵活的身体一闪,又向左右投出几颗手榴弹,城上反冲锋的敌人被他打退了。他回头高喊一声:"快上呀!同志们!"战士们一阵风似的卷上了城头,此刻,占领阵地的号声响了起来。

符竹庭立即命令六团顺城墙压缩残敌。旋即,我军的机枪也在城墙上吼叫起来。敌人想堵缺口,战士们一阵手榴弹给砸回去。接着"轰隆!"一声,那个东南角的大炮楼也被炸垮了。

欢呼声从城下飞上来,在被抑制多年,死沉沉的城市上空飞扬。

战后,旅党委给张贵林记了战功。由于他登城灵活,仿佛是飞进去的,所以人们叫他"飞将军"。后来,张贵林"飞将军"的雅号就在部队中传开了。

肃　清　残　敌

码头来的日军二百多人和伪军四百多人在西门外和六团接上了火,担任阻击的是六团二连,它是教导二旅著名战斗突击队,连长何万祥是一员能攻善守的猛将。把这种重担交给他们,本来是比较放心的。但是,日军正在垂死挣扎,何况兵力超过二连三四倍呢!负责城外指挥阻击的曾国华心急如焚。他快步赶到西关,只见公路上、水沟里,日军尸体累累。

何万祥把阻击阵地设在城西南不远的一块坟地里,紧紧扼住了公路,地形很好。何万祥见旅长曾国华来到前沿阵地,连忙跑过来报告。曾国华见他满头大汗,身上只穿了一件衬衣,上面溅满了血迹,他手持一支"三八大盖"步枪,枪上的刺刀明晃晃的,"和鬼子肉搏了吗?"曾国华问道。

他咧着嘴角笑了笑说:"首长,我们连保证不叫鬼子越过阵地半步!"

这时,天色慢慢放亮,城里的敌人不断打出一个个小红伞状的求援信号。曾国华交代何万祥:"你们把鬼子顶住,我马上派四团从右翼包抄。"

敌人又一轮进攻开始了。前面的敌人冲击凶猛,何万祥带领二连顽强阻击。在指导员牺牲、弹药耗尽的情况下,眼看敌人迫近,何万祥猛然甩脱沾满血迹的衬衣,光着膀子端着刺刀大吼一声:"冲啊——!"旋风般地向敌人扑去,一连捅死几个日本兵。战士们在连长的激励下，个个勇如猛虎，奋不顾身地冲杀上去。霎时，杀声遍野，尘土飞扬，一片兵器撞击的格斗声，在大道上、田野里，分不清是敌人还是自己人。

日军被杀得狼奔豕突地向西逃跑，何万祥带领战士们拼命冲杀。

增援部队抄到敌人后路，堵住了日军的退路。日军被围在核心，全部被歼灭了。这样，从码头来的二百多名日军、四百多名伪军被我打援部队击毙。

何万祥率领二连打退了敌人多次疯狂进攻，胜利完成了阻击任务。战士们撤退时，他却带着通信员伏在阵地上掩护撤退，有几个战士跑来换他，他一声吼叫："走你的！老子不再打几个不过瘾！"

这时，在城里指挥作战的符政委，已命令四、六团的突击部队，向敌中心推进。

城里的敌人大部被歼，只剩下几十个日军龟缩在伪县政府大院里的炮楼上顽抗。这是一个三层楼高的大碉堡，碉堡周围是开阔地，架有铁丝网，很难接近。日军顽抗待援，严重威胁着战斗的胜利。

几次爆破都失败了。

炮楼高，炸药只在底下炸了个窟窿，敌人爬到上边去了，日军和伪军、伪政权人员龟缩在院里向外杂乱地投弹射击。两个伪军扛着两箱手榴弹，向这边送来，一看情况不对，掉头就跑。

院墙周围敌尸狼藉，在通往炮楼的那条路上，倒着我们的爆破手。

符竹庭对敌工科干事吕本支说："你火速通知工兵组，多带炸药来！"

吕本支转身向队伍跑去。

符竹庭命令突击部队，用炸药炸开了四面的院墙，这一下子像大河决了堤一般，二百多名伪军、伪政权人员，举手涌了出来，嘴里喊着："我们投降！我们投降！"

战士们把附近的监狱后墙扒开一个大洞，好几百名被关押的"犯人"，个个蓬头垢面，面黄肌瘦，手铐脚镣哗啦哗啦响成一片，跪在队伍前面，哭谢着救命恩人，他们大都是无辜百姓和被俘的抗日人士。

炮楼上的日军负隅顽抗，举枪乱打投降伪军。

几个战士从俘虏中找来一个日语翻译，要他向日本人喊话劝降。翻译从墙拐角处伸头刚喊一句话，就被碉堡里面射出来的子弹揭了盖，脑子都打出来了。

"朱德射击手"侯殿经瞄准碉堡射击孔扣动扳机，一枪打倒一个，又一枪打倒一个……

两个工兵爆破手把一包五十公斤重的炸药捆在长杆子上，在火力掩护下，穿过大院直扑敌堡。他俩巧妙地顺着石壁把炸药伸到炮楼当腰，然后拉了导火索。几秒钟后，一声巨响，炮楼被一股巨大的力量，从上边压下来，顿时支离破碎，砖木碎石随着一股浓烟飞得老高。

第一包炸药把碉堡炸了一个大洞，顽敌仍不投降。第二次又送上一大包炸药，随着震天动地的巨响，碉堡被炸塌了，八名日军被炸死，剩下的日军顾问藤元、指导官多田等七人，从残垣断壁中爬出来举手投降。

战士们从四面八方向上冲，有的去抢枪，有的去抓俘虏。

战士张克义打完了机枪里所有的子弹，不料在一个胡同里碰见六十多个溃逃伪军。他不慌不忙端着空枪指向伪军，大声吼道：

"把枪放下来！谁敢动就打死你们！"

伪军惊慌失措地放下武器。

"举起手来。统统到这边坐下，八路军优待你们。"

凭着一挺空枪，他俘虏了六十多个伪军。

曾国华从城外回来，符竹庭便和他带着十几个干部向炮楼走去，想看看日军炮楼的结构和我军炸药的威力。突然，从瓦砾堆里钻出个日本兵来。这家伙蓬头垢面，帽子飞了，军衣破烂，活像一个被石子打烂的冬瓜。他看见了他俩，便眨巴眨巴眼睛直奔过来。警卫员举枪要打，符竹庭拦住警卫员，看那日本兵赤手空拳也不敢作恶。

那日本兵见警卫员要打他，吓得跪倒在地，膝行到符竹庭跟前，举着双手哇啦哇啦地乱叫。这副奇怪的模样，把大家全惹笑了。符竹庭拍拍日本兵的肩膀，对他的投降表示欢迎。日本兵快活得站起身来，指指符竹庭胸前的望远镜，竖起大拇指摇晃着。原来，这个日本兵看出符竹庭是指挥员，特意向他表示对八路军指挥的敬佩。

曾国华对大家笑着说："鬼子投降也会找窍门哩。"

符竹庭感慨地说道："看来，现在鬼子知道'翻边战术'的厉害了！"

远处六七个日本兵站在操场上，举起了双手。戴着白手套的指导官多田再也没有了往日的威风，乖乖地听从敌工干部的指挥。

一个大个子战士说："打平型关那阵子，想俘虏一个小日本鬼子那可真难，现在是一次俘虏一大批，小日本是江河日下，日薄西山喽。"

扩 大 战 果

激战两天两夜，郯城终于被我军占领了。

为了彻底摧垮这个兵站基地，第二天，几万农民参加了扒城工作，敌人苦心修筑的城堡，被彻底平毁。

平毁碉堡时，竟然扒出梳着日本女装头女人的尸体和一条狼狗，那女人满脸被白粉涂得不漏皮肤，描着眉，涂着口红，全身却一丝不挂，这肯定是日本艺伎了。过去听说日军有随军妓女，战士们谁也没见过，这次见到了。谁也没想到，在两天的战斗中，贪婪的日军竟然还在嫖妓，战士们破口大骂："日本鬼子真连禽兽都不如。"

成千上万的老乡们出来，给八路军烧茶倒水。郯马平原是鲁南的粮仓，敌人把抢掠来的物资都堆放在这里，成了日军的供应基地。附近的农民纷纷赶来搬运粮食，几千辆小车、几百头毛驴驮着鼓鼓的粮袋向城外运出，看不到头，望不到尾，街上人声鼎沸，喜笑颜开。

日军顾问以下六百多人做了俘虏。一个战士抓来一个肥头大耳的家伙，他是日本粮行经理，叫山井。几年来，他搜掠了农民几千万斤粮食，但此刻他却装出一副可怜相，哀求符竹庭和曾国华："八路的厉害！我的明白，我的商人的是，罪过的没有。"

"什么没有罪过？"符竹庭厉声喊道，"你看！"

县政府大院粮库前，黄澄澄的谷子向外淌，有的已经霉烂发出难闻的气味，农民们都在愤怒地骂着。

山井垂下头，下巴抖动着，喃喃地说道："完了！完了！想不到，你们竟然打到后方来，在山东，保险的地方没有的啦！"

两个打扫战场的战士一边收拾敌人的枪支，一边说着悄悄话："人家说旅长团长带兵打仗，没想到政委带兵打仗一样厉害。"

这话被贺东生听到了，他急忙应声道："符政委在红军部队带兵打仗的时候，你们还不知道在哪里抹鼻涕呢。1939 年，他在冀鲁边区挺进纵队做政治部主任时，带一个警卫连打遍南半区，没听说吧！"

"瞎吹了什么啊，贺团长，谁不知道你是一只老虎啊。"符竹庭走了过来。

"我的政委哎，不是我吹乎你，咱们也是老战友了。说话不拐弯子，跟着你打仗，我老贺爽气哪。不说战斗，单说这战前动员吧，哪个战士不是被你撩拨得火苗直往胸外蹿啊，这么高的士气，嘿，能不打胜仗吗？"

"好啦好啦，咱们不在战士面前酸啦，你老贺啊，不喜欢我这政委咋的，好像我给你丢过脸一般。"

两个人你一句我一句的，内心充满了胜利的喜悦。

"政委，我得反映一个情况。"敌工科吕本支快步走了过来，他附在符竹庭的耳边说，"政委，有人整理战利品时往口袋里塞东西。"

"哦，有这情况？一定要严肃处理！"符竹庭说。

"吕本支你说是谁吧，我去毙了他！"贺东生显得有点焦躁。

"贺团长，我去了解一下情况再说。"吕本支说。

缴来的两辆大卡车装满了战利品，整装待发。

符竹庭走过来，"这一下我们可大发喽，"他对正在忙着统计的吕本支说，"报一下战斗清单吧。"

"报告政委，郯城之战我军共俘虏日军官兵 7 人，伪军及伪政权人员 600 余人，毙伤日伪军 400 余人，缴获轻重迫击炮各 1 门，轻机枪 3 挺，掷弹筒 3 门，步枪 800 余支，汽车 4 辆(其中两辆已毁)，炸弹 800 余个，土炮 50 余门，驳壳枪、手枪 27 支，各式子弹 5000 余发，重迫击炮弹 20 余发，掷弹 130 余发，大刀 500 把，长矛 600 余支，粮食 400 万担，棉花被、大衣千余套，帆布袋千余个，布鞋千余双，日式子弹盒 500 余个，指挥刀 19 把，自行车 50 余辆，电话机 20 余部，30 门电话总机一台，炸药厂、修械所各一处，望远镜两副，豆油 70 余桶，法币、伪钞、银元共 100 余万元，其他军用品数十大车。牛皮足够万余双鞋之材料。"

"好啦好啦!"看着吕本支眉飞色舞地念着清单，符竹庭抑制住内心的兴奋，"吕本支，炸药厂和修械所的机器一定要搬走，滨海用得上啊，我们要在敌人后方建立我们的军工厂哩。"

"是!"吕本支回答。

战斗一结束，受伤的战士都被附近黑豆涧村的群众接去了。战士裴飞正和另一名伤员住在李大爷家里。李大爷和儿子、儿媳、孙子一家人挤在四处透风的厢房，而把正房热炕让给裴飞正他们住，并把唯一的一床新花被拿给他们盖。裴飞正他们过意不去，执意不肯。李大爷竟难过得流下泪，他说："好不容易轮到俺家照顾一次伤员，你们都这样客气，叫我多么难受呀!"看到这情景，他们只好同意了。

吃饭的时候，李大爷一家吃的是苞米饭，却给他们俩每人煮了两个荷包蛋。

一天，日军出来"扫荡"，村里群众顾不上照料自己家的东西，首先转移伤员。裴飞正躲在洞子里，思前想后觉得住在老乡家里，群众负担太大了，决定去找部队。他爬出洞，拖着一条负伤的腿，走了几十里路，赶回团部驻地临沭县陈巡会村。部队领导见他伤还很重，耐心说服他，又把他送回黑豆涧村。裴飞正哪里知道，当他从黑豆涧村走后，可把李大爷一家急坏了，他们怕出事，天天吃不下饭，睡不着觉，翻山越岭把村子周围找了几遍。全村人都为丢了一个伤员心神不安。当大家看到他又平安回来时，个个都惊喜万分。

郯城攻下了，但战斗并没有结束。部队连续行军作战很疲劳，曾国华主张撤离郯城，部队休息几天，符竹庭不同意，说："我们应该乘胜扩大战果。"

我军从红军时期开始，领导制度中很重要的一条是："政治委员有最后决定权。"

既然符政委表明了态度，曾国华也同意了。

六团和四团又连克归义、大埠、小码头、小围沟、榆林、红花埠、东圈子、高峰头等近二十处日伪据点。

敌人的后方变成了前线。

敌人恼羞成怒，23日，津浦沿线几个据点调集了一千多名日军，由临沂乘汽车直扑郯城前来报复。敌人的报复行动早在我师、旅首长的预料之中，并做好了迎击的准备。

符竹庭叫参谋给四团政委吴岱传达命令，迅速占领阵地。符竹庭的江西广昌口音很重，传达命令的参谋是北方人，他把"占领阵地"误传为"占领城池"。

吴岱以为符竹庭决心要死守郯城，就把守在白马河的一营三个连急调过来，在城西门布置阻击。

符竹庭出了西门，对着吴岱气呼呼地说："叫你占领阵地，你怎么撤回来了？"

符竹庭是吴岱的老领导，吴岱熟悉他的口音，刚想说："你不是叫我占领'城池'吗？"马上意识到参谋传错了命令。还没开口，符竹庭又说："你吴岱也怕鬼子吗？"

吴岱忙说："政委别生气，敌人不是还没到吗？就是敌人来了我也能把敌人打回去。"他又带着三个连跑步回到白马河边。部队刚到，码头敌军三百多人，已经过河了。一营从小土山向下猛冲。敌人被一营这势不可当的冲锋冲得七零八落，回头就跑。一营乘胜追击，把敌人赶回码头。一营就在刘楼、漂楼、百善地区将码头敌人据点包围了，正准备向码头攻击。

旅部的参谋又来了，说："吴政委，上次我传错了命令，这次符政委还要我来，调政委到旅部接受任务，这次我绝对没有听错。"

吴岱笑着说："符政委的广昌话就是不好懂，我们回去吧！"

吴岱和参谋回到旅部，符竹庭一见吴岱就开玩笑说："兵不怒不战，你这一怒，差点把码头也冲下来了。"

吴岱说："再有一个小时，我们就要开始攻击了。"

符竹庭说："据可靠的情报，津浦路的敌人来了好几千，不能去攻码头，连郯城我们也要撤出来，你马上带部队到北面去阻击临沂方向的敌人。"

这时，四团的部队也很分散，一营仍留在西关与白马河之间，吴岱又带领三营八连和旅部特务二连在郯城以北五公里的官路口、土城一带埋伏下来。上午，日军一个大队乘四十余辆汽车和伪军共一千余人奔向郯城。

埋伏在官路口的八连让过了先头的日伪军，待日伪军后续部队进入伏击圈后，只见八连连长一声令下，轻、重机枪突然向日伪军开火，日伪军死的死，伤的伤，剩下的日伪军纷纷跳下汽车就地抵抗，双方在一百多米距离上对峙。日伪军稍微收拢以后，便沿着公路两边一米多深的路沟向我攻击。八连副指导员崔甫命令全连有名的机枪射手——机枪一班班长宫全正、副排长徐金富各使一挺机关枪封住两条沟口，两个钟头内，日伪军发动了七次冲锋，都被我军打退了，仅宫全正一人就击毙日伪军一百多人。

被八连让过的五百多名日伪军，向土城开进，却被何万祥连截住，这何万祥是个打恶仗不要命的人，哪能便宜了这伙日伪军？先是一阵密密麻麻的手榴弹，紧接着便是一阵砍瓜切菜般的冲锋，把日伪军杀得尸横遍野。几次冲锋，就把日伪军打散了架，吓得日伪军抱头鼠窜。

教导二旅宣传股长方曙，在《大众日报》上发表了《血战官路口》的通讯，详细报道了这次阻击战中他们的英雄事迹。

郯城大捷犹如在日伪军脑门上拉响了一颗炸弹，使日寇闻风丧胆，八路军声威大震，迫使"扫荡"临沂、滨海、清河地区的日伪军全部撤兵，建立堡垒封锁的美梦被彻底粉碎。

16 个司号员和 50 个民兵

郯城大捷是八路军抗战史上第一次靠攻坚战拿下来的一座城市，成为八路军抗战史上的光辉典范，被载入《第二次世界大战大事纪要》《中国人民解放军战史》《中国军事百科全书》，周恩来副主席获悉取得郯城胜利，专门在电文上批示："开了先河，树了榜样！"

1943 年 1 月 25 日，《大众日报》发表社论：《庆祝我军新年大捷》、祝贺八路军——五师教导二旅攻克郯城取得胜利。延安新华社为此发表消息，"我一一五师驻滨海、沂蒙各部连日袭击日寇,并一举攻克郯城,予敌'蚕食'以重大打击,实为1943年伟大胜利第一击。"

62年后,2005年8月1日,《解放军报》对符竹庭指挥这场郯城攻坚战,再次作了高度评价。

当黎明到来的时候,郯城城内男女老少敲锣打鼓欢庆胜利。载歌载舞、到处洋溢着欢声笑语的热烈场面。

滨海莒南县十字坡镇群众集会欢庆攻克郯城的胜利,大街小巷张灯结彩,鞭炮连天、扎大台、踩高跷、唱大戏,成了沸腾的海洋。

八路军教导二旅满载着胜利的喜悦回到根据地,随后在陈巡会村召开了全旅祝捷大会。会后,攻克郯城起关键作用的老六团八连的英雄们光荣地合影留念。群众抬着鄢思甲,一片欢呼。

教导二旅专门召开了郯城战斗胜利品展览大会,一个大院里摆满了缴获的迫击炮、掷弹筒、"三八大盖"步枪和大批服装,"咔嚓"一声,摄影记者记录了一张珍贵的历史照片。2015年9月3日抗战胜利70周年纪念日,该照片作为节目片头在中央电视台做了展播。当然,这是后话。

英雄的连队被授予荣誉称号,1944年抗战纪念日,六团二连被命名为"战斗突击队"、六团八连为"郯城战斗模范连"。

郯城之战后,周边敌人闻风丧胆,恐慌万状。白天几个人走在一起,还提心吊胆,晚上也不敢脱衣服睡觉。一有风吹草动,就吓得胡乱叫唤。听说老八路到来,骨头都软了。

没想到老六团16个司号员,配合50个民兵,一枪没打,拿下了临郯公路上的重镇尚村,俘虏伪中队长以下二百多人。

那天晚上,天刚黑,这些司号员和民兵到了一个叫尚村镇的集镇里,他们分散在四面野地里。为了迷惑敌人,有的人故意吸烟暴露火光,有的人敲步枪;一个叫卞聚友的号兵排长大声喊道:

"哎——四团派人去看看,六团上来没有。"

"把钢炮架在房顶上!"

这下子可把伪军吓坏了。他们小声议论着:"我的娘哎,来的可不少哇!"

"看阵势至少得三个团！"

伪中队长装着没事的样子说："全是游击队，没大事！"

乘他们正发毛，卞聚友就喊开了："放下武器，保证你们生命安全！"

"放明白点，打郯城的部队来了！"

敌人打了一阵枪，这边没理他。

等枪声一停，这边又说话了："你们不识抬举，可怪不得我们！"

卞聚友小声地命令民兵："我说一声打，你们一二三四五六七一起开枪，打出机枪点射的效果，懂吗？"

"懂，就这么打！"

"哒哒哒哒哒，"一阵"假机枪"扫射后，旷野里就吹起了熟练的回答号和冲锋号来。

那位中队长吃不住劲，就大声喊开了："我们投降——别打了——"

做了俘虏的中队长说："号声一响。吓得我们喘气都粗了。弟兄们更熊，趴在地上直往地缝里钻，这可乱透了，七嘴八舌地直叫：等着挨炮轰吧！炸药比炮还厉害！'老八路的刺刀长！'本来我的三魂飞走了一对半，听他们一闹哄，更不知道东西南北了。"

等伪军把枪支架好，站队投降的时候，才发现这帮"老八路"全是背小号和穿黑棉袄的。

别提那中队长有多窝火了。他哭丧着脸说："没……真没想到。"

"这叫神出鬼没，懂吗？"

"是！是！"他无可奈何地苦笑了一下。

三十、罗荣桓赞誉的青年才俊:
军政兼备的高级干部典范

精兵简政

1943 年,明丽的春天提前来了。大地从沉睡中醒来,冰冻悄悄融化,草芽儿由黄变青,树叶儿也渐渐地绿了,萧索的村庄出现了淡淡的绿色。春雨刚过,这生命之绿呼吸着、伸动着,似乎能听到它们对春天到来的欢呼。

郯城战役后,滨海根据地不断扩大,给符竹庭带来喜悦的心情,也给他带来沉重的悲伤——曾经与他并肩战斗的战友新四军三师参谋长彭雄及其八旅旅长田守尧等人,牺牲在赣榆东部的小沙东海战中。一连几天,符竹庭茶饭不思,怀着沉重的心情将战友的遗体安葬在马鞍山上。他深情地叮嘱负伤的战友张赤民、伍瑞卿、席庶民、黄国山、彭少英、程世清(张赤民:开国中将,曾任总后勤部政委、军委炮兵政委;伍瑞卿:开国少将,曾任政治学院院务部物资保障部部长;黄国山:曾任辽宁省军区副政委;程世清:开国少将,曾任福州军区政委,江西省委第一书记、省军区第一政委)等人安心养伤,并多次探望他们。

然而,战争年代,悲伤之后,新的工作又将开始。

山东八路军部队即将进行第三次整编,实行精兵简政。过去山东进行过两次整编,但都不够彻底。

1943 年 3 月初,新的山东军区成立,中央军委任命罗荣桓为山东军区司令员兼政委、一一五师政委、代师长,确立了罗荣桓在山东军区党政军的领导地位。一一五师和原山东军区机关合并，全军上下进行精简整编。整编工作的中心，是解决以主力部队地方化为重点的统一领导问题。罗荣桓把精兵简政作为巩固抗日根据地刻不容缓的任务，他指出，精兵不是简单地紧缩编制，主要是在于提高部队的战斗力。这次精兵简政，取消了旅的建制，充实团、营、连队。

毛泽东说过：换上一个罗荣桓，山东全局的棋就活了，山东的棋活了，全国的棋也就活了。

3月21日，徐班庄教导二旅临时驻地。

教导二旅召开了营以上干部"精兵简政，充实基层"报告会。

政委符竹庭站起来，手臂对着会场挥了一下，说："今天来的都是干部，你们今天都叫我政委，明天呢，就是整编以后呢？我也没谱，但干什么一切听组织安排，听党指挥，即使职务变了我符竹庭会变吗？不会。"

符竹庭拍拍胸脯接着说："我还是符竹庭，我还照样带着大家打鬼子，而且打得更来劲。为什么呢？一是我身上的零件一个没少啊，还是我符竹庭身上的原装零件，身上羽毛一根没掉啊。这就好办了，古人不是说吗，羽毛尚在，照样翻飞呀。二是精兵简政后，甩下包袱，割掉累赘，轻装上阵，部队机动灵活，胜利会一个接一个。至于营长变连长，我看不是官变小了，而是变大了，变瓷实了，变精干了。因为战士不但不减少，还要充实一些骨干到你的队伍中，枪不但还是那些枪，还要增添一些新式的。我如果有五万人马，有几百挺'捷克式''歪把子'、几百门钢炮，一色的卡宾枪，你叫我排长也乐意。因为我这个排长呀比你军长、司令还牛。你们说是不是这个理儿呀？"

会场上爆发了一阵阵掌声，气氛活跃起来。符竹庭的话浅显易懂，简短的几句话就把一些人的顾虑消除了许多。其实符竹庭经历过多次整编，多次降职使用，他始终听党指挥，任劳任怨，扎实工作。

曾国华看到符竹庭讲话取得预想效果，便站起来趁热打铁……

老四团在返回团部夏庄的路上，干部们议论纷纷。有的愉快地说自己可能去学习，有的对可能降职使用下连队不够满意。

团长贺健拍着政委吴岱的肩膀激动地说："老吴，1941年精简了机关勤杂人员，1942 年缩编了连队，这第三次精兵简政，干部要大动，思想工作可真是一项艰苦的任务啊。"当时吴岱也感到困惑，可是又一想，都是党的干部，目前日、伪、顽大肆压缩我根据地，党为适应严峻的斗争形势，挽救敌后斗争的困难局面，有些干部不得不调出学习或降职使用到下面去，大家都会理解的。

吴岱对贺健说："只要将道理讲清楚，干部会想通的。上级叫到哪里就到哪里去。留得青山在，不怕没柴烧嘛。"

"当然是这样，留得革命人，不怕没革命。"没想到这句话竟成了全团精兵简政动员的普遍口号。

当天晚上，参谋长贾正远、政治处副主任钟生栋都在收拾自己的马搭子。吴岱打趣地说："你们准备得太早了吧？"他俩笑着说："到党所需要的地方去，谁肯落后哇！"接着主要干部召开了军政委员会议，会上大家都表明了自己的态度，坚决服从组织分配，随后几个领导再分头到各营向干部反复动员。

整编后的山东军区辖鲁南、鲁中、胶东、清河、冀鲁边、滨海等六个军区，16 个军分区，所有主力部队与地方武装，均实行主力部队地方化，撤销一一五师及山东纵队各旅、支队番号，全军区主力部队整编为 13 个兵力充实、领导坚强的主力团，分属各二级军区。一一五师彻底地方化了。

罗荣桓对六大战略区的主要领导干部人选，采取新老干部相结合的原则，经过慎重考虑，提出了主要领导干部配备名单，上报党中央。3 月 11 日，经中共中央书记处复电批准了六大战略区主要领导干部配备。

在这次精简整编中，罗荣桓十分注意使用新老干部、主力军与地方军之间的干部互相交流，加强团结。他认为，红军干部经过长期锻炼，十分可贵，但数量很少。他向大家介绍符竹庭时说："符竹庭同志 1932 年就是红军师级领导干部，他不仅资历深，而且政治上和军事上都比较强，很有能力的优秀青年干部。我们军区的许多旅级干部，如周贯五、曾国华、张仁初、梁兴初、罗华生、何以祥等都曾是他的老部下。"而对本地土生土长的干部，他认为，他们熟悉本地斗争历史状况，在群众中享有一定的威望。如林浩、景晓村、张光中等，让他们担任了各战略区的主要领导。而对红一、二、四方面军的干部也一视同仁，如红四方面军的许世友、王建安等。罗荣桓充分信赖这些干部，并在实际工作中充分发挥他们的作用。

新成立的滨海军区，司令员陈士榘、政委符竹庭、政治部主任刘兴元、参谋处长何以祥。符竹庭兼任中共滨海区（属省级行政级别）党委书记兼财经委员会书记和锄奸委员会书记。

遵照山东军区的指示，陈士榘、符竹庭对滨海军区部队进行了整编：以原教导二旅第四团为基础，教导五旅十五团一部，山东纵队二旅五团一部编为滨海军区四团，团长罗华生、政委吴岱、参谋长贺健、政治处主任王树君；以原教导二旅第六团为基础，并将山东抗日自卫军一团、教导二旅特务连、教导五旅十五团一个连和临东赣游击大队编入六团，整编为军区第六团，团长曾国华、政委刘西元兼政治处主任、参谋长贺东生；原教导五旅第十三团、十四团和旅直属队一部编为军区十三团，团长梁兴初、政委覃士冕、参谋长黎有章、政治处主任安征夫；教导二旅五团因长期在鲁南作战，这次整编划入鲁南军区五团；原教导二旅机关、直属队和山东纵队二旅编为军区机关和直属队。全军区主力部队八千余人。同时大力发展和充实地方武装，由原滨海独立军分区独立团改为军区警备团，团长朱其藩、政委赵昭；由原海陵独立旅缩编为海陵独立团，团长江潮、政委郑子久；由原滨海独立军分区六团三个连与莒中县大队合编为莒中独立营，营长马骅、政委王建青；由原滨海独立军分区一个连与莒南县大队合编为莒南独立营，营长叶声、政委李际太；由原滨海独立军分区五团一个连与沭水县大队合编为沭水独立营，营长周辉、政委李振邦；由原临沭县大队改为临沭独立营，营长陈士法、政委铁瑛；由原莒中县大队一个排与莒临边政府武装合编为莒临边游击队；原三、六、八大队分别改为日照、赣榆、郯城县大队。加强了统一指挥，提高了各级干部质量，战斗人员与总人数之比，由原来的48%上升到57%。部队恢复到三营九连制，每连人数达一百五十余人。

思想工作要入情入理

整编后，老四团变动较大，干部降职使用。原教导五旅政委罗华生任四团团长，原四团团长贺健任参谋长，原四团参谋长贾正远任一营营长，原十五团政委宴成山任教导员；原山东纵队二旅五团团长毛会义任二营营长，原山东纵队二旅五团政治处主任谢永胜任二营教导员；原十五团副团长郭廷万任三营营长，原四团政治处副主任钟生栋任教导员。

只有吴岱和王树君的职务没变。

三个团合编，使四团注入了新鲜血液，增强了力量，也同时产生了许多棘手的问题，其中首要的是团结问题。

对于吴岱来说，首先是处理和团长的关系。罗华生原来是旅政委，到四团带来两个警卫员，两匹马。按编制，团长是一个警卫员，一匹马。吴政委既要坚持原则，按编制办事，又不能使"旅政委"因变化太大而不习惯，影响工作。就主动征求团长的意见，给他留下一个警卫员，一匹马。把另一个警卫员编到警卫班，交代说，你的任务主要是警卫团长，照顾好团长的生活。把另一匹马编到骑兵班，向骑兵班班长交代，团长要出发，这匹马一定要跟上团长。吴岱还向管理人员交代，团长身体不太好，要保证他的健康，开小灶。首先是生活上使团长觉得变化不大，吴岱在工作上更是尊重团长，他对团长说，你是旅政委，军政工作都很熟。我建议四团军政委员会书记由你担任。团长说，按惯例，军政委员会书记由政委担任，你就别推辞了。

参谋长贺健，湖北省黄安县人，1929年参加红军，比罗华生还早一年，是个很有个性的人。有一次在球场上因为抢球和罗华生干起来了，说到底还是因为两人有情绪。吴岱与贺健是老搭档，可以直说："你是四团的老团长，怎么能带这个头？"贺健说："他放不下首长的架子，我看不上。"

吴岱也不客气："旅政委当团长你看不上，这不是骄傲和自大吗？对团长有意见，可以在团的干部会上提出来，怎么能在战士面前顶起来？影响多不好？我建议你主动找团长谈谈，多作自我批评。"

情绪一冷却，两个直性子的人握手言欢了。

这事连陈士榘、符竹庭都知道了。

贺东生是一员骁将，也曾在训练和学习上跟团政委闹过别扭："队列没有对的，战术没有会的。能不能打仗，不是操场上学的，是在战斗中学的。敌人一梭子弹就把他教会了，子弹在头上嗖嗖叫，你不叫他匍匐前进他也会匍匐前进——训练还不如找个仗打。"

贺东生说对了一部分，打仗确实能练兵，符竹庭在冀鲁边区的时候，即使生病躺在担架上也不忘记叮咛："部队要经常找仗打，才能提高战斗力，遇事才不惊慌。"符竹庭认为军事训练也绝不可少，训练过硬才能减少伤亡。

……

符竹庭来到老四团，"吴岱啊，压力大是不是？"

吴岱说："压力是不小。"

教导二旅原来有个教导队，把一些经过战斗锻炼，工作又好的老战士集中起来，准备经过训练后提为排长。这次整编，干部多了，这些老兵提不起来，把他们编到四团特务连，成为一个排。这些准备当干部的老战士，和新兵一样，也要站岗放哨。老兵在新兵中个个是骨干。他们集中在一起，就不显山露水，谁也不比谁强，开始是自由散漫，内务卫生不如别的排，发展下去，打架斗殴的，装病压床板的就出现了。班长管不了战士，排长管不了班长，竟连站岗的也派不下去了，甚至说政工干部是"卖狗皮膏药的"，连长也束手无策。

符竹庭对吴岱说："堆雪人你是知道的，把散乱的雪花滚起来必须靠一种力量。思想工作要入情入理，细致入微啊！"

送走符政委，吴岱把老兵们召集到一块儿说："四团是1937年底由两个连发展起来的。那个时候，战士当排长，排长当连长，干部还是缺不少。可现在是干部多到用不了，营长当了连长，连长当了排长。你们都是经过战争锻炼出来的老同志，过去工作战斗都很好，要是处在发展时期，当副排长、排长是没有问题的。可是现在没有这个条件，一个排也不能配两三个副排长呀！"

吴岱又说："现在是黎明前的黑暗，黑暗过去，就是黎明，过了高山，就是平地。目前要积蓄力量准备反攻，把你们集中起来，就是保存骨干，等条件成熟了，革命力量还会像抗战初期那样来个大发展，需要更多的干部，你们都会有用武之地。抗战要积蓄力量，你们每个人也要积蓄力量，抓紧时间学军事、学政治、学文化，长一身本事，好在反攻中大显身手。"

一席话说得老兵们心服口服。

　　四团最老的战士黄木生，1930年入伍，曾当过教导二旅副旅长张仁初的副班长，现在是五连二排的班长，人很老实，他有个特点：慢。说话慢、吃饭慢，就连打个背包也比别人多一倍的时间。大家开玩笑叫他木头，这样的班长领导的班，当然也紧张不起来，成为五连最落后的班。二排长很烦他，有一次集合晚了，排长说了他几句。他火了，说："我是井冈山下来的，我的兵都当了副旅长，你还呵斥我。"排长也在气头上，说："井冈山的骡子，还得驮重机枪，你摆什么老资格？"两个人打起来了。

　　吴岱先找排长谈话，批评他，你怎么能把红军老同志比作井冈山的骡子？他又找黄木生征求意见，黄木生很有自知之明，说，吴政委，都怪我不好。

用报刊来指导部队建设

　　实行党的一元化领导，滨海抗日根据地建设发展很快。在农村减租减息、清算地主恶霸，群众发动起来了，青年踊跃参加子弟兵，部队壮大了。

　　1943年7月新四军第三师第八旅第二十三团奉中央军委命令由苏北进驻赣榆，调归滨海军区建制。

　　二十三团前身是红二十五军七十五师，1932年11月诞生于湖北黄安县，经历了长征，到达陕北后编入红一军团，抗战初期整编为一一五师三四四旅六八七团，皖南事变后，该团编为新四军第三师第八旅第二十三团，进驻苏北盐阜，分别三年，又奉命回到了滨海。

　　常恩多领导的新一一一师起义部队，在常恩多病逝后，万毅同志被党组织营救回来，这支部队便由万毅领导。在这次整编中，编为滨海支队（师级建制），亦划归滨海军区建制。实际上，滨海军区共有九个团，其中四个主力团，加上地方武装，全军区总兵力增至3.6万余人，战斗力进一步加强。

　　滨海军区部队不断增多，迫切需要办一份报纸来指导部队的教育训练和各项军政建设工作。符竹庭过去在冀鲁边区工作期间就办过《挺进报》《挺进月刊》，指导边区政府创办《烽火报》。于是，他把办报的想法报告了罗荣桓。罗荣桓听后很高兴，"好啊！目前师部已撤销，那就把师部战士报社移送给你们滨海军区吧，并改个名字叫《民兵报》。"

"好啊！不过我们滨海军区是主力军，叫'民兵'是不是有些不太合适。"符竹庭有些不解。

罗荣桓解释道："主力军和地方武装，都是人民子弟兵，叫'民兵'还是恰当的。"

符竹庭听后高兴地说："明白了，《民兵报》含义深远啊！"

罗荣桓很快将战士报社移送给了滨海军区。

这天，符竹庭思寻着《民兵报》的报头问题。他想："报头书法一定要有英雄气概，由谁来书写报头呢？"他思来想去，忽然想起了老战友舒同。舒同是军中有名的书法大师；长征路上，舒同书写的宣传标语给符竹庭留下了深刻的印象。然而此时舒同身处延安。符竹庭特此向舒同拍发电报求字。舒同收到符竹庭的电报后，欣然应允，经反复书写，最终挑选最满意的书法作品："民兵报"，快速将其送到符竹庭手中。

符竹庭收到舒同的书法作品"民兵报"后，便把刚到任的《民兵报》主编张秋桥找来，对他说："中央决定山东实行一元化领导以后，滨海军区的部队增多了，需要办一张铅印报纸，来指导部队的训练和建设。你来了，很好！"随后，他便拿出舒同写好的"民兵报"书法作品交给张秋桥，微笑着对他说："这是我请部队书法家舒同同志给《民兵报》写的报头。你找合适的人把字刻好。"

张秋桥见了舒同的书法作品惊喜地说道："舒同的字果然名不虚传，他写的'民兵'二字，就像东岳泰山那样巍峨多姿又饱含山川灵秀。"

符竹庭称赞说："报头写得很有英雄气概，一定会给军区这个新办的铅印报纸生辉。我们《民兵报》就是要办得有生气，有革命英雄气概。"

1943 年 5 月 20 日，滨海军区政治部机关报《民兵报》创刊发行了。该报开辟了《望远镜》《红榜》《劝化院》《回头路》《俱乐部》《工农干部习作》等十几个专栏，丰富多彩，灵活多变，大家喜闻乐见。符竹庭撰写的理论文章《我们生长于人民之中》，就是发表在《民兵报》上。著名歌曲《你是灯塔》《滨海进行曲》，也是通过《民兵报》广为传播的。

军事大比武

1943 年，滨海军区举行了规模较大的军事训练比赛，陈士榘、符竹庭是这场比赛的组织者。军区组织了四个团一万余人参加，周围几十里的村庄都驻满了八路军的队伍。预计比赛分两个阶段：第一阶段检阅军事训练成绩；第二阶段比赛打仗。

天露明，符竹庭走进六团驻地，看到胡同口、拐巷、墙角上都画有一个个黑色的鬼子头和靶子。三连的营房边还扎了些大草人，高的、矮的都有。

练刺杀的声音在四面八方"哗啦哗啦"地响，战士们两个、三个一组，都在举枪练拼刺刀。连厕所门口都有一个大草人，战士们路过都要举枪来刺几下。

食堂近旁，也站着一排排的大草人，战士一路走来，吃完饭再一路刺回去。

连队俱乐部里，画了二十多个靶子，北屋里布置了战士自己画的 17 幅射击图解，西墙上写着射击要领，南墙上写着："喂！咱俩瞄瞄看。"四面的墙上都写满了瞄准的标语和口号。大门口写着："打铁须得自身硬，瞄两枪再走。"战士们有瞄准的，有抄要领的，有图解前纠正自己的姿势的，连长在讲解怎样检查枪的摆动，怎样使用压肩器。就连三连驻村的儿童团员们也用三根秫秸做成三脚架，模仿三连战士瞄三角。

符竹庭来到军区炮兵连，李玉璋在大炮边琢磨着什么。

符竹庭认识李玉璋：35 岁，11 年党龄的共产党员，一个有着朴实农民面孔的甘肃人。

李玉璋性子有点慢，但凡事爱琢磨。

那次一一五师在梁山歼灭战中，缴获了两门九二式步兵炮，许多战士头一回见到这样的火炮。拉炮的洋马被打死，就向老百姓借了几头牛套上拉，可是大炮摇来摆去就是不上路。有个侦察员跑来说："我看鬼子拉炮时，炮口是朝后的。"经他这么一提醒，才把大炮拉走了。送到炮兵连后，一直愁着没人会用它。

　　李玉璋摸摸漆着崭新的绿漆炮身，擦亮带着洋字的瞄准镜，摆弄了一下奇巧玲珑的观测器，始终找不出门道来。可是炮一到手，总得使唤啊。他就天天围着大炮琢磨。

　　终于，在南阳湖畔打三山子，轮到大炮发话了。李玉璋在距目标百余米的阵地上，不声不响地端详了好久。最后，炮放嗓子吼叫了，第一颗炮弹打进了围子，第二颗稍偏一点，也打进了围子，他完成了任务，指挥员笑着拍拍他的肩膀，表示满意。

　　有人问他炮是怎么打的，他慢悠悠地说："目标是从炮口里瞄去的。"大家都笑了。

　　他对陌生的新炮产生了兴趣，没事时，总蹲在炮架子旁边端详它。

　　他带一个排长一个班长还有军事教员，用了三周的时间天天拆卸大炮的零件，最后，他摸弄着每块卸开的零件自言自语道："还是这么回事啊！"

　　随后带着他的炮，从天宝山打过南大顶，费县北打过刘黑七，并且参加了郯城等战役。

　　若是某一发炮弹不能命中，战后他会在大炮前踱来踱去，和战友们一起找问题。自己每天清晨到野外练习目测，走路的时候也将前面的树或房子假定为目标，估计了中间的距离，然后暗暗数着步子走过去。

　　符竹庭听说过李玉璋这些故事，他拍拍李玉璋的肩膀，好好练吧，练成神炮手，你还要带出更多的神炮手。

　　8月1日，滨海军区军事训练比赛举行开幕式，会场设在景色秀丽的临沭县蛟龙湾村。一段没有水的沙河套里，靠着一片杨树林子搭了个临时主席台，挂着毛主席、朱总司令的画像。四团、六团排成纵队在主席台中央；二十三团、海陵独立团分列两旁，部队外面还有围观的群众。一层层看不到边的战士，整齐地盘腿坐在河滩上，刺刀的白刃闪着光。一门门高射炮，指向天空；还有多门平射炮、迫击炮和野战炮，威风凛凛，军号声声。

　　山东军区政治部主任肖华也来了，二十多名抗日小学的学生唱完歌后，他走到台下笑着说："四团、六团怎么啦？瘪犊子啦？唱起来啊！"

　　吴岱从文化教员中选出两个人，一个担任啦啦队长，一个指挥唱歌。四团首先齐唱《八路军军歌》，然后又唱了节奏快的《我们都是神枪手》，接着，全团一齐喊："欢迎老大哥六团来一个。"

全场情绪高涨，六团政委刘西元忽地站起来，说："好一个吴岱，你将了我们一军。"

他对六团说："我们来一个《大刀向鬼子们的头上砍去》。"

刘西元亲自指挥，六团个个卖劲，最后一连喊了声："杀！杀！杀！"气吞长虹。他又领着六团喊起来："欢迎吴政委也指挥唱一个。"

吴岱是个哑嗓子，在这方面可比不上刘西元，刘西元这是将吴岱的军。

四团指挥唱歌的文化教员自动站出来说："我们唱个《枪对外，齐步前进》。"

六团战士马上七嘴八舌地喊："不行，让吴政委指挥！"

吴岱小声对文化教员说："你起个头，我打拍子。"

八路军的革命英雄主义精神就是这样，当你激发起来，就会形成一股力量，都想压倒对方。虽然吴岱的拍子打得不高明，可四团唱起来又整齐，又响亮，后面也学着六团连喊了声："杀！杀！杀！"四团、六团摽上了劲。

在技术比赛中，四个团各有长处，但是大家的注意力还是集中在四团和六团的成绩上。实弹射击四团获建制班第一，六团获特等射手第一；投弹六团获总成绩第一，四团获个人投弹能手第一；刺杀本来六团比四团强，但两个团比了个平手，六团很不服气，憋着气要在打仗上见个高低。

技术比赛容易，打仗比赛，就不好组织，更不好评比，因为敌人有强弱之分，地形有有利与不利之别。但已经决定要比赛，还是选定郯城附近几个据点作为攻打目标。刚要开始，郯城的日伪军又向外增设了据点。看样子有向我根据地"扫荡""蚕食"的迹象。打仗比赛只好终止，部队准备反"扫荡"，保卫秋收。

时任赣榆县大队教导员的李刚，新中国成立后曾任济南军区政治部主任。他对当年符竹庭政委组织的这场军事大比武刻骨铭心、深切怀念，曾写下了这样一首诗：

抗敌武装遍地起，蛟龙比武振军威。

智取赣城庆胜利，……

时隔 70 年后，2013 年 6 月 19 日，《解放军报》第八版"老照片之特别策划栏目"登载了相关历史照片，让我们领略了当年符竹庭将军组织的这场军事大比武的飒爽英姿！

"立即"的背后

1943 年 9 月以后，中共滨海区党委为适应根据地发展的需要，在滨北成立了第一军分区及地委、专署，辖莒北、日北、诸城、诸莒边、诸胶边等县。梁兴初任军分区司令员兼十三团团长，刘西元任地委书记、军分区政委兼十三团政委。滨海区第二军分区及地委、专署在滨南成立，辖临沭、郯城、沭水、海陵等县。罗华生任军分区司令员兼第四团团长，张雄任地委书记、军分区政委兼第四团政委。

在正式命令没有下达前，机构设置、干部配备和人员的调整，罗荣桓、陈士榘、符竹庭一直在运筹着。一般干部均不知自己位置的变动情况。四团政委吴岱也不例外。就在命令下达的当天早上，吴岱对团部通信员说："我到一营看看，你和警卫员就不用去了。"通信员知道这是政委的习惯，稍有空，他不带通信员和警卫员，独自到营、连甚至班排和战士拉家常，有时在一起打篮球。快到中午时，吴岱到了一营二连四班，真巧，四班战士们正在包饺子，见吴政委来了，一个个笑逐颜开。班长说："政委呀，你怎么知道我们班今天包饺子呀？"吴岱笑着说："我在连部时就闻到饺子香味，顺着这香味就找到了不是。"战士们一起大笑。一个战士说："政委，这次饺子肯定比上次的好吃。"吴岱说："这么说上次我做的饺子馅不如这一次了？"

还没等那个战士说话，团部通信员骑着快马来到四班，飞身下马心急火燎地说："报告政委，罗团长请你马上回去。"

吴岱看着通信员带来自己的战马，知道有紧急情况，这是常有的事无须多问，但这次出现什么样的紧急情况呢？他来一营时，没有任何敌情方面的通报啊。吴岱脸色凝重，什么都没说，转身出门牵过马缰，敏捷地翻身跨上马背，只说一声："驾！"马蹄"嘚嘚嘚……"地向团部飞奔而去。四班战士看着飞马而去的政委，失望至极。四班长说："唉，这个晦气的通信员，等政委吃完饺子你再来也不迟呀。早不来晚不来，偏偏在饺子要下锅时你就来了。"

吴岱策马回到团部，见团长罗华生和山东军区特务团政委张雄面对面在交谈。张雄可是老资格了，要不怎么能当特务团的政委？吴岱和他是老相识了，几年不见更精干了，他老兄今天到四团做什么？

罗华生和张雄见吴岱回来，罗华生说："好快呀。"

张雄站起来迎上前去，未等吴岱说话，就一把抓住吴岱的手摇晃着："老伙计，多年不见，还是这样雷厉风行。"

吴岱说："特务政委，不去当你的特务，跑到四团为的什么？"

张雄假装生气地说："吴岱，我正告你，你立即给我走！快走！到军区首长那里去。这里不要你，快走！"

吴岱说："老伙计，发什么火呀，我们在一起不是常常狗皮袜子没反正嘛，开个玩笑就当真。坐，坐。"

张雄道："谁跟你开玩笑？快走吧，别磨蹭了。"

罗华生慢吞吞地接话道："张政委可没跟你开玩笑。"

吴岱真有点蒙了："发生了什么情况？"

罗华生道："发生什么情况你能不知道？你吴政委嫌我老罗老了，赶不上你的脚步，是不是？要撇开我想飞，好啊，那就快点走吧，走吧。"

吴岱知道罗团长还有张雄的话似乎都是在调侃自己，这是怎么啦？他今天实在吃不准究竟是发生了什么事，看看罗华生又看看张雄，不由一阵茫然。张雄瞥了一眼罗华生，笑嘻嘻地递给吴岱一份盖上鲜红大印的任命书："任命张雄为四团政委。"

吴岱吃了一惊，张雄为四团政委，也就是说，四团政委不再是他吴岱而是眼前的张雄。

吴岱看着任命书不由一阵发呆。罗华生这时又递给他一份电报："你自己再看看这份电报吧。"

吴岱接过电报一看，上面赫然醒目的一行字："吴岱立即到军区报到。"

到这时，吴岱才明白了刚才张雄和罗华生调侃自己的缘由，但他又有些纳闷：部队干部调动，除特殊情况，一般情况下，各级干部从任命到正式上任之间，都有一段谈话、欢送、交代工作的过程，没有说"立即"的，而这份电报上明明白白地写着："立即"。作为军人都知道"立即"的含义，这是容不得商量的命令，太刺眼了。但这只是职务的变动而不是处理军情，何以用"立即"二字呢？

吴岱看着罗华生和张雄说："军人以服从命令为天职，我服从！不过我有个请求。"

罗华生说："你要离开四团了，我心里不是滋味，临走了什么要求都可以，都可以。"

吴岱说："团长，你也是我的老首长。你是知道的，从1937年冬四团（当时叫补充团）成立以来，我就在四团，从晋东南到晋西北，又从晋西北到山东，哪一天离开过四团？四团的战士是我的战友，四团是我的家呀，离开家总得打声招呼吧？"吴岱说完眼巴巴地看着罗华生。其实，吴岱还有好多话，好多潜台词：四团这些年建立起来的政治工作体系和工作制度，他想做而没有做完；有些干部、战士早就想找他谈心，自己答应了，要走了应该跟他们打个招呼。

罗华生说："我明白了，你是想等两天再走是吧？这跟我想到一起了，等三天也可以呀。作为团长，我完全同意，张政委你说呢？"

张雄说："我也完全同意。刚才见面说你马上走是闹着玩的，多留几天咱哥俩好好亲热亲热。不过，你最好给军区首长发个电报，说不必'立即'，过几天再'立即'不迟。这样你就有好果子吃了。嘻嘻……"

吴岱暗暗叫苦，张雄这家伙说话从来都这样叫你难受。

吴岱虽然是赫赫有名的老四团政委，毕竟他才二十几岁，离孔夫子的"三十而立"小了好几岁。在"立即"的离任中，出现复杂的矛盾心理在所难免，可是他能够分清主次，轻重缓急，作出果断的决定："立即到军区报到！"

吴岱走到罗华生、张雄面前敬了个礼,罗华生、张雄激动地站起来还礼,三人的手紧握在一起,"珍重""再见"的话不住地说。

吴岱出了团部大门,向罗华生、张雄等挥手再见,翻身上马,离开了四团,向滨海军区司令部驻地飞奔。

太阳慢慢地向西坠落,吴岱背着太阳在沂水、沭河间奔驰,好像把时间也缩短了。当他赶到军区司令部驻地,太阳已躲到山后睡觉去了。战马累得够呛,像从水里刚捞出来一般。

吴岱走到大院门口,便大声向卫兵说:"我是四团政委吴岱。"说完直向院内走去。

此时,陈士榘和符竹庭正在院子里谈论这次干部配备问题,觉得罗荣桓司令员这次干部调整,慎重地考虑了每个干部的特点、特长,注重新老干部搭配。听到吴岱的声音,陈士榘说:"吴岱,进来吧,我们等你半天了。"

符竹庭操着浓重的江西广昌口音说:"还冇(没)歇(吃)饭吧?"

吴岱说:"在二连四班准备下饺子呢,因为'立即'的原因就把中午饺子'立即'掉了。"陈士榘说:"这么说,现在是午饭、晚饭一起吃了?'立即'把你肚子饿坏了。"

符竹庭说:"警卫员,把吴政委的午饭、晚饭一起端到这里来。"

听到老首长的话,吴岱感到了亲切、温暖和关怀。在老首长面前,他无时不感到这种温暖和幸福。

警卫员端来一碗红焖肉,一碗焖豆角,四个馒头放在吴岱的面前。

符竹庭看了看吴岱说:"这四个馒头,两个是午饭、两个是晚饭,够不够?"

红焖肉的香气使吴岱更感到饥饿,忙夹起一块肉放进嘴里,大口大口地咬着馒头说:"够了,够了,比饺子还好吃。"

陈士榘看吴岱吃得这么香,说:"符政委知道你爱吃红焖肉,特意为你做的。你要是恋家不能立即赶到军区,不但没有这个口福,恐怕连肉汤都喝不上。"

吴岱听了这话,急不可耐地问:"首长,没有军情又不打仗,立即要我赶到军区干什么？"

陈士榘说："张雄跟你说了没有，为什么叫你立即赶到军区？"

"没有啊。我想再留两天交代一下工作，向战友告别，张雄还极力支持，说咱们哥俩好好亲热亲热，要我给首长发个电报，这样的话一定会有好果子吃的。罗团长也是这个态度。"

符竹庭和陈士榘开怀大笑。符竹庭说："那你吴岱应该听他们的呀，怎么又'立即'了呢？有好果子吃也不比红焖肉差到哪里去啊？"

陈士榘的鄂西高腔顿挫有致："好个张雄，他完全知道内情的，虽不是紧急军情，但事情却是一刻也耽误不得的。因为他知道六团政委刘西元还等你呢。张雄知道你不会吃那'好果子'的，拿话调侃你。都到这时候了，张雄也没忘记拿你寻开心，他把你当小孩子看了。我们吴岱是少年大将军啊，张雄的弦外之音你还听不出来？"

吴岱一听自己要到六团，心里"咯噔"一下。革命嘛，到哪里都一样，何况六团是个英雄团呢？这个六团是彭德怀红三军团的老底子，抗战后编为一一五师三四三旅六八六团，后来又整编为一一五师教导二旅六团，滨海军区六团。到这个团是种福气，得了便宜还卖乖吗？有什么挑剔的呢？但问题不在这里，自己在四团工作了那么多年，离开了，向战友告个别……

"哎，怎么停筷子了？想什么呢？"符竹庭笑着说。其实，不管符竹庭还是陈士榘，对吴岱的思想把得很准的。眼下吴岱心里想什么，揣的"小九九"，他们知道得一清二楚。八路军上下级关系是在血与火的战斗中形成的情同手足的关系，吴岱来到军区，就像自己的弟弟来看望，有好多的话呢，只是眼下没有多少时间细说罢了。

陈士榘说："快点趁热吃吧，吃完了跟你说几句，你听完了今晚还得立即连夜赶到六团去。"

吴岱一听瞠目结舌，又是"立即"，这是今天第二个"立即"了。"立即"中好像有很多谜呀。

吴岱忐忑不安，满脑子问号。他擦擦满嘴的油腻，直勾勾地看着二位首长。一种友情、亲情、信任，抑或一种依赖和企盼的目光。

符竹庭拿出一份文件递给吴岱:"时间紧迫,我们不准备多说了。你自己看。"

吴岱接过文件,这是一份山东军区为适应抗战形势,调整滨海军区党政军组织结构的重要文件。文件决定滨海军区成立三个军分区:六团政委刘西元调任滨北地委书记、滨北军分区政委兼十三团政委,梁兴初任滨北军分区司令员兼十三团团长;张雄调任滨南地委书记、滨南军分区政委兼四团政委,罗华生任滨南军分区司令员兼四团团长;老六团不列入军分区建制而直属滨海军区指挥,作为机动、威慑的军事力量。像一只铁拳,随时支援各军分区作战,随时投入各战场战役,或出奇兵奔袭敌人,给敌人致命打击。这无疑是一个周密而英明的决策,罗荣桓司令员亲自决定的。

吴岱看完文件,明白了:张雄已经到了第二军(滨南)分区四团,军区首长要自己"立即"到军区,而且明确告诉他要"立即"到六团,就是说六团政委刘西元是在等待他的到来再到第一(滨北)军分区上任。

符竹庭说:"明白了吧?张雄知道这些情况,他是特意给你出个谜语叫你猜。张雄去四团以后,我们告诉六团刘西元,让他等你到了六团后再到第一军分区。时间紧迫,所以叫你今天立即赶到军区,给你交代后,马上赶到六团与刘西元会面。"

陈士榘说:"吴岱啊,你的政治、军事素质很高,你应该明白六团作为滨海军区机动军事力量的重要性。这可是罗荣桓司令员的全盘谋划,你到六团也是他亲自点名的。你呀,好有名气呢,在司令员那里都挂了头牌,首长亲自点将。"

吴岱不好意思地摸摸头说:"还不是首长看我年龄小但鬼机灵,觉得好玩呗。"

符竹庭、陈士榘仰面大笑。符竹庭说:"我也觉得好玩,所以一致拥护司令员的决定,把六团的担子压在你这个好玩的小子肩上。你觉得能不能担起来?"

吴岱轻描淡写地说:"先担起来再说呗。"

陈士榘说:"先担起来再说?你到六团担的重担,担不好当心剃你的头。"

符竹庭笑笑说："你到六团任政治委员。文件上没有说明。罗司令指令你到达六团和刘西元接洽。"

陈士榘说："首长的考虑是全面的。六团的底子我们不清楚吗？六团和四团政治军事各有长短。六团底子老，四团比不了；六团战斗作风好，善打硬仗，但战术没有四团灵活；六团的官兵关系、军政关系、军民关系都赶不上四团。"

符竹庭说："是这样，我看问题就出在一个'老'字上。六团有一批打硬仗、打恶仗的猛将，像陈朝山啦、何万祥啦，可是猛将难带呀。他们作战勇敢，军功在身，于是就常要点骄傲，发点脾气，其实偶尔扬眉吐气点也没有什么，但要经常敲打和淬火。居功自傲是可怕的，哀兵必胜，骄兵必败，教训还少吗？"

陈士榘说："首长点名让你到六团任政委，其深刻用意你要明白，就是让你把四团好的方面带到六团去，把六团锻造成一支战无不胜、攻无不克的钢铁部队，成为一支真正让鬼子闻风丧胆的英雄部队。"

符竹庭说："陈司令员把话说到点子上去了，你到六团有个迫切而具体的任务，山东军区要求 10 月以前所有干部都要参加整风学习班。其他部队和相关人员都参加了整风学习，只有六团那些猛将因为战斗任务没有参加，你到六团要给他们补上这一课，第一件要办的事就是把这些猛将的作风整好，通过整风，让这些猛将在官兵关系、军民关系、政策纪律方面，像打仗一样成为尖兵模范，让他们知道这是双重荣誉。"

整风运动，从 1942 年开始，符竹庭为贯彻落实中共中央、中央军委部署，领导了军区的整风运动。符竹庭主持整风学习，规定学习时间和进度。他要求干部战士对《改造我们的学习》《整顿党的作风》《反对党八股》等主要整风文件，要精读、细读，联系实际反省，务求融会贯通，领会精神实质。

1943 年 8 月 15 日，《大众日报》在头版以《符政委以身作则滨海军区直属队热烈整风》为题，在全山东进行了高度的赞扬。

吴岱激动地看着符竹庭和陈士榘，首长的话让他眼前豁亮，他毅然决然地说："保证做好整风工作，绝不让同志们落后！"

符竹庭笑笑问吴岱："一路奔波，累不累？"

吴岱说:"不累,这点路算什么。"

符竹庭打趣说道:"你要是嫌累就停几天再去六团怎么样?"

陈士榘大笑:"你这个符政委呀,这不是学张雄调侃我们吴政委嘛。这样吧,我派两个骑兵送你去六团。"

吴岱说:"不用了,不用了,我自己去。"

符竹庭说:"送一程,还是要得的,陈司令员早就安排好了。"

吴岱起身立正敬了个标准的军礼:"我立即出发,我不会辜负首长的期望。"

吴岱告别了符竹庭和陈士榘,在军区两个骑兵的引导下上路。三匹骏马奔驰在原野上。十五的月亮又圆又亮,微风吹来十分惬意,吴岱早把一天的疲劳丢得干干净净。六团在赣榆黑林镇厉庄,翻过几座山,跨过沂水河,穿过几片小树林,一个多小时就赶到了。

六团团长曾国华到山东党校学习去了,政委刘西元和新团长贺东生、两个警卫员正在小油灯下打扑克,吴岱风尘仆仆进来,小油灯的火苗晃了几晃,"报告政委,吴岱前来报到。"

刘西元、贺东生等赶忙站起来。刘西元拉着吴岱的手说:"一来就拿我开涮是不是?我正想找你算账,你叫我等得好苦呀!"

吴岱说:"你是我的老大哥,又是我的老领导,向你报告怎么是开涮?"

刘西元说:"说我是你的老大哥可以,怎么能说我是你的老领导?我们都是团政委,你这个政委可比我当得好。《民兵报》说向吴政委学习,可没有说向刘西元学习啊。"

"那是我写了几篇小文章。要说你是老领导,应该是千真万确的。平型关大战时,你是六八六团三营教导员,我是三连指导员,这能错?"

刘西元说:"那都是陈芝麻烂谷子的事,不提也罢。这次军区调整,陈司令员和符政委交代我,你不到啊,我不能走。"

吴岱对比他大不了多少的刘西元很佩服。

刘西元给人的印象是一个思维敏锐富有感召力的政治工作者,军事上也很有一套,还打过许多硬仗,比如掩护卫立煌的白儿沟阻击战。

卫立煌是国民党"五虎上将"之一。1938年3月，日军在大宁一带发现卫立煌部的行踪，板垣征四郎立即派出飞机和步兵阻截。卫立煌迅速向一一五师求援，代师长陈光和政委罗荣桓为了团结卫部共同抗日，指派刘西元率六八六团三营一个连在日寇必经之地白儿沟阻敌。

刘西元带领这个连从上午7时到下午4时，顶住了八百余名日军的数十次进攻，卫立煌部得以安全转移。

战斗过程中，卫立煌用望远镜观察白儿沟的战况，问："那里阻敌几个团？"

"报告，只有一个连。"参谋说。

"八路军真能打！"卫立煌感慨地说。

沉思良久，他又说："这个连恐怕完了。"

卫立煌的预言并未应验。完成阻击任务后，刘西元带着这个连凯旋，不仅毙敌一百多，还缴获了大量战利品。卫立煌当即给一一五师送去一大批子弹、迫击炮和手榴弹，以示感谢。

所以，精明强干的吴岱对刘西元心存敬重之情。吴岱说："刘政委，你还真得好好向我交代一下，别让六团在我手里拉稀了。"

刘西元说："别说那些过谦的话，强将手下无弱兵，你吴岱手下哪来拉稀的兵？你在六团肯定比我干得好。"刘西元说着把六团的花名册交给吴岱，"团长贺东生是你老熟人，打郯城你们就在一个战壕里，知根知底用不着介绍了吧？"

站在一边的贺东生道："我肚子里有几条蛔虫，吴政委都清楚。"

吴岱说："这不假，我吴岱的肠子有几道弯，贺团长也一清二楚。1935年长征时就认识，他是通信队长，我在警备连当通信员。"

刘西元说："这样吧，团领导就不用介绍了，谈谈部队情况吧。"

贺东生和警卫员离开，吴岱和刘西元在一起谈起来没完。警卫员添了几次油，直到公鸡叫了几遍，刘西元说："不用睡觉，天一亮我就得到第一军分区去，就这样吧。"

刘西元刚要离开，又回头说："还有一件大事，干部整风学习班的事，连以上干部过去由军区集训，六团还有二连指导员曹伟、连长何万祥、副指导员杨宦胜；八连连长陈朝山、炮连连长李玉璋五个人没参训。刚把他们集中起来，战斗任务来了，部队又把他们要回去了，留了这么个尾巴，军区机关催，符政委也批评，也怪我抓得不紧。好啦，你去收拾他们吧，帮他们好好脱了裤子割尾巴，给他们好好整整风，军区再批评就找你喽。"

　　吴岱说："这个事我在军区时符政委也给我讲了。你放心好了。"

　　……

三十一、抓武工队建设夜不能寐

瓦解敌人的有效方法

1943 年春天，滨海大地，遍地青绿。蜿蜒的村路和溪流穿越广阔的田野，天边是迤逦的群山，空气中散发着泥土的气味，田野里缭绕地升起一团团烟雾来，林子里传来一声声鸟鸣，沟渠边一排排榆树枝叶掩映，参差入画。

3 月 29 日早晨，晨光熹微，军号嘹亮。徐班庄滨海军区司令部驻地，一队队八路军战士随着阵阵号声，飞快地跑出营房，齐刷刷地开始了早操训练。

符竹庭政委走近两个号兵，"家是哪里的啊？"

"首长，我叫卞聚友，号兵排排长，赣榆县芦阳区杨洼村的。"

"报告，我叫张兴华，赣榆县墩尚镇人。"

"号吹得不错啊！起床号悠扬，集合号急促，冲锋号激昂。我听得过瘾啊！拿破仑说，军号是战争之魂，部队前进、后退，全靠号来指挥，吹错了，性命攸关啊。"

"请首长放心，保证不会出错！我们打过郯城，俘虏过不少伪军，排长会几十种号谱哪。"张兴华指着卞聚友说。

"噢？就是在尚村俘虏一个伪军中队的那次？不简单哪！你们参军之前做什么的啊？"符竹庭问卞聚友。

"俺俩都是吹鼓手，从小跟父亲混饭吃的。"

"吹鼓手？好啊！军号嘀嗒地吹，我们就吹着冲锋号给日本鬼子送终吧！你们俩啊，平时在敌后要多教教战士们，给我们培养一些号兵！"

"是!"

"驾……驾……"陈士榘骑着马带着两个警卫员跑了过来,他马鞭一挥,对符竹庭说道:"上马啊!"

两人骑着马,箭一般射向一片树林。

"吁……吁……"两人飞身下马,警卫员赵普和房桂生分别接过马缰绳。

"我的政委啊,我想起了我们在红军大学骑马的时候喽,那时候我跑不过你,今天你可比我慢几拍哟!"

"你看,你看,让你三尺你就骄傲了?"符竹庭擦了把汗,"昨天晚上啊,我翻来覆去没睡好。"

"怎么?还在想武工队的事?"

"是啊。我是想,怎么把武工队建设成一支让鬼子汉奸闻风丧胆的队伍啊!"

两人有说有笑,边走边聊,赵普和房桂生紧跟在后面。

"武工队"全称叫敌后武装工作队,是由军队、政府、民兵相结合的精干的战斗组织。每个队员既是战斗员,又是宣传员、组织员,他们搜集情报,锄奸反特,瓦解分化伪军,伪组织,发展秘密武装,形成"隐蔽根据地",把敌人统治的心脏地区变成打击敌人的前沿阵地。

武工队设队长、政委或指导员。人数较多的武工队,队下还设小队。开始要求很高,队长必须是营以上干部,政委则必须是团以上干部,队员由排级以上干部组成;后来编制扩大,由班以上干部组成。装备也是精良的,基本上每人一到两支短枪;环境许可的地区,每人除短枪外,还有一支马枪或冲锋枪;有的武工队还有掷弹筒,但装备机枪的不多。

武工队插入敌后,首先是建立关系户,取得立足点,然后逐步由点到线,由线到面地发展。工作上则采取隐蔽斗争方式,依靠基本群众,广泛团结开明士绅和爱国人士,进而以合法形式与名义,秘密地组织群众进行抗日斗争。符竹庭早在1938年担任八路军东进抗日挺进纵队政治部主任时,就重视武工队建设,据"挺纵"政治部民运部部长李青回忆:"在开辟鲁北各县工作中,肖华同志和符竹庭同志十分重视组织精干武装配备地方党政干部深入边沿区和敌占区，发动群众打击敌伪活动，扩大解放区。这种'大武工队'式的敌进我进的斗争方式，效果很好。"

符竹庭兼任滨海锄奸委员会书记。所以，敌后武工队的工作在符竹庭直接领导下，各地委、军分区，各县委和团都设立了敌工部（股），对敌斗争呈现遍地开花、烽火燎原之势。他经常召集史甄、吕本支、符浩、杨斯德等敌工干部开会研究具体工作，非常关心敌工干部的生活和安全。后来，在杨斯德、肖凤山合写的《重视瓦解敌军工作的好政委》一文中，有这样一段描述："符竹庭政委不仅重视培养和使用敌工干部，而且对他们十分爱护。他深知在战争年代，敌工干部深入敌占区，单独执行任务，随时随地都有生命危险。他经常赞扬他们忠于党、忠于革命事业，是人民的'无名英雄'。当有的同志深入敌穴执行任务，遇到意外危险时，符政委总是亲自听取汇报，详细了解情况，千方百计设法营救。"

时任临沭县公安局局长，新中国成立后曾任公安部常务副部长的吕剑光回忆："我先前担任过中共临沂工委副书记、书记和公安局长。符竹庭当时是教导二旅政委，滨海区书记，他特别重视敌工工作，几次和我们谈话。后来他担任滨海军区政委，对敌工工作抓得很紧。"

滨海军区敌工部直属七个武工大队，各地委、军分区，县委、县大队都有武工队。武工队广泛发动对日伪军的政治攻势、分化瓦解敌伪组织。总结出一套行之有效的方法：一是"记善恶录"，就是贯彻我党宽大与镇压相结合的政策。在伪军政人员中，谁做了对人民有利的事，就给他记上红点；谁做了坏事，就记黑点。红点多的可以赎罪，黑点多的给予惩罚。二是"政治攻心"，就是针对日军思乡和厌战情绪，通过内线关系向日军进行形式多样的攻心战。三是"深夜上课"，就是在夜晚将据点包围起来，向日伪军喊话，教育他们弃恶从善，改邪归正。四是"唤子索夫"，就是在对各村伪军登记的基础上，召开伪军家属座谈会，了解伪军内部情况，宣传我军对敌伪人员投诚起义和宽待俘虏的政策，宣传民主政府颁布的对弃暗投明伪军的规定和携带武器归来人员的奖励办法，印刷伪军归来通行证，发动伪军家属掀起"唤子索夫"投诚归来的一封信运动。五是"霸王请客"，就是定期集训，教育伪职人员。集训，一般在敌占区或边沿区进行，每年一两次。对表现好的伪村长，先通知他等候，采取假"抓"的办法带到根据地来，对表现不好的伪村长，则采取堵住家门，把他"请来"。在集训班里给他讲政策，进行民族气节教育，对好的村长，不指名表扬，对坏的则指名道姓地批评和警告。同时，还教会他们一些对付敌人的办法。六是"脱胎换骨"，就是在敌人内部发展党员，建立党组织，使之达到白皮红心。

比如，1943年春天，海陵县、区武工队配合主力部队采取统一行动，根据事先拟好的名单，一夜之间东从白塔埠，西至阿湖，一路抓捕伪乡、保、甲长三百多人，使铁路沿线伪政权一时陷于瘫痪。

与此同时，群众性的游击战也普遍开展起来。县大队、区中队、民兵联防、游击小组，到处开展了地雷战、麻雀战、破袭战。敌人一来，老百姓坚壁清野、连水井都掩盖起来，以"三空"（搬空、藏空、躲空）来对付敌人的"三光"，使敌人寸步难行。

抗日战场上的"孙悟空"

滨海敌后武工队像一群千变万化的孙悟空，神出鬼没地穿插在滨海区各地，潜行在敌人稠密的点线之间，使敌人合击扑空，伪化不成，闻风丧胆，人心惶惶。龟缩在据点里，也是胆战心惊。

5月15日清晨，临沭县张家围子村，一队"鬼子兵"向张家围子据点开去，为首的小队长走在最前头。他腰挎战刀，身背匣子枪，白净的脸上小山羊胡子一翘一翘的，满脸杀气。身边穿西服的一个"翻译官"不时咕噜着日语，好不威风。

跟在后边的十几个"日本兵"手端"三八大盖"步枪，神气十足，皮鞋踏地"咔、咔、咔"直响，一路上尘土飞扬。早起下地的老百姓望见，纷纷躲进庄稼地里，"日本兵"顾不上这些，直向张家围子奔去。

张家围子是个大村，西依沭河，东临屋楼山，四面围有高墙，高墙上设有炮楼，日伪派重兵在此把守。它和莒城、招贤敌据点构成鼎字形，互为犄角，遥相呼应，是日伪军揳向山区根据地的一颗钉子。

"日本兵"行至离张家围子附近的时候，突然，从对面村里涌出一队伪军，与之相对而行。

"出啥事了？难道他们……""日军"小队长握紧战刀，向身后的士兵使了个眼色，十几个"日本兵""哗啦"一声，刀出鞘，弹上膛，做好了战斗准备。

短兵相接，伪军头目打量了一下走在最前头的"日军"小队长，心里不免疑惑起来：不对啊，我常来张家围子，怎么不认识这位"皇军"长官？莫非……他刚要问话，"啪啪！"脸上挨了两记耳光。"日军"小队长边打边叽里呱啦叫着，"翻译官"急中生智，忙对伪军头目讲："皇军驾到，你们快闪路！若耽误太君的军务，可要自找麻烦！"

被打蒙的伪军头目，一边擦嘴角上的血，一边结结巴巴地答道："我……我，我该死！皇……皇军驾到，我……我有眼不识泰山。"他踢了站在路中间发呆的伪军一脚："妈的！皇军驾到，还……还不快点让路！"伪军们吓破了胆，慌忙闪到路两边。"日军"理都不理，扬长而去。

"日军"小队很快来到张家围子西门口，站岗的伪军目睹了刚才发生的一切，三个门岗"啪"一个立正敬礼。"翻译官"又训斥道："妈的！眼瞎了！敢不给太君敬礼，浑蛋！"打了那伪军两记耳光。"日军"不由分说，缴了伪军的械，将其捆绑起来，嘴里塞上毛巾，四个黑狗子迷糊了："天哪！今日皇军怎么不问青红皂白，又打又骂？"

"日军"闯进了伪军中队部大院，伪中队长和一个小头目还在蒙头大睡，"翻译官"乘机将挂在墙上的手枪摘了下来，大声骂道："妈的！日头晒着腚了，还不快滚起来！如果'八路'来了，你们来得及对付?!"两人刚爬起来，便束手就擒。

伪军看到"日军"又骂人又抓人，莫名其妙，个个提心吊胆。"翻译官"向值班的伪军小头目下令："皇军要检阅全队，快快院内集合。""日军"小队长两手抔腰，摆出太君训话的架势。伪军小队长报告："请太君训话。""日军"小队长向前跨了一步，哇啦哇啦地说了几句："拨了茄子栽葱，拨了茄子栽葱！"话说得太快，伪军们辨不清说的是些什么日语，头脑毫无反应。"翻译官"

却说:"太君叫你们架起枪,徒手集合!"伪军不敢怠慢,一双双恐惑的眼睛直勾勾地瞪着"日军"小队长,心里嘀咕着:"皇军想要干啥?"

"日军"小队长训话的当口儿,临沭独立营四连增援的突击队接到信号,立即潮水般地涌进了张家围子。伪军一见"八路"来了,个个目瞪口呆,奇怪的是"日军"小队长竟和八路军亲热地握起手来,伪军中队长顿时明白了真相,可枪已被下,无可奈何。他胆战心惊地问道:"你们是——?"

"你的大大的明白,我的'八路'的干活!"小队长把日军帽子摘下来,一扔,脱掉上衣,露出"八路军"的臂章。伪军个个像泄了气的皮球,乖乖地举手当了俘虏。

他们哪里晓得,这位"日军"小队长原来是临沭独立营有名的战将、四连副连长魏洪均,那十几名"日本兵"是智勇双全的武工队员。而定出"瞒天过海"之计的,正是临沭独立营的副政委曹吉亭和副营长王爱忠。

魏副连长把手一挥命令道:"放火烧炮楼!"不一会儿,张家围子四角的炮楼大火熊熊,浓烟遮住了半边天。

此次战斗,俘虏伪军中队长以下七十余人,缴轻机枪一挺,长短枪七十余支。

根据符竹庭政委的指示,滨海的武工队忽而东,忽而西,时而分散,时而集中。今天配合当地政府组织发动群众,明天又带领民兵破坏公路、炸毁桥梁、割断电线。白天分散打击敌人宣扶班、抢粮队和伪政权,晚上又集中起来,长途奔袭日伪据点。

武工队员不仅打鬼子锄汉奸,还有项重要任务就是训练当地民兵,帮助民兵搞好军事训练,壮大民兵队伍。滨海的民兵在武工队的训练下,在战争的洗礼中不断壮大,海陵县"爆炸大王"高广珍在山东"八一"群英会上被授予"民兵英雄"称号,他研制的竹鞘雷、钉雷、坠子雷、钢箕雷炸得日伪军丧魂落魄。他在一次试验中不幸意外爆炸失去一只眼睛。

赣榆县芦阳区的李光苍,海陵县的马步坦,都是滨海区有名的爆炸英雄。"地雷阵"使得从滕官庄到石桥行进的敌人,短短六里路上画了二百多个圈圈。

孤胆英雄宋继柳

1942 年 10 月，敌工干事韩成林遭到新浦日军逮捕关押，严刑拷打，但他坚称自己是个贩盐的。严守机密，宁死不屈。日寇无计可施，决定押送他去日本本土做劳役。

符竹庭政委获知这一情况，立即把营救任务交给了武工大队队长罗光。

罗光接受任务后，不敢停留，连夜奔向宋庄找武工队小队队长宋继柳。

为什么罗光要找宋继柳？因为宋继柳是一位智勇双全的武工队员。他 1908 年出生于赣榆县宋庄乡一个渔民家庭，从小练就了一身好武功。一根棍棒舞得两耳生风，一条铁鞭耍得人眼花缭乱。那枪法更是神奇厉害，先练打飞禽走兽，后练百步穿杨左右开弓，弹无虚发，成为方圆几十里的草莽英雄。1940 年他参加了八路军，首长和战友们信任他，喜欢把艰苦的任务交给他，他每次都出色地完成了任务。后来他担任了武工小队队长，每天腰里插了把匣子枪，带着几个武工队员，在碉堡据点林立的敌人腹地，穿来穿去。他活动的地方，也就不断发生伪军"失踪"的事件，像杨步仁的别动队员、伪七十一旅的军官、反动会道门龙头会头目，经常连人带枪，做了宋继柳的俘虏。

老百姓这样说："土匪被宋继柳'治安'了，伪军不敢出来抓人了，晚上不用关起门来睡觉了。"

罗光知道这次任务的分量，他到了宋庄，当面对宋继柳说："这是符政委交给的重任，一定要圆满地完成好。"宋继柳说："大队长，放心吧，我一定完成军区首长交给的任务！"他又低头沉思琢磨道："眼下韩成林已被押到新浦宪兵队，到新浦去救人是不可能的，弄不好还会进一步暴露身份，给他增加危险，必须想个高招。"

罗光说："老宋，你看能不能抓个日本人，和他来个走马换将？"

抓鬼子、捉汉奸，那可是宋继柳拿手好戏。宋继柳一拍大腿："行！我宋继柳保证三天之内交人。"

罗光走后，宋继柳来到西郑庄，从内线获悉，明天有一个叫佐藤的日军少佐从新浦坐黄包车去青口。第二天一大早，宋继柳扮成捉蟹子的渔民，只身一人来到小东关公路上，恭候佐藤。

这里是佐藤必经之路，路两旁是大片大片的芦苇荡，正是设伏的好地方。

从早晨等到中午，未见日军踪影，眼看日将偏西，宋继柳好不心急。忽然，一辆黄包车由南向北而来，车上坐着个日本人。宋继柳一个箭步蹿上前去，伸手将日本人从车上拎下来。全套动作不到半分钟的时间。那个日本人正在车上打瞌睡呢，未来得及醒过神，乌黑的枪口已对准脑门。

此人正是日军少佐佐藤。

"你的什么的干活？""宋继柳！捉蟹的！"

佐藤一听到"宋继柳"三个字，脑门嗡的一声，瘫了下来，他做梦也未想到今儿撞上了宋继柳。

宋继柳下了佐藤的枪，吩咐道："写个字条，交车夫送回你的上司！"佐藤哪敢违抗，宋继柳讲一句，他写一句："我被韩成林的表弟宋继柳捉获，明日速将韩成林放归，不然宋继柳要我的性命。"

宋继柳将佐藤身上的钱全部搜出，连同字条交给车夫说："我宋继柳要人不要钱，钱是你的，字条送到新浦宪兵队去！"佐藤也向车夫恳求："字条你的一定交到，我的性命大大的！"车夫掉转车头，回了新浦。

新浦日军未从韩成林口中抠出半个字，却被宋继柳捉去了个少佐，第二天下午只好将韩成林放了回来。我军也放了佐藤。这就是滨海区有名的"走马换将"的故事。

1943年秋天，宋继柳挑着粮担单独执行任务归来，走到青口至新浦路段，看到一辆日军汽车出了故障。时近黄昏，他装成若无其事的样子挪到跟前，轻轻攀上驾驶室顶，猛地朝前一跳，修车的两个日军猝不及防，"咔嚓"一声夹在车头盖下，驾驶室内两个日本兵刚抬头，两声枪响，应声倒下。宋继柳一人缴获六支"三八大盖"步枪。临走又放了一把火，把军车烧毁了。

类似这样杀敌人抓俘虏的事，对宋继柳来说，多得数不清。他曾经在除夕前三天的深夜，带着五个武工队员，神不知鬼不觉地把守卫下口据点四桥的伪军一个班，连人带枪一块儿抓获；他曾领着两个武工队员，自己化装成"阔大爷"，坐着黄包车，打死从青口到新浦去的三个日本兵，缴了两支手枪，一百万"联币"；他曾化装成老百姓，毙伤日伪军五名，缴了三支"三八大盖"步枪，两支匣子枪。几年中，他亲手打死十几个日本兵，活捉四十多个日伪军，共缴获四十多支步枪，十七支匣子枪，还有数不清的子弹和手榴弹。他曾黑夜带领武工队，在下口据点附近埋了两窝地雷，早晨敌人出来放哨，触雷炸死一名伪军，伪军用牛拉着耙在路上排雷，牛腿被炸断，很长时间敌人不敢从桥上过。

日伪军非常害怕宋继柳。赣榆县的伪军因分赃不均或者吵架诅咒时，出口就是一句："谁要做坏事，不凭良心，出门就碰上宋继柳。"后来演化成顺口溜："小孩哭，鬼子闹，听见宋继柳吓一跳。""谁的良心喂了狗，出门遇见宋继柳。"

"策反将军"的故事

在樱花盛开的季节里，鲜花飘香的美景让人流连忘返。然而海陵县敌工干部和武工队员利用樱花美景在日军经常过往的道路上扎起宣传棚，摆满宣传品和各种好吃好玩的物品；还把印有日本女人和樱花图案的慰问袋，通过内线关系送到分散居住的日本人手中，他们悄悄地收下了。敌工干部除把国内外形势和我军打胜仗的消息通过宣传外，还编了一些具有民族气节的历史故事、戏曲等送入伪军据点、炮楼上。为了蒙蔽敌人，在书画上印"封神演义"，内容是"八路军打鬼子"，封面上印的是"京剧大全"，内容都是"辞曹归汉"。

滨海区通过广泛深入的政治攻势，收到了事半功倍的效果。有的伪军认清了形势，洗手不干了；有的伪军转变了态度，不与人民为敌了。

滨海军区善于瓦解敌军工作的敌工干部，要数杨斯德同志。他1938年参加八路军，同年加入中国共产党。他头脑敏捷善于思考，很有策反工作经验，在他的努力下，不久，符竹庭就接到赣榆一个排的伪军反正的消息。时任六团敌工股股长的杨斯德向符竹庭政委报告了伪军接洽的具体情况，符竹庭高兴地说："双方要好好配合，这是个绝好的机会。你马上带着我的一封信找敌工科吕本支商量具体事宜。"

杨斯德刚走出大门，符竹庭忽然喊道："回来！回来！"他说："你要和伪军规定好暗号……好好教育，注意内线关系……千万不要马虎。"

杨斯德连连点头。

出发的路上，他想着符政委做事实在细心。

忽然后面有人大声喊他，一个警卫员气喘吁吁地跑过来，急促地说："符政委要……要你回去！"

杨斯德赶紧返回来，符竹庭又跟他说："这个工作是开展伪军工作的转折点，也是个绝好的机会，你要特别注意，绝对保守秘密，不然就要前功尽弃。"接着又问道："刚才告诉你的几件事，记住了吗？你再说一遍我听听。"

直到杨斯德一字不漏地复述完以后，符竹庭才放心让他去了。

1941 年 6 月，杨斯德担任了老六团敌工股股长，同时还兼任赣榆县委敌工部部长。他任敌工股股长后，与敌工干部肖凤山、刘春元、王谦等在赣榆县门河柳沟举办敌工人员训练班，参加受训的人员有陈玉庭、朱学勋、李怀山、李翠枝、赵永德等。他们以拜把兄弟的形式，广泛交朋结友，进行地下活动。公开身份有的是小生意人、卖布、卖黄老鼠皮的，还有的是"伪乡长""伪保长"。受训后，敌工工作组织逐步趋向正规化。

1942 年 3 月至 5 月间，伪军先后有五百余人投诚反正。沙河的伪军营长穆芳绪、副营长毛锦江率一百二十人投诚，被改编为海赣独立营，穆芳绪任营长，符竹庭派敌工干事吕本支任教导员。伪盐警中队队长赵全山率部反正，教导二旅授予独立大队番号，常驻城头以西村庄。

杨斯德一生充满传奇色彩，长期战斗在隐蔽战线上。

敌后抗战的一把利剑

1942 年，在滨海区党委召开的锄奸工作会议上，符竹庭要求各级敌工部门派出精干的武工队员深入敌后活动，以打乱日伪组织的统治秩序，镇压死心塌地的特务汉奸。

东海县白塔埠区伪区公所，是日军扶植的一个伪政权，直接威胁着苏鲁交通线的安全。区长冯养斋，绰号"白面狐狸"，是个铁杆汉奸。

平日里他勾结日军四处"扫荡"白塔埠大小村庄，老百姓恨透了这个"白面狐狸"，上级指示东海县委要不惜一切代价将这颗"钉子"拔掉。县委敌工部决定用"反间计"除掉这条恶狼，由打入新海敌特机关的中共地下党员黄椠门来执行。

黄椠门自打入日本宪兵队"特高组"任翻译，好像换了一个人，白净的脸上戴了一副金丝眼镜，头上也多了一顶礼帽，着一件崭新的白纺绸大褂，脚上也套上了锃光瓦亮的皮鞋，手里拿着一根文明手杖，正好配上他自小残废的左腿，一瘸一拐，跟着小日本，说着一口流利的日语，不知情的群众都骂他是条狗。

"反间计如何进行？什么时候进行？"黄椠门在心里盘算了好久，每一个细小的情节都要考虑到，一点不能马虎。牺牲自己是小事，完不成党的任务，拔不掉"钉子"那才是大事。黄椠门开始打探冯养斋住地的具体情况，同时摸清了宪兵小队长的活动规律。他把"反间计"行动方案通过地下交通员交给了东海县委敌工部。东海县委敌工部经过细致研究，决定根据黄椠门的行动方案由县长周晓江签发了一张委任冯养斋为抗日民主政府区区长的假委任状，通过交通员送给黄椠门。

这天一清早，黄椠门来到伪区公所。老远就看到门前的哨兵懒洋洋地站在那里，哨兵一抬头看到宪兵队的翻译来了，老鼠见猫似的打了立正，点头哈腰地说："黄翻译官来了。""你们区长在哪儿？""顺着那大房子东头朝西数第二间。"哨兵用手指了指。

房子一排溜十几间，每个房间都住着敌人，有的刚起身，有的还在睡觉。黄椠门直奔东头第二间，推门而入，房子很大，看上去是一间，当中又用木板隔成了两间，外间是办公桌，桌上放着吃剩的骨头、鸡翅膀……高矮不一的凳子乱七八糟地放在桌子周围。

里间是"白面狐狸"住的地方，一张大床占了整个空间，床头放着一把锃亮的德国造二十响。

靠在床头上想心事的冯养斋睁眼看到宪兵队翻译来了，赶紧起身迎出来："哪阵风把老兄吹来了，有何贵干？"黄椠门不慌不忙坐了下来说："我来向你报喜的,你要升官发财了,小队长说,你小子'扫荡'有功……""这算什么,不是我夸口,再过几天,我就叫共产党都滚蛋,什么地下组织交通线,统统都得完蛋。"冯养斋没等黄箅门将话说完,就自吹自擂地抢着说。

"那好吧,我今天先给你庆功,特来邀你到街上去喝几杯,肯赏脸吗?"冯养斋一看他是来给自己庆功的,那高兴劲就不用说了,两个人就这么一捧一吹了好一阵。黄箅门看火候到了,说:"那你向手下说一声,我们就去下馆子!"冯养斋一看黄箅门来真的,嘴里应了一声:"好的,我得去交代一下。"一边高兴地转身向外走去。好个黄箅门,迅速从怀中取出一样东西,三步两步走到大床前,掀起床垫将东西放到下边。看不出有什么破绽,这才又转身回到外间桌子边,刚坐下,冯养斋从外边回来了。两人边走边聊,直奔大街。

当晚,黄箅门向日军宪兵小队长暗中汇报:"据可靠情报,区公所冯区长手下统统坏了的,大大地被共产党赤化了。特别是冯区长骂皇军不是好东西,大老远跑到中国来,烧杀抢掠,连大姑娘都不放过,统统的坏东西。"怕日军小队长不信,黄箅门又添油加醋,"上次'扫荡',本来可以抓到共产党的领导人宋云龙、周晓江,但都让他暗地给放跑了。"

宪兵小队长还是狐疑,"那次'扫荡'是他报告的?"黄箅门加重语气说:"要不他怎么叫'白面狐狸'呢,报告是做给太君看的,好让你相信他,听说冯区长还被八路委任区长呢。"黄箅门这么有声有色,活灵活现的一番话,由不得日军小队长不信。小队长的脸由黑变白,由白变黄,最后成了紫猪肝,"八嘎,统统死啦死啦的!"

第二天,天蒙蒙亮,宪兵小队长突然包围了伪区公所,两挺机枪架在大门前。伪区公所的自卫队全部缴了枪,站在操场上。冯养斋不知发生了什么事,吓得哆哆嗦嗦站在日军面前,再也看不到往日的威风。小队长命令日军挨屋仔细检查,不一会儿从冯养斋屋子里搜出了委任状,是从床垫子底下搜出来的。委任状交到了小队长手里,上边写着委任冯养斋为抗日民主政府某区区长,后边还盖着东海县抗日民主政府的大印,县长周晓江亲笔在上面签了字。宪兵小队长睁着牛眼珠子,举着日本战刀,冲到冯养斋跟前大喊一声:"冯养斋,你的死啦死啦的!"嚣张一时的冯养斋看到这架势刚要喊声冤枉,还没喊出声,狗头已滚出了老远。黄榘门心中暗暗地骂了句："罪有应得!"

没过几天，宪兵小队悄悄地撤走了。

1943 年 1 月初，武工队队长王绍明、指导员杜继贤率领滨海武工队深入郯城县东部马陵山一带，发动群众，组织民兵，开展武装斗争。马陵山两侧东部村庄被日伪军占据，碉堡密布，岗哨林立。在据点中心地段驻有一个伪警察所。该所与周围据点相互联系是各据点的纽带和中枢神经。武工队决定端掉这个伪警察所，斩断敌人的咽喉。

1943 年 1 月 30 日，夜晚。王绍明、杜继贤率领武工队员突然冲进伪警察所，一顿猛烈的扫射，"哒哒哒……"敌人猝不及防纷纷毙命。伪警察所所长李桂馨做梦也没有想到武工队竟敢突袭他的警察所，他企图负隅顽抗，被武工队员一枪击毙。这一仗缴获了敌人许多枪支弹药和其他物资。伪警察所拔除后，周边据点的伪军站不住脚，纷纷撤走了。我抗日根据地扩大了。

1943 年，滨海军区政治部敌工部派敌工干事吕连义、朱士坦、孙子光潜入连云港、新浦、海州从事敌工活动。他们打入日营企业、飞机场、电台等要害部门发展关系，搜集日军兵种、番号、人员装备，港口情况，海岸地理，水深度，最大吞吐量，装卸能力，导航线路，标志以及码头上的各种设施情况，及时绘制地形图，编制了连云港地区敌情资料。以水岛、大路口为依托，开辟了海上交通，为滨海根据地送去炸药二百多箱，雷管数百盒，导火线二千多米。还流放了三只轮船，三只木船到根据地，还策反了两艘伪军船起义。新中国成立后，吕连义曾任空军第四军副军长。

滨海区的敌工人员、武工队员在符竹庭政委的领导下，打鬼子、锄汉奸，搞情报，瓦解敌军，神出鬼没，为巩固扩大滨海抗日根据地作出了突出的贡献。

三十二、把握时机、拓展并强化
滨海抗日根据地

"机不可失，时不再来"

在符竹庭与陈士榘的领导下，滨海军区迅速壮大，兵强马壮，战场上逐步掌握了主动权。抗战形势出现了新的局面。

此时，驻防沂鲁山区和诸（城）日（照）莒（县）山区的国民党东北军第三集团军、苏鲁战区总司令于学忠，就要率部离开山东了，这给滨海军区带来了机遇与挑战。

沂山位于沂水县北，鲁山位于莱芜县东。两山，峰峦连绵，山岗耸立，地势险要。西与泰山、南与蒙山相连，北抵胶济铁路，东达诸城、莒县、安邱，纵横数百里，构成山东中部最大的山区，是山东的屋脊。诸日莒山区，是滨海区北部的重要山区，北与沂山山区衔接，南与甲子山区相连，是沟通滨海区与胶东区联系的重要依托。

这些山区，在抗战开始时，本来是共产党领导的游击队首先开辟的，可是1939年春以来，先后为沈鸿烈、于学忠等占据，国民党山东省政府和苏鲁战区总部都集中到这些地区。国民党顽固派把这些地区当成他们反共反人民的重要阵地，迫使八路军根据地处于他们的外围。

1943年6月，蒋介石调于学忠部出鲁整训，实际上是罢了他"苏鲁战区总司令"的官，将嫡系李仙洲升任第二十八集团军司令兼苏鲁皖第一路挺进总指挥，接替于学忠。

　　八路军山东军区司令员兼政委罗荣桓得悉于学忠部即将西去，便将原在东北军工作过的一些干部请来共同分析形势，分析蒋于、于李矛盾，研究对策。他说："国民党不信任东北军，所以要于、李换防。按常理，于应当等李来了再走，但是，于学忠如果搞得漂亮一点，最好不等李来，拍拍屁股就走，这对我们可就有利。"大家完全同意罗荣桓的分析，认为：如果我军能把李仙洲顶住，再给于学忠提供便利条件，他完全可能先期出鲁。罗荣桓说："好，如果于学忠真的这样走，我们就礼送出境。至于李仙洲，则坚决顶住，决不能让他过来。"于是，一个顶李送于的对策迅速形成。

　　7月4日，罗荣桓将顶李送于的对策报告了中共中央；党中央很快批准了对付于学忠、李仙洲的方针。

　　7月初，滨海军区接到山东军区司令员罗荣桓的重要指示："利用于李交接的空隙，发展自己、争取友军、打击敌人的进攻，先机控制沂鲁、诸日莒山区。"的战略部署，符竹庭与陈士榘对此深感振奋，一致认为这是千载难逢的好时机，机不可失，时不再来。随后，他们立即着手研究并制定了一系列旨在控制沂鲁、诸日莒山区的详细军事行动方案。

　　这天，符竹庭找来军区敌工部部长史甄，目光坚定地说道："史甄同志，国民党于学忠部即将撤离，这是我军扩大抗日根据地的大好时机！你即刻前往国民党苏鲁战区司令部与于学忠将军取得联系，并努力做好他的统战工作，宣传我党我军的方针政策。明确告诉他，他们撤离之际，我军立刻接管防务，并全力协助他们安全撤离。"史甄听后，毫不犹豫地挺直了胸膛，斩钉截铁地回答："放心吧，保证完成任务！"随后，他带着警卫员，跨上骏马，如离弦之箭般向国民党苏鲁战区司令部疾驰而去。

　　在史甄当面与于学忠等人深入交流、详尽阐述我八路军的方针政策与坚定的抗战决心后，于学忠等人被深深打动，欣然接受了我军提出的各项条件。史甄随即马不停蹄地返回滨海军区，第一时间向符竹庭政委详尽汇报于学忠决定撤离沂鲁、诸日莒山区的有关事项。符竹庭政委聚精会神地听取完汇报，当即与司令员陈士榘紧急召开军区作战会议。会上符竹庭说："同志们，东北军马上就要撤离沂鲁、诸日莒山区。这是我军扩大抗日根据地的大好时机啊！"符竹庭手臂猛地一挥,激昂地说道:"同志们,我们一定要抓住这次机遇,快速接防,先机控制沂鲁、诸日莒山区。如果行动迟缓,后果不堪设想啊!"

符竹庭话音刚落,陈士榘便拿着一根小竹棒离开座位,大步流星地走到墙边山东区域地图前,指着地图说道:"同志们,待于学忠部发出撤离信号后,我第一军分区部队迅速赶到诸城、日照地区与东北军于学忠部接洽,并迅速控制该地区战略要地。与此同时,军区直属老六团将与第一军分区部队协同作战,牢牢控制各战略制高点和交通要道。其他军分区、支队亦需枕戈待旦,随时做好战斗准备。"

几天后,沂鲁.诸日莒山区纷纷升起了缕缕浓烟,这是于学忠部向我军发出的撤离信号。

7月10日黄昏,绚烂的晚霞如火般染红了天际,赣榆县黑林镇滨海军区司令部驻地。一片广袤的绿茵草坪上,八路军指战员们,阵容整齐,聚精会神地聆听军区首长的政治动员。政委符竹庭站在一个碌碡上,他手臂挥了一下,声音洪亮地说道:"同志们,东北军于学忠部马上就要撤离沂鲁、诸日莒山区了,而我们将肩负起守护这片土地的重任。然而,环顾四周,诸城有汉奸张步云部蠢蠢欲动;鲁山以南,有吴化文部与厉文礼部。他们都对这两块山区垂涎三尺,妄图染指啊!因此,我们必须迅速行动,以迅雷不及掩耳之势,给予来犯之敌沉重打击!

同志们,这次行动不仅关乎我军抗日根据地拓展,更是对敌斗争态势改善的关键一步。这是一次千载难逢的良机,机不可失,时不再来啊!"突然,符竹庭手臂猛地一挥,激昂地说:"同志们,拿下沂鲁、诸日莒山区有没有信心?!"

"有!坚决完成首长交给的任务!"指战员们雷鸣般的声音在旷野上回荡。

滨海军区部队浩浩荡荡地出发了。一支如长龙般的八路军队伍穿行在山峦起伏的山岭间,矫健的步伐与山川共鸣,透着坚定与力量。他们翻山越岭,一往无前,直指沂鲁、诸日莒山区。

避实击虚奇袭夺胜利

国民党于学忠部撤离路过坦埠和旧寨两处八路军防区时，驻地八路军热情地帮助他们筹粮，予以欢送。

滨海军区第一军分区司令员梁兴初、政委刘西元率领所属部队，与贺东生、吴岱率领的滨海军区直属老六团，马不停蹄地急行军，于 7 月 14 日全部控制了诸（城）日（照）地区战略要地。

15 日，汉奸张步云听闻我军占领诸城泊里一带要地，恼羞成怒，迅速率领伪五旅，联合日军第五混成旅团，如饿狼般向我军猛扑而来。

日军步兵联队协同伪军张步云部，以三梯队波浪式冲锋，向泊里阵地压来。迫击炮率先砸向我军阵地，紧接着轻重机枪的火舌舔舐着焦土，刺刀的反光在硝烟中连成一片惨白的浪潮。我军英勇的指战员们牢牢坚守阵地，以奋勇无畏的精神，一次次击退了敌人的猖狂进攻。然而，敌人狂风暴雨般的炮弹密集地倾泻至我军阵地上，火光冲天，硝烟弥漫。强劲的气浪卷起地上的泥土、碎石，乃至人的肢体四处飞溅。战况愈发激烈，形势愈发严峻。

16 日，滨海军区司令员陈士榘与政委符竹庭带着一个骑兵排来到前线。他们首先向坚守阵地的第一军分区司令员梁兴初与军区直属老六团团长贺东生等人了解情况，听取战况汇报，随后亲自察看地势，全方位掌握战场态势，在此基础上，他们迅速召开营以上干部紧急会议，围绕如何确保阵地不丢失的同时，最大限度地减少人员伤亡这一核心议题，展开了热烈深入的讨论。

经过热烈讨论，细致分析与精心策划，最终确定了一项巧妙的战术：我军将巧妙布下撤离阵地的迷雾，诱使敌人放松警惕并撤回其老巢，随后我军则以迅雷不及掩耳之势，实施长途奔袭。

次日拂晓，天边初露曙光，群山沉寂在宁静之中。日伪军再次发起了猛烈的进攻，无数颗炮弹如同流星般倾泻在我军阵地上。火光交织，照亮了战场的每个角落，爆炸声轰鸣，仿佛要将天地震撼。在敌人炮火的掩护下，日伪军如潮水般地扑向八路军阵地。然而，当他们满怀信心地冲上阵，却连八路军的影子也未曾窥见，这场攻势只得草草收场。

18 日夜幕低垂，皓月当空，银辉洒在连绵起伏的山峦上。一队队骏马四蹄裹着柔软的棉布，悄然驮载着沉甸甸的弹药，穿梭于夜色之中，紧随其后的八路军滨海军区的勇士们，他们肩扛步枪、机枪、迫击炮，迈着坚定的步伐，向诸城方向挺进。凌晨 3 时许，星辰渐隐，这支英勇的队伍抵达了诸城南三关外一隅。此时，滨海军区司令员陈士榘与政委符竹庭，选择了一座古旧的破庙作为临时指挥所。随即，他们召集营以上干部，在昏黄的油灯下，召开战前动员会，下达作战任务。

政委符竹庭首先做简要战前动员："同志们，此战至关重要！唯有彻底歼灭汉奸张步云，我军方能有效控制沂鲁、诸日莒山区，进而巩固扩大抗日根据地。在此紧要关头，共产党员、共青团员必须冲锋在前，充分发挥先锋模范作用与战斗堡垒作用，引领全体战士奋勇向前，誓夺胜利!!"符竹庭手臂猛地一挥，激昂地说道："同志们，打好这一仗有没有信心?!"

"有！坚决完成任务！"大家群情激昂，声音洪亮地回答。

司令员陈士榘毅然挥动手中那根小竹棒，指着地图，神色凝重而坚定地下达作战指令："第一军分区负责直击敌人心脏——旅部。同时需遣精锐一部，巧妙布局，拦截援敌。直属老六团机动灵活，从侧翼展开佯攻，协同作战。"

司令员陈士榘部署完毕后，各级指挥员迅即离开指挥所，率领部队犹如离弦之箭，奔向指定阵地。第一军分区司令员梁兴初率领所属部队及第十三团悄无声息地向敌旅部逼近，并迅速隐蔽起来。接着，他大步流星地走到一棵杨树底下，站定后举起望远镜，鹰隼般锐利的目光穿透夜色，紧紧锁定敌人的动向。片刻之后，梁兴初召集各级指挥员前来接受任务。他扫视了在场的每一个指挥员，手臂猛然一挥，斩钉截铁地下达命令："通信连，立刻切断敌人通信联络。"

"是！"通信连连长应声而动，转身跑步离去。

紧接着，梁兴初目光转向炮兵连连长，声音沉稳有力："炮兵连，将迫击炮瞄准敌人碉堡与营房，待'朱德'射击手打灭敌人探照灯后，立即开炮。"

"是！"炮兵连连长应声而动，转身向炮兵连跑去。

最后，梁兴初环视四周，眼中闪烁着坚毅的光芒，手臂猛地一挥，激昂地说道："各作战单位，待炮火准备完毕后，立即发起总攻！"

"是，坚决完成任务！"指挥员们齐声回答。

梁兴初，我军著名战将，抗美援朝战争中，他率领第三十八军所向披靡，打出了"万岁军"的美名。新中国成立后，他被授予中将军衔，曾任成都军区司令员。当然，这是后话。

深夜，月亮躲进了乌云里，周围一片黑漆漆的。敌旅部死一般的沉寂，只有岗楼上的探照灯在茫茫夜空中扫来扫去，划出一道道刺眼的光柱。突然，"叭！叭"两声清脆的枪响，光柱瞬间熄灭。

"轰隆！轰隆……"敌营房、碉堡，刹那间腾起了一股股黑色烟柱，碎石四溅，火光冲天。紧接着轻重机枪怒吼起来，一条条火舌纵横交错，伴随着复仇的子弹向敌人老巢猛烈地倾泻。一瞬间，睡梦中的敌人迎来了死神的降临。那些侥幸避过最初爆炸的敌人，衣衫不整，仅着裤衩，在惊恐与绝望中，四处乱窜，犹如没头苍蝇。八路军战士们犹如神兵天降，以迅雷不及掩耳之势，从四面八方向张步云伪旅部发起猛攻。

张步云脸色苍白，眼神惊恐如同见鬼一般，他颤抖着手，拼力抓起电话，企图寻求最后一丝生机。然而八路军早已切断了电话线。此刻，他像热锅上的蚂蚁，焦急、无助，只能眼睁睁地看着自己的末日一步步逼近。

"冲啊——！""杀啊——！""嘀嗒嗒嘀嘀嘀……"嘹亮的军号声响彻天空。在此起彼伏的枪声、爆炸声、怒吼声与急促的冲锋号声中，张步云犹如丧家之犬，气喘吁吁地爬上一匹枣红骏马，企图在汹涌的怒潮中觅得一线生机。然而，就在欲催马狂奔之际，震耳欲聋的枪声撕裂长空，一颗高速旋转的子弹穿透了他的胸膛，伴随着一声沉闷的重响，张步云如同断了线的风筝从马背上重重摔落。这个恶名昭著的汉奸终于在正义的枪声下，魂归九泉！

伪第五旅所属的一、二团在获悉旅部遭到八路军突袭的消息，慌忙调集兵力，火急火燎地赶来增援。然而，当他们行至半途，却遭到了第一军分区第十三团的猛烈伏击。刹那间，手榴弹雨点般在敌群中密集炸响，火光四溅，硝烟弥漫，爆炸声震耳欲聋。敌人在突如其来的致命打击下，纷纷应声倒地，哀号声、惨叫声此起彼伏。紧接着步枪、冲锋枪、轻重机枪怒吼起来了，"哒哒，哒哒哒……"暴风骤雨般的子弹，如同死神的宣判，让敌人无处遁形。

战至次日拂晓，战斗结束。共击毙伪旅长以下六百余人，俘虏伪军一千三百余人，缴获了大量武器弹药和军需物资。

战斗尘埃落定，就在这时，消息传来：日军妄图救援张步云，却在半途惊闻张步云全军覆灭，顿时士气尽丧，如丧家之犬般狼狈撤回据点。

21日，符竹庭与陈士榘命令万毅率滨海支队从甲子山区进入诸日莒山区扫除残敌。万毅率领滨海支队三个团连日向日伪军据点发起猛攻。炮声轰鸣，杀声震天。经过二十多天的战斗，连拔日伪军高泽、张家沟等据点，解放了三百多个村庄。万毅打仗勇猛，民间有"不怕万一，就怕万毅"的赞誉。1955年，被授予开国中将军衔，曾任国防科委副主任兼中国人民解放军总参谋部装备部部长。1992年，为纪念符竹庭，他写下了"天地浩然气，人寰烈士光。丰功垂仰颂，亮节永留芳"的诗章。

28日，伪军厉文礼部在日军第五混成旅团一部的配合下，由安邱南下；伪军吴化文部也由沂水东北大王庄企图夹击西南城顶山。为了彻底粉碎敌人的阴谋，滨海军区直属老六团越过台（儿庄）潍（县）公路，向伪军厉文礼部发起猛烈的进攻。团长贺东生构思出一项胆略过人的作战方案，毅然决然地亲自带领一营二连两个排81名勇士坚守大山葫芦形高地吸引敌人。政委吴岱则率领全团指战员直捣日伪军老巢。7月30日，团长贺东生率领81人坚守葫芦形高地。此时，大山周围日军"太阳旗"漫山遍野。贺东生沉着指挥，一次又一次地打退了日伪的进攻。战至次日下午，贺东生命令一、二排战士们分散突围，自己带着警卫员继续坚守阵地。

敌人疯狂地向高地猛攻，贺东生与警卫员沉着冷静地抄起机关枪向日军展开猛烈地扫射，"哒哒，哒哒哒……"一次次冲锋都被打退，敌人咫尺未进。阵地上不断传来激烈的枪声、爆炸声，当地老百姓皆传贺东生团长"阵亡了"。

此刻，政委吴岱率领老六团指战员们趁敌人后方空虚，直捣了伪军厉文礼部老巢，击毙了汉奸厉文礼。部队回援的路上，获悉贺团长"阵亡"的消息，全团上下无比沉痛，决心为团长报仇！

政委吴岱迅速下达作战命令：一营前往葫芦形高地外围要道埋伏，待日伪军退入伏击区伺机攻击；二营、三营从侧翼展开包抄。

随着吴政委一声令下，战士们眼中闪着复仇的火光，他们咆哮着，怒吼着，犹如猛虎下山般奋不顾身地冲入敌群。所到之处，敌人如秋风扫落叶一般纷纷溃散，抱头鼠窜。

日伪军发现八路军主力两翼包抄，急忙向外围要道撤退，企图夺路逃窜。二百多名日军与一千多名伪军慌不择路，正好掉进了我军布下的口袋阵。

此刻，葫芦形高地外围丛林中手榴弹如雨点般呼啸而出，在日伪军群中炸响，化作一朵朵死亡的烟火。与此同时，步枪、冲锋枪、轻重机枪咆哮起来，暴雨般的子弹倾泻而下，交织成一张密不透风的火力网，敌人无处遁逃，纷纷毙命于这猛烈的火力之下。

这一仗，久保中队二百多名日军被全歼，久保少佐被击毙。伪军死伤四百多人，被俘五百多人，并缴获了大量枪支弹药和军需物资。

战斗结束后，团里为贺东生团长摆好灵堂，准备开追悼大会。这时，只见贺东生与警卫员押着一名日军俘虏回来了。大家顿时转悲为喜。从此，贺东生被战友们戏称：打不死的"贺猴子"。

滨海军区部队，经过一个多月的沂鲁、诸日莒山区作战，已完全控制了沂鲁、诸日莒山区战略要地。新开辟解放区面积三千余平方公里，并在此建立了三个县的抗日民主政府和县武装大队。

滨海抗日根据地得到了进一步的巩固和扩大。

三十三、烽火硝烟中的爱情

擦肩而过的爱情

战争中，依然有美、有爱、有青春！

战争年代的爱情给战火纷飞的岁月，增添了许多诗情画意！似乎这种非常时期的爱情才浪漫，才真正将恋爱的双方在火与冰的炼炉中炙烤和锤炼，那样的爱情才是坚定不移的，那样的爱情才是轰轰烈烈亘古不变的！

罗荣桓结婚时已经 35 岁了。那是 1937 年 5 月 16 日，担任军委后方政治部主任的罗荣桓，在延安与 23 岁的红军女干部林月琴结了婚。婚前，罗荣桓征求毛泽东的意见，毛泽东说："好啊！没有家庭就不是一个完全的革命者，你俩结婚吧，我一定要喝这杯酒。"

爱情是一首可长可短的抒情诗。有时候，没有一饮一酌也是爱情。

王宗槐，抗战时期担任晋察冀军区政治部组织部部长。他与军区白求恩医科学校女学生范景明在战场上相遇，在工作中相识、相知。经历了被绑架、两地相隔，最终走进了婚姻的殿堂。他们的爱情故事，新中国成立后被拍成电影《王宗槐战地情缘》，家喻户晓。

爱情对于符竹庭来说是美好的奢侈品。其实符竹庭小时候，奶奶谢氏给他说过一门亲事，姑娘姓饶，叫饶桂英，头陂乡上西村人氏。

符竹庭的婚事是奶奶谢氏的心病。奶奶谢氏非常疼爱孙子，盼望这棵独苗早日成婚，以早日抱上重孙子。于是，按照当时的风俗，在符竹庭 11 岁那年，奶奶谢氏做主与上西村饶姓农民的女儿饶桂英定下了娃娃亲。符竹庭当时年纪尚小，不懂事，开始还觉得好玩，后来渐渐长大了，对"未婚妻"的感情也渐渐加深。当爱情之花慢慢绽放的时候，一场汹涌的战争激流，将两棵朦胧的爱情之花冲得很远，很远。

符竹庭15岁参加革命，16岁参加中国工农红军，在革命战争中逐渐成长为红军高级指挥员。此时奶奶谢氏已惨遭国民党反动派杀害。堂叔带着饶桂英找到符竹庭，希望他们在部队完婚。此值第五次反"围剿"失败，红军正准备实施战略转移。此时此刻，符竹庭决定当面向饶桂英提出解除婚约，他说："值此国破家亡，战争正酣，我自投身革命，献身共产主义事业，义无反顾。国民党反动派抓紧'围剿'红军，我决心随红军与国民党反动派决战，难免有个三长两短，岂不误你青春，你还是另嫁他人吧。"

符竹庭给了堂叔和饶桂英路费，让他们回家。数年后，饶桂英的父母将她许配给本村一位石匠。

符竹庭随中央红军到达陕北，进入红大高干科学习。副校长刘伯承关切地对符竹庭等同学说："你们这些神仙，全打光棍，有机会得考虑找老婆了。"后来，红大高干科的同学们一个个恋爱结婚了，唯独符竹庭迟迟没有对象。对于他的婚事，罗荣桓和林月琴比谁都急。

符竹庭从冀鲁边区回来，在罗荣桓家里，林月琴对符竹庭说："竹庭啊，你也老大不小了，要不要我来牵线当回红娘啊?"符竹庭虽然平时说话像打机关枪，可是林月琴这一问，他顿时满脸通红，说话就有些结巴了，"我，……我还……还早呢，部队里还有很多老同志没有结婚呢? 我着什么急啰。"

事情就这么搁下了。

后来，罗荣桓为了他的婚姻又找他谈过，要他抓紧时间解决婚姻问题。他却说："抗战不胜利，我就不结婚。"

……

爱情终于悄悄地向他走来了。

1942年，教导二旅旅部驻临沭县朱樊村，在军民大生产运动中，临沭县知名爱国人士王德胜的孙女王肖华，一个热心抗战宣传的女知识青年爱上了符竹庭。

王肖华身材苗条,白里透红的脸上,笑起来两个酒窝,像两朵玫瑰,非常漂亮。符竹庭偶尔接触她,心里暗暗地爱上了她,两人就是谁也不愿捅破这层窗户纸。

一天,符竹庭与赣榆县委书记邱也民谈"双减"工作。后面,一群识字班的媳妇们叽叽喳喳地走了过来,不知谁喊了一声:"瞧啊,那就是符政委,王肖华、王肖华,你纳的鞋垫快送去啊,快去啊!"

王肖华脸"唰"地红了,"谁说给符政委啦?我是给八路军战士的。"

"别装啦,你的心思姊妹们谁不知道呀!"

王肖华把一大摞鞋垫往符竹庭的警卫员房桂生手里一塞,说:"给首长和八路军同志的。"然后飞快地跑了。

房桂生捧着一大摞鞋垫不知如何是好,"同志、同志,我还有任务。"

符竹庭浑然不觉。

据王肖华的妹妹王裕卿说,当时双方都有这个意思,但没有人牵线搭桥。

换句话说,一个缺乏主动进攻,另一个害羞,爱情之花往往失之交臂。王肖华后来到莒南教书,认识了另一位八路军干部,两人结为连理。

关心部属的婚姻

战争年代,我军婚姻作了严格规定:申请结婚必须具备"二五八团"条件,即 25 岁,八年军龄或党龄,团级干部。当时,人们形象地称之为"二五八团"。那时部队连年征战,居无定所,部队许多干部还是孑然一身。

符竹庭对自己的婚姻大事,一搁再搁。但对部属的婚姻问题却非常热心。

在一次政工干部会议临结束时,符竹庭对几个团政委语重心长地说:"团政委要带头关心军事干部的婚姻问题。"

散会后的路上,他对四团政委吴岱说:"吴岱,我该吃你的喜糖了。"

吴岱心里说:"要说吃喜糖,早该吃你符政委的喜糖了。"但他不敢说,只是搪塞道:"在团这一级工作的同志,我年龄最小,老大哥不结婚,小弟急什么。"

1942年6月，老四团团长贺健与鲁南第三军分区沂河剧社分队队长杨洪昭喜结连理。结婚第二天，符竹庭就来到老四团，在吴岱的陪同下，看望贺健夫妇，符竹庭笑呵呵地说道："老贺，祝贺你当新郎官了，旅部送你们夫妇一对大红枕套。"当时八路军处在最困难的时期，有一对大红枕套，就相当不错了。符竹庭对贺健说："为了照顾你们双方的工作，旅里决定，把杨洪昭同志调到老四团卫生队任司药。"（在这之前，杨洪昭曾在一一五师医训队培训过。）贺健夫妇非常感动，但又不知道用什么语言来表达感激之情，两人只是不停地摆弄着大红枕套，连连说："谢谢符政委，谢谢……"

老四团的团长、参谋长都结了婚，就只剩下吴岱还是个光棍。这时，符竹庭对他说："以前你说老大哥不结婚小弟急什么，那时我也赞成你的看法，现在你们团该结婚的就剩下你了，你什么时候结婚？"

吴岱说："没找着对象。"

符竹庭说："是不是要我帮忙？"

后来，滨海军区后勤部政委李生坚给吴岱来信说："7月1日，滨中地委来临沭县开会，讨论生产问题，会议非常重要，你一定要参加。"

会议开了一天，散会了，地委书记王永福对吴岱说："到我家吃晚饭吧。"

战争年代，地委书记家里也不开伙，请人到家里吃饭是少见的事。但是盛情难却。从尊重地方党委的角度出发，吴岱随王永福到了他家。

王永福的妻子叫何奇，个子不高，长得白白净净。在王永福家里还有一位十七八岁的姑娘，身材修长，乌黑发亮的辫子垂在背后。王永福介绍这是何奇的妹妹叫何蕴，现在是郯城挂剑区妇救会副会长。对何蕴说："这是老四团团政委吴岱，你今天开会参加了吧？"

晚饭是从伙房打回来的，吃饭时，王永福问吴岱："这姑娘你看怎么样？"

吴岱不好意思地回答："挺漂亮。"

王永福高兴地说："好、好，就这样了。"

晚饭后，吴岱要回团部，王永福又问吴岱："我要你肯定的话，行不行？"

吴岱说："不知人家同不同意？"

王永福说："只要你同意，这头我包了。"

经过几次交往，双方决定结婚。

吴岱将结婚报告交给通信员，派他骑马送给军区政治部刘兴元主任。

报告送走了四天，没有音信。

原来刘兴元一看吴岱的结婚报告，笑了，"这个吴岱，连结婚报告都不会写。"为了不让通信员再跑一趟，自己代吴岱写了个结婚报告，把吴岱的信附在后面，交给了军区政委符竹庭。

"噢，这吴岱说干就干，动作蛮快哟。"符竹庭拿出一支毛笔来，在结婚报告上挥手写下，"同意结婚。"

9月上旬，吴岱结婚第三天，符竹庭来到老四团，副团长领着他来到吴岱的住处，见到吴岱，没说第二句话，"带我去看看新媳妇。"

符竹庭来到吴岱的新房，炕上铺了草，草上铺了一条苇席是新的，其他物品都是旧的，一床盖了六年的绿被子，一条旧褥子上面罩着一条绿床单，两个衣服包做的枕头，包袱也是绿色的。炕边还放着吴岱进山东时就穿的那双旧棉鞋，符竹庭顺手提起来一掂，"眼见为实耳听为虚，人家说你的棉鞋纳了又纳补了又补，足有八斤半，看来加了码，但也足有四斤重。"

他接着又问："老四团政委吃马料的事，外面传得可挺广，今天也可以顺便核实一下啰。"

副团长说："这是真的，吴政委经常加夜班，晚上饿了就找饲养员要两把马料充充饥。"

符竹庭对吴岱说："你现在成家了，你好吃马料，可不能让新娘子也跟你一起吃马料啰！"

他们正说着，何蕴出来了，符竹庭问："你叫什么名字？"

"我叫何蕴，蕴藏的蕴字。"

符竹庭说："不是云霞的云哪？"

吴岱说："结婚报告上，我嫌'蕴'字不好写，就改成云霞的云了。"

符竹庭说："这也好，现在什么都讲精兵简政，叫这个云，可以省几笔，还大众化。"说得大家哈哈笑了起来。从此何蕴也真改名何云了。

符竹庭拿出两支金笔，一支是"金星"的，另一支是"新民"的。他说："这是军区给你们的贺礼，毛主席说，没有文化的军队是愚蠢的军队，愚蠢的军队是不能战胜敌人的，希望你们好好学习，天天进步。"

吴岱了解符竹庭政委，行军打仗到哪儿马褡里都装满了书。

抗战时，能有一支笔，是一种荣耀。这次符政委一次送了两支金笔，吴岱真是喜出望外，他随手把"新民"笔递给何云，心里说不出的高兴，又想不出用什么语言来表达感激之情，两人只是爱不释手地摆弄着两支金笔。

获得了真挚的爱情

"战士自有战士的爱情，忠贞不渝，新美如画。"

1943 年春，斗争形势明显好转，八路军逐步掌握了战争主动权，主力部队可以集中一两个月甚至更长时间休整，根据地建设更加巩固，军民关系融洽。一大批女学生投身抗日救国队伍，只要有男人和女人的地方，一定就会有爱情产生。

滨海军区其他首长都已结婚了，只有政委符竹庭还未结婚。老战友老同学军区司令员陈士榘，没事就会逗符竹庭几下，"我的政委啊，这结婚真好啊，回家可以吃小灶。你不想结婚，你的胃早就想结婚喽，结婚能治胃病。"他知道符竹庭胃不好，平时经常喝米粥。

"结婚当然好啰，这不是没有合适的人选嘛。"符竹庭回答。

春天，滨海大地一片青葱，海在远方发出阵阵的波涛声。肖华和王新兰，把姊妹剧团的演员张杞介绍给符竹庭认识。

符竹庭只看过张杞的一次演出，那是 1941 年在临沭县蛟龙湾八大剧社汇演之时。姊妹剧团演出的话剧中，张杞扮演一个小媳妇，另一个演员倪振华扮演一个洋太太。张杞白白净净的脸蛋，中等身材，扮相俊俏，梳着一对羊角辫子，很清纯的样子，似乎什么衣服穿在她身上都好看。

姊妹剧团是在山东分局书记朱瑞的妻子陈若克提议下成立的一个支援抗战的团体，是一个以文艺形式开展妇女工作的特殊队伍。剧团成立于 1940 年 10 月，演员都是一群十三四岁至二十二三岁的女孩子。她们大部分是从抗大女生队爱好文艺的应届毕业生中挑选出来的，来自济南齐鲁中学的女才子张杞也被挑中。与一一五师的战士剧社、山纵二旅的突进剧社、教导二旅的火光剧社这些纯部队文艺团体相比，姊妹剧团更贴近妇女大众，受到鲁中南地区妇女的喜爱。

肖华了解过张杞，也知道张杞曾经受过委屈。那是在残酷的大青山战斗突围时，姊妹剧团和山东军区机关几千人的非战斗人员，掉进了日军的包围圈。张杞和倪振华这两个姑娘跟着机关跑了一夜路，本来就累得走不动了。战斗打响后，她们往松林里跑，穿着棉袄棉裤，拉不开步子，真急死人。她们索性脱下棉裤，穿着单裤跑。敌人的火力把两个姑娘压得抬不起头来，实在跑不动了，便就近躲到大石头底下。不一会儿，只见日军在机枪的掩护下冲了过来，一个穿大皮靴的日本兵，照着张杞的额头就是一脚，鲜血顿时流了出来。倪振华也被另一个日本兵用大皮靴踢了出来，姊妹剧团两个经常演小媳妇、洋太太的女孩被俘了。

在监狱里，她俩死口咬定她们是附近工厂里做工的老百姓，最终逃脱出来。组织上审查了一段时间后，确认她们在狱中没有叛变革命，当众宣布她们恢复组织关系。那时姊妹剧团已经自动解散，张杞被分配到山东军区战士剧社当演员。

陈士榘知道肖华提亲这事，就对符竹庭说："现在有合适人了吧，你可不能见了信号弹反而瘪犊子不冲锋啊。"

符竹庭和张杞见了面。

19岁的张杞听肖华说过他与符竹庭在冀鲁边区的故事，剧团里的姊妹们都崇拜英雄。本来她觉得符竹庭是军区首长，心中有些顾虑，可是见到符政委是那么平易近人，那么亲切、坦诚，虽然个子不算高，可是很精干，一身军装透出八路军将领的英俊潇洒。符政委幼年凄苦，很早就参加红军的经历使她非常着迷，渐渐地喜欢上了他。

"小鬼，你可要考虑好哦。行军打仗，流血牺牲是家常便饭，你不害怕吗？"符竹庭像肖华一样，也称她小鬼。

"才不怕呢，首长太瞧不起人吧，大青山血战我都经历过了，那可是血流成河啊！"说着，张杞哭起了鼻子。

"你看你看，到底是小鬼呀，哭起来啰。可别叫我首长，革命队伍都是同志。"符竹庭说。

"我也不是小鬼呀，姊妹剧团里比我小的很多呢。"

符竹庭也喜欢上了张杞。

战斗和工作的间隙，符竹庭和张杞见过几次面。双方感觉都挺好的。

符竹庭喜欢骑马，经常骑着他的枣红骏马在部队驻地之间纵横驰骋。张杞那时还不会骑马，也想学。符竹庭说："骑马一要胆大，二要学会与马沟通，越是好的马，越有性格。当然也要讲究骑术。"

第一次学骑马，张杞差一点摔下来，幸亏符竹庭拉住缰绳，把她扶了下来。

"张杞，骑马可不是一学即会噢，等有空的时候我再慢慢教你吧。"

符竹庭与张杞俩人交往了半年多，双方的感情逐渐加深，俩人商量准备结婚。

战士剧社张杞的几个女友听说了张杞与符政委恋爱并准备结婚，她们都不想让她走，她们说："你为什么要跟首长结婚呢？你跟了首长，就得当家属，跟我们在一起多快乐啊！"

虽然姊妹感情深，可是结婚是另一回事，她确实对符竹庭政委动了真感情。她决定还是结婚。

组织上为今后照顾符竹庭的家庭，把她调到滨海军区后勤部政治处当宣传干事。

肖华和王新兰再三催促符竹庭和张杞，找个时间把婚结了。符竹庭说，急什么呢，等打下赣榆城再说吧。

然而，符竹庭在赣榆大捷后，还未到结婚那一天就牺牲了。张杞听到这一噩耗，当场就昏了过去。大青山被俘的事，对她的打击已经够大了，现在未婚夫又牺牲了，她变得很忧郁。

她翻开一本书，那里有符竹庭给她的一个书签，上面有符竹庭的名字。书签尖利如同薄刃，划过她的手指，疼痛漫过她的全身。

如何止血？怎样让伤口愈合？

符竹庭，你看见我了吗？你听见我了吗？那愈走愈远你的背影，那愈来愈清晰你的叮咛。

肖华和夫人王新兰看到张杞十分难过的样子，便把她接到家中住了将近一个月，她才恢复常态。

直到 1945 年，肖华骑马路过一个村庄时，看到一个女孩挽着袖子，踩在桌子上，桌子上又摞了凳子，那女孩爬上凳子晃晃悠悠的。肖华在她背后喊了一声："小鬼注意点！"女孩回头，原来是张杞。

"干什么呢？"

张杞说："我写标语。"

肖华说："晚上梁专员请我吃饭，你一起来吧。"张杞不客气，"有饭吃，我当然来啦。"

饭后，肖华问："小鬼，有对象了没有？"

"有个叫李欣的人给我写了一封信。"张杞回答。

肖华说："小鬼，明天就跟我去东北吧。我跟这个李欣很熟，这人很不错。"

李欣是福建长汀县人，1936 年加入共青团，青岛大学毕业，1937 年转为中共党员，先在东北军一一二师做统战工作，后任滨海军区滨海支队政委、三十八军一一四师政委、驻德使馆参赞、驻英使馆参赞、解放军政治学院一系政委、国防大学教授。

李欣早就见过张杞，也听说符竹庭和张杞的故事，对于张杞他非常敬重。

张杞对李欣开始并不满意，她认为李欣瘦得走形。她的视点是以貌取人。

肖华和夫人王新兰打了个手势，催促李欣"赶紧办酒席"。在肖华和王新兰的撮合下，他们结婚了。两人相濡以沫，生活美满。

他们经常回忆起战争岁月，包括符竹庭。

1983 年，在纪念符竹庭牺牲四十周年活动的日子里，在北京解放军政治学院工作的李欣、张杞（正师级研究员）夫妻俩，共同写了悼念符竹庭的长诗《纪念符竹庭同志逝世 40 周年》：

> 您是广昌人民的儿子，
> 您不仅是属于广昌的，

您是伟大中国人民的儿子。

……

在那儿，

您率领根据地的广大军民，

向敌伪展开了反"蚕食"斗争。

在您的领导和指挥下，

打开了敌伪占领的赣榆和郯城。

把抗日民主根据地，

建设得欣欣向荣。

只要哪里打仗您就会在哪里出现，

您机敏果断，

谁不夸赞您的智勇双全，

为了宣传党的方针政策，

您做到舌敝唇焦。

而且您总说到做到，

以身作则坚决贯彻中央的号召。

您对人民利益想得无微不至，

为了节约办公用纸，

您利用裁下的报纸边，

写下了篇篇漂亮的蝇头小字。

您和战士亲密无间，

"来吧！杀二盘，看看我们谁高谁低？"

还有那么点儿不服输的稚气。

您还特别喜爱马匹，

纵辔驰驱，

曾使您心旷神怡。

您神采奕奕文质彬彬，

好像还有点儿羞怯。

> 您是那样地平易近人，
> 谁也不会想到您是位叱咤风云的将军。
> 您和您的同级亲如兄弟，
> 包括所有的人。
> 很高兴和您合作共事，
> 对无产阶级和民族解放的一片忠诚。
> 使您赢得了人们对您的，
> 高度尊敬与无限信任。
> 当听到您壮烈牺牲的消息，
> 没有哪一个同志，
> 不为我们敬爱的符政委落泪。
> 人的一生怎样才算活得有意义，
> 有的人碌碌无为早已被人忘记，
> 但您却永远活在人们的心里。

1988 年清明节，张杞和李欣再次来到抗日山符竹庭墓前祭拜英灵，又写下了《抗日山》这首诗：

> 赣榆城西抗日山
> 今日凭吊意绵绵
> 心花献一束
> 泪落纷如雨
> 精神永不灭
> 千古送人杰
> 典型垂后世
> 功高同日月

他们一直在缅怀悼念符竹庭，这是多么高洁的情怀，多么真挚的情感啊！

三十四、赣榆大捷

运筹帷幄出奇兵

　　1943 年 11 月中旬，日寇在济南召开了作战会议，开始了冬季"扫荡"。清河区、鲁中区的敌人首先向我根据地进犯，滨海区的日伪军也在蠢蠢欲动。赣榆县伪"兴亚建国军"苏鲁战区总司令兼三十六师七十一旅旅长李亚藩专门去南京领受北进任务，日军旅团长上村亲赴赣榆布置"蚕食"，准备 12 月打通海（州）青（岛）公路；临沂的敌人也向北增设了鱼窝、杨庄、三官庙、小南庄几个据点。

　　"山雨欲来风满楼"，一场大规模的"扫荡"和反"扫荡"战役即将开始。

　　1943 年 11 月 10 日，夜风习习，蟋蟀低吟。在滨海军区司令部作战部的一张军用地图前，符竹庭和陈士榘已经沉思了很久。

　　"老陈，目前滨海地区敌情尚没有特别大的变化。只是新浦的日军近期正在增兵青口据点，驱使伪军加紧'蚕食'。李亚藩日前去南京领受任务归来，日军旅团长上村也来到赣榆城进行'蚕食'的具体部署，准备 12 月'扫荡'我滨海区，临沂日伪军也在蠢蠢欲动，以策应敌人对鲁中、鲁东、鲁北的'扫荡'。我们应该背向鲁中在滨海狠狠打他们一下了。"

　　"是啊，打赣榆既能牵制'蚕食'渤海平原之敌，也能于敌人 12 月回兵同我争夺东南沿海地区之前，给敌人一个重重的打击。"

　　两人不谋而合，这种默契也许从他们在红军大学高干科学习时就形成了。

　　为了策应鲁中与渤海地区的反"扫荡"，粉碎敌人打通海（州）日（照）

公路的企图，滨海军区准备攻打赣榆城，消灭伪军李亚藩这个旅。旅长李亚藩下辖三个团：一团团长黄胜春、二团团长杨步仁（即叛徒王宏鸣）、三团团长张星三，共有1600多人。

李亚藩原是国民党五十七军军部副官长，军长缪澄流的亲信，骨子里奉行国民党"曲线救国"的政策。1939年，李亚藩乘去阜宁取饷之机叛国投敌，当上了伪"兴亚建国军"苏鲁战区总司令，成了缪澄流投敌卖国的引线人。可以说，李亚藩是一个彻头彻尾的汉奸卖国贼。

攻打赣榆城是我滨海军区的一次主动出击。

请战电报迅速传到了罗荣桓司令的桌前。

山东军区批准了这一计划。因为是城市攻坚战，罗荣桓特批了三发九二式步兵炮弹，以加强攻击火力。

整个战斗由滨海军区司令员陈士榘、政委符竹庭统一指挥。决定以军区主力老六团、二十三团以及海陵独立团、海赣独立营执行这一任务。

11月11日，陈士榘、符竹庭命令六团由赣榆地区北移至甲子山的东卜落村一带，造成赣榆地区防务已移交给第二十三团的假象。数日后，他们又令六团日夜兼程回师，于15日到达赣榆城西北20公里之黑林赤涧一带隐蔽。

陈士榘、符竹庭把攻城的意图告诉了军区作战部科长石一宸，并责成他据此拟制作战计划。

滨海军区随后召开作战会议，司、政、后以及相关领导参加了会议。

符竹庭说："赣榆南靠陇海路的连云港，东临黄海海州湾，是日军固守新、海、连地区的一个卫星城，是我滨海区南部的重地。歼灭盘踞在赣榆的伪军七十一旅，把周围的十余处据点扫平，就可以解放那里的人民，更好保护山东领导机关的安全，扩大和巩固滨海南部地区的根据地。赣榆守敌两千余人，是日寇装备训练的所谓正规军，修有坚固的城防工事，距连云港比较近，因此我们这个仗要打得巧、打得猛，力争里外夹击，腹心开花，迅速歼敌。"

接着，他和陈士榘司令员与到会的各级指挥员一起研究作战计划。

作战计划规定：六团负责突破东北大门，歼灭东北大门至西门大街以北的伪军；二十三团负责歼灭东西大街以南包括南关与西关的伪军，该团三营部署在青口与赣榆城之间，阻击青口可能进犯赣榆的日伪军；以海陵独立团以攻为守袭击沙河据点，防止该据点守军来犯；以海赣独立营破除青口至赣榆公路，并配合区中队相机攻克之元堵、殷庄和小庄子等伪军据点。

一切都在静悄悄地进行。

一切风暴之前，是一种别样的宁静，谁能够看出貌似平静的海面之下涌动的巨大潜流呢？

11月16日，一匹青鬃马，风风火火地回到六团团部，马像刚从水里捞出来一样湿漉漉的，骑马的贺东生团长也是满头大汗。

一下马贺东生就对团政委吴岱嚷嚷说："老吴，准备打大仗了，打赣榆，陈司令、符政委向我交代了任务。"

早在1941年4月28日，贺东生就率领六团第一次打过赣榆县城，那是一次外围战，歼灭伪军李凤和部一百余人。

贺东生有个习惯，遇到不高兴的事，扯着自己的帽檐向下拽，一直拽到眼皮底下，遇到高兴的事，把帽檐掀到后脑勺，他现在的帽子已经掀到后脑勺上了。

吴岱说："看你高兴的，我们正准备呢。你刚回来，人困马乏，快去休息吧，我带部队去。"

"什么？看你美的！我是团长，打仗团长不去，叫政委去，哪来的规矩？"贺东生眼睛瞪得溜圆。

"看你急的，我这是激将法啊。"吴岱说。

"我知道你会来这么一招，告诉你，不打仗我会生病，有仗打我就成了罗汉体了。陈司令、符政委有命令，打赣榆我团担任主攻任务。不信你看。"贺东生从口袋里掏出了命令。

他不知道吕本支已经把这一消息透露给吴岱了。

第二天一大早，符竹庭就带着军区敌工部科长吕本支来到六团。

"报告符政委，为迎接你的到来，六团早饭除米粥、煎饼外，特地为你准备凉拌海带一碟、炒鸡蛋一盘，吃不吃请指示。"团长贺东生早就等在那儿了。

"好你个贺猴子，不吃白不吃啊，"符竹庭拿起了一块煎饼，"打下赣榆城，我请你贺猴子喝一瓶赣榆老白干怎么样？我可从来不白吃你的哟。"

"喝不喝老白干无所谓，只要政委多给老六团几个仗打就行。"贺东生边嚼着煎饼边对吕本支说，"吕科长你说是不是啊？"

为了麻痹敌人，滨海军区有意识地很久没有袭扰赣榆城。敌人满以为这座堡垒"固若金汤"，终日花天酒地，狂嫖滥赌，对敌工干部神出鬼没地进入他们之间毫无察觉。

早在 1941 年 3 月，六团就建立了敌工股，隶属教导二旅敌工科领导。敌工股首任股长胡青，第二任股长白居仁。1942 年，符竹庭抽调干部组织"伪军工作团"；8 月，赣榆县委敌工部成立，县委组织部部长李华林兼任敌工部部长；敌工部对外名称不公开，对外称"岳州部"。不久由六团第三任敌工股股长杨斯德兼任赣榆县委敌工部部长。因为保密工作需要，敌工队员都是单线联系。

符竹庭边吃煎饼边问杨斯德："伪军那边的具体情况怎么样？"

"报告 802（符竹庭在滨海军区的代号），李德新、徐宗信打入伪军内部之后，活动很有成效。在初步工作的基础上，我们和伪一团团长黄胜春建立了关系。"

"张星三和黄胜春矛盾很深啊，都在李亚藩面前争宠，双方为扩大势力都想把对方吃掉。"符竹庭说。

"我曾和黄胜春见过面，向他讲了日军必败，我军必胜的形势，晓以大义，指明出路。他表示'身在曹营心在汉，愿为八路军效力'。"

符竹庭提醒道："目前争取黄胜春起义的条件还不成熟，李亚藩对他看管得很紧啊，但可以让他在我们攻城时保持中立，要求他的部队不直接参加战斗。"

"是，我马上和刘连成联系。"

刘连成是东北人，在滨海一次战斗中被我军俘获了。开始他担心被杀掉，但出乎意料的是，他受到了八路军的宽大优待。我军耐心的教育，又启发了他的民族意识和爱国思想，认识到了当伪军的可耻，表示悔过，并愿意立功赎罪。不久，他和其他俘虏一起被释放了，从此他和滨海军区敌工部建立了联系。

刘连成回到伪七十一旅，不断向我军传送情报，暗地里向伪军传播我军的俘虏政策。通过敌工部和伪团长黄胜春建立了联系。敌工干部李德新等人就借这种关系，常被派到伪军内部活动，相机配合我军行动。

"贺团长，事实证明滨海军区的伪军工作是很有成效的，以后作战对于投诚的伪军要注意保护噢。"

"我的政委哎，你放心吧，我贺猴子的枪子儿只打小日本和死心塌地为鬼子卖命的伪军。这么多年行军打仗要说政工工作，我不佩服你符政委我佩服谁？"贺东生满脸真诚地望着符竹庭。

"杨斯德，继续密切与刘连成、李德新、徐宗信等人联系，赣榆城城高墙厚，壕阔水深，我们要尽力智取。打开城门的事可以与刘连成商量一个具体可行的方案，然后向我汇报。爆破突进是我们迫不得已的最后选择。"

"是，请政委放心！"

符竹庭问："突击队安排谁去啊？"

吴岱说："二连长何万祥，八连长陈朝山都是合适人选，这两人，何万祥更合适。至于战士，当然还是在突击队所在的连中选。"

符竹庭说："好，何万祥是战斗英雄，二连是红军连，也是最合适的。"

送别了符竹庭，吴岱马上开始了突击队的组织工作，"通信员！叫何万祥马上跑步到我这里来。"

何万祥接受了任务很高兴，只是在人选上他很冷静："我建议带二连一个建制排，排长熟悉班长，班长熟悉战士，便于指挥。"

吴岱同意了何万祥的意见。

何万祥又说："是不是带上两个工兵班做两手准备？"

吴岱说："这也好。"

两个小时，组成了突击队，吴岱亲自给他们交代了任务，明确了各种联络信号，进行了动员。

在这之前，遵照符竹庭事先指示，敌工部科长符浩、统战科科员樊复哉，通过临沭县抗日联络员郑亦桥的关系派往青口我军内线人员，把绘制的赣榆城内街道和军事布防图，送交给作战指挥的陈士榘和符竹庭。

连长何万祥的报告：攻城爆破组已完成演练，只等上级一声令下。

各参战部队战前动员结束，战士们摩拳擦掌。

18日上午，符竹庭找来赣榆县委书记邱也民、县长朱明远。

"赣榆战斗马上打响，支前工作准备要跟上。我提议马上成立支前委员会；委员会随前线指挥所一起行动。"符竹庭对邱、朱二位说。

"请符政委放心，赣榆人民早就盼着这一天了。"

下午，由赣榆县委以及各区区长参加的支前委员会成立，由民兵负责后援，包括动员担架队和向前线送饭等任务。

智取赣榆城本来另有一个计划——叫刘连成假借伪一团的"号令"，要该团三营于18日8时出城到边沿区抢粮，把该营诱入我军埋伏圈，迫使敌人集体缴械。随后再让刘连成领着我六团一营，假扮敌军，夺城而入。

17日早晨，李德新到城西的张村，与刘连成接头定案时，不料遇上了张星三团驻大官庄的搜查部队。李德新被捕了，刘连成跑到六团敌工股，愧悔地说："完了，这么长时间的准备，战斗前出了大娄子，怎么对得起八路军对我的信任呢？"

杨斯德连忙向陈士榘司令员、符竹庭政委汇报了李德新被捕事件。

符政委略一思忖，对杨斯德说："根据平时的表现看，李德新是个好党员，完全可以相信他是不会向敌人暴露秘密的。何况从张星三团驻大官庄部队的活动来看，这次逮捕李德新似乎并非精心策划，而是伪军出来抢粮时的偶然机遇。另外，伪军要把李德新转到城内，也要经过几道手续，需要一两天时间。"

陈士榘、符竹庭要求敌工部门迅速派人进城，摸清敌人底细，以便行事。

经了解，敌人果然对我预备攻城毫无觉察，只听说："张团长在城外逮了个'盐贩子'。"

陈士榘、符竹庭指示敌工部：在我军不断胜利的影响下，加上我军俘虏政策深入人心，如果我军工作能尽快做好新的配合准备，趁敌不备，智取仍有成功的可能。原定计划不变，把刘副官从城里开门改为从城外叫门，策应我军进城。

19 日早晨，杨斯德和敌工股副股长肖凤山向刘连成一说，他立刻振作起来了。他说："今晚东北门正轮到黄团长特务连执勤，我和他们很熟悉，还有办法搞城门。"

情况迅速汇报到作战指挥部。

陈士榘、符竹庭理解刘连成立功赎罪的心情，即刻批准了这个方案。

一支锋利的箭，悬在一张正在拉开的弓上，瞄准前面的箭靶，随时准备发射。

城里城外，战事准备，一切都在按照步骤进行。

打赣榆，打的是"名副其实"的伪军。虽然伪军的战斗力不如日军，但打仗毕竟还是打仗，总要拼个你死我活。对方一个旅，城堡坚固，不是大门八字开，想进就进。

一年前潜入伪七十一旅"当兵"的共产党员徐宗信事先接到我军攻城的通知，这几日格外注意晚上的岗哨情况，随时准备策应。

徐宗信刚去伪七十一旅的时候，他整天认真干活。伙夫病了，他主动到伙房帮忙；马夫开小差，又去照顾马。伪军内风行"卖岗"，轮到站岗，有钱的便花钱找人站岗。徐宗信常常替别人站岗，却总是只讲价不收钱。每月发的饷，一到手常被人借去，他也不认真要。连里的伪军特别尊敬他，称他"徐先生"，爱听他指派。

11 月 19 日下午，在赣榆城东北郊一处荒僻的坟地，陈士榘、符竹庭以及六团、二十三团主要干部在一个警卫排的保护下秘密潜入进来。

陈士榘摊开事先绘制好的赣榆城防图，对贺东生说，这就是我们的军事目标。

符竹庭举起了望远镜，望向赣榆城，只见城墙高耸，壁厚难攀。

李亚藩任伪七十一旅旅长之后，加固了城池，抢修了工事。城墙附近的民房全部拆除，东西两面的水沟与池塘相连，形成天然屏障，双壕沟十五米宽，两米深，沟底密布竹签子，人如跌入沟内，就会肚破腹穿，遍体鳞伤。伪军每年冬、春两季引水入壕，寒冬季节，每天下午要老百姓拿起镐头破冰。堑壕外另设鹿砦，鹿砦外是三十多米的开阔地。沿城墙每一百米修筑七米高的三层高岗楼,除西北角是一个方形炮楼外,其余六座都是圆形炮楼。炮楼四面都是黑洞洞的射击孔,炮楼与外壕之间拉上密密麻麻铁丝网,只要铁丝网上的挂铃一响,炮楼上的轻重机枪交叉射击。真是不拘远近,明出暗打,封锁得严丝合缝。城边还筑有陷阱和明暗火力点,易守难攻。

怪不得张星三那么骄横自信:"土八路敢打赣榆?笑话!真是小巴狗咬月亮——不知天高,老母猪喝井水——不知地厚。哪怕从我张星三鼻子底下飞过一只麻雀,它也休想带走一根翎毛儿!"

符竹庭暗暗自语道,好一个"固若金汤"的"铜墙铁壁"啊,滨海军民很快让你变成一个不堪一击的乌龟壳。他对吕本支说,你去和炮兵连连长李玉璋接一下头,好好准备一下。吕本支找到李玉璋交代符政委下达的任务,把地下党绘制的赣榆县城地图拿给了他,上面详细地描绘了李亚藩重要堡垒的位置。

吕本支想先逗他一下,问他:"李连长,一发炮弹能不能端掉这老窝?"

李玉璋笑眯眯地摇头。

"两发?!"

他依然没说什么。

"三发吧!三发可一定要命中啊!"

李玉璋思考了一下,还是用习惯的腔调缓缓地答道:"看看吧!"

18日晚,各作战部队各就各位。此时赣榆城外一切还是于无声处。

巧取赣榆俘敌酋

11月19日下午5时,"嘚嘚嘚,嘚嘚嘚"的一阵急促的马蹄声传来,一匹枣红马踏着尘土飞驰而来。

符竹庭由军区指挥部策马来到老六团驻地城西北。一下马,他就与团长贺东生一起来到队列整齐、虎虎生威的老六团参战官兵面前,他要给部队做最后战斗动员。

"同志们,又轮到咱们老六团打头阵了。拿下赣榆城,同志们有没有信心啊!"

"有！打进赣榆城，活捉李亚藩！"全体指战员们如同激昂的战鼓，齐声高呼，声震云霄。

远处几只觅食的麻雀，被这一吼声吓飞了。

奔袭赣榆城，老六团担任攻城任务，一营为突击营。战斗英雄何万祥所在的二连担任突击城门的任务。

攻城命令规定，黄昏后部队保持肃静隐蔽，以疾速行军向赣榆城挺进。

太阳落下了山坡，西天一片彩霞，不久，夜幕降临了。

月色朦胧，朔风劲吹，大地呈现出一片苍茫的景色。

一支英勇善战的八路军健儿，在旷野里疾进。他们悄悄地经过了一个又一个村庄，竟然没有惊动任何人，只是偶尔传来几声零星的犬吠。

初冬的夜晚带着浓厚的寒意，但战士们内心沸腾的激情将寒气一扫而光。

晚7时许，赣榆县委书记邱也民带领支前委员会成员快速行进到设在赣榆城北离城很近的指挥所，来找符竹庭。陈士榘司令对邱也民说："你来得正好，符政委已经和一营突击队到城北门去了，他是身先士卒冲锋在前啊！你们的支前委员会与指挥部一起前进！"

也许邱也民有些惊讶，怎么这么大的战斗开始政委带头冲，而司令员和指挥部殿后啊。其实这很正常，要不刘少奇、朱德、罗荣桓怎么评价符竹庭"军政兼优"呢。只要看看历史，我军政工出身的战将那是太多了，如杨勇、刘亚楼、邓华都有政治委员的经历。对于符竹庭，担任过——五师参谋长的陈士榘，当然是知根知底。

再说符竹庭带着几个敌工干部吕本支、杨斯德、肖凤山等人从后面骑马赶了上来，追上先头二连，符竹庭下马后与何万祥并肩前进，他小声地说明这次战役意义，奇袭和强攻的方法以及注意事项，直说得何万祥吱吱地发出轻微的笑声，用他的陕西方言回答："政委，额听清楚了，额保证完成任务，请首长放心。"

符竹庭边走边说着："要猛啊！你们的任务很重要，要坚决完成，这对整个战斗有很大关系！"

战士们为他这种细心叮咛所感动，突击队队长何万祥回答道："这里很危险，请首长放心，额一定坚决完成任务，不然就不回来！"

但是，符竹庭仍然跟着，一遍遍地说道："怎样赚城门，怎样巩固突破口，怎样向城里发展。"如果城门赚不开，整个战斗就要费事了。他一再地嘱咐道："要猛，一定要猛啊！"

符政委转身又向后面准备接应的两个排战士说："要记住联络暗号。别忘了，前面一划火柴，你们就冲，勇猛地冲进城去，越快越好。"

忽然，队伍卧倒了。前面高耸着黑魆魆的城墙，四周像死一样的沉寂。

符竹庭一路跟部队急行军，由赣榆城北绕到城的东北门，在距城门很近的一块坟地后面隐蔽下来。

距城门二百米处，战士们卧倒，敛声屏气地隐蔽起来。

此时，六团二营和二十三团也分别进入赣榆城东北隐蔽待机。二营战士们在一道干涸的小河沟一侧架起了轻机枪，每一挺机枪配副射手兼弹药兵一名。河道边一丛丛枯黄的野草遮掩了战士们卧姿射击的身影。

二十三团三营也利用一处坟包作掩护，做好了战斗准备。机枪射手正在寻找最佳射击角度。

一座古城垣的阴影，就矗立在他们眼前，这就是赣榆城。

夜真是静谧极了，连城内伪军在城楼哼无聊小调的声音也隐约可闻。甚至可以听到街上小贩"香油果子，香油果子"的叫卖声。

夜间很冷，伪军躲在屋里推牌九，谁也不愿意出来站岗。徐宗信这晚特别地答应了几个"赊岗"的，从下午6时，一直到半夜，最后又替别人带班。

夜里，东北风虽然不大，冷得却也够受。老徐将事先准备好的劈柴，在北城墙上一个当中的岗楼烧起来。火吸引来了附近的哨兵，都不约而同地溜过来烤火，一致称赞："徐先生真够朋友。今儿黑下要是没有这把火，还不知冻成啥样子！"老徐掏出几根土造烟卷，一面分送，一面说："弟兄们，今天这么冷，你们身上只有单衣可怎么受得了？"一个名叫栾世康的老兵痞狡诈地说："有你徐先生带班，我们烤火就是了。"老徐趁机告诉大家："外面总得有个人看风，别叫遇上查岗的。我身上套着件小棉袄，不冷，出去顺着城墙溜溜，有事会来招呼你们。"五个家伙听了老徐的话，分外高兴。栾世康掏出一副骰子，找来一个破钢盔，借着火光带头掷起来。老徐见他们想赌，就说："你们只管玩个痛快！只是别走了火，要不我就负不了带班责任了。我看，把枪放在门外，离火远一点好不好？"几个赌鬼上了瘾，带班的这样吩咐，哪有不愿意的？他们连枪带手榴弹一股脑堆在岗楼门外，小小的赌场马上开张了。

部队在城外运动的时候，狗叫了几声。老徐正好仔细观察情况，考虑接应方式，不料碉堡内一个哨兵探出头来问："狗叫什么？是不是八路军来了？"栾世康连掷了三次"幺二三"，输在火头上，说："有球事！八路军好久不挨城边了，都这么晚了他们来干啥？"接着，"呸！"朝手心吐了口唾沫，搓一搓，又掷起来："四五六啊！六六顺哪……"

此时城外，这一路行来，何万祥打心眼里赞叹军区首长决策的英明，心里美滋滋的："我是首长打出去的头一发炮弹，单等在城里炸开花。"城外赚城门的任务，何万祥让侦察班班长刘国荣、工兵郝凤双、任发明等人带领内线刘连成去执行，自己带着爆破组紧随其后，化过装的工兵们每人背着半袋好像粮食的炸药。

21 时 30 分，吕本支和刘连成带着四名侦察员背着炸药来到赣榆城北门。

"干什么的？口令？"

"防共，我是刘副官，刘连成，催给养刚回来，快开门。"刘连成回答得很从容。

"哎呀！是刘副官！你怎么这时候才回来？我就去开门，真巧今儿黑下钥匙没收走，要不还得跑到连部去取！"一个伪军边说边从城楼上往下跑。

城上另一个哨兵看见了扛面袋子的人，突然惊愕地向下问道："怎么？哪里来的这么多人？"突击队员任发明虽然有点着急，但仍沉着注视着城楼上的动静。刘连成用生气的口气说："你们怎么这样啰唆！这么多的给养，天黑小车不能推，不找人扛，你们喝西北风！"

城门拉开一道缝，开门的哨兵侧身钻出来说："刘副官，快进来吧，今天夜里真冷呀！还有老乡，是哪村的？"这一问可把郝凤双、任发明难住了，他们都是山西人，一开腔就会露马脚，便只好"哦……呃……"地应了两声。

刘连成没等哨兵再问，立即接上："麻烦你了"，说着掏出哈德门香烟，递上一支，又从口袋里摸出一撮火柴，"刺啦"一声在城门口划着了。

这是赚开城门的信号，伪军哨兵哪里知道底细，一边说着"多谢刘副官，多谢刘副官！"，一边伸着脖子对火，刘副官冷不防一伸手掐住了他的脖子。扛着炸药刚进城门的郝凤双和任发明转过身来，一人扭着胳膊夺下他的大枪，一人把他按在地上。这哨兵被三人突然这么一整，不由自主地跪在地上，嘴里喊着："老乡，不不，老……"刘连成低声警告他："不许喊！要不打死你！"

"啪，城上的另一个哨兵见事不对，惊慌失措地放了一枪。哒哒哒……"侦察员孙世宏顺着枪声还了他三枪。这家伙一看，撒腿就跑，边跑边喊，"不好了！八路军进城了！"刚跑不远，迎面来了一个人，厉声喝道："浑蛋！喊什么。"哨兵不明究竟，迎面来的人"啪啪"给了他两个耳光，连踢带夺地卸下了他的"三八大盖"步枪。

卸伪军枪的人是徐宗信。刘连成喊城，老徐隐约听见，随即跑到碉堡跟前，背上三挂手榴弹，挑了一支好的大枪，将其余的全部扔到城外。几个赌鬼听到外面动静，正要问个究竟，老徐"哗啦"一声，推上顶膛火，厉声叫道："不许动！八路军进城了。听我的话，老老实实蹲在这里！"五个小子全愣住了，大气不敢出，一个劲地向墙角挤去。

这时，趴在木栅门前的刘国荣和孙世宏，忽地一下就站起来了，一直冲进城门。看见火光信号的突击队队员们，在何万祥连长一声"前进"的口令下，飞也似的冲进城去。"哒哒哒！"战士牛占浩负了重伤，另一个战士李相化冒着弹雨把他背了下去。埋伏在公路两侧的部队，在短促的口令声中，也立即化为一条巨流，不可阻挡地涌向城门。

此刻在城外的符竹庭，紧盯着城门方向，谛听着突击队和城上哨兵互相问答的每个字句，心里像拉满的弓弦，绷得紧紧的。不多一会儿，城门"吱呀"一声，开了半边，一根火柴的亮光，照见城门下的一切。突然"轰"的一声手榴弹炸响，接着是一梭子驳壳枪子弹。他的精神一振，呼地跳过坟堆。"冲啊！猛冲啊！城门开了！"紧接着，他随两个排的战士们飞快地冲进了城门。

六团二营，也在城西北方向爬上城头。北城墙上，东西一千多米的距离内空无一敌，全被我军控制了。

徐宗信下了城墙，领着何万祥的突击队向伪军一团三营扑去。

大部队向内城发起攻击，老六团在团长贺东生的指挥下，向东北方文峰塔附近的炮楼发起攻击，以扫除向纵深发展的障碍，并迂回包抄打退了张星三团的猛烈反扑。二十三团团长胡继成率部向东西大街以南迅速插进，包围歼灭了伪警察局的警备部队后，又攻克城东南的一个大炮楼。

新中国成立后，胡继成被授予开国少将，曾任广州军区参谋长、成都军区副司令员。2001 年，他为纪念符竹庭写下了这样一首诗：

依托大吴山，巧攻赣榆城。
神炮击三发，白旗现敌酋。
雾重隐寇奸，马惊折干城。
魂系马鞍山，松涛颂英灵。

此刻，突击队和大部队如同决了堤的洪流，咆哮着，势不可当地卷进了赣榆城，符政委带领突击队登上城楼，一个战士把红旗插上了赣榆城头。随后，电话线也架设到城楼上，陈司令员与支前委员会成员也赶来了。在几支高高的红蜡烛下，指挥所的电话里不断传来胜利的消息：伪三营营部及伪八连全部被俘了，伪警察局被全歼了，抓了两三百俘虏，还没与敌人接火呢。等敌人组织抵抗时，符政委已在地图上标定了战术蓝图。

黎明，李德新匆匆地跑上城楼，撕破的衣服上虽沾满了泥土，但脸上却带着胜利的微笑。他前来向首长们汇报昨天被捕后的情况。原来，伪军偶然抓到了他，他除了贩私盐以外，什么也没暴露。战斗一打响，伪军一营在慌乱中向我二十三团投降，他从黑屋子跑出来，参加了战斗。

天色大亮，敌人还盘踞在旅部内进行最后挣扎。符政委下达命令："运炮来，消灭敌人中心炮楼！"

神炮手李玉璋拖来九二钢炮，准备射击。

"李玉璋，该看你的了，就三发炮弹，你可不能给我打空了。"

"嘿嘿，政委，你放心。"李玉璋不喜欢多说话，他坐在炮车上，自如地转动着旋盘，得意地瞄准了150米外一座方形三层炮楼。

"准备好了，政委，装炮弹吗?"李玉璋报告。

"等一等!"符竹庭想起一件什么重要事情，转身跑到屋里去，在一个窗台上写了一张条子，指示吕本支派人送给李亚藩。条子上写着：

> 目前意降德败，日寇垮在旦夕。我们进攻赣榆，旨在解放民众。尔等如弃认贼作父之途，立即投降缴械，则于国于民皆幸;若负隅顽抗，死路一条。何去何从，希速抉择。

吕本支动员一个俘虏把信送走。

过了一会儿，符竹庭又写了第二张：

> 我军一贯宽待来降官兵，事不宜迟，限十分钟作复，否则即以炮火轰击。望悯惜家族部属生灵，速降勿误。

勇士们焦急地等待着每一秒钟的过去，他们推弹上膛，瞄准敌人。

时间是那样的难熬，十分钟终于过去了，敌人还未答复。

"八路军兄弟们，你们没有炮，有炮我们就降。"

"告诉一营长，命令部队准备冲锋!"符政委一字一句地告诉警卫员。

李玉璋用手擦了一下瞄准镜的玻璃，把帽檐往旁边一拉，左手摇着升降器，跪到地上把眼凑上镜口。一分钟以后，他重新调整了水平器。装上炮弹，卸下瞄准镜，握住小皮条，"报告政委，准备完毕!"

"开炮!"符竹庭大声命令。

李玉璋轻轻一扳，"轰!"炮身在炮架上猛烈地向后挫又向前冲了一下，一股青烟从炮口喷出，散去。炮弹飞进敌人炮楼的第二层窗眼，随着"轰隆!"一声巨响，上半部砖墙忽地一下倒塌下来，烟雾高高升起。透过青烟，对面碉堡上冲起了一股浓浓的黑烟，战士的欢呼和炮弹爆裂的回响，像河水一样在山谷里雄壮地涌流而过。

炮火的间隙，符竹庭派人传话给李亚藩，限你三分钟以内派代表出来谈判，不然我们继续开炮。

三分钟过去了，敌人没有出来。

李玉璋一直站在那里沉静地望着前面。散去的黑烟里，嘶叫的伪军像噎住一样一声也不哼了。李玉璋弯身装了瞄准器，把标尺旋到位置，"轰！"第二发炮弹又打了出去。又是一阵激烈的机关枪声，夹杂着小包炸药和手榴弹的爆炸声。

战士们的呼喊声"打得好"尚未平息，一个伪军官从烟尘中钻出来。他双手高高地举着白毛巾，二连指导员陈先觉提着驳壳枪迎上去。那个伪军官失魂落魄地说："长官，不……不，同志，我缴……缴枪！"定一定神，他发现自己手里没有枪，于是浑身乱摸一阵，才掏出匣子枪，"枪……枪在这里，我们旅长……投降，叫我出来晋见你们上级。"陈先觉把他领到指挥所。

这是符竹庭预先布置好的一个指挥所，沿路是杀气腾腾的胜利之兵，轻重机关枪都露在外面，战士们手指扣着扳机。道路旁的"炮衣"盖着几门"大炮"，那门九二步兵炮恰好绊了这位伪军官一个趔趄。

屋子里面陈士榘司令和符竹庭政委坐在正面，周围站着十几个带驳壳枪的警卫员。

伪军官又点头，又鞠躬，一口一个长官，喋喋不休地讲条件。不用多问，一看他的麻脸秃头，就知道他是张星三团的三营营长谢秃子。符竹庭看穿了他的伎俩："回去告诉李亚藩，除非他本人出来谈判，不然……"他望了望门外的火炮，"再迟疑，我们就把你们的老窝端了。"

谢秃子还在讲条件："投降不成问题。我们旅长的意思是，你们先撤到城外，然后我们出城共同抗日。"十分明显，这是李亚藩的阴谋诡计，妄想等待青口的日军来救援他。其实，在军区首长的指挥下，青口的日军正被打援的部队接着打呢，哪里还顾得上李亚藩！

"赶快回去告诉李亚藩，再宽限你们五分钟，不然就毫不客气！"符竹庭严厉地告诉谢秃子。

"是是，我去讲。"谢秃子弓着腰去了。

五分钟又过去了。还不见李亚藩投降。

"轰!"又是一炮。第三发炮弹不偏不倚地击中了李亚藩盘踞的高堡,接着又一阵震耳欲聋的机关枪和手榴弹的爆炸声。战士的冲锋号激昂地吹起了。所有的轻重机枪都开口了,突击部队从地上爬起来,趁着烟雾喊叫着冲了过去。

"别打了,别打了,我们投降,我们投降。"

那个和我军有联系的伪一团团长黄胜春已架着李亚藩走出来。这次战斗,伪一团基本上"作壁上观"。

"李亚藩,通知你的部队,停止抵抗。"符竹庭命令道。

"好好,我照办,马上照办。"李亚藩停止抵抗的通知马上分发出去了。他一努嘴,随身来的号兵吹响了集合号,敌军完整的一个旅就这样全部缴械投降了。

与此同时,从青口出援的二百余日军,被二十三团三营阻击在三里庙和五里墅一带,战士们打退了敌人多次冲锋。

李亚藩的几辆汽车载满了我军的战利品。部队和民兵扛的扛,抬的抬,浩浩荡荡,满载而归。

李亚藩、张星三这两个死心塌地的汉奸终于被我们活捉了。千余名伪军拿着枪从据点里鱼贯而出,一个个小心翼翼地把枪放在指定的地方。

战斗结束了。吕本支问李玉璋:"怎么样啊?老李!"李玉璋笑眯眯地伸伸指头说:"150米,太近了,头一回!"

下午1点多钟,刘兴元骑着一匹高大剽悍的白马来到符竹庭面前:"瞧瞧,李亚藩的坐骑,政委的那匹老马早该换换了。"(刘兴元,开国中将,曾先后任广州军区政委、广东省委第一书记、成都军区第一政委、四川省委第一书记,军事科学院政委。)

白马四蹄如雪,马首有一个涡旋,很是威武。

"我的枣红马骑惯了,还是你骑吧。"

贺东生走过来嚷嚷开了,"瞧你们你推我让的,我说政委哎,你经常下连队,需要一匹好马。房桂生把马给政委牵去,再不牵去就是我的了。"

房桂生一声:"是,把马牵走了。"

符竹庭笑着说："支前民工们饿坏了，快把战利品分给他们一些。"

"邱书记，符政委派我来给你们送战利品来了。"吕本支指挥着几个战士把毛毯以及罐头送到邱也民这边来。

"罐头？"邱也民这才想起从昨天夜里到现在，军区首长没吃上一顿饭。"我太失职了"，只把各区支前任务分配下去，却把部队的吃饭问题忘了。"一区区长，"他大声喊着一区区长的名字，"快给指挥部的首长做饭啊！"

"各团的饭菜，城里的老百姓都帮忙做好了。"

几个战士抬着负伤的连长杜培芳、指导员秦燃走过来，邱也民赶忙把毛毯盖在了杜培芳和秦燃的身上。

全城解放的消息传开，人群像潮水一样涌向大街小巷。有人称赞我军的机智，有人诉说六年的痛苦，有人坚决要求参加八路军，有人欢跃着去领救济粮。

战士们三三两两地谈论起来，这一仗打得多漂亮啊！我们付出极小的代价，却取得了歼灭李亚藩部一千六百人，伪警察局警备部队五百余人的胜利。

部队休整，对投降的伪军进行教育和整编，愿参加八路军的编入海赣独立营，不愿参加的要求改恶从善，不能与人民为敌。

下午2时，符竹庭来到支前委员会，"邱书记，我们打掉了赣榆城，日伪军必然调集兵力反扑，必须在天黑之前把赣榆城墙拔掉，不能把这个堡垒留给敌人。"

"是，保证完成任务！"邱也民立即召开支前区长会议，动员县城周围数万群众，只用三四个小时，就把方圆五华里的城墙拔光了。

从晚上7时开始，我军分批向北撤离县城。

大官庄、芦阳的伪军闻风丧胆，乘赣榆战斗激烈之隙，突围逃窜。

青口、朱堵、大朱旭、沙河之日伪军在我包围、封锁、袭扰之下，疲惫不堪，惊恐万状。

符竹庭念念不忘"打狗行动"，20日，他命令老六团第一、三营分兵进攻海头，捉拿叛徒杨步仁。经过一番激战，将其包围在一座高大的碉堡中。因当夜两次攻击均未奏效，贺东生命令部队撤至海头以南村庄准备翌日再攻。次日早晨，狡猾的杨步仁趁大雾，利用田埂、芦荡的掩护窜到兴庄，然后转乘海船逃往青口。待三营发现时，杨步仁已杳无踪影。驻大官庄的伪三营在营长祁太和的带领下紧步杨步仁后尘，不战而逃，成了漏网之鱼。

对于六团这次轻敌麻痹的错误，符竹庭进行了严肃的批评。团长贺东生连续几日帽檐耷拉着，为没有捉到杨步仁而惋惜。

到22日午后，兴庄、芦沟子、李巷子、海脐子、桥南头之日伪军据点全部攻克。

赣榆大捷之后，滨海根据地又掀起了一阵参军热潮，秧歌队边扭边唱："送郎送到大门外，一出门口就看见张灯又结彩，奴有心挽手把郎哥送，又听见军号响司令来；送郎送到十里亭，一队队小英雄敢出征；奴盼郎哥立功来喜信，为人民保国万古留英名。"

延安《解放日报》头版报道了赣榆大捷的消息，毛泽东亲自指导修改短评，并感叹道："真是一员虎将啊！接宗仔，真想见你一面。"山东《大众日报》也在头版显要位置报道了我军攻取赣榆的消息，称其为敌后克城的范例，"是继夺取郯城战役胜利后的山东第二次大捷"。此役作为著名战例，载入《中国军事百科全书》。1987年军事科学院编著的《中国人民解放军战史》中，不但详尽地记述了当年赣榆战役的经过，对战役中我军所采取的"先发制人、里应外合""军事打击与政治争取相结合"等战术手段，均给予了极高的评价。

三十五、血洒赣榆留英名

将 星 陨 落

赣榆战役胜利结束后，滨海军区司令部、政治部、后勤部等机关返回到吴山以西黑林镇大树村以及温旦头、马旦头一带休整并处理战后事宜。

"攻克赣榆县城，敌人必然会来报复。通知各部队，密切警戒，对来犯之敌，严厉痛击。"符竹庭政委对传令兵说。

"是!"传令兵应声而出。

我军攻克赣榆县城的胜利，给予日伪军以严重打击。日军无法掩饰其在赣榆等地的失败，11 月 21 日至 22 日，从沭阳、灌云、新浦等地调集了 1800 余人与赣榆日伪军配合，轮番进行报复性"扫荡"，想恢复其占领区，以巩固新浦、青口以北阵地。

此次日军改变了作战风格，改为轻装奔袭，行动诡秘，到处寻我作战，妄图追回李亚藩、张星三等俘虏。日军觉得，一支带着俘虏行动的部队不会太迅速。时任赣榆县伪警察局特高股股长的冯宝岩充当了日寇的鹰爪和向导。冯宝岩，辽宁人，说一口流利的日语，1942 年 2 月，冯宝岩利用关系进了赣榆县伪警察局，任特高股股长。

23 日，青口、县城之敌分数路进犯我根据地，一路经土城进犯刘夫村；一路经朱汪进占石桥；一路经海头进占柳树底、大小龙头、柘汪一带；一路经毛庄、杨家岭、阚家岭进占半路村。但各路日伪军尤其是县城以及城头窜来之敌，都被我二十三团和地方武装阻击杀退。

符竹庭最揪心的就是那支近千人的俘虏队伍。那里有啸傲江湖的惯匪，有武艺高强的大盗，有鸡鸣狗盗的惯偷，有死心塌地的汉奸，特别是李亚藩和张星三，他们无时无刻不在寻机逃跑，幻想东山再起，卷土重来。

25日晚饭后，符竹庭骑马来到离旦头以北三里路的清水涧村，这里羁押着被俘的伪军军官队。

吕本支迎了出来，一见吕本支，符竹庭翻身下马高兴地说："你们敌工干部这回立了大功，等几天给你们庆功，请你们坐上席，我让记者给你们好好照个相。"

"立功全靠首长指挥得好！照相嘛，大姑娘坐轿头一回，先谢谢政委啦！"吕本支答道。

"听说你从俘虏身上搜出一支手枪来，是好家伙吗？罗司令到现在没支好手枪，咱们送他个战利品吧！"

吕本支不好意思地挠挠头，"确实搜到一支手枪，但只是一把很普通的手枪，根本拿不出手。"

符竹庭接过来看了看，笑了："真是拿不出手，太次了。"

这时，俘虏看护队队长周辉走过来，"唰"地敬了个军礼，沉声说："报告政委，所有俘虏已严格关押，请指示！"符竹庭对大家说："现在形势十分严峻，来不得丝毫的马虎轻敌，你们只有一个加强连，看守近千人的俘虏，我们既要严加管理，又要执行我党的俘虏政策，你们的担子不轻啊！"

"首长放心，我们已经和敌工部一起制定了一套严密的看护方案，确保万无一失。"周辉接着把整个方案向符竹庭做了汇报，符竹庭又指出了几个薄弱环节，看到他们具体落实后才乘马返回驻地。

而就在这天黄昏，柘汪、石桥之敌偷偷地向西进军。

"敌人傍晚从柘汪向西去了，具体去向不明。"民兵发现这一情况，用鸡毛信连续报警。

由于我军对柘汪之敌未能引起重视，加之各侦察分队也只注意了城头之敌，致使日伪军连夜经八条路、谢家湖、陡岭，奔袭至吴山、下陈、马旦头以东高地。

晚 10 时，黑林清水涧驻军又向军区作战室报告了敌军情况。

有的老百姓已经牵上牛、驴上山避难了。

"没有什么大的情况，请你们放心。"也许大胜之后，作战室人员有些轻敌了。

11 月 26 日凌晨，军区机关还未吹起床号，符竹庭和陈士榘简单交谈了几句，便带着警卫员房桂生，跃马前去清水涧，他对这群俘虏一直心存不安。

深冬的早晨，寒意袭人。这天又漫起了浓稠的大雾，三米以外什么都看不到。符竹庭和房桂生的马也不敢快行，只是"踢踏踢踏"地迈着碎步。马蹄踏在冬日僵硬的冻土上发出清脆的响声，在万籁俱寂的清晨传得很远很远。

当他们策马来到大树村东的时候，突然有人喝道："什么人，干什么的?"房桂生刚要回答，符竹庭示意停止。符竹庭隐隐听到除了喝令的人声外，还有嘈杂的日本人说话声。

"不好，这里有敌人埋伏!"符竹庭迅速掉转马头急驰，身后顿时枪声大作。

枪声代表敌情，周辉、吕本支指挥警卫连按既定方案对俘虏实施安全转移。

李亚藩和张星三等高级军官首先从涧底被押着赶往北山，快到北山坡的时候，就听张星三一声大喊："皇军来救咱们了，旅长快跑啊!"说完撒开双腿拽着李亚藩就向西南方向的山坡下跑去。

铁杆汉奸、伪营长谢秃子也趁机向南面的山坡下逃去。

众多俘虏亦蠢蠢欲动。

吕本支高声断喝，令他们马上归队，但他们置若罔闻，越跑越快。"哒哒，哒哒哒……"警卫连的机枪手平端着机枪一梭子弹扫了过去。李亚藩和张星三带着鲜血和脑浆滚到山坡下。

谢秃子也被一个点射，栽倒在乱石堆里。

其余的伪军官个个面如土色，乖乖地听从指挥，被转移到安全地带。

三百多名偷袭的日伪军在军区警卫营和二十三团三营的复仇式猛击下，丢下七十多具尸首仓皇逃回青口，在上堰一带，又遭到县大队和民兵的伏击，死伤五十多人。

激烈的枪声，迂回的村巷，一根低垂的电线拦住符竹庭的战马，战马骤然受惊，狂奔起来，把符竹庭甩下来，他的一条腿还夹在马镫里。

战马在拐过村房屋山墙时，符竹庭的脑部撞到山墙。

据赣榆县县志办的戚桂森先生说，这匹马是生马，原是李亚藩的坐骑。如果是熟马，在主人坠地后应该会停在原地。他还说，之前有符竹庭战马撞在圩门门框之说，经调查走访，确认是撞在房屋山墙上。

殷红的鲜血从符竹庭的发际流出。

"啊，首长，首长你醒醒，你快醒醒。"马旦头村22岁的新媳妇鲍胜田，快步把摔倒在地的符竹庭抱在怀里，鲜血染红了她新婚的棉袄。她在妇救会举行的慰问活动中见过符竹庭，那天大树村几十个姐妹把写有"根据地柱石"的一面锦旗交给了他，她第一次见到精干而略带腼腆的符竹庭。

五六个战士跑了过来，卫生员跑了过来，立即对符竹庭实施急救，一边喊着："符政委，符政委，你睁眼看看吧！"

"符政委，要挺住！你不能死，滨海离不开你！"

他的心脏还在顽强地持续跳动。

六团团长贺东生听见枪声从后面响起，立即率一个侦察班跑步前往。

电报打给了山东军区司令部，滨海军区机关也已转移。途中，陈士榘司令员跟着一副担架前往。他含着眼泪说："符政委伤势很重，赶快把他送往后方医院抢救。"他指示贺团长、吴政委，让他们派一个营追击敌人。

肖华接电立即报告了罗荣桓司令员，罗荣桓立刻派了两名骑兵护送罗生特大夫连夜赶来抢救。

符竹庭静静地躺在担架上，旁边许多人围着担架哭泣。胡子拉碴满脸泪水的陈士榘吩咐卫生员抓紧抢救符政委，两个卫生员把他从担架上抬下来，嘴巴凑近他的嘴边，然后一起一伏有节奏地按着符政委的胸脯做人工呼吸。

山川原野下着蒙蒙细雨，远处树林里许多战士肃穆地站着……

奥地利医学专家罗生特大夫赶到时，符竹庭已停止呼吸一个多小时，但罗生特仍然坚持抢救，口对口施行人工呼吸，直到确已无望为止。

罗生特泪如泉涌，悲愤地用双拳狠狠地叩打自己的太阳穴，责怪自己未能将符竹庭起死回生。

房桂生一下扑到符竹庭的身上，"政委，让我换回你吧！"就昏死过去了。

一代英杰符竹庭为国壮烈捐躯。

天地悲咽，亲爱的政委，你怎么舍得离开你的战友，离开火热的战场！

符竹庭静静地躺在那里，周围是一片恸哭声。这一天，赣榆，没有阳光，天低云暗，雾笼山川。旷野上空，细雨潇潇。

第二天，滨海区党委副书记张晔对机关人员传达这一噩耗时，泣不成声，呜咽着讲不出话来。

夜风低吟，山泉呜咽，天地同悲。

活在人民心里

当符竹庭牺牲的消息传来时，罗荣桓忍不住泪如泉涌，他一连数日茶饭不思，心神不宁，沉浸在无限的悲痛之中。

林月琴则不停地擦着眼泪，"竹庭他走得太早了，连个家都没成，什么都没留下。"

罗荣桓拿下符竹庭送给他的眼镜，低头喃喃地说："滨海军民是不会忘记他的，他活在滨海军民心里。"

以后每次谈起符竹庭时，罗荣桓总是无限怀念和惋惜地说："太可惜了，这么优秀的一位青年干部牺牲了。"

符竹庭的亲密战友肖华，在《大众日报》上撰文《悼念符竹庭同志》：

符竹庭同志的牺牲，的确是我党我军的一个重大损失，因此追悼符竹庭同志，不能限于一般的哀悼与悲痛，而应该对敌人增加千百倍的仇恨，鼓舞全体指战员坚决杀敌的斗志，用"以眼还眼，以牙还牙"的精神，向日寇法西斯进行反击，勇敢地踏着符竹庭同志的血迹前进，直至摧毁法西斯的野蛮统治。

……

　　符竹庭同志是牺牲了，但这一牺牲是光荣的，成千上万的人将会追念他，学习他生前的事迹；同时也必然要采取行动，更加勇猛地打击敌人。……我们胜利与光明的日子快到了，愿同志们握紧拳头，做好准备，以便随时向敌寇报复，为符竹庭同志报仇，争取中华民族的解放！

　　极为悲痛的陈士榘哽咽着说道："这次作战，只注意了正面的侦察警戒，忽略了对翼侧之敌的防范，今后一定要认真吸取这一沉痛的教训。"

　　六团政委吴岱在符竹庭牺牲后，整整两天没有吃下饭，泪水怎么也止不住。

　　吴岱从1937年秋就在符竹庭的领导下工作，从组织干事、教导员到团政委，符竹庭是手把手地教他怎样战斗，怎么工作。有了困难，他找符政委解决，有了意见也找符政委提。几个月前，符政委还亲自交代他到六团来先抓什么。

　　吴岱觉得背后少了一座山，身边少了一个良师益友。1944年8月1日，滨海军区政治部专门编辑出版了一本《符故政委纪念册》。吴岱和陈士榘、贺东生、刘西元、刘兴元、曾国华、张晔、张雄、刘伟、贺健等分别写了悼念文章。其中，陈士榘写了《符竹庭精神不死》，刘兴元写了《学习符竹庭同志的优良作风》，曾国华写了《纪念符政委学习符政委》，吴岱写了《我们要补偿这个损失》，贺东生写了《符政委的指挥艺术》，刘西元写了《会过日子会当家》……

　　吕本支听说符政委牺牲的消息，当场就号啕大哭……

　　鉴于符竹庭政委生前的节约和简朴，滨海区党委、滨海军区遵照他生前的遗志，决定将他安葬在马鞍山上，和其他烈士一样掩以土坟，在坟前立碑述以生平业绩。赣榆县委和县政府对此提出不同意见，认为符政委劳苦功高，理应厚葬盛殓，这既是告慰英灵，也是激励后人。特别是马鞍山所坐落的谷阳区干部群众闻讯更是群情激昂，"符政委不仅是滨海军区的政委，更是俺们滨海老百姓的亲人，老百姓有老百姓的风俗习惯，怎么安葬不用公家定，只有他的亲人说了算。"

　　当赣榆县委带着根据地人民的呼声和早已设计好的陵墓施工图来到滨海军

区时，陈士榘司令员眼睛湿润了。

刘宗瑾老人还记得安葬符政委的情形："符政委的棺木由北边运来抗日山（马鞍山）时，墓已建成。在棺木往墓穴安放前，为了再看一眼符政委，我们把棺盖揭开，但见符政委一身草绿色新军装，脸上一手帕，手帕下左眼上方有一小块纱布。目睹此情景的同志无不泪如泉涌。"该墓以花岗岩砌体，以琉璃瓦覆顶，正面镶嵌着一个气宇轩昂的铜质彩色头像，四周刻着悼念的碑文。铜像上是一张年轻英俊的脸，神采飞扬，两只明亮的眼睛，放射着柔和而又敏锐的光芒，显示着他坚定的意志和不可动摇的信念。在这里，他可以继续以他那亲切和蔼的面容，迎接四面八方的战友和乡亲。

遗体安葬那天，十里八乡的干部群众自发来到马鞍山上，他们用自己传统的悼念方式，带着火纸冥币，抬着纸马纸轿，满含热泪来到符竹庭的灵柩前，为自己敬爱的政委送行。

年老的乡亲不断提醒，"符政委没封棺之前不能哭，那样他走得会不安的。"几千人的抽泣，显得压抑而近窒息。

当灵柩抬入墓室，当四根铁链将灵柩稳稳悬起，当灵柩被水门汀（水泥）封闭，当司仪一声高喊："符政委上路，符政委一路走好。符政委安息吧！"数千名滨海军民齐刷刷地恸哭之声直上云霄……

滨海区五千多名军民为符竹庭举办盛大安葬仪式。山东军区、滨海区党委、滨海军区以及鲁南、鲁中、胶东、清河、冀鲁边区党委、军区，冀鲁豫区党委、军区，还有新四军苏北、淮北区党委、军区等纷纷送来挽词和悼文。符竹庭的亲密战友，时任冀鲁豫军区司令员的杨勇将军闻讯赶来参加符竹庭同志的安葬仪式，在仪式上杨勇见到符竹庭的原文化秘书杨鸿耀时，拍着他的肩膀语重心长地说："符竹庭同志是个能打善战的好指挥员啊！"并一再嘱咐说，"要常来看看符政委。"

1944年7月7日，抗战七周年纪念日，马鞍山再次举行了隆重的追悼大会，纪念抗战七年来牺牲的符竹庭、彭雄、田守尧等英雄烈士。战地记者冠西采写了《马鞍山的追悼》大会速写。追悼会上，肖华悲愤激昂地作了《我们要报仇》的即兴演讲：

七年抗战中，我们牺牲了无数共产党员和优秀干部，像你们今天看到的、彭雄同志、田守尧同志和符竹庭同志的坟墓——仅仅在马鞍山上，就埋葬了几个团、旅以上的干部。在山东来说，还有我们的刘子超、杨忠、黄骅、刘正、赵镈、李竹如、陈明、钟效培……诸同志的光荣牺牲。

拿最近牺牲的符竹庭同志来说，他是一个优秀的共产党员，八路军的青年高级将领，他十五六岁就参加了革命运动，经历过土地革命、二万五千里长征，经历过平型关战斗、冀鲁边、鲁西、鲁南许许多多的残酷战斗，以及在滨海区的无数次战斗，都表现了他卓越的指挥天才和英勇善战精神。

他不仅在战斗中是我们的模范，在工作上也表现出脚踏实地、实事求是的精神，在生活上也表现出艰苦、朴素、严肃、紧张的习惯。在学习上，更富有高度进取心。在他的岗位上，党和上级给他的任务，都能很好地完成。他不幸在 1943 年赣榆战役中，被万恶的敌人夺去了生命。他虽然死了，但他伟大精神是永垂不朽的，他的心永远活在千百万人民心中……

著名诗人，时任山东军区参议室主任的牟宜之，深情地写下了 218 句长诗《悼念符竹庭同志》：

广昌符竹庭，赫赫有令名。少小失怙恃，孤苦又伶仃。

六亲无所依，商店作厮僮，……

十年苏维埃，战役靡不从，……

二万五千里，迢迢赴长征，……

七七事变后，统一战线成，国共再合作，民族大联盟。

……

一九三九年，日寇势汹汹，反复频"扫荡"，梳篦又纵横。

烧杀兼淫掠，残酷实难形，符公当此际，只手大厦擎。

从容不迫下，成竹早成胸。每算无遗策，决胜制敌情。

日寇狡虽诈，谋我总成空，公每出奇计，寇兵常覆倾，

人称小诸葛，寇畏如惊弓。……

……

一九四〇后，山东遍驰骋，征衣从未解，鲁西复鲁中。

后至滨海区，惨淡苦经营，经文纬武业，烈烈又轰轰，

……

符公知我深，我悼符公诚，慷慨吟晚世，泪洒杜鹃红。

　　符竹庭烈士被安葬在马鞍山上，从此人们称该山为"抗日山"，并受到世人敬仰。

　　符竹庭牺牲后，滨海武工队把冯宝岩列为重点对象待机抓捕，但由于当时的特殊情势，一直未能如愿。日本投降后，冯宝岩改名为冯全，销声匿迹了。直到符竹庭牺牲16年后的1959年，冯宝岩才落入法网。同年10月27日，冯宝岩被枪决。

　　符竹庭牺牲一年零九个月后，抗战取得了胜利，他领导指挥过的滨海军区部队迅速整编为两个主力师和一个支队、两个警备旅和多个地方独立团。整编过程是这样：滨海军区第一军分区编为一师，师长梁兴初、政委梁必业、参谋长李梓斌、主任刘西元。滨海军区第二军分区编为二师，师长罗华生、政委刘兴元、参谋长贺东生、主任王树君。滨海支队司令员万毅，政委李欣。滨海军区一师、二师和滨海支队开赴东北，至此在中国人民解放军战斗序列中，战功卓著，威名远扬，被党和人民称为"万岁军"的第三十八军在滨海正式编成。在朝鲜战场上第三十八军的战斗故事，被著名军旅作家魏巍撰写成著名长篇通讯《谁是最可爱的人》，该文家喻户晓，在20世纪六七十年代被列为中学语文教材。电影《奇袭》，讲的就是第三十八军侦察科奇袭武陵桥的战斗故事。1983年，符竹庭牺牲四十周年纪念日，第三十八军"何万祥连"全体指战员创作了长诗《献给人民英雄——符竹庭》：

……

群龙需蛟为首，取胜靠

智——勇——计，

聪慧集于一身，果敢融于一体，

人民的英雄，我军的骄傲。

年青的政治委员啊，

——符竹庭！

……

人民忘不了您啊！政委！您的名字将与赣榆

——同存千年！万年！

……

在罗荣桓离开山东后，陈毅来到山东组建了中国人民解放军华东野战军，并就任司令员；滨海军区司令员陈士榘就任华东野战军参谋长；滨海军区政委唐亮就任华东野战军政治部主任。当陈毅到达山东临沭时，看到了滨海根据地经济建设欣欣向荣的景象，情不能已，写下了《西江月·忆滨海》一诗：

滨海岁月几度，罗陈朱萧黎符①。

抗日将士拼九死，英雄豪杰无数。

更有少奇来鲁，指点胜利之路。

转战千里沂蒙山，卧虎藏龙临沭。

陈毅这首诗，缅怀了符竹庭烈士和他的战友们，为创建滨海抗日根据地所走过的艰难历程，讴歌了他们可歌可泣的光辉业绩。

符竹庭的名字是一首歌与一个县的名字。

---

① 罗，指一一五师政委、山东军区司令员兼政委罗荣桓；陈，指一一五师代师长陈光；朱，指中共中央山东分局书记朱瑞；萧，指一一五师党委委员、山东军区政治部主任肖华（又作萧华）；黎，指山东军区副政委黎玉；符，指一一五师党委委员、滨海区党委书记、滨海军区政委符竹庭。

赣榆党政军民，用民歌传唱着烈士的事迹："……竹庭将军家住江西广昌县，他是中国共产党的优秀党员，老乡们哪，他是中国共产党的优秀党员，领导人民革命整整17年，他为祖国，他为人民费尽心血；1943年冬，打下赣榆城，人民翻身解放出火坑。赣榆人民永远怀念符竹庭，永远跟着共产党，革命到底。啊！英灵千秋！浩气长存！……"

1945年12月26日，为纪念符竹庭将军，山东省（1950年划归江苏省）政府顺应民心、军心，将赣榆县更名为竹庭县。1950年10月，竹庭县复名为赣榆县。虽然竹庭县在赣榆历史上只有五年时间，但其意义重大，影响深远，是一段光辉的历史，永不磨灭，永载史册。

浩气永存

斗转星移，沧桑巨变，转眼间几十年过去了，流逝的岁月早已拂去战争的烟尘，但人们依然没有忘怀符竹庭同志，仍然以各种不同方式缅怀寄托哀思。

1980年，符竹庭当年的老部下，时任中共中央委员、二机部部长的刘伟在报刊上发表了《追忆符竹庭同志》一文：

这是一幅暗黄色的照片。照片上站着一位青年军人：体态健壮，神采飞扬，两只明亮的眼睛，放射着柔和而又敏锐的目光，清秀和善的脸上，显示着坚强的意志和不可动摇的毅力。他就是我们身经百战的老首长，八路军一一五师教导二旅政治委员，中共滨海区党委书记，符竹庭同志……

符竹庭同志已经牺牲三十多年了，我面对着这张照片，端详着烈士的遗容，千言万语涌上心头：敬爱的符竹庭同志，在战火纷飞的年代，您为了人民的解放事业战斗到最后一息，而今天，胜利的人民，从来没有忘记您和您创建的业绩，许多鬓发斑白的老首长，每逢提到您，总是热泪盈眶，滨海地区的人民，曾用文艺形式再现了您那矫健的身影；战友们，乡亲们和戴红领巾的孩子们，至今还吟唱《纪念符竹庭》这首赞歌，苏北鲁南人民，经常踏着崎岖的山路，前来瞻仰您那微笑的遗容……

　　1983年,符竹庭牺牲四十周年纪念日,杨得志、肖华、谷牧等党和国家领导人以及唐亮、梁兴初、周贯五、刘兴元、刘西元等老将军、老首长,怀着沉重的心情写诗、撰文,缅怀讴歌亲密战友符竹庭同志。

　　笔者从众多缅怀文章中选摘几篇,予以敬献给各位读者阅读:

　　老将军、原总政治部联络部部长,中央台办原主任杨斯德在《回忆往事念政委》一文中写道:"符竹庭同志是一位红军战士,他忠于无产阶级革命事业,坚持党的建军原则,在对敌人斗争中,他既有坚定的原则性,又注意策略的灵活性。他经常深入部队,开展政治工作,为赢得斗争胜利建立了卓越的功勋,在广大指战员中享有很高的威望。……"

　　老将军、原福州军区副司令员,时任军事科学院顾问的石一宸在《赣榆战斗纪实》一文中称赞道:"……符竹庭同志有着高超的指挥艺术,作战一贯勇敢,很沉着,且机智过人。他指挥过很多战役战斗,都取得了圆满的胜利。竹庭同志有着丰富的政治工作经验,十分重视党的建设,十分重视军事工作建设,任何时候都表现事业心很强,责任心、积极性很高,个人的模范作用很好,而且善于做战场鼓动工作。他领导的部队,具有旺盛的战斗士气。他能巧妙地运用战略战术,因而经常打胜仗……"

　　原南京军区工程兵顾问方晓在《忆创建滨海抗日根据的先驱者——符竹庭》一文中称赞道:"……符竹庭同志是党的优秀儿子,忠贞的无产阶级革命战士,他对我军的思想政治工作具有丰富的实践经验和理论知识,并有卓越的军事指挥才能,是我党我军一位军政兼优并擅长理财的全能干部。……纪念符竹庭同志,我们更要学习他的军事组织指挥艺术才能。他身为政治委员,但很会组织指挥打仗,几乎每次大的战役、战斗都亲自指挥,身先士卒,不畏强敌,不怕困难,敢于同敌人拼搏。他对各种情况分析判断详尽周密,组织战斗细致,指挥作战英勇顽强、机智灵活,不打无把握之仗,力求每战胜利,尤其善于运用奇袭(奔袭)战术歼灭敌人……"

　　老将军、原解放军第三十八军副军长江潮回忆:"1943年7月31日,我正在准备去壮岗参观——五师各部队军事比赛,滨海军区政委符竹庭派通信员找我。我当即随通信员到军区司令部,见到符竹庭政委,同时也见到管松涛和曲径同志。符政委明确地说：'张中叛变，独立旅受到损失，管、曲二同志调动，要你回去重建部队。'我听后开始一惊，后来想到我是共产党员，必须服从党组织的决定，当即表示，同意回去，但请求帮助解决三个问题：一是公开党军身份，去掉统战面貌；二是从八路军调一批有经验的老同志，加强部队思想政治工作和组织建设；三是请军区一位领导，解决干部调整问题。符竹庭政委同意了我的意见。同年8月，党中央提出精兵简政，实行党政军一元化领导。23日，滨海军区政治部主任刘兴元到我部参加整编工作并召开海陵独立团成立大会。县委领导也参加了大会。刘兴元在大会上宣布，原独立旅番号撤销，改为中共海陵县委领导下的武装——海陵独立团。他要求全体党员、团员和广大指战员，一定要振作精神，把部队整顿好。他的讲话使部队受到很大鼓舞和教育。接着，他宣布海陵独立团名单：团长江潮、政委由县委书记郑子久兼任，副政委唐青山（原六团教导员）并兼任县委副书记，独立团同时受滨海军区领导。"

原沈阳军区后勤部政治部主任吕本支在《永不熄灭的明灯》一文中，深情地回忆他和符竹庭交往的一幕幕：

使人终生难忘的是1939年1月我们第一次见面的情景。那一天，我到冀鲁边"挺纵"，第一个见到的就是他。他毫无官气，态度和蔼，热情地把我让到他屋子里，倾听我介绍本地情况。他对我倾吐抗战救国之志很为赞赏，两人越谈越热乎，他简直和吸铁石一样把我吸住了。他待我如宾，留下我吃饭，他和大家吃一样的小米饭，白菜汤，却让伙房单独给我炒了鸡蛋买来馒头，使我过意不去。他向我解释说："我不爱吃面，请你不客气吃吧。"我们一直谈了半天，临走时，他一再叮咛我："咱们交个朋友，希望你回去能发动一些知识青年来共同抗战。"我回家后即发动了一批青年，春节后参了军。竹庭同志对我很信任，我要求学习，他不同意，马上介绍我到民运部去参加工作。不久即派我到清河与杨国夫司令员取得联系；经两次联系就发展我入了党，到秋后即派我到本地任工委主任。

……

　　竹庭同志是我的老领导，是革命的先驱，他的革命精神多年来一直鼓
舞着我。每当我遇到困难或紧要关头踌躇不前时，他都像无形的巨掌一
样，推动我前进。在我的脑海中，他多么像一盏永不熄灭的明灯，照耀着
我一步一步地前进！

　　符竹庭当年的部下，时任赣榆县委书记邱也民在《缅怀符竹庭政委》一文
中有这样一段话："在'双减'运动中，我到金山区厉家庄（现名厉庄）蹲点。
有一天，见他去厉家庄检查工作，我找到他的住处，屋里已经挤满了人，他正
召集基本群众进行座谈。会后，又和我个别谈话，我谈他记，不一会儿他的笔
记本写满了人名、地名、数字。他问了我阶级分化情况，人口、生活情况和整
个'双减'运动的进展情况，有时还'将'了我的'军'，回答不出他提的问题。
他再三强调，发动群众的目的，是壮大抗日力量，群众发动起来后，要发展党
员，发展民兵，加强地方武装建设，他还要我学会打仗。这次谈话给我的印象
很深，我使用'小本本'的习惯就是从这时候开始的。有次在地委开会，有人
问我：'你向谁学习的？'我高兴地说：'跟符政委学的。'"
　　曾经担任滨海军区《民兵报》主编，新中国成立后曾任《解放军报》副总编、
党委第一副书记，原总政治部宣传部部长的张秋桥，在 2002 年 6 月第 6 期《中
华魂》杂志上发表了《永远不会忘记——怀念符竹庭政委》一文，深情地回忆
了符竹庭牺牲时的情景。

　　1943 年 11 月 25 日（应为 26 日——笔者注），拂晓。
　　那是令人痛苦，窒息的时刻。我和滨海军区机关的同志不约而同地聚
集在村边的树林里，等待着抢救头部负了重伤的符竹庭政委的消息。
　　拂晓前，由连云港出动的日寇六百余人，偷袭我驻旦头村的滨海军区
机关，对我军解放赣榆进行报复。刹那间，尖叫着的、密集的枪声压盖在
旦头的上空。军区机关的同志面临严重危险。然而，只有一两分钟，我们
的政委符竹庭同志纵马飞奔火线，指挥警卫部队很快将敌人压制住，并指
挥来援的主力部队对敌人进行合击。来犯日寇丢下几十具尸体抱头鼠窜

了。我们军区机关的同志们安然无恙。

但是发生了惊人的意外，符政委在返回军区途中，因所乘战马受惊发狂，被摔下马来，他的头部受到了致命的创伤！

滨海军区陈士榘司令员等指挥卫生队将符政委抬到村头的一所房子里，迅速进行抢救，同时发电报报告山东军区司令员兼政委、八路军一一五师代师长兼政委罗荣桓同志。仅一个多小时，罗政委派的抢救小组就赶来了，其中包括从新四军来为罗政委治病的奥地利专家罗生特大夫，他是由骑兵护送飞驰而来的。

滨海军区机关许多同志都站在离抢救处不远的村边树林里，等候抢救的消息。军区政治部刘兴元主任担任联络员，不时给大家传递消息。这位爱谈爱笑的首长，此时满脸悲痛，给大家带来的只有令人揪心的坏消息。刚下过雨，我觉得树上的积水不断地往我脸上、身上滴打。时已深秋，冰凉的水珠滴到流着泪水的脸上，更加重了心头的悲凉。我看到许多同志也是这样，穿着打湿了的军衣，脸上泪水混着雨水，可谁也没有把它擦去。我和一些同志都亲眼看到符竹庭政委因头部负重伤昏迷过去的情景，我们都焦急地盼望能把符政委抢救过来，希望出现符政委起死回生的奇迹。

人们窒息似地等待了两个小时，但最终传来的是符政委牺牲的噩耗。树林里响起了一片哭泣声，人们极力压制自己，不要大声哭喊，但人们的低声啜泣，人人泪如雨下。我没有见过这么多人为一位首长的牺牲这样哀痛，这样不能自已。

在符政委逝世的沉痛日子里，我这个战地记者，脑子里不停地闪动着他那亲切的笑容，他那闪光的英雄事迹。

……

符竹庭的原文化秘书、原解放军外国语学院训练部副部长杨鸿耀，怀着沉重的心情缓步走到符竹庭墓前，立正，敬礼："老首长，四十年了，您的老兵看您来了。"在他身旁，几十名原八路军东进抗日挺进纵队的老战士"唰"地举起手臂。此时，杨鸿耀深情地写下了《哭符竹庭政委》一诗：

碑前涌泪思往事，音容笑貌常追忆。

临乐道上喜相逢，乐陵西关处朝夕。

凛然智斗沈鸿烈，感化县长牟宜之。

军政学校育英才，《挺进》《烽火》播真理。

东展宏图海丰城，西统曹宋共驱敌。

南震惯匪刘景良，北扫封建顽四区。

转战鲁西根据地，出没平原打游击。

党政军民反"扫荡"，痛斥奸伪讨石逆。

奉命东调教二旅，拯民水火马蹄疾。

接您云蒙十八村，阵阵山音旋教益。

鲁南春晓气象新，抱犊崮峰放彩霓。

滨海大地庆光复，山呼海啸颂功绩。

检阅三军蛟龙湾，指挥海陵反"蚕食"。

光复郯城奏凯歌，赣榆城头插红旗。

大业方兴君竟去，党政军民共悲凄。

戎马生涯十六载，驰骋沙场万里迹。

哭您临终无遗嘱，恨处时短失良师。

手握青松极目望，拭泪跃马披征衣。

请君安居指挥所，四化捷报常传递。

符竹庭的原军事秘书、原济南军区军务部部长陈凤来在《耿耿丹心光辉榜样》一文中深情地述说："……革命赋予符竹庭烈士以高度的智慧和惊人的才华，使他迅速成长为我党我军的模范党员和优秀指挥员；而竹庭烈士，对革命一片忠心，把火红的青春、全部的智慧和才能，无私地贡献给党和人民。……竹庭同志十分重视党的建设，强调发挥党组织的作用，特别注重加强连队党支部领导，充分发挥党支部的战斗堡垒作用和党员模范带头作用。他所领导的部队，主力连队党员经常保持在30%以上，地方连队经常保持在20%以上；并有一整套完整的制度和严格的组织生活，支部真正成为连队的核心，党员真正成为带领群众团结战斗的骨干。"

为了表达缅怀之情，有的老战友千里迢迢来到抗日山符竹庭墓前凭吊英灵。如原滨海军区警卫营政委，时任中共中央顾问委员会委员、中共浙江省委顾问委员会主任的铁瑛，于1986年9月28日专程来到赣榆县抗日山符竹庭墓前凭吊老首长。

原滨海军区司令员，符竹庭的老同学、亲密战友，时任中央军委顾问、开国上将陈士榘，怀着深厚的感情，于1987年5月11日至14日来到符竹庭牺牲地——赣榆县黑林镇旦头村缅怀战友，寄托哀思。随后，又来到抗日山符竹庭墓前凭吊英灵！

符竹庭将军的家乡——江西省广昌县盱江镇修建了"竹庭路"，头陂镇修建了"竹庭烈士纪念亭""竹庭公园""竹庭桥"。

英雄虽死，浩气永苍！

参 考 文 献

一、著作类

1.《毛泽东军事文集》第二卷，军事科学出版社、中央文献出版社1993年版。

2.《罗荣桓军事文选》，解放军出版社1998年版。

3.《聂荣臻军事文选》，解放军出版社1992年版。

4.《罗荣桓传》，当代中国出版社1993年版。

5.《徐向前传》，当代中国出版社1992年版。

6.肖华:《艰苦岁月》，上海文艺出版社1983年版。

7.朱良才:《风雨盘然——朱良才上将回忆录》，解放军文艺出版社1993年版。

8.王宗槐:《王宗槐回忆录》，解放军出版社1995年版。

9.莫文骅:《莫文骅回忆录》，解放军出版社1996年版。

10.周贯五回忆，杜文和整理:《艰苦奋战的冀鲁边》，浙江人民出版社1984年版。

11.曾思玉:《百年见证》，大连出版社2014年版。

12.《中国人民解放军高级将领传》第8卷，解放军出版社2007年版。

13.丁玲主编:《红军长征记》，解放军出版社2006年版。

14.陈人康策划、口述，金汕、陈义风著:《一生紧随毛泽东:回忆我的父亲开国上将陈士榘》，人民出版社2007年版。

15.《关山阵阵苍——中央革命根据地的斗争》中，江西人民出版社1978年版。

16.乔希章:《大将谭政》，解放军文艺出版社2000年版。

17.张胜:《从战争中走来:两代军人的对话》，中国青年出版社2008年版。

18.张西:《抗战女性档案》，中国青年出版社2007年版。

19.王成章：《抗日山——一个民族的魂魄》，人民出版社 2011 年版。

20.石永言：《草地惊变》，解放军文艺出版社 1994 年版。

21.朱礼炳主编：《抗日山诗词选》，金城出版社 2005 年版。

22.江西省广昌县县志编纂委员会：《广昌县志》，上海社会科学院出版社 1994 年版。

23.中共郯城县委党史资料征集委员会编：《中共郯城党史大事记》，齐鲁书社 1997 年版。

24.赣榆县党史县志工作办公室等编：《英灵千秋：纪念符竹庭将军殉国七十周年文集》，中共党史出版社 2013 年版。

25.罗骁、祁学明主编：《援西军——红军的一支特殊部队》，庆阳历史人物研究编辑委员会 2003 年印。

26.《中共商河地方史》第一卷，商河县党史县志办公室 2007 年印。

27.中共赣榆县委《抗日山志》编辑委员会：《抗日山志》，1983 年印。

28.沈庆鸿：《江西工农红军独立第二、四团的建立及其主要活动》，吉安县委党史办 1985 年印。

二、报刊类

1.张秋桥：《永远不会忘记——怀念符竹庭政委》，《中华魂》2002 年第 6 期。

2.刘海锋：《杰出的八路军将领符竹庭》，《中国档案报》2010 年 2 月 4 日。

3.范银忠、万吉刚：《徐向前历尽艰险回延安》，《中国老区建设》2014 年第 4 期。

4.宋佳：《杨得志：吟成横刀马上歌——杨建华追忆父亲南征北战 21 载随身携带的"三宝"》，《祖国》2013 年第 9 期。

5.孙丰刚：《卓越的丰碑永远的楷模》，《经济导报》2011 年 6 月 20 日。

6.冯都：《"在增强红军素质的大道上迅跑"——中央红军纪念八一首届运动会概述》，《福建党史月刊》2008 年第 8 期。

7.宋凤英：《不为人熟知的"特殊"上将李涛》，《党史博采（纪实）》2008 年第 1 期。

8.杨云：《活捉张辉瓒》，《党史纵横》1993 年第 3 期。

9.项如海：《著名的温坊战斗》，《闽西日报》2011 年 7 月 16 日。

10. 柳秀文:《九岁参军三过雪山〈长征组歌〉长歌不尽——访肖华将军夫人、红军长征宣传员王新兰》,《北方音乐》2006 年第 12 期。

11. 寒思:《"策反将军"杨斯德》,《党史文苑(纪实版)》2007 年第 7 期。

12. 常诚:《"抗大"播种传薪在山东》,《大众日报》2006 年 5 月 24 日。

13.(本报记者)成建强:《"东进纵队"鏖战大宗家》,《鲁中晨报》2005 年 7 月 4 日。

后 记

　　在纪念中国人民抗日战争暨世界反法西斯战争胜利 80 周年的历史性庄严时刻，由邓仁跃著，政协广昌县委员会编的《竹庭永苍——"军政兼优"之抗战名将符竹庭》一书将正式出版问世。让我们以这部书为精神火炬，照亮那段气壮山河的抗战史诗，让符竹庭将军"一寸丹心图报国"的赤胆忠魂永远铭刻在民族记忆之中。愿此书唤起每一位中华儿女的共鸣：历史是最好的教科书，英雄是永恒的精神坐标；铭记铁血岁月，传承抗战精神；勿忘民族之殇，砥砺复兴之志！

　　习近平总书记多次强调："要把红色资源利用好、把红色传统发扬好、把红色基因传承好。"为缅怀抗战英烈，传承红色基因，邓仁跃同志以十年磨一剑的执着，自 2005 年起潜心挖掘、广泛搜集符竹庭将军的革命事迹，历经十余载寒暑，数易其稿，终于在 2015 年底完成了这部饱含深情的报告文学力作。作品完成后，邓仁跃同志第一时间将书稿寄送给北京八路军山东抗日根据地研究会。不久，原解放军第二炮兵政治部编研室主任（大校），时任研究会学术委员会办公室主任的史志前同志亲自给邓仁跃同志打电话，对这部作品给予高度评价："该书史料翔实、文笔生动，是传承红色基因的生动教材。"同时，就部分细节提出了宝贵的修改建议。邓仁跃同志对此深受触动，当即吸纳建议逐条完善，将精心修改的书稿再次呈送研究会。史志前同志随后将修改稿呈报研究会会长罗东进将军审阅。罗东进同志作为第十届全国政协委员、原解放军第二炮兵副政委（中将），在认真审阅后亲自为本书作序，以深邃的历史洞见与真挚的情感，赋予作品厚重的精神底色。与此同时，原解放军第二炮兵总医院政委(大校)、时任北京八路军山东抗日根据地研究会秘书长的徐步安同志,以专业眼光将书稿推荐至人民出版社,在出版社鲁静主任与刘伟编辑的全力推动下,通过人民出版社专家委员会的严格论证,成功列入出版规划。书稿经由中央党史和文献研究院与解放军军事科学院的专家历时数年的严谨审读,最终通过了权威论证。这段跨越时空的学术接力,既确保了书稿内容史实的准确性,更彰显了红色文化传承的智慧。在此,谨向为本书倾注心血的领导、学者致以最崇高的敬意!

本书编纂工作得到广昌县委、县政府主要领导的高度重视和亲切关怀,凝聚着其他有关县领导同志的心血与鼎力支持。县委办公室、县政府办公室、县财政局、县党史和地方志研究中心等单位及相关领导同志倾力相助,无私奉献,为书稿的顺利完成提供了坚实的保障。在此,谨向所有关心、支持本书编纂工作的领导和同志们致以最崇高的敬意和最深切的谢意!

由于本书题材重大,历史久远且涉及面广,疏漏之处难免,敬请广大读者指正。

编　者

二〇二五年五月

责任编辑：鲁　静　刘　伟

封面设计：汪　莹

图书在版编目（CIP）数据

竹庭永苍："军政兼优"之抗战名将符竹庭 / 邓仁跃著．

北京 ：人民出版社，2025. 8. -- ISBN 978 - 7 - 01 - 027375 - 4

Ⅰ. K825.2

中国国家版本馆 CIP 数据核字第 2025BW7614 号

竹庭永苍

ZHU TING YONG CANG

——"军政兼优"之抗战名将符竹庭

邓仁跃　著

人民出版社 出版发行

（100706　北京市东城区隆福寺街 99 号）

北京中科印刷有限公司印刷　新华书店经销

2025 年 8 月第 1 版　2025 年 8 月北京第 1 次印刷

开本：710 毫米 × 1000 毫米 1/16　印张：29.75

字数：450 千字

ISBN 978 - 7 - 01 - 027375 - 4　定价：150.00 元

邮购地址 100706　北京市东城区隆福寺街 99 号

人民东方图书销售中心　电话（010）65250042　65289539